中国社会科学院
台湾研究所
Institute of Taiwan Studies
Chinese Academy of Social Sciences

台湾研究论文集

第27辑

周志怀◎主　编
张　华◎副主编

九州出版社
JIUZHOUPRESS
全国百佳图书出版单位

图书在版编目（CIP）数据

台湾研究论文集. 第27辑 / 周志怀主编. --北京：九州出版社，2015. 5

ISBN 978－7－5108－3681－7

Ⅰ. ①台… Ⅱ. ①周… Ⅲ. ①台湾问题－文集 Ⅳ. ①D618－53

中国版本图书馆CIP数据核字（2015）第094403号

台湾研究论文集（第27辑）

作　　者	周志怀　主编　张　华　副主编
出版发行	九州出版社
出 版 人	黄宪华
地　　址	北京市西城区阜外大街甲35号（100037）
发行电话	（010）68992190/3/5/6
网　　址	www. jiuzhoupress. com
电子信箱	jiuzhou@ jiuzhoupress. com
印　　刷	北京京华虎彩印刷有限公司
开　　本	720毫米×1020毫米　16开
印　　张	29. 5
字　　数	500千字
版　　次	2015年6月第1版
印　　次	2015年6月第1次印刷
书　　号	ISBN 978－7－5108－3681－7
定　　价	89. 00元

目　　录

从十八大报告涉台内容看两岸关系发展前景

党朝胜

中共十八大报告涉台内容，从原则、方向、路径等各方面系统阐述了中共在新形势下的对台方针政策，是科学发展观在台湾问题上的具体化，是当前与未来一段时间内对台工作的指导思想和纲领性文件。报告涉台内容内涵丰富，值得我们深入学习和思考。

十八报告所显示的中共对台政策的“不变”与“变”

十八大报告涉台部分，既有对大陆对台政策的一贯立场原则的重申，也有对两岸关系和平发展新形势下的新思路、新成果、新经验的总结，充满了新思想、新论述和新方针。套句通俗语言，便是既有“变”，也有“不变”。具体而言：

（一）“不变”的是目标与原则

一是坚持追求两岸统一的目标毫不动摇。两岸关系发展的必然归宿是中国的完全统一。这是中共历代领导人的一贯立场，也是包括中国国民党与广大台湾同胞在内的所有中国人的根本愿望。尽管两岸中国人在不同时代对追求统一的方式与途径会有不同的表述，但对这一方向与目标从来没有动摇过。此次中共十八大报告再次明确重申追求“实现祖国完全统一”的目标，并提议在当前形势下，两岸同胞要一起“为和平统一创造更充分的条件”，更是中共对台一贯立场的明确表达。

二是坚持一个中国原则，反对“台独”分裂的基本立场毫不动摇。要实现两岸统一，就必须先接受两岸同属一个中国的事实，包括广大台湾同胞在内的所有中国人都必须反对各种“台独”分裂活动。这既是中共历代领导人的基本主张，也是岛内广大台湾同胞的共同认知。因此，中共十八大报告提出“两岸应恪守一个中国框架的共同认知，在此基础上求同存异”。同时也表示，“对台湾任何政党，只要不主张‘台独’，认同一个中国，我们都愿意同他们交往、对话、合作”。

三是坚持“寄希望于台湾人民”的方针毫不动摇。自1979年元旦《告台湾同胞书》提出“寄希望于台湾人民”方针后，历经邓小平、江泽民、胡锦涛等历届中共领导人，无不将倾听台湾同胞的心声、关心台湾同胞的利益、尊重台湾同胞的意愿放在对台工作的首位。中共十八大报告更明确提出“两岸同胞同属中华民族，是血脉相连的命运共同体，理应相互关爱信赖，共同推进两岸关系，共同享有发展成果”，并表态“凡是有利于增进两岸同胞共同福祉的事情，我们都会尽最大努力做好。我们要切实保护台湾同胞权益，团结台湾同胞维护好、建设好中华民族共同家园”。其中对台湾同胞的深情厚谊，对台湾同胞的信赖已溢于言表。

四是坚持“两岸关系和平发展”的路线毫不动摇。自2005年4月中共中央总书记胡锦涛与中国国民党主席连战举行国共两党领导人时隔60年之后的历史性会晤，确立“构建和平稳定发展的两岸关系”的国共共识后，胡锦涛又于次年4月进一步系统阐述了两岸关系和平发展的“重要基础”“根本归宿”“有效途径”和“必由之路”，强调和平发展理应成为两岸关系和平发展的主题，成为两岸同胞为之共同奋斗的目标。2007年中共十七大报告再次强调要牢牢把握两岸关系和平发展主题。十八大报告则进一步提出，“巩固和深化两岸关系和平发展的政治、经济、文化、社会基础”“持续推进两岸交流合作”“促进平等协商”等，更是中共全面深入地推进两岸关系和平发展进程的重要宣示。

（二）“变”的是方法与途径

一是首次将坚持“九二共识”和维护“一个中国框架”写入党的纲领性文件。众所周知，“九二共识”原本是国民党策士苏起对两岸两会在1992年就“一个中国”问题形成共识所进行的概括，后来逐渐被两岸广泛接受，并成为两岸坚持“一个中国”，反对“台独”的另外一个表述方式，更是两岸两会复谈并签署18项协定的重要前提。“一个中国框架”也是两岸学者在讨论如何对两岸进行政治定位的过程中所逐渐形成的概念，并逐渐为各界所接受。中共十八大报告在总结两岸关系和平发展成果与经验的基础上，将“九二共识”与维护“一个中国框架”写入党的纲领性文件，既是中共对台政策的一大理论创新，也充分反映了中共努力寻求两岸共同连接点的良苦用心。

二是首次呼吁两岸共同探讨国家统一前两岸政治关系，并做出合情合理的安排。统一之前两岸之间的政治定位，一直是影响两岸关系深化发展的一大瓶颈，也是当前两岸关系逐步进入"深水区"时所需解决的问题。虽然两岸都曾各自提出过不同的解决方法，但始终交集不大，有时甚至引发更大争议。现在，中共在十八大报告中首次明确呼吁，"希望双方共同努力，探讨国家尚未统一特殊情况下的两岸政治关系，做出合情合理安排；商谈建立两岸军事安全互信机制，稳定台海局势；协商达成两岸和平协议"。这种变化，既体现了中共对当前岛内形势和对两岸民意的尊重，也表明了中共对两岸关系能尽快"由易到难""由经入政"的高度期待。

三是首次体现了中共在发展两岸关系过程中对"制度建设"的高度重视。自1979年以来，经过不断摸索、实践，中共对台工作的内容、途径和方式扩大到政治、经济、文化、社会等各个方面。特别是自2008年以来，两岸签署了一系列协议，形成了一系列共识，构建了一系列平台。一些新的对台工作的思路、成果、经验也先后写入党的各类文件，但过去还没有从"制度建设"的高度阐述这个问题。而十八大报告明确提出，"促进平等协商，加强制度建设"，这一方面表明中共对两岸两会商谈所达成的一系列成果的肯定，另一方面也表明中共对两岸两会交流过程中所形成的制度化机制深具信心，同时也预示着，中共期待两岸之间能够形成更多共识，签署更多协议，构建更多平台。

四是首次明确将"不主张'台独'"列为中共与岛内政党打交道的基本前提。中共十七大报告曾明确表示，"台湾任何政党，只要承认两岸同属一个中国，我们都愿意同他们交流对话，协商谈判，什么问题都可以谈"。而在十八大报告中则表示，"对台湾任何政党，只要不主张'台独'、认同一个中国，我们都愿意同他们交往、对话、合作"。这既是对十七大报告相关内容的进一步发展，另一方面也是对当前两岸关系和平发展新形势下，各界期待展开民共交流、民共对话的一个新回应；既是对同民进党希望与中共正式打交道所画的底线，也是为民进党企图在两岸政策上寻求突破所指明的方向。当然，从中也可看出，如果民进党仍然顽固坚持"台独"路线，寄希望于"中共的改变"，显然是打错了算盘。

十八大报告涉台内容是科学发展观在台湾问题上的具体化

十八大报告涉台内容，既展现了中共追求国家完全统一的坚强决心，又充分体现了中共与时俱进，为巩固和深化两岸关系和平发展而在理论上的大胆创新。篇幅虽然有限，却切中肯綮，是中共最新理论成果科学发展观在台湾问题上的具体化。

（一）十八大报告涉台内容是对中共和平统一思想的继承和发展，是当前和未来相当长一段时间内指导大陆对台政策的纲领性文件

十八大报告中所确定的巩固和深化两岸关系和平发展重要思想，与“和平统一，一国两制”方针，坚持发展两岸关系、推进祖国和平统一进程的八项主张一脉相承，又与时俱进。它继续回答了“两岸为什么要统一、以什么方式实现统一”“尚未统一特殊情况下如何改善和发展两岸关系”等重大问题，并创造性地回答了当前形势下“如何进一步巩固深化两岸关系和平发展”的问题。十八大报告中明确指出，“解决台湾问题、实现祖国完全统一，是不可阻挡的历史进程”，而“和平统一最符合包括台湾同胞在内的中华民族的基本利益”，“实现和平统一首先要确保两岸关系和平发展”。十八大报告中还就当前形势下，全体中华儿女同心携手，如何坚持一个中国原则，如何持续推进两岸交流合作，如何促进两岸同胞团结奋斗，如何坚持反对“台独”分裂图谋，从而在同心为实现中华民族的伟大复兴进程中完成祖国统一大业，勾勒了蓝图，并做出了具体部署。因此，十八大报告涉台内容必将成为当前和未来相当长一段时间内大陆对台工作的指导思想。

（二）十八大报告涉台内容贯穿了科学发展观的重要思想

科学发展观的第一要义是发展，核心是以人为本，基本要求是全面协调可持续，根本方法是统筹兼顾。而具体到台湾问题，则体现在以下几个方面。

一是充分体现了中共把和平发展作为进一步巩固深化两岸关系和平发展第一要义的观念。两岸和平之门虽早已打开，但两岸关系却是在历经李登辉、陈水扁执政时期的一波三折，在“台独政权”垮台之后的2008年才终于迎来“雨过天晴”，两岸关系进入和平发展新局面，两岸之间出现了来之不易的“大交流、大合作、大发展”的快速全面深入的新境界。尤其是两岸两会自 2008 年 6 月恢复中断近 10 年的协商至今，已相继签署 18 项协议和达成多项共识，解决了诸多事关两岸同胞切身利益的实际问题，提升了两岸交往合作的制度化水准。尽管如此，中共却并没有“躺在过去的功劳簿上”，而是将“巩固和深化两岸关系和平发展”作为下一步的主攻方向，并在十八大报告中提出了一系列巩固深化两岸关系和平发展的新主张、新论述（具体见上文“‘变’的是方法和途径”部分），并就两岸之间的政治、经济、文化、社会等各项交流方面提出了更高、更具体的要求，以便为“和平统一创造更加充分的条件”，从而“开创两岸关系和平新前景”。由此观之，今后中共对台政策还会继续高举和平发展的大旗。

二是充分体现了中共在巩固和深化两岸关系和平发展进程中“以人为本”的观念。自胡锦涛在 2005 年 3 月发表新形势下发展两岸关系的四点意见，将台湾同胞定义为“我们的骨肉兄弟”，并表态“无论在什么情况下，我们都尊重他们、信赖他们、依靠他们，并且设身处地地为他们着想，千方百计照顾和维护他们的正当权益”以来，中共对台政策中始终贯彻了“以人为本”的精神。概括而言：在利益上，让台湾共享两岸关系和平发展的成果，增进台湾同胞的福祉，建立两岸同胞的共同家园，并保护好台湾同胞在大陆地区乃至国际社会的各种合法权益；在感情上，充分考虑台湾同胞的感受，不搞以大欺小，不搞强加于人，以诚相待，努力创造条件，促成双方相向而行。十八大报告又再次重申：“两岸同胞同属中华民族，是血脉相连的命运共同体，理应相互关爱信赖，共同推进两岸关系，共同享有发展成果。凡是有利于增进两岸同胞共同福祉的事情，我们都会尽最大努力做好。我们要切实保护台湾同胞权益，团结台湾同胞维护好、建设好中华民族共同家园。”这也表明，今后中共对台政策仍会高度重视台湾同胞的各项合法权益。

三是充分体现了中共在巩固和深化两岸关系和平发展进程中坚持全面协调可持续发展的观念。虽然 1979 年《告台湾同胞书》便一再强调全方位地推进两岸交流进程，但是，一方面，两岸交流有其客观规律，有一个从自发到自觉的过程，即不能超越民间接触谈官方，不能超越经济往来谈政治，不能超越文化交流谈认同，不能超越人员往来谈感情；另一方面，也由于人为的阻碍，使得两岸交流从单向向双向、从民间到官方、从偏重经济到全面交流的过程显得相当复杂漫长。2008 年以来，两岸交流的速度、广度与深度虽都有了显著变化，但与大家的期待依然有不小差距。尤其是，目前已经到了两岸之间如何克服两岸交流的“敏感区”“深水区”阶段。因此，中共在十八大报告中进一步勾勒出一幅全面“巩固和深化两岸关系和平发展”的宏伟蓝图，并具体提出诸多具体设想，包括：“要持续推进两岸交流合作。深化经济合作，厚植共同利益。扩大文化交流，增强民族认同。密切人员往来，融洽同胞感情。促进平等协商，加强制度建设”；“要探讨国家尚未统一特殊情况下的两岸政治关系，做出合情合理安排；商谈建立两岸军事安全互信机制，稳定台海局势；协商达成两岸和平协议”等。可见，今后中共对台政策将更加强调全面协调与可持续的理念。

四是充分体现了中共在巩固和深化两岸关系和平发展进程中坚持统筹兼顾的观念。随着执政经验的不断丰富，中共在进行各项重大决策时越来越注重认识和妥善处理各类重大关系，强调统筹兼顾。十八大报告涉台内容虽然篇幅不长，也处处体现了统筹兼顾的理念。具体包括：把两岸关系和平发展与中国的和平发展战略相结合（前者本属后者的一部分）；把追求国家统一目标与两岸关系现状相结合（当前属国家尚未统一的特殊情况）；把推进两岸和平统一进程与巩固和深化两岸关系和平发展相结合（和平发展是和平统一的必由之路，和平统一是和平发展的必然归宿）；把基本原则立场和两岸的共同连接点相结合（写入“一个中国框架”与“九二共识”）；把寻求两岸关系的重大突破与两岸交流合作相结合（从政治、经济、文化、社会等各方面）；把两岸协商与制度建设相结合；把民族国家的整体利益和台湾同胞的切身利益相结合；把反对“台独”与促进统一进程相结合；把建设两岸特色的经济关系与两岸携手迎战全球经济形势相结合；把巩固现有成果与推进两岸交流的深化发展相结合；把两岸形势与国际形势相结合；把实现国家的完全统一与中华民族伟大复兴进程相结合，等等。可见，今后中共对台工作既要总揽全局，统筹规划，又会抓住牵动全面的主要工作，着力推进，重点突破。

巩固深化两岸关系和平发展的努力方向

上述分析可看出，中共十八大报告不仅对当前两岸关系进行了全面、深入、准确、生动的分析，而且对当前及未来一段时间内的两岸关系的发展方向指明了目标、方向与途径。在今后继续推进两岸关系进程中，理应继续牢牢把握和平发展主题，巩固深化现有成果，奋力克服各种困难，努力寻求新突破。在总体原则上，双方要继续坚持反对“台独”、坚持“九二共识”的共同政治基础，秉持建立互信、搁置争议、求同存异、共创双赢的方针，按照先易后难、先经后政、把握节奏、循序渐进的思路，践行以人为本、为民谋利的宗旨，落实促进平等协商、加强制度建设的精神；在具体作为上，就是要继续加强两岸交流合作，推进对话协商，扩大人民往来，要从政治、经济、文化、社会等各个领域加强制度化建设，夯实基础，保持正确的前进方向。具体言之：

（一）继续筑牢两岸共同的政治基础，深化两岸同属一个中国的共同认知

历史经验已经表明，是否认同一个中国，事关两岸关系的性质，事关两岸关系的前途，事关大是大非。坚持“九二共识”，认同一个中国，两岸就可以展开平等协商，取得丰硕成果，造福两岸同胞。否定“九二共识”，不认同一个中国，两岸协商就难以进行，台海和平就会受到严重冲击，已有的协商成果也可能付诸东流。事实上，目前两岸双方已在“大陆和台湾没有分裂为两个国家，两岸不是两个中国，两岸关系不是国与国关系”形成共同联结点，下一步就是如何使这个“否认两国”的联结点逐步转化，迈向“认同一国”的联结。因此，今后两岸双方应当继续筑牢两岸共同的政治基础，深化两岸同属一个中国的共同认知，并主要从以下两点着手。首先，两岸双方应继续坚定不移地坚持一个中国原则，这是保持两岸关系正确方向的关键。两岸双方应不断深化双方互信，在反对“台独”、坚持“九二共识”基础上，就确立和巩固一个中国框架形成更为清晰的认知和一致立场，从而为两岸关系向前发展提供更强大的动力，开辟更宽广的道路。其次，两岸双方要敢于面对问题、解决问题。两岸间的政治议题是客观存在的，迟早要面对，双方要有正视问题、面向未来的勇气和智慧，并应共同努力，为今后共同破解政治难题不断创造条件，积累共识。

（二）继续扩大两岸经济交流，努力建构并不断完善有两岸特色的经济关系

经济交流与合作一直是两岸关系发展进程中最具活力、与两岸民众切身利益最密切相关的因素，也是我们应继续优先推动的领域和当前两岸协商的重点。但是，当前两岸经济合作正面临内外两种环境的考验。就外部环境而言，一是世界新科技革命和产业革命提供了新的机遇，二是欧洲债务危机仍在持续发展，两岸经济都面临下行压力。在此形势下，两岸唯有以改革创新为驱动力，以营造良好的产业发展环境为重点，以企业为主体，以产业标准为信托，共同培育中华品牌，共同振兴中华民族经济，共同开辟世界市场。就内部环境而言，一是两岸经济合作前景广阔，机遇无限，二是一些新的消极因素在两岸经济整合过程中不断浮现。在此形势下，两岸双方更应努力为深化两岸经济合作开辟新的前景，为两岸关系和平发展增添新的内涵、提供新的动力。具体包括：一是要循序渐进，继续本着“平等互惠，循序渐进”的原则，推进 ECFA 后续协议协商，并尽早签署相关协定，进一步促进两岸贸易的自由化；二是着眼长远，在现有基础上进一步创新合作模式，加快两岸产业合作，加速两岸经济一体化进程，共同促进两岸产业的升级转型，特别是要把握两岸签署《两岸投资保障协议》的契机，积极推进双向投资合作，既鼓励保护台商对大陆（特别是中西部地区）的投资，又加强对陆资入岛的引导与服务。三是本着以人为本、为民谋利的宗旨，继续让两岸同胞从两岸经济合作中获得更多福祉，享受更大“和平红利”，并尽可能改进工作，解决两岸经济合作中新出现的问题，消除部分人士对两岸经济合作的各种疑虑，让两岸经济合作拥有更加广泛坚实的社会民意基础。

（三）继续扩大两岸文化交流领域，共同加强两岸联系的精神纽带

中华文化源远流长、瑰丽灿烂，是两岸同胞共同的宝贵财富，是维系两岸同胞民族感情的重要纽带。台湾文化是有台湾特色的中华文化，它虽融合了许多外来文化，但主体仍是中华文化，其繁荣发展是对中华文化内涵的不断丰富。因此，在巩固深化两岸关系和平发展进程中，更应巩固深化两岸共同的文化基础，通过各项交流合作，要增强两岸同胞共同的文化认同、民族认同，增强两岸同胞一家人的理念，为两岸关系和平发展提供更坚实的精神支撑、更旺盛的生机活力、更丰富的人文内涵。具体言之：一是继续营造有利于两岸文化交流合作的政策环境，包括进一步消除影响两岸文化交流的制度障碍，落实两岸知识产权保护合作协定，为两岸文化产品及衍生权利的贸易营造更加有利的环境等；二是继续推动两岸文化交流合作走向深入，不断拓展交流的深度与广度，不断提高交流的品质与实效，鼓励打造两岸文化交流合作精品，办好两岸各类文化交流活动，让两岸同胞共同传承和弘扬中华文化，为两岸关系和平发展夯实文化基础，提供精神支柱；三是继续推动两岸文化交流合作的机制化建设，为两岸文化交流提供更加牢固的制度保障，要鼓励两岸文化团体建立交流合作机制，推动两岸民间文化团体互设办事机构，鼓励两岸人士研究商签两岸文化交流协议等相关问题。

（四）不断扩大两岸民众的支持和参与，巩固两岸关系和平发展的社会基础

两岸关系的改善，归根结底是两岸同胞之间亲情感的不断拉近，两岸互信的建立归根结底要靠两岸同胞之间理解信任的不断增强。同时，两岸关系的改善和发展与两岸每位同胞息息相关，实现两岸关系和平发展，两岸民众既是主要的促进者，更是最大的受益者。因此，只有鼓励更多的两岸同胞尤其是台湾同胞投身到两岸关系和平发展的大潮中，增强两岸同胞共同实现民族复兴的内在动力，才能汇聚推动两岸关系和平发展的主流民意，才能为两岸政治互信提供更加坚固的社会基础。因此，今后在推动两岸社会交流过程中，在指导思想上应更加明确，交流的目的是增进了解、融洽感情，途径是互通有无、取长补短，方针是平等尊重、入乡随俗；在政策行为上，应进一步简化两岸人民往来的手续，让两岸同胞更加快捷便利地走亲访友、参观交流，增进一家人的感情；在价值取向上，鼓励两岸同胞不断共同弘扬中华文化的优秀传统，不断增强休戚与共的民族认同，不断清除文教领域的“台独”思想贻害；在参与主体选择上，除了继续鼓励各界之间的广泛接触，更要扩大基层民众间的互动，促成两岸青年成为推动两岸关系和平发展的生力军，增强大陆民众与台湾中南部民众的交流往来，概括而论，就是“向下沉、促青走、往南移”。

总之，目前和今后一段时期内，两岸同胞的一个共同责任就是巩固和深化两岸关系和平发展。鉴于当前两岸关系发展进程中，机遇与挑战并存，机遇大于挑战，只有两岸双方把握机遇，携手合作，才能共同开创中华民族的美好未来。与其坐而论道，不如起而行之，中共十八大报告已为两岸关系和平发展提供了新思路、新论述与新方针，两岸双方不妨一起行动吧。

（原载于《中国评论》2013 年 1 月号）

两岸关系和平发展重要思想的形成与内涵

刘佳雁

2002 年党的十六大以来，中共中央审时度势，在总结两岸关系发展经验和继承对台工作大政方针的基础上，创造性地提出了新形势下推动两岸关系和平发展的重要思想，并以此为指导，出台一系列对台政策新举措，挫败了“台独”势力的分裂行径，推动两岸关系发生历史性转折，开辟了两岸关系和平发展的新道路，开创了两岸关系和平发展新局面。两岸关系和平发展重要思想的提出与形成具有鲜明的时代背景和深刻的理论内涵，是对我党和平解决台湾问题思想的继承与发展，是我国国家发展战略的重要组成部分。

一、两岸关系和平发展重要思想的形成与确立

两岸关系和平发展重要思想孕育于反对和遏制“台独”斗争的复杂时期，形成于两岸关系实现历史性转折的重要关头，是中央在国家发展战略框架下，深刻把握两岸关系发展规律，科学判断台湾政局和两岸关系发展趋势而逐步形成的，大致经历了以下几个阶段。

第一阶段：中央在继续坚持和平统一大政方针的同时，将坚决反对和遏制“台独”分裂势力及其活动作为首要任务，适时推动国共两党实现历史性和解，确立了共同推动两岸关系和平发展的方向。

2000 年民进党上台执政，岛内政局发生了重大变化。民进党当局顽固坚持“台独”立场并将之落实到具体施政，不仅大肆推行“去中国化”的分裂政策，还企图通过“公投制宪”“入联公投”等推动“法理台独”，两岸关系始终处于高危状态，濒于危险的边缘。2004 年陈水扁连任后，两岸关系面临严峻形势，中共中央台办、国务院台办受权发表“5·17 声

明”，严正指出“坚决制止‘台独’活动，维护台海和平稳定，是当前最紧迫的任务”，同时又指明了实现两岸关系和平稳定发展的七大光明前景，其中就包括“恢复两岸对话与谈判，平等协商，正式结束敌对状态，建立军事互信机制，共同构造两岸关系和平稳定发展的框架”①。“5·17 声明”已孕育了两岸关系和平发展思想的雏形。

2005 年 3 月 4 日，胡锦涛提出新形势下发展两岸关系的四点意见，紧紧围绕反对和遏制“台独”的首要任务，进一步提出了一系列促进两岸关系和平稳定发展的新举措。3 月 14 日，十届全国人大三次会议通过《反分裂国家法》，将反对和遏制“台独”纳入法制轨道，并将中央对台工作的一系列重大原则和方针政策以法律形式固定下来，极大地震慑了“台独”分裂势力及其活动，主导了两岸关系发展的基本格局和趋势。

2005 年 4 月 29 日，胡锦涛邀请国民党主席连战率团参访大陆，并共同发布“两岸和平发展共同愿景”的新闻公报，首次提出了两岸关系和平发展的主张。新闻公报明确指出“和平与发展是 21 世纪的潮流，两岸关系和平发展符合两岸同胞的共同利益，也符合亚太地区和世界的利益”，②并对今后两党共同推动两岸关系和平发展进行了规划。随后，中共中央邀请了亲民党主席宋楚瑜来访和新党组团访问大陆，国、亲、新三党领导人相继登陆不仅开启了两岸政党交流的新局面，而且使大陆方面倡导的两岸关系和平发展新主张也得到岛内泛蓝政党的高度认同，成为双方推动两岸关系改善和发展的指导，为两岸关系实现历史性转折奠定了重要基础。

第二阶段：祖国大陆正式提出“和平发展理应成为两岸关系发展主题”的重大论断。

2005 年开启的两岸政党交流，进一步丰富和扩大了两岸经贸和民间交流交往，有力地促进了两岸关系向前发展。2006 年 4 月首届两岸经贸论坛在北京举行，胡锦涛会见连战及与会各界人士时首次明确提出，“和平发展理应成为两岸关系发展的主题，成为两岸同胞共同为之奋斗的目标”，并指出实现两岸关系和平发展的重要基础是坚持“九二共识”，根本归宿是为两岸同胞谋福祉，有效途径是深化互利双赢的交流合作，必由之路是开展平等协商。2007 年 10 月，胡锦涛在党的十七大报告中又进一步提出，

---

① 《人民日报》2004 年 5 月 17 日。

② 《中国共产党总书记胡锦涛与中国国民党主席连战会谈新闻公报》，《人民日报》2005 年 4 月 30 日。

"牢牢把握两岸关系和平发展的主题，真诚为两岸同胞谋福祉，为台海地区谋和平，维护国家主权和领土完整，维护中华民族根本利益"，并郑重呼吁，"在一个中国原则的基础上，协商正式结束两岸敌对状态，达成和平协议，构建两岸关系和平发展框架，开创两岸关系和平发展新局面"。[①]这是两岸关系和平发展首次被载入党的重要文件，两岸关系和平发展主题论断的提出，标志着以胡锦涛为总书记的党中央倡导的两岸关系和平发展重要思想历经实践的检验逐渐趋于成熟，内涵日趋丰富。

第三阶段：祖国大陆根据对国民党重新执政后两岸关系新形势的科学总结，全面系统地阐述了两岸关系和平发展思想，并最终确立了两岸关系和平发展重要思想的战略地位。

2008年3月，台湾政局出现重大积极变化，台湾民众以选票表达了求和平、求稳定、求发展的主流民意，国民党重新执政为两岸关系发展实现历史性转折赢来难得的机遇。面对这一新局，胡锦涛总书记先后会见萧万长、连战、吴伯雄等国民党高层，及时地指出："两岸关系发展面临着难得的历史机遇。这一局面来之不易，值得倍加珍惜。"两岸执政党就两岸双方共同努力以具体政策措施切实落实"两岸和平发展共同愿景"达成重要共识。在两岸双方共同努力下，两岸两会迅速恢复了中断近9年的事务性商谈，步入制度化协商轨道，两岸关系开始迈入大交流、大合作、大发展的新时期。2008年12月31日，胡锦涛在纪念《告台湾同胞书》发表30周年座谈会上发表了重要讲话（简称"六点意见"），首次全面系统地阐述了两岸关系和平发展重要思想，提出了实现和平统一首先要确保两岸关系和平发展的重要论断，并且从政治、经济等六大方面提出了推进两岸关系和平发展的政策主张，科学回答了为什么要推动两岸关系和平发展，怎样推动两岸关系和平发展的重大问题。"六点意见"标志着两岸关系和平发展重要思想已形成系统完善的理论体系，成为新形势下指导对台工作的行动纲领，也是当前及今后一个时期开创两岸关系和平发展新局面的根本指针。

"六点意见"发表后，中央全面贯彻两岸关系和平发展重要思想及政策主张，两岸关系展现出从未有过的和平发展新局面，总体面貌发生了历史性的深刻变化。2012年1月，国民党赢得大选并继续执政再次表明，两

---

① 《人民日报·海外版》2007年10月16日。

岸议题在岛内的正面影响明显增强，两岸关系和平发展理念更加深入人心。11 月 8 日，党的十八大报告提出："实现和平统一首先要确保两岸关系和平发展"，同时又提出"全面贯彻两岸关系和平发展重要思想，巩固和深化两岸关系和平发展的政治、经济、文化、社会基础，为和平统一创造更充分的条件"，正式确立了两岸关系和平发展重要思想作为对台大政方针重要组成部分的战略地位。

两岸关系和平发展重要思想的形成，立足于对台工作长期的丰富实践，体现了实事求是的科学精神，反映了对两岸关系发展规律的深刻认识，不仅与毛泽东、周恩来争取和平解决台湾问题的主张、邓小平"和平统一、一国两制"的伟大构想以及江泽民的"八项主张"一脉相承，还源自不断努力从两岸关系发展中的生动实践总结经验。"从根本上说，推动两岸关系和平发展，是我们国家发展战略的一个重要组成部分，是走中国特色社会主义道路、实现中华民族伟大复兴的战略选择。"① 随着两岸全方位交流的展开和两岸关系整体向前迈进，两岸关系和平发展思想势将进一步深化拓展，内涵将更加丰富。

二、两岸关系和平发展重要思想形成的时代背景

两岸关系和平发展重要思想的形成具有鲜明的时代背景，进入新世纪国际形势仍持续缓和，中国综合实力和国际影响力显著提升，特别是 2008 年以来岛内政局发生积极变化，两岸关系取得历史性突破，为两岸关系和平发展重要思想的形成和深化奠定了重要基础。

（一）时代主题的判断与改革开放战略的实施，实现了中国综合实力的持续增长

时代主题是指历史大时代的核心内容，反映特定历史时期世界上主要矛盾发展的基本态势，国际社会的基本特征及其演变趋势②。对时代主题的判断是国家或政党制定发展战略及内外路线方针的最基本依据。1949 年以来，中国共产党对时代主题的认识经历了"战争与革命""和平与发展"两个阶段。中央提出"和平统一"方针并确立两岸关系和平发展重要思

① 《贾庆林在学习贯彻胡锦涛总书记重要讲话座谈会上的讲话》，《人民日报》2009 年 12 月 30 日，http：//www. gwytb. gov. cn/speech/speech/201101/t20110123 _ 1724021. htm。

② 黄仁伟：《中国和平发展道路的历史选择》，上海人民出版社，2008 年版，第 20 页。

想，与其对20世纪70年代末以来时代主题的准确判断和实施改革开放紧密相关。

20世纪70年代末，国际形势总体趋向缓和促使各国对和平与发展的期待大幅提升。邓小平高瞻远瞩地提出了和平与发展是当今世界主题的全新论断。1977年下半年起，邓小平就不止一次提出“可以延缓战争”① 的说法，1978年又数次指出“战争是可以避免的”。1982年，邓小平指出“战争的危险始终存在着，但看来短期内打不起来”。② 后来，又进一步说：“在较长时间内不发生大规模的世界战争是有可能的，维护世界和平是有希望的。”③ 1985年3月，邓小平会见日本访问团正式提出：“现在世界上真正大的问题，带全球性的战略问题，一个是和平问题，一个经济问题或者说发展问题。和平问题是东西问题，发展问题是南北问题。概括起来，就是东西南北四个字。南北问题是核心问题。”④ 1987年党的十三大首次将和平发展是当今世界的两大主题论断写入党的文件。

基于上述判断，中国共产党和政府适时把工作重心转移到经济建设上来，开创性地实施改革开放的战略决策，同时，正式提出和平统一的大政方针。经过30年的改革开放，中国的面貌发生了历史性变化，中国同世界的关系发生了历史性变化，台湾海峡两岸关系也发生了重大变化。

30多年来，中国经济保持高速稳定增长，综合实力迈上全新台阶，经济总量已上升为世界第二。“经过30年的不懈奋斗，我们胜利实现了我们党提出的现代化建设‘三步走’战略的前两步战略目标，正在向第三步战略目标阔步前进。”⑤ 当前，中国经济占世界经济的比重明显提升，中国的稳定发展有力地促进了世界经济和贸易增长，成为世界经济增长的重要引擎和主要稳定器之一。

30多年来，中国国际地位和国际影响显著上升。中国坚持奉行独立自主的和平外交政策，同发达国家关系全面发展，同周边国家睦邻友好不断深化，同发展中国家传统友谊更加巩固。中国还以负责任的大国形象积极

---

① 《邓小平年谱（1975—1997）》（上），中共中央文献出版社，2004年版，第207、224页。
② 《邓小平年谱（1975—1997）》（下），中共中央文献出版社，2004年版，第866页。
③ 《邓小平年谱（1975—1997）》（下），中共中央文献出版社，2004年版，第1051页。
④ 《邓小平年谱（1975—1997）》（下），中共中央文献出版社，2004年版，第1031页。
⑤ 《胡锦涛在纪念党的十一届三中全会召开30周年大会上的讲话》，《人民日报》2008年12月19日。

参与多边事务，承担相应国际义务。特别是在2008年国际金融危机重挫全球经济的形势下，中国政府果断采取积极对策，确保经济实现稳步增长，成为全球经济稳定的主要力量。中国的软硬实力双双获得大幅提升，参与全球治理的能力相应增强。

中国综合国力的增长也为中国走和平发展道路奠定了坚实基础，实现了两岸人民的共同利益与中华民族的根本利益的结合，实现了当今世界的时代主题与两岸关系和平发展主题的统一。30多年来，两岸贸易和投资从无到有，两岸经济关系逐渐恢复并且发展至相互依存、相互依赖。目前，台湾是大陆第7大贸易伙伴、第9大出口市场和第5大进口来源地，大陆是台湾最大的贸易伙伴、第一大出口市场和最大贸易顺差来源地，是台湾经济的主要拉动力量。30多年来，改革开放的实施和大陆综合实力的增强，也为两岸民间交流交往提供了广阔空间。两岸人员往来与各项民间交流迅猛发展，台湾民众对大陆的好感稳定增强，台湾同胞不仅是反对和遏制“台独”的重要力量，而且已经成为推动两岸关系和平稳定发展、实现两岸关系发展历史性转折的重要力量。“30年的实践充分证明，祖国大陆改革开放和现代化建设不断取得巨大进步，是推动两岸关系发展、实现祖国和平统一的雄厚基础和可靠保障，决定了两岸关系的基本格局和发展方向。”①

（二）经济全球化的深入发展和国际体系的转型创造了有利的国际环境

进入新世纪，经济全球化深入发展已成为国际社会的重要特征。全球各大经济体间的相互依存日益加深，各国与整个世界经济的联动性不断增强。同时，国际体系也处在重大转型当中，主要大国关系正在发生结构性调整，出现从传统的大国对抗朝大国合作参与全球治理的方向变迁。“当代国际体系转型是以和平方式为主，而全球问题治理是以发展为主要路径。”② 经济全球化的进一步深入和国际体系的转型为中国和平发展创造了难得机遇。

首先，经济全球化及由此带动的区域经济一体化迅速发展，世界各国相互依存日益紧密，共同利益不断扩大，使得大国间可以维持一种既竞争又合作的关系，为国际社会接受一个大国的和平崛起创造了可能，为中国

---

① 胡锦涛：《携手推动两岸关系和平发展　同心实现中华民族伟大复兴——在纪念〈告台湾同胞书〉发表30周年座谈会上的讲话》，《人民日报》2009年1月1日。

② 黄仁伟：如何把握和延长战略机遇期，《探讨与争鸣》2008年第14期，第14页。

走和平发展道路创造了外部条件。“经济全球化提供了不必对外扩张和争夺殖民地去掠夺别国资源，而可以通过全球化条件下生产要素的市场化流动，去获得中国现代化建设所必需的国际资源。”①

其次，经济全球化为中国推动经济社会发展提供了重要契机。改革开放以来，中国主动融入经济全球化进程，“从建立经济特区到开放沿海、沿江、沿边、内陆地区再到加入世界贸易组织，从大规模‘引进来’到大踏步‘走出去’，利用国际国内两个市场、两种资源水平显著提高，国际竞争力不断增强”②，全方位对外开放政策的实施，使中国在全球化竞争中的优势日趋凸显。

第三，与经济全球化相伴生的多极化趋势为中国和平发展提供了战略回旋空间。21世纪初，多极化趋势更加不可逆转，并且在全球和地区范围内，在政治和经济等领域呈现新的发展。全球性问题日益突出，国际社会加强协调合作的动力增强，国际安全观念日益从零和对抗走向合作安全和共同安全。经济全球化有力促进世界多极化，有利于中国赢得和平发展的时间和空间。

实践证明，“中国的现代化建设需要和平的国际安全环境、宽松的国际政治环境、有利的国际经济环境和多元并存的国际文化环境”。③ 当今世界，求和平、谋发展、促合作已成为不可阻挡的时代潮流，国际力量对比继续朝着有利于维护世界和平方向发展，国际形势总体稳定，这为中国走和平发展道路，实现全面建成小康社会的战略目标，以及推进两岸关系和平发展、实现祖国和平统一创造了良好的国际环境和重要的战略机遇期。

正是基于对国内外形势变迁的准确判断，祖国大陆围绕发展的时代主题提出了战略机遇期的科学论断和和平发展的国家发展战略，并把两岸关系和平发展有机地纳入国家发展总体战略之中。2002年，党的十六大提出全面建设小康社会的发展战略目标，指出“21世纪头20年，对我国来说，是一个必须紧紧抓住并且可以大有作为的重要战略机遇期”④。2003年胡

① 郑必坚：《中国共产党在21世纪的走向》，《人民日报·海外版》2005年11月22日。

② 《胡锦涛在纪念党的十一届三中全会召开30周年大会上的讲话》，《人民日报》2008年12月19日。

③ 杨洁勉：《重要战略机遇期与中国外交的历史任务》，《毛泽东邓小平理论研究》，2003年第4期，第60页。

④ 江泽民：《全面建设小康社会，开创中国特色社会主义事业新局面》，人民出版社2002年版，第18页。

锦涛在广东考察时又强调“要紧紧抓住和用好本世纪头20年这个重要战略机遇期，乘势而上，加快发展”，“要紧紧扭住经济建设这个中心不动摇”。2007年，党的十七大也强调要“抓住和用好重要战略机遇期”。2012年，党的十八大报告再次指出，“综观国际国内大势，我国发展仍处于可以大有作为的重要战略机遇期。我们要准确判断重要战略机遇期内涵和条件的变化，全面把握机遇，沉着应对挑战，赢得主动，赢得优势，赢得未来，确保到2020年实现全面建成小康社会宏伟目标”。与此相联系，祖国大陆积极探索新的发展道路并最终确立了和平发展的国家发展战略。“中国坚持走和平发展道路，是基于中国国情的必然选择，是基于中国历史文化传统的必然选择，是基于当今世界发展潮流的必然选择。”①

紧紧抓住和用好战略机遇期，坚持走和平发展道路，事关国家兴盛、民族复兴和国家统一。台湾问题事关国家领土完整与国家统一这一核心利益，两岸关系的和平发展、台海地区的和平稳定，是国家发展战略的基本要求和应有之义。两岸关系和平发展与中国和平发展本质上相辅相成、相互联系，两岸关系的稳定发展不仅对战略机遇期的长短，甚至对能否保障战略机遇期都将产生至关重要的影响。如果台海出现紧张局势甚至爆发武力冲突，我们就不可能维护我们自己发展稳定的国际环境，甚至有可能使我们失去发展的战略机遇期。两岸关系走上和平发展的良性轨道，首先可大幅降低台海地区紧张局势，有利于维护有利的国际环境，延长战略机遇期。其次，有利于推动两岸经济全面深入合作，共同应对经济全球化与区域经济一体化带来的种种严峻挑战，促进两岸共同发展。因此，“确保两岸关系和平发展，有利于两岸同胞加强交流合作、融洽感情，有利于两岸积累互信、解决争议，有利于两岸经济共同发展、共同繁荣，有利于维护国家主权和领土完整、实现中华民族伟大复兴”。②

（三）两岸关系基本格局与方向有利于两岸和平稳定发展的趋势逐渐增强

两岸关系和平发展思想的提出与深化，离不开对岛内政局及两岸关系发展趋势的准确把握与科学判断。台湾政局和两岸关系的基本格局与发展方向有利于两岸和平稳定发展的趋势增强，特别是2008年台湾局势发生重

---

① 胡锦涛：《努力建设持久和平、共同繁荣的和谐世界》，《人民日报》，2005年9月16日。

② 胡锦涛：《携手推动两岸关系和平发展　同心实现中华民族伟大复兴——在纪念〈告台湾同胞书〉发表30周年座谈会上的讲话》，《人民日报》2009年1月1日。

大积极变化，为推进两岸关系和平发展、实现祖国和平统一提供了现实可能，成为两岸关系和平发展思想最终形成和不断深化的重要背景。

民进党陈水扁当局 2000 年上台以后，蓄意制造两岸关系紧张气氛，利用政权的力量推动“台独”分裂活动不断升级，严重地威胁了台海地区的和平稳定。大陆方面虽郑重提出一系列促进两岸和平稳定发展的主张，但始终没有得到陈水扁当局的正面响应，反对和遏制“台独”成为对台工作的最紧迫的任务。但另一方面，民进党当局违背历史潮流、倒行逆施的“台独”挑衅，导致岛内经济停滞，政治对立加剧，台湾在全球化进程中日益边缘化，也引起了大多数台湾民众的反感，他们厌恶无休止的蓝绿恶斗，求和平、求稳定、求发展的愿望更加强烈。面对新世纪台海局势的复杂变化，胡锦涛为总书记的党中央提出了“两岸关系中出现了一些有利于遏制‘台独’分裂及其活动的积极因素，台海紧张局势出现了某些缓和的迹象，但反对‘台独’分裂势力及其活动的斗争仍然严峻复杂”[①] 的深刻判断，并反复强调当前对台工作的首要任务是反对和遏制“台独”分裂势力及其活动。2008 年 3 月民进党下台后，“台独”政权垮台，“法理台独”危机解除，“台独”的现实危险性大大降低，促进和深化两岸关系和平发展就成为两岸执政党和双方责无旁贷的任务，大陆对台工作重心适时地做出了由反对和遏制“法理台独”向推动两岸关系和平发展的方向调整。

三、两岸关系和平发展重要思想的基本内涵

两岸关系和平发展重要思想十分广博、深邃，其核心内容就是为什么要推动两岸关系和平发展和怎样推动两岸关系和平发展。具体而言，其基本内涵包括以下方面：

（一）推动两岸关系和平发展是坚持和平统一方针的必然要求

和平统一是一项长期艰巨复杂的历史过程，不可能一步到位。在两岸隔绝分离近六十年、尚未实现统一的背景下，化解两岸同胞之间的隔膜和疑虑，增进两岸同胞的了解、理解和互信，绝非一日之功。在这个过程中，推进两岸关系和平发展无疑是朝着和平统一迈出的必要步骤，也是实

① 胡锦涛：《关于新形势下发展两岸关系的四点意见》，《人民日报》2005 年 3 月 5 日。

现祖国和平统一的必经之路。胡锦涛“六点意见”明确提出争取和平统一首先要确保两岸关系和平发展的重要论断，并指出了确保两岸关系和平发展的“四个有利于”。[①] 另一方面，推进两岸关系和平发展还面临着“台独”势力的阻挠、两岸固有矛盾的制约和外国势力的牵制等种种障碍与困难，必须进行全方位的准备，才能使两岸关系和平发展成为不可逆转的趋势，才能为实现祖国和平统一的根本目的创造更充分的条件。正如党的十八大报告指出：实现和平统一首先要确保两岸关系和平发展。必须坚持“和平统一、一国两制”方针，坚持发展两岸关系、推进祖国和平统一进程的八项主张，全面贯彻两岸关系和平发展重要思想，巩固和深化两岸关系和平发展的政治、经济、文化、社会基础，为和平统一创造更充分的条件。[②] 可见，两岸关系和平发展的过程，既是融洽两岸同胞感情、逐步削弱“台独”社会基础的过程，也是为实现和平统一积累资源、创造条件的过程。实现祖国和平统一和确保两岸关系和平发展内在联系、不可割裂。

（二）推动两岸关系和平发展的基本要求

推动两岸关系和平发展是一个前所未有、长期复杂的系统工程。第一，要把坚持大陆和台湾同属一个中国作为政治基础。要坚持两岸同属一个中国，核心就是确保国家的主权和领土完整。胡锦涛“六点意见”鲜明地指出：“两岸在事关维护一个中国框架这一原则问题上形成共同认知和一致立场，就有了构筑政治互信的基石。”[③] 十八大政治报告进一步提出了“增进维护一个中国框架的共同认知，在此基础上求同存异”[④]。第二，要把深化交流合作、推进协商谈判作为重要途径。深化两岸交流合作将促进和扩大两岸关系和平发展的物质与社会基础，也有助于扩大两岸共同利益，面对全球化的挑战。而通过协商谈判，两岸可逐步解决历史遗留问题和两岸发展过程中的新问题，破除限制两岸交流合作深化的各种障碍。第

① 即：有利于两岸同胞加强交流合作、融洽感情，有利于两岸积累互信、解决争议，有利于两岸经济共同发展、共同繁荣，有利于国家主权和领土完整、实现中华民族伟大复兴。见胡锦涛：《携手推动两岸关系和平发展 同心实现中华民族伟大复兴——在纪念〈告台湾同胞书〉发表30周年座谈会上的讲话》，《人民日报》2009年1月1日。

② 胡锦涛：《坚定不移沿着中国特色社会主义道路前进，为全面建成小康社会而奋斗》，人民出版社2012年版，第44—45页。

③ 胡锦涛：《携手推动两岸关系和平发展 同心实现中华民族伟大复兴——在纪念〈告台湾同胞书〉发表30周年座谈会上的讲话》，《人民日报》2009年1月1日。

④ 胡锦涛：《坚定不移沿着中国特色社会主义道路前进，为全面建成小康社会而奋斗》，人民出版社2012年版，第45页。

三，要把坚持促进两岸同胞团结奋斗作为强大动力。台湾同胞是发展两岸关系的重要力量。坚持寄希望于台湾人民的方针，推进两岸关系和平发展，就要求必须最大可能、最大限度地团结台湾同胞，并尽最大努力维护并增进他们的利益。两岸同胞是血脉相连的命运共同体，“实现中华民族伟大复兴要靠两岸同胞共同奋斗，两岸关系和平发展新局面要靠两岸同胞共同开创，两岸关系和平发展成果由两岸同胞共同享有”①。第四，要把继续反对“台独”分裂活动作为必要条件。2008 年 5 月国民党重新执政后，“台独”分裂势力仍是干扰和破坏两岸关系和平发展的最大现实威胁。只有坚决遏制和弱化“台独”分裂活动，才能为推进两岸关系和平发展提供良好稳定的岛内环境和可靠保障。

（三）推进两岸关系和平发展的制度化建设

胡锦涛“六点意见”全面阐述了中央对台从政治、经济等六大领域构建两岸关系和平发展框架的政策主张，高度概括了两岸关系和平发展框架的基本范畴和努力方向，使两岸关系和平发展框架成为完整的政策体系。第一，政治上强调恪守一个中国、增进政治互信。首先，准确界定了两岸关系的本质属性和政治定位。即：1949 年以来，大陆和台湾尽管尚未统一，但不是中国领土和主权的分裂，而是上个世纪 40 年代中后期中国内战遗留并延续的政治对立，这没有改变大陆和台湾同属一个中国的事实。两岸复归统一，不是主权和领土再造，而是结束政治对立。其次，提出了一个中国框架是两岸建立互信的基石。两岸在事关维护一个中国框架这一原则问题上形成共同认知和一致立场，就有了构筑政治互信的基石，什么事情都好商量。其三，反对“台独”分裂活动是构建和维护两岸关系和平发展框架的必要条件。第二，经济上强调推进经济合作、促进共同发展。两岸关系和平发展框架指明了开展两岸经济合作的方向和目标，提出了发展两岸经济关系的“路线图”，即实现两岸经济关系正常化、促进两岸经济合作制度化并签订综合性经济合作协议、建立具有两岸特色的经济合作机制。建立更加紧密的两岸经济合作机制进程，有利于台湾经济提升竞争力和扩大发展空间，有利于两岸经济共同发展并探讨与亚太区域经济合作机制相衔接的可行途径。第三，文化上强调弘扬中华文化、加强精神纽带。

① 胡锦涛：《携手推动两岸关系和平发展　同心实现中华民族伟大复兴——在纪念〈告台湾同胞书〉发表 30 周年座谈会上的讲话》，《人民日报》2009 年 1 月 1 日。

"中华文化在台湾根深叶茂，台湾文化丰富了中华文化内涵。台湾同胞爱乡爱土的台湾意识不等于'台独'意识。"① 两岸双方应共同维护两岸共同的中华文化传承，加强两岸同胞的精神纽带；共同推进和深化两岸文化交流合作，增强对中华文化和中华民族的认同；共同推进两岸文化产业合作，提升中华文化的国际影响力；加强两岸教育交流合作，尤其是两岸青少年交流，增添两岸关系和平发展的蓬勃活力；协商签订两岸文化教育交流协议，建立两岸文教交流合作机制，等等。第四，在社会交流上强调加强人员往来、扩大各界交流。一是要继续推动国共两党交流对话，共同推动落实"两岸和平发展共同愿景"。二是要积极推动两岸各界特别是基层民众间最广泛的交流。三是指出只要民进党改变"台独"分裂立场，大陆愿意作出正面回应。欢迎那些曾经主张过、从事过、追随过"台独"的人，回到推动两岸关系和平发展的正确道路上来，欢迎和鼓励民进党人士到大陆参访交流，理性务实地对待两岸关系发展。第五，在涉外事务上强调维护国家主权、务实协商。一是主张从避免两岸在涉外事务中不必要的内耗有利于增进中华民族整体利益的高度出发，处理台湾参与国际组织活动问题。二是主张不造成"两个中国""一中一台"是处理台湾国际活动问题的前提。三是务实协商是处理台湾国际活动问题的途径。四是强调解决台湾问题、实现国家完全统一是中国内部事务，不受任何外国势力干涉，两岸完全有能力解决好。第六，在军事安全上主张结束敌对状态、达成和平协议。构建两岸关系和平发展框架应就两岸政治关系和军事安全问题的处理进行研究探讨和规划。一是为有利于两岸协商谈判，对彼此往来做出安排，两岸可以就在国家尚未统一的特殊情况下的政治关系展开务实探讨。二是为有利于稳定台海局势，减轻军事安全顾虑，两岸可以适时就军事问题进行接触交流，探讨建立军事安全互信机制问题。三是在一个中国原则的基础上，协商正式结束两岸敌对状态，达成和平协议。

（四）推动两岸关系和平发展必须坚持以人为本的根本宗旨

两岸关系的主体是两岸同胞，两岸关系归根结底是两岸人民之间的关系。祖国大陆自 1979 年正式提出寄希望于台湾人民的主张以来，始终高度重视台湾同胞在两岸关系发展中的积极作用，积极增进和维护台湾同胞的

---

① 胡锦涛：《携手推动两岸关系和平发展　同心实现中华民族伟大复兴——在纪念〈告台湾同胞书〉发表 30 周年座谈会上的讲话》，《人民日报》2009 年 1 月 1 日。

福祉与切身利益。胡锦涛“六点意见”强调，“要坚持以人为本，把寄希望于台湾人民的方针贯彻到各项对台工作中去”，“要采取更加积极的措施，让越来越多的台湾同胞在推动两岸关系和平发展中增进福祉”。2012 年 11 月，党的十八大报告不仅明确提出“要努力促进两岸同胞团结奋斗”，同时指出：“两岸同属中华民族，是血脉相连的命运共同体，理应相互关爱信赖，共同推进两岸关系，共同享有发展成果”；“凡是有利于增进两岸同胞共同福祉的事情，我们都会尽最大努力做好”；“我们要切实保护台湾同胞权益，团结台湾同胞，维护好、建设好中华民族共同家园”。祖国大陆把“以人为本”“为民谋利”的执政理念贯彻到对台政策的具体实践当中，从理解、尊重和照顾台湾同胞的实际出发，切实保护台湾同胞的合法权益，增进台湾同胞的福祉，使越来越多的台湾同胞参与到两岸关系和平发展中来，增强了他们促进两岸关系和平发展的信心。

2012 年 11 月党的十八大报告在总结过去 5 年来推动两岸关系和平发展理论创新与实践创新的基础上，对两岸关系和平发展重要思想进一步作了理论上的升华，提出了今后一个时期对台工作的指导思想和基本要求，并指明了巩固和深化两岸关系和平发展“要始终坚持一个中国原则，核心是维护国家领土和主权完整”“要持续推进两岸交流合作，拓宽两岸关系和平发展的前进道路”“要努力促进两岸同胞团结奋斗，汇聚推动两岸关系和平发展的强大动力”“坚决反对‘台独’分裂图谋，确保两岸关系和平发展的必要条件和稳定环境”四项基本要求和重点。① 可以看出，两岸关系和平发展重要思想并不是故步自封的理论体系，它既是对中央对台大政方针的继承，来自于对台工作的具体实践，也必将随着实践的发展而不断与时俱进。

（原载于《现代台湾研究》2013 年第 6 期）

① 孙亚夫：《巩固和深化两岸关系和平发展》，《光明日报》2012 年 11 月 27 日。

论两岸关系和平发展思想的提出、形成及其政策主张

王建民

一、中共中央对台政策战略调整及两岸关系和平发展思想的提出与形成

20世纪70年代末到80年代初，党和国家领导人先后提出一系列关于台湾问题的主张与论述，逐渐形成“和平解决台湾问题”的总体思路，并创造性地提出了“和平统一、一国两制”的科学构想。

1979年元旦，全国人大常委会发表的《告台湾同胞书》，是推动两岸和解与实现两岸和平的宣言书，对两岸关系发展与促进两岸和平统一具有划时代的重大意义。《告台湾同胞书》不仅“宣布了争取和平统一祖国的大政方针”，而且还提出了“商谈结束这种军事对峙状态”、“希望双方尽快实现通航通邮”“发展贸易，互通有无，进行经济交流”等一系列促进两岸和解与经贸文化往来的重要政策主张”,① 已有明显的两岸关系和平发展思想。1981年9月30日，时任人大委员长叶剑英发表关于台湾回归祖国实现和平统一的重要讲话，提出了两岸和解与和平统一的九条方针政策(史称“叶九条”)。”② 邓小平同志在处理香港回归与未来两岸和平统一问题上逐渐形成并提出了“和平统一、一国两制”的伟大构想。在这一伟大构想与方针指导下，中共中央提出了许多推进两岸关系发展与和平统一的重要政治经济主张，极大地促进了两岸关系的发展。

---

① 中共中央台湾工作办公室、国务院台湾事务办公室：《中国台湾问题》（干部读本），九洲图书出版社，1998年版，第226—228页。

② 中共中央台湾工作办公室、国务院台湾事务办公室：《中国台湾问题》（干部读本），九洲图书出版社，1998年版，第229—230页。

在海峡两岸关系形势及岛内政局发生重大变化的历史背景下，以江泽民为代表的第三代国家领导人开始谋划推动两岸关系发展与促进和平统一的新方案。1995年1月30日，江泽民发表《现阶段发展两岸关系、推进祖国和平统一进程》的重要讲话，系统阐述了新形势下两岸关系发展与实现祖国和平统一的八项政策主张，核心是推动两岸关系的健康发展，再次提议就“正式结束两岸敌对状态、逐步实现和平统一”[①]进行谈判，不仅提出了推进两岸关系和平发展与实现和平统一的重要思路，而且还提出了一套完整的解决方案。

新世纪以来，台湾岛内政局发生重大变化，海峡两岸关系形势有了新变化，以胡锦涛同志为核心的新一届国家领导人对台湾问题与两岸关系发展提出一系列新的主张与论述，逐渐形成并确立了两岸关系和平发展的重要思想与主要内容，其核心是“牢牢把握两岸关系和平发展的主题”，重要目标是构建两岸关系和平发展架构。

2000年初，台湾政治与权力结构发生重大变化，代表“台独”分裂势力的民进党上台执政，台湾政治发展进入一个新的时期。民进党执政之后，“台独”分裂活动逐步升级，两岸形势发生了重大变化。特别是代表民进党参选的陈水扁在2004年初选举中获得连任之后，开始加快推动“台独”分裂活动，海峡两岸关系发展面临严峻挑战。在两岸关系发展面临危机的关键时刻，中共中央台办、国务院台办授权于2004年5月17日就当前两岸关系问题发表声明，严正指出：“当前两岸关系形势严峻。坚决制止旨在分裂中国的‘台湾独立’活动，维护台海和平稳定，是两岸同胞当前最紧迫的任务”，提出“‘台独’没有和平，分裂没有稳定”的重要论断，[②]进而提出了实现两岸关系和平稳定发展的“七项主张”（此为“5·17声明”）。由此可见，中共中央提出“两岸关系和平发展”主张有着重要的时代背景，是在两岸关系发展面临岛内“台独”势力严峻挑战的情况下提出的，是建立在反对与制止“台独”分裂活动基础之上的。

为切实维护国家主权与领土完整及维护台海和平，2005年3月4日，胡锦涛总书记提出新形势下发展两岸关系的“四点意见”，较为详细地阐

---

① 中国社会科学院台湾研究所：《新时期对台方针政策重要文献选编（修订本）》，2009年非公开出版，第470页。

② 《中共中央台办、国务院台办受权于2004年5月17日就当前两岸关系问题发表声明》，《人民日报》2004年5月17日。

述了中共中央在新形势下推动两岸关系和平发展的基本主张，再次郑重呼吁："我们真诚希望台湾有关人士和有关政党严肃思考这个重大问题，从民族大义出发，从两岸同胞的福祉出发，为保持台海和平、发展两岸关系、实现和平统一做出正确的历史性抉择。"①

中共中央反对"台独"分裂活动与推进两岸关系和平发展的主张，在海峡两岸引起广泛关注与反响，尤其是获得台湾岛内国民党、亲民党、新党等"反独"政党的积极回应，纷纷提出两岸关系和平发展的政治主张，并开始调整与大陆互动往来立场。2005 年初，国民党主席连战、亲民党主席宋楚瑜、新党主席郁慕明等先后展开访问大陆的"和平之旅"，中共中央与岛内反对"台独"的政党开始共议两岸和平发展问题。其中，2005 年 4 月 29 日，胡锦涛在与国民党主席连战先生的会谈中提出了以"九二共识"为基础、推进两岸关系和平稳定发展为核心的"四点主张"。在同日发表的"胡连会谈新闻公报"中，国共双方达成了"两岸和平发展共同愿景"的五点共识。在此形势下，两岸关系和平发展思想与主张成为新时期两岸关系发展的主旋律，也揭开了两岸关系和平发展的历史新篇章。

在此背景下，胡锦涛于2006 年4 月提出了"和平发展理应成为两岸关系发展的主题"这一重要主张，将"和平发展"确立为两岸关系发展的核心"主题"。胡锦涛在这一主题思想指导下提出两岸关系和平发展的"四点建议"：第一，坚持"九二共识"，是实现两岸关系和平发展的重要基础；第二，为两岸同胞谋福祉，是实现两岸关系和平发展的根本归宿；第三，深化互利双赢的交流合作，是实现两岸关系和平发展的有效途径；第四，开展平等协商，是实现两岸关系和平发展的必由之路②。这是时任总书记胡锦涛对两岸关系和平发展思想系统、完整的论述与概括，明确具体地提出了两岸和平发展的重要基础、根本归宿、有效途径与必由之路。2008 年 12 月 31 日，胡锦涛在纪念《告台湾同胞书》发表 30 周年座谈会上发表了《携手推动两岸关系和平发展，同心实现中华民族伟大复兴》的重要讲话，不仅总结了过去 30 年来中共中央对台战略调整历程及推动两岸关系发展取得的重大成就，而且再次详细阐述与进一步完善了两岸关系和平发展的重要思想，系统提出了构建两岸关系和平发展的政策主张。这一

① 《胡锦涛就新形势下发展两岸关系提四点意见》，《人民日报》2005 年 3 月 5 日。

② 《胡锦涛会见中国国民党荣誉主席连战和参加两岸经贸论坛人士》，《人民日报》2006 年 4 月 17 日。

重要讲话阐述的重要思想与主张，体现了对两岸关系发展时代主题的深刻把握，继承、丰富和发展了中央对台工作的战略思想，赋予了对台方针政策新的时代内涵。

二、中共中央关于两岸关系和平发展的重要思想

中共中央提出两岸关系和平发展思想与政策主张，内容丰富，意义重大。

（一）两岸关系和平发展是国家整体和平发展战略的重要组成部分

和平发展是党和国家领导人在总结历史经验和对海峡两岸及国际形势做出科学判断的基础上提出的国家发展战略思想。和平发展的核心思想是对内改革开放，构建和谐社会；对外实行和平共处与和平发展的道路；在两岸问题上是加强两岸交流与合作，实现和解与和平，推进祖国和平统一进程。

新世纪以来，中国在既有改革开放取得重大成就基础上，在持续推进现代化发展道路上，开始探求新的发展道路。经过多年的讨论与探索，中共中央逐步确立了以“和平发展”为核心概念的国家发展战略。2004 年 1 月，国务院新闻办公室公布《中国的和平发展道路白皮书》，系统阐述了中国坚持走和平发展道路的必然性和坚定决心，以及为实现这一目标而采取的战略方针和政策措施。随后，胡锦涛和温家宝等党和国家领导人在不同场合进一步阐述了中国和平发展道路的理论、思想与意义。2011 年 6 月，国务院新闻办公室公布新的《中国的和平发展白皮书》，再次向世界表明，和平发展是中国实现现代化和富民强国、为世界文明进步做出更大贡献的战略抉择。

国家和平发展战略的提出，当然涉及国家核心利益的台湾问题的政策与战略调整。解决台湾问题一直是国家总体发展战略的重大问题。国家和平发展，离不开海峡两岸的和解与和平发展，离不开台湾问题的和平解决。同样，没有两岸关系的和平发展，就不可能有国家整体的和平发展环境，就无法实现和平发展。《中国的和平发展白皮书》提出的国家六大核心利益之一的“国家领土完整与国家统一”，其实质就是与两岸关系和平发展直接相关的台湾问题。《白皮书》提出的“以命运共同体的新视角，以同舟共济、合作共赢的新理念”的和平发展思想，同样适应于两岸关系

和平发展。

不容置疑，推动两岸关系和平发展是国家和平发展战略的重要组成部分，两岸关系发展已纳入到国家发展战略与规划之中，并在国家整体发展中推进两岸关系的和平发展。

（二）坚持一个中国原则与“九二共识”、反对“台独”分裂活动，是两岸关系和平发展的政治基础

坚持一个中国原则，坚持“九二共识”，反对“台独”分裂活动，既是两岸关系和平发展的重要政治基础，也是两岸关系和平发展的重要保障。2005 年 3 月，胡锦涛针对海峡两岸关系发展形势提出的“四点意见”第一条就是“坚持一个中国原则决不动摇”。在党的十七大讲话中，胡锦涛强调，“实现两岸关系和平发展，基础是坚持一个中国原则，目的是为两岸同胞谋福祉，途径是深化互利双赢的交流合作”，非常明确地提出了一个中国原则是实现两岸关系和平发展的基础。

在坚持一个中国原则问题上，中共中央在新的形势下有了新的表述。对一个中国原则灵活与务实的表述，是对两岸关系的客观、科学定位，旨在创造两岸政治上的“共同认知”与突破，否则无法推进两岸关系和平发展。

两岸关系和平发展与和平统一的最大障碍之一是，海峡两岸对一个中国的“政治认知”或两岸关系的政治定位存在巨大差异。时任总书记胡锦涛对重大敏感的一个中国原则、两岸关系现状与国家和平统一提出了新的论述，进行了科学定位。胡锦涛指出，“世界上只有一个中国，中国主权和领土完整不容分割。1949 年以来，大陆和台湾尽管尚未统一，但不是中国领土和主权的分裂，而是上个世纪 40 年代后期中国内战遗留并延续的政治对立，这没有改变大陆和台湾同属一个中国的事实。两岸复归统一，不是主权和领土的再造，而是结束政治对立。”这一论述明确阐述了目前海峡两岸关系的政治内涵与现状是“内战的延续”，“不是中国领土和主权的分裂”，不是“两个中国”或“一中一台”，而是两岸的政治对立，不是主权的对立。解决这一问题，当然不是建立新的国家，不是“主权和领土的再造”，而是结束两岸的政治对立，实现两岸的政治和解，确立“世界上只有一个中国”“台湾与大陆同属一个中国”的认知。

如何结束两岸政治对立、实现“两岸复归统一”？建立两岸的政治互信非常重要，时任总书记胡锦涛提出“两岸在事关维护一个中国框架这一原则问题上形成共同认知和一致立场，就有了构筑政治互信的基石”。建立政治互信是两岸政治关系改善的基础，目前两岸关系的脆弱性就在于政治互信不足。问题的关键在于海峡两岸能否对一个中国框架有“共同认知”和“一致立场”。如果海峡两岸在这一问题上认知差异、分歧巨大，则两岸症结难解。当前海峡两岸对一个中国框架已有了基本的“共同认知”，这就是“九二共识”。因此，“九二共识”，确认“台湾与大陆同属一个中国”，这一表述与坚持一个中国原则的实质意义是同样的，是两岸关系和平发展的重要政治基础。

2005 年 4 月 29 日，胡锦涛与中国国民党主席连战举行会谈时表示，“‘九二共识’既确认了双方均坚持一个中国的共同立场，又搁置了双方的政治分歧，是发挥政治智慧、照顾各方利益的成果”，“只要两岸在‘九二共识’的基础上恢复对话和谈判，就一定能够为两岸和平稳定发展开创新的局面”①。胡锦涛在 2006 年 4 月会见国民党荣誉主席连战和参加两岸经贸论坛人士的讲话中提出两岸关系和平发展四点建议的第一条同样是，“坚持‘九二共识’，是实现两岸关系和平发展的重要基础”。2008 年 12 月 31 日，胡锦涛在纪念《告台湾同胞书》发表 30 周年座谈会上发表《携手推动两岸关系和平发展，同心实现中华民族伟大复兴》的重要讲话中表示，“我们应该把坚持大陆和台湾同属一个中国作为推动两岸关系和平发展的政治基础”。

坚持一个中国原则或坚持“九二共识”的另一重要表现是，坚决反对“台独”分裂活动，这是实现两岸关系和平发展的重要保障。因此，中共中央首次将“九二共识”写入党的十八大报告，明确强调“两岸双方应恪守反对‘台独’、坚持‘九二共识’的共同立场，增进维护一个中国框架的共同认知”。

推进两岸关系和平发展，关键之一是要坚决反对影响与破坏两岸关系和平发展的各种“台独”分裂活动。胡锦涛明确将“台独”分裂活动视为两岸关系和平发展的“最大祸害”“最大障碍”与“最大威胁”。胡锦涛一再强调，“台独分裂活动已成为对国家主权和领土完整的最大祸害、对两岸关系发展的最大障碍、对台海地区和平稳定的最大威胁”，因此提出，“只有坚决遏制‘台独’分裂活动，才能实现两岸关系和平发展的前景，

① 《胡锦涛与中国国民党主席连战在北京举行正式会谈》，《人民日报》2005 年 4 月 30 日。

才能维护两岸同胞的福祉”。也就是说，不能遏制“台独”分裂活动，就不能实现两岸关系的和平发展。

影响和阻碍两岸关系和平发展的最大挑战是岛内“台独”分裂势力的发展及“台独”分裂活动的高涨。尤其是民进党上台执政后，陈水扁大搞“台湾正名”与“公投制宪”等“台独”分裂活动，极大地威胁着台海和平发展。因此，胡锦涛在倡议“牢牢把握两岸关系和平发展主题”的同时，也一再明确表示“反对‘台独’分裂活动决不妥协”，“只有坚决遏制‘台独’分裂活动，才能实现两岸关系和平发展的前景，才能维护两岸同胞的福祉”,① 深刻揭示了和平发展与反对“台独”的辩证关系，也指出了反对与遏制“台独”分裂活动是中央对台工作的中心任务之一，而且是一项长期艰巨的任务。

（三）“共同家园”与“两岸命运共同体”是两岸关系和平发展思想的重要体现

建设两岸“共同家园”与“两岸命运同体”是两岸关系和平发展的重要内容。

怎样化解历史上形成的海峡两岸之间的政治对立与对国家统一的认知差距，争取台湾民众对国家、民族与两岸关系的理性认识，为未来国家和平统一创造条件，是中共中央一直思考的重大课题。在建构两岸关系和平发展理论与思想问题上，胡锦涛提出了两岸“共同家园”与“两岸命运共同体”概念，并成为两岸关系和平发展思想的重要内容。2003 年 3 月 11 日，胡锦涛在参加十届全国人大一次会议会见台湾代表团时提出：“中国是两岸同胞的中国，是我们的共同家园。”② 此后，在有关两岸关系和平发展论述中，胡锦涛不断强调与完善这一思想。胡锦涛在党的十七大政治报告中重申：“中国是两岸同胞的共同家园，两岸同胞理应携手维护好、建设好我们的共同家园。”③ 2008 年 3 月，胡锦涛在看望参加十一届全国政协一次会议的民革台盟台联委员时再次提出：“无论是过去、现在，还是将

① 中国社会科学院台湾研究所：《新时期对台方针政策重要文献选编（修订本）》，2009 年非公开出版，第 75 页。

② 中国社会科学院台湾研究所：《新时期对台方针政策重要文献选编（修订本）》，2009 年非公开出版，第 13 页。

③ 中国社会科学院台湾研究所：《新时期对台方针政策重要文献选编（修订本）》，2009 年非公开出版，第 71—72 页。

来，13亿大陆同胞和2300万台湾同胞都是血脉相连的命运共同体。”①

胡锦涛关于两岸关系和平发展思想提出了一个重要命题，即台湾是谁的台湾？中国是谁的中国？以及台湾命运与中国命运的关系问题，明确阐述了台湾不只是2300台湾人民的台湾，而是包括2300万人在内的13亿中国人民的台湾；中国不只是大陆同胞的中国，而是包括2300万台湾人民在内13亿中国人民的中国，中国是两岸同胞的“共同家园”，两岸同胞更是血脉相连的“命运共同体”，道出了海峡两岸同属一个中国、两岸人民同属中华民族的真谛，道出了台湾的未来与命运是与中国命运、与中华民族的命运紧密相连的。

中国是两岸同胞的共同家园，两岸是一个命运共同体，就需要海峡两岸之间的团结与包容，需要海峡两岸相互支持与扶持，需要共同发展，共同建设自己的家园。因此，胡锦涛将两岸共同家园、两岸命运共同体思想与中华民族的复兴紧密联系在一起。2008年4月，胡锦涛与中国国民党荣誉主席连战会面时表示：“两岸同胞是血脉相连的命运共同体，同属中华民族大家庭。衷心希望两岸同胞进一步携起手来，共同开创两岸关系和平发展新局面，共同实现中华民族伟大复兴，共同促进人类和平与发展的崇高事业。”② 同年12月31日，胡锦涛在纪念《告台湾同胞书》发表30周年座谈会上发表《携手推动两岸关系和平发展，同心实现中华民族伟大复兴》的重要讲话，再次提出：“两岸同胞是血脉相连的命运共同体。包括大陆和台湾在内的中国是两岸同胞的共同家园，两岸同胞有责任把她维护好、建设好。实现中华民族伟大复兴要靠两岸同胞共同奋斗，两岸关系和平发展新局面要靠两岸同胞共同开创，两岸关系和平发展成果由两岸同胞共同享有。”可以说，“共同家园”“命运共同体”“共同决定”“共同开创”与“共同享有”等构成胡锦涛两岸关系和平发展与对台工作的重要思想体系。

（四）“以民为本”是两岸关系和平发展思想的核心理念

“以民为本”是两岸关系和平发展思想的核心内容与理念之一。胡锦涛提出，实现两岸关系和平发展，基础是坚持一个中国原则，目的是为两岸同胞谋福祉，途径是深化互利双赢的交流合作。“为两岸同胞谋福祉”就是体现“以民为本”，以两岸人民的根本利益为依归的思想。

---

① 中国社会科学院台湾研究所：《新时期对台方针政策重要文献选编（修订本）》，2009年非公开出版，第73—76页。

② 《胡锦涛会见连战，强调在九二共识基础上恢复协商》，《人民日报》2008年4月30日。

2008 年 12 月 31 日，胡锦涛在纪念《告台湾同胞书》发表 30 周年座谈会上发表《携手推动两岸关系和平发展，同心实现中华民族伟大复兴》的重要讲话，再次明确提出："我们要坚持以人为本，把寄希望于台湾人民的方针贯彻到各项对台工作中去，理解、依赖、关心台湾同胞，体察他们的意愿，了解他们的诉求，为他们排忧解难，满腔热情为台湾同胞多办好事、多办实事，依法保护台湾同胞的正当利益，最广泛地团结台湾同胞一道推动两岸关系和平发展。"这一论述充分体现了中共中央对台工作与推进两岸关系和平发展中"以民为本""以人为本"、关心台湾同胞切身利益的重要思想，也是两岸和平发展思想的重要体现。

"以民为本"的思想与主张，就是要强调在两岸关系的和平发展进程中，提出与采取促进两岸关系发展的政策措施，要从两岸人民尤其是台湾人民的根本利益、切身利益与社会福祉为出发点，为依归。正是在这一思想指导下，在两岸关系发展过程中，中共中央提出"互惠互利、互利双赢"等一系列推进两岸经济合作的政策主张，出台一大批惠及台湾民众的政策举措，尤其是还明确提出在两岸经济合作中、在 ECFA 的签署中对台"让利"思想。这些政策举措与做法，充分体现了两岸关系发展中"以民为本"与关心台湾民众利益的重要思想，进而推进了两岸关系和平发展，逐步得到台湾同胞的广泛认同与支持。

（五）"共同发展"是两岸关系和平发展的重要目标

和平发展的核心内容不只是两岸的和解与和谐，不只是两岸没有对抗、没有战争，和平共处，更重要的是实现两岸的共同发展、共同繁荣和共同进步。只有共同发展，才能实现和平发展，只有和平发展，才有共同发展的条件与基础。

在两岸经济关系形势发生重大变化与台湾经济发展困难日益增大的形势下，胡锦涛在两岸关系和平发展这一主题思想下，提出了有关两岸"共同发展"的一系列重要论述与主张。2003 年 12 月 25 日，胡锦涛在与台资企业协会负责人会谈中提出，"面对新的发展机遇和挑战，理应密切往来、加强交流、扩大合作、共同发展"，并提出"四个有利于"① 的两岸共同发展主张。2005 年 4 月 29 日，胡锦涛在与中国国民党主席连战会谈时提出

① "四个有利"即"只要是对台湾同胞来大陆投资经商、兴办实业有利的事情，只要是对两岸经济、科技和文化等领域的交流与合作有利的事情，只要是对两岸关系发展和祖国统一有利的事情"。

两岸关系发展“四项主张”，其中之一就是“加强经济上的交流合作，互惠互利，共同发展”，并呼吁“我们愿意尽快同台湾方面就建立两岸紧密的经贸合作安排进行磋商，以促进两岸共同发展繁荣”。“共同发展”成为两岸关系和平发展思想的重要内容与目标。

经济发展是两岸人民的共同利益所在，也是两岸关系和平发展的重要基础。推动海峡两岸经济交流与经济合作非常重要，尤其对经济处境较为困难的台湾更为重要。关于海峡两岸经济关系的发展，胡锦涛从整个中华民族的利益出发，从海峡两岸的共同利益出发，在纪念《告台湾同胞书》30周年座谈会讲话中将“推进经济合作，促进共同发展”作为六项主张的第二条进行了阐述，提出“两岸同胞要开展经济大合作，扩大两岸直接‘三通’，厚植共同利益，形成紧密联系，实现互利双赢”。可见，在两岸“共同发展”论述中，还包含了“厚植共同利益”与“互利双赢”的思想。

两岸关系和平发展，不仅要强调两岸的血缘文化纽带，不仅要增进政治互信，两岸还要建立更为现实与重要的经济利益纽带。只有两岸共同利益增加，共同利益厚实，才能形成利益共同体，才会减少两岸的分歧，降低矛盾与冲突，才能同舟共济，共同发展，可以说“共同利益”是两岸关系和平发展的重要物质基础。没有共同利益或者共同利益不足，两岸经济合作的动力就不足，两岸关系和平发展的前景就会受到一定影响。如何“厚植共同利益”、如何“促进共同发展”，是摆在海峡两岸面前的共同任务。胡锦涛对这一问题也进行了科学回答，提出“两岸同胞要开展经济大合作，扩大两岸直接‘三通’”，“形成紧密联系，实现互利双赢”。这一论述标志着新一代中央领导倡导海峡两岸要抓住难得的历史机遇，开展经济大合作，大发展，大融合，让海峡两岸形成更紧密的经济体，实现互利双赢与共同发展。

共同发展的另一核心内容是促进与扩大两岸经济合作，实现两岸经济关系的正常化与制度化发展。胡锦涛提出了两岸经济合作的大方向，即“实现两岸经济关系正常化，推动经济合作制度化”，而且将两岸经济关系正常化与经济合作制度化视为两岸关系和平发展的重要物质基础，是两岸关系和平发展的强大动力。

（六）建构两岸关系和平发展框架是两岸关系和平发展的重要制度保障

为促进两岸关系和平发展，建立一套和平发展的有效运作与保障机制，中共中央逐步提出了建立两岸关系和平发展稳定框架的主张，其重要形式之一就是签署两岸和平协议。1995 年 1 月 30 日，江泽民在发表的《为促进祖国统一大业的完成而继续奋斗》中提出，两岸可在达成正式结束敌对状态协议的基础上，“共同承担义务，维持中国的主权和领土完整，并对今后两岸关系的发展进行规划”。这是中共中央第一次提出对未来两岸关系发展“进行规划”的主张。然而，在当时的历史条件下，未获得台湾当局的积极回应，这一主张并没有成为海峡两岸的共识，未能落实与实现。胡锦涛在担任新一届党和国家领导人之后，中共中央在两岸和平发展问题上开始积极探讨建构两岸关系和平发展框架问题，并提出一些新的具体主张。

2004 年 5 月 17 日，中台办、国台办授权就当前两岸关系发展发表声明，提出“恢复两岸对话与谈判，平等协商，正式结束敌对状态，建立军事互信机制，共同构造两岸关系和平稳定发展的框架”①。这是中共中央首次明确提出建立“两岸关系和平稳定发展框架”的主张。此后，推动建立两岸关系和平发展框架就成为中共中央推进两岸关系和平发展的重要政策目标。2005 年 3 月，胡锦涛在《关于新形势下发展两岸关系四点意见》中再次提出就“两岸关系和平稳定发展的框架等议题”进行商谈，也是对海峡两岸社会各界关于两岸关系和平发展框架问题讨论的积极回应。此后，胡锦涛就建立两岸关系和平发展框架问题多有论述。2007 年 10 月，胡锦涛在党的十七大报告中明确表示，“在一个中国原则基础上，协商正式结束两岸敌对状态，达成和平协议，构建两岸关系和平发展框架，开创两岸关系和平发展新局面”，首次正式明确提出两岸协商签署和平协议的主张。2008 年 12 月 31 日，胡锦涛在纪念《告台湾同胞书》发表 30 周年座谈会上发表《携手推动两岸关系和平发展，同心实现中华民族伟大复兴》的重要讲话，在提出两岸关系和平发展的六项主张中，第六项专门论述“结束敌对状态，达成和平协议”问题，并再次郑重呼吁：“在一个中国原则基础上，协商正式结束两岸敌对状态，达成和平协议，构建两岸关系和平发展框架。”2012 年 12 月，胡锦涛在党的十八大报告中提出了未来两岸关系发展的“三大愿景”之一就是“协商达成两岸和平协议，开创两岸关系和

① 《中共中央台办、国务院台办受权就当前两岸关系问题发表声明》，《人民日报》2004 年 5 月 17 日。

平发展新前景"①。可以说，签署两岸和平协议成为中共中央建构两岸关系和平发展稳定发展框架的核心内容与目标。

三、中共中央关于推进两岸关系和平发展的基本原则与路径

中共中央提出了一系列关于两岸关系和平发展的重要思想的政策建议及其发展路径。总体上可以称为"两个原则""两个路径"与"一个落实"。

（一）坚持"建立互信、求同存异、搁置争议、共创双赢"的互动原则

在两岸关系和平发展逐步成为两岸共识之后，两岸如何互动，如何达成这一目标，是一个非常艰巨的任务。2008年4月，胡锦涛在会见中国国民党荣誉主席连战先生时提出，双方应共同努力，"建立互信、求同存异、搁置争议、共创双赢"，开创两岸关系和平发展新局面。这"十六字"方针充分表达了大陆方面对推动两岸关系和平发展的务实态度与真诚愿望。其中，"建立互信"的基础是反对"台独"，坚持"九二共识"。深化互信的关键是在事关维护一个中国框架这一原则问题上形成共同认知和一致立场。两岸在上述政治互信基础之上，积极寻求两岸关系发展的"共同"之处，包括共同立场、共同理念、共同利益等，即寻求共同点与立场一致之处，暂时搁置两岸现阶段无法解决、有影响或阻碍两岸关系发展的议题、矛盾、争议或分歧，共同努力，实现两岸的和解与互利双赢，为最终解决台湾问题或两岸和平统一创造条件。

由于海峡两岸在两岸关系发展问题上存在许多显著差异，尤其是在重大政治问题上一时还找不到可行的解决办法，在短期内无法达成共识。如果不从两岸关系和平发展大局出发，若暂时不搁置这些难解的争议问题，不"求同存异"，不积极寻找共同点与共识，两岸关系就无法前进，就会错失时机，更不会实现双赢，只能是双输，只能两败俱伤，反而不利两岸关系的发展。因此，"建立互信"尤其是政治互信，即坚持"九二共识"是两岸关系和平发展的重要政治基础；"求同存异"与"搁置争议"是实

① 胡锦涛：《坚定不移沿着中国特色社会主义道路前进为全面建成小康社会而奋斗——在中国共产党第十八次全国代表大会上的报告》，北京：人民出版社2012年版，第45页。

现两岸关系和平发展、打破僵局、解开死结的手段；“共创双赢”是两岸关系和平发展的重要目标。

（二）坚持“先易后难、先经后政、把握节奏、循序渐进”的工作思路与原则

针对新时期两岸关系发展现状与形势，中共中央提出了“先易后难、先经后政、把握节奏、循序渐进”的工作思路与重要原则。这一思路体现了大陆方面处理两岸关系事务的务实、灵活与科学态度，是综合考虑各方面因素后，统筹协调各领域工作，分清轻重缓急，先从解决两岸民众最迫切、最需要的实际问题做起。尤其是先从两岸人民交流与两岸经济合作做起，注意把握时机与节奏，不能冒进，有序推动两岸关系和平发展。

“先易后难”体现了两岸关系和平发展的务实思想与原则，两岸互动与合作先从容易的、有共识的做起，然后再向前推进，再解决困难的问题。这一原则与“先经后政”密切相关。容易的问题主要是经济、文化等议题与事务性问题，而困难的问题则主要是政治与军事问题。因此“先易后难”在某种意义上也是“先经（文）后政”思想的体现。

“先经后政”实际上是如何处理两岸关系发展中的经济与政治的关系问题。主要有两个重点。一是不以“政治干扰经济”的思想。二是在现阶段两岸关系和平发展问题上优先推进两岸经济合作，然后再解决政治问题。1995 年 1 月 31 日，江泽民发表的《为促进祖国统一大业的完成而继续奋斗》重要讲话中提出，“我们主张不以政治分歧去影响、干扰两岸经济合作”①。这一思想就是在政治分歧没有达成共识或没有解决之前，可以优先推进两岸经济合作，而且强调不以政治分歧或政治问题影响经济合作，从而促进两岸经济关系发展与两岸经济合作。“先经后政”也是在这一思想基础上形成与发展起来的，即强调在现阶段，在两岸政治关系无法突破的情况下，可优先发展两岸经济关系，加强经济合作，通过经济合作厚植共同利益，为政治和解与解决政治问题创造条件，在条件逐渐成熟后再讨论与处理两岸政治问题，但绝不是回避政治问题，不是不处理政治问题。

① 中国社会科学院台湾研究所：《新时期对台方针政策重要文献选编（修订本）》，2009 年非公开出版，第 474 页。

"循序渐进"也是"先易后难"与"先经后政"思想的进一步体现，表明两岸关系发展不能冒进，不能搞大跃进，以稳定、稳步、稳健为先，要一步一个脚印地逐步向前推进。若急于进入敏感的政治领域或急于解决困难的问题，或者在条件不成熟的情况下急于解决困难或政治问题，则会欲速而不达，事倍功半，事与愿违。因此在两岸关系和平发展过程中，一定要坚持"先易后难、先经后政、循序渐进"的稳健做法，逐步推进两岸关系和平发展。

（三）"深化互利双赢的交流合作"是实现两岸关系和平发展的重要途径

实现两岸关系和平发展的途径众多，但最重要的有两个途经。一是交流合作；二是协商谈判。这是胡锦涛关于两岸关系和平发展论述中提出的重要思想之一。2008 年 12 月 31 日，胡锦涛在纪念《告台湾同胞书》发表 30 周年座谈会上发表《携手推动两岸关系和平发展　同心实现中华民族伟大复兴》的重要讲话中提出"把深化交流合作、推进协商谈判作为推动两岸关系和平发展的重要途经"。

两岸关系发展在很大程度上主要表现为两岸人员往来、经贸合作与文化交流等。正是多年来海峡两岸各种广泛交流与往来，增进了海峡两岸的相互了解、相互认知，减少了敌意，减少了分歧，增加了互信，保证了两岸人民从中得到好处与益处，促进了两岸关系和平发展。中共中央不断出台惠及台湾同胞与促进两岸关系和平发展的政策措施，而且一再表示，未来不论岛内政局如何变化，这一战略举措不会改变，还要深化与加强："将始终如一地履行对台湾同胞做出的承诺，既不会因局势的一时波动而有任何动摇，也不会因少数人的蓄意干扰而有任何改变。"① 这一战略举措是增进两岸人民感情的重要途径，是化解"台独"的有效手段，也就是实现两岸关系和平的重要途径。

（四）积极推进两岸协商谈判，逐步"破解两岸政治难题"

实现两岸关系和平发展，建立两岸关系和平发展框架，需要通过两岸的协商谈判来解决，因此协商谈判是推进两岸关系和平发展的重要手段与途径。

---

① 胡锦涛：《携手推动两岸关系和平发展　同心实现中华民族伟大复兴——在纪念〈告台湾同胞书〉发表 30 周年座谈会上的讲话》，《人民日报》2009 年 1 月 1 日。

党和国家领导人对通过协商谈判、推进两岸关系和平发展有许多重要论述，并提出一系列新的主张。2007 年，胡锦涛在党的十七大报告中提出，“只要承认两岸同属一个中国，我们都愿意同他们交流对话、协商谈判”，而且提出“谈判的地位是平等的，议题是开放的，什么问题都可以谈。通过谈判，寻求解决两岸政治、经济、军事、文化、对外交往等重要问题的办法，对未来两岸关系发展进行规划”。[①] 这一表态透露了一个重要信息，提出了一项重大政策建议，即海峡两岸在承认“两岸同属一个中国”这一原则基础上，展开协商与谈判，寻求解决两岸政治、经济、军事、文化、对外交往等重要问题的办法，对未来两岸关系发展进行规划，达成某种共识与协议，而且不仅仅是谈政治、谈统一，而是任何问题都可以谈。

2008 年 6 月 13 日，胡锦涛在会见台湾海峡交流基金会董事长江丙坤时表示，“协商谈判是实现两岸关系和平发展的必由之路，”[②] 进而强调“世界上不同国家、不同民族尚且能够通过协商谈判化解矛盾、解决争端、开展合作，两岸同胞是一家人，更应该这样做，而且应该做得更好。我们应该紧紧抓住和切实用好两岸关系发展面临的难得历史机遇，珍惜和维护两会交往商谈的政治基础，积极务实地解决存在的问题，努力开创两岸关系和平发展新局面”[③]。

在海峡两岸的共同努力下，2008 年初，海协会与海基会恢复中断多年的两会协商机制，随后展开一系列经济与事务性的协商谈判，并达成一系列重要协议，尤其是《海峡两岸经济合作框架协议》（ECFA）的签署，奠定了两岸经济合作制度化与机制化的重要基础。同时，大陆也提出一系列有关两岸开展政治对话与政治商谈的积极主张。胡锦涛在 2008 年 12 月 31 日纪念《告台湾同胞书》发表 30 周年座谈会上提出，“为有利于两岸协商谈判、对彼此往来做出安排，两岸可以就在国家尚未统一的特殊情况下的政治关系开展务实探讨”。这是中共中央在两岸关系和平发展新时期首次明确提出务实探讨两岸政治议题尤其是两岸政治关系的主张。2009 年初，

① 中国社会科学院台湾研究所：《新时期对台方针政策重要文献选编（修订本）》，2009 年非公开出版，第 71 页。

② 中国社会科学院台湾研究所：《新时期对台方针政策重要文献选编（修订本）》，2009 年非公开出版，第 88 页。

③ 《胡锦涛总书记会见台湾海基会董事长江丙坤》，《人民日报》2008 年 6 月 14 日。

时任国台办主任王毅在一次重要涉台问题讲话中明确提出“逐步破解政治难题”这一口号，释放出中央对台工作战略调整的重要信息，提示了中共中央对两岸关系和平发展格局的一种全新思考，即两岸关系发展不能只局限于经济领域与民间文化交流，而应有更高的战略目标，必须面对敏感的政治议题，必须逐步在两岸政治关系上获得突破。2009年5月26日，胡锦涛在会见国民党主席吴伯雄时再次明确表示，“考虑到今后两岸关系的发展前景，包括需要逐步破解一些政治难题，巩固和增进双方的政治互信尤为重要”，①“双方要为解决这些问题进行准备，创造条件。双方可以先由初级形式开始接触，积累经验，以逐步破解难题”。② 同年11月参加在新加坡召开的APEC峰会上，胡锦涛在与国民党荣誉主席连战的会谈中再次强调，双方要为今后共同破解政治难题积极创造条件。胡锦涛在党的十八大报告中进一步提出“促进平等协商，加强制度建设”的政策主张，而且对未来两岸政治关系问题提出新的政策建议，强调“希望双方共同努力，探讨国家尚未统一特殊情况下的两岸政治关系，做出合情合理安排”。③ 中共中央上述一系列论述显示，通过协商“破解政治难题”已成为新形势下中央对台工作与两岸关系发展的新思考、新主张。

（五）继续落实“寄希望于台湾人民”的基本对台工作政策，推动和扩大两岸同胞的共同参与

“寄希望于台湾人民”是全国人大常委会于1979年发表的《告台湾同胞书》提出的重要对台工作政策主张。此后，中共中央一直积极努力，推动与落实寄希望于台湾人民的工作，并做了大量工作，取得了重要成绩，但尚未完全达到预期目标。在两岸关系和平发展时期，中共中央继续坚持与落实“寄希望于台湾人民”这一对台方针政策，并作为推进与实现两岸关系和平发展的重要工作与手段。

维护和推动两岸关系和平发展，反对与遏制“台独”分裂活动，离不开两岸同胞特别是台湾同胞的认同、拥护与支持；推动两岸经济合作与文

① 中国社会科学院台湾研究所：《新时期对台方针政策重要文献选编（修订本）》，2009年非公开出版，第92页。

② 中国社会科学院台湾研究所：《新时期对台方针政策重要文献选编（修订本）》，2009年非公开出版，第93—94页。

③ 胡锦涛：《坚定不移沿着中国特色社会主义道路前进　为全面建成小康社会而奋斗——在中国共产党第十八次全国代表大会上的报告》，人民出版社2012年版，第45页。

化交流，同样需要得到越来越多台湾同胞的广泛支持与积极参与。最广泛地团结台湾同胞，共同开创两岸关系和平发展的新局面，是大陆面临的重要任务。胡锦涛特别提出，“贯彻寄希望于台湾人民的方针决不会改变”，“无论在什么情况下，我们都尊重他们、信赖他们、依靠他们，并且设身处地为他们着想，千方百计照顾和维护他们的正当权益”。① 正是在这一思想指导下，近年来，中共中央出台一系列惠及台湾民众、有利台湾经济发展的政策措施，是落实“寄希望于台湾人民”大政方针的具体体现。未来在两岸关系和平发展时期及在两岸和平统一之前，仍需要长期坚持贯彻与落实“寄希望于台湾人民”的对台政策方针，争取岛内社会各界力量，壮大支持与维持两岸关系和发展、反对“台独”分裂活动的岛内民意基础。

（原载于《北京联合大学学报人文社会科学版》2013 年第 2 期）

① 胡锦涛：《携手推动两岸关系和平发展　同心实现中华民族伟大复兴——在纪念〈告台湾同胞书〉发表 30 周年座谈会上的讲话》，《人民日报》2009 年 1 月 1 日。

海峡两岸关系的新态势与新趋向之观察

朱卫东

2012年，影响台湾问题的美国及中国大陆和台湾地区均平稳实现权力交接，两岸关系和平发展的大局和良好发展势头得以保持。马英九与奥巴马连任、中共十八大召开以及谢长廷参访大陆，这四件大事对未来一个时期的两岸关系发展产生了深层次的重要影响，它所显露出的新态势与新趋向，值得观察家们认真探讨。尽管从目前涉及两岸关系各利益攸关方的基本立场及其发展趋势看，这些新变化仍不足以打破台湾问题现存的结构困境，但应看到，影响两岸关系发展的一些关键变量正呈现出新的变化趋势，将继续朝着有利于两岸统一、不利于“台独”的方向发展。

一、国民党赢得“大选”继续执政蕴涵的积极信号

此次台湾地区领导人选举是在两岸关系实现历史性转折、进入和平发展新时期这样一个全新时代背景下举行的一场重要选举。各方均赋予这场选举多重意涵，既将之视为是对过去四年马英九当局和平合作大陆政策成效的检验，又将此作为观察把握岛内主流民意新趋向的重要指标，更将选举结果看作两岸关系未来能否继续巩固深化的关键。因此，选举的过程、结果以及导致选举结果的主要原因都被观察家们逐一检视分析。

从战略的角度观察，笔者认为，与过去相比，2012台湾“大选”有两点值得细细探究：一是选举结果——国民党继续执政的意义，它为两岸关系正常发展至少赢得了四年甚至更长的机遇期；二是胜选主因——大陆角色转换的意义，“大陆因素”已发展成为影响选举结果的重要因素。这两点新变化对未来两岸关系和平发展的影响是深远的，具有战略意义。

（一）国民党继续执政为两岸关系深入发展创造必要的条件

1 月中旬举行的“二合一选举”具有特殊意涵：倘若马连任失利，将对国民党的发展带来巨大打击，不仅 2016 年很难翻身，甚至 2020 年东山再起的希望都不大；同时若马连任而国民党失去“立法院”的控制权，其大陆政策措施也难以顺利推行下去。幸而这两种情形并未发生。与国民党输不起相反，民进党仍有输的本钱和翻本的机会。因此，这场选举结果不仅对国民两党的发展产生了关键影响，也深刻地影响着两岸关系，对未来的两岸关系发展带来重大的积极效应。

这是因为，其一，过去四年两岸关系所取得的成果仅仅是初步的，两岸的战略互信亦较脆弱，需要继续强化和固化。国民党继续执政，使得两岸关系容易在既有的基础上进一步深化。其二，选举结果也表明，马英九当局的现行大陆政策得到了多数民众的肯定，期望两岸和平合作双赢已成为台湾民众在统、“独”之外的新的主流民意。两岸关系和平发展路线获得选举的检验，反过来也会进一步增强国民党推行既定政策的信心。其三，从长期看，一个坚持“九二共识”、反对“台独”、有意愿促进两岸交流合作的政党在台湾执政，是确保两岸关系和平发展与台海和平稳定的必要条件，国民党继续执政至少可以避免民进党执政时期两岸关系动荡不安的局面，减轻大陆在东南战略方向的安全压力；至少可以为深化两岸关系和平发展再赢得四年乃至八年的机遇期，从而也为维护和延长大陆发展的重要战略机遇期做出了重大贡献。

（二）大陆因素已成为影响台“大选”结果的重要因素

大陆始终是影响台湾政经发展的重要因素，大陆的实力、政策和所呈现出的外在形象，以及两岸关系发展的氛围与成果，一直潜移默化地影响着台湾社会民心走向和民众的投票行为。2008 年以来，随着马英九打开了两岸封闭的大门，两岸全面直接三通的实现，使得台湾民众可以亲身直接感受“大陆因素”的影响力，直接享受到由开放合作所带来的两岸和平红利和经济利益，岛内那种乱扣“红帽子”的做法已越来越不灵了。

此次大选的过程和结果在相当程度上可被视为对大陆在台湾政治发展中的角色和作用的检验。综合考察，一方面，近年来两岸关系和平发展不断深化，已对岛内社会产生了深层影响，希望两岸合作、经贸得利已成为多数民众的期待，使得马英九、国民党在此次“大选”中敢于较为自信地打“两岸牌”，反复强调“九二共识”以及发展两岸关系对台湾未来发展的重要性；也迫使蔡英文在两岸政策上向中间靠拢，在对待“九二共识”和“台独”问题上被动挨打。大陆也从过去被丑化的负面形象开始转为较为正面的形象，大陆因素开始由单纯的负面炒作议题向正面因素转化。

另一方面，经过近几年两岸关系的发展，大陆对台直接影响力也显著增强，大陆在选举过程中强烈表明坚持“九二共识”对发展两岸关系的重要意义，揭露蔡英文“台湾共识”的欺骗性，促使岛内形成“否定九二共识的候选人上台、两岸经贸关系倒退无可避免”的舆论氛围，导致选举最后阶段出现了社会各界尤其是工商界纷纷表态支持“九二共识”的局面，包括工商界的代表性人士如郭台铭、王文渊、张荣发、徐旭东、尹衍梁和王雪红等人，都公开表示：“没有九二共识，台湾经济会很惨”，“无法想像没有92共识后的两岸关系”。[①] 岛内舆论评价，此次选举事实上是“九二共识公投”，马赢在“九二共识”上。亲绿的《自由时报》则称，“这次选举的最大赢家是中共”，台选举第一次出现“总统需要北京册封同意才会当选的朝贡特征”。[②]

国民党赢得“大选”、继续执政所蕴含的上述两大积极信号，无疑会增强两岸推行和平发展路线的信心，证明两岸关系和平发展战略是卓有成效的，也为未来的两岸关系发展赢得了宝贵的机遇期。预计，未来大陆对台湾政经发展的直接影响力将会越来越大，这是一个无可逆转的趋势。

二、中共十八大提出未来对台工作的指导思想和努力方向

“大陆因素”始终是影响两岸关系发展、解决台湾问题的根本因素。11月初召开的中共十八大，使两岸关系中“大陆因素”的主导作用更为突出，大陆在实力、政策和新的领导集体三个层面对两岸关系产生深刻影响，对两岸关系发展带来巨大的推动力。主要体现在：

一是，在实力层面：十八大进一步明确了未来中国发展的大政方针和实践路径，按照这一蓝图，大陆自身综合实力和国际影响力将继续快速增强，2020年中国共产党成立100年时将实现全面建成小康社会的宏伟目

① “王雪红记者会”，台湾中广新闻网2012年1月13日。

② 台湾《自由时报》评论2012年1月17日。

标。两岸实力差距的进一步拉大，使大陆在处理两岸关系上更加自信从容、更加耐心细腻、更加务实包容；同时，大陆实力的增强和发展机遇、发展空间的扩大，也将对台湾的政经发展和社会民心产生越来越大的影响力，这是从战略视角观察十八大对未来两岸关系发展所带来的深层次的长远影响。

二是，在政策层面：十八大在两岸关系上提出了今后一个时期对台工作的指导思想和总体要求，报告涉台部分将十七大以来被实践证明卓有成效的政策措施和理论创新纳入其中，特别是两岸关系和平发展重要思想及其一系列政策主张，对下一阶段两岸关系健康发展具有重要的指导意义。它包括：立足于在民族复兴的伟大进程中推进两岸统一，将两岸关系和平发展同国家的和平发展战略紧密联结。

更为重要的是，报告正式将“全面贯彻两岸关系和平发展重要思想”写入党的文件，提出“和平统一最符合包括台湾同胞在内的中华民族的根本利益，而实现和平统一首先要确保两岸关系和平发展，要全面贯彻两岸关系和平发展重要思想，巩固和深化两岸关系和平发展的政治、经济、文化、社会基础，为和平统一创造更充分的条件”。① 十八大还根据两岸关系发展的新形势、新机遇和新挑战，有针对性地提出了巩固深化两岸关系和平发展的新主张、新论述，包括：首度将坚持“九二共识”及维护“一个中国框架”写入党代会的政治报告中，凸显了这两大议题的重要性。向民进党温情喊话，“对台湾任何政党，只要不主张‘台独’、认同一个中国，我们都愿意同他们交往、对话、合作”，② 这一表述实际上划出了同民进党正式打交道的底线。厚植共同利益，融洽同胞感情，进一步突出了两岸经济合作中强化共同利益纽带，以及两岸交流交往中加强民族感情纽带的重要性；并特别提出促进两岸平等协商和加强两岸关系制度建设的内容。值得重视的是，报告还明确提出：“希望双方共同努力，探讨国家尚未统一特殊情况下的两岸政治关系，做出合情合理安排；商谈建立两岸军事安全互信机制，稳定台海局势；协商达成两岸和平协议。”③ 总之，报告将那些既有理论意义又有实践价值的思想论述和政治主张写入党的重要文件中，为未来五年大陆对台工作指明了方向和实践路径。

---

① 胡锦涛：《中共十八大报告》，人民出版社 2012 年版，第 44 页。

② 胡锦涛：《中共十八大报告》，人民出版社 2012 年版，第 45 页。

③ 胡锦涛：《中共十八大报告》，人民出版社 2012 年版，第 45 页。

三是，在新的领导人层面： 十八大产生的以习近平为总书记的新一届中央领导集体对未来两岸关系发展同样会产生重要影响。习总书记在与台湾密切联系的福建、浙江和上海主持工作十几年，对台湾情况十分熟悉，对对台工作深思熟虑，这有助于大陆制定和实施一套更能有效推进两岸关系健康可持续发展的方针政策。

预计，十八大后，大陆在实力、政策和新的领导集体三个层面对两岸关系产生的深刻影响，以及由此展现出的对台工作原则的坚定性、政策的稳定性和思考解决问题的信心诚意与包容，必将有力地推动今后一个时期的两岸关系发展和祖国和平统一进程。

三、奥巴马连任提升美国对两岸关系的影响力

2012 年，影响海峡两岸关系发展的最大外部因素——“美国因素”，因为 11 月奥巴马总统的成功连任而出现了新的变化，这使得此前美国所推行的亚太新战略得以继续稳步实施，台湾在美国战略中的角色与地位相对提升，美将继续强化对台影响力，而马英九当局为了寻求美国的政治支持与安全保障继续推行倚美亲美政策。未来一个时期，美国因素的作用将进一步凸显，成为未来两岸关系发展的重要变数。

（一）美国亚太新战略加大对两岸关系的介入力度

自 2011 年美国高调宣布经济、军事和战略上重返亚太，奥巴马政府亚太新战略针对中国崛起的内容愈益突出。伴随着两岸关系朝着和平发展方向不断迈进，美国战略重心东移的步伐也在加快，与亚太各军事同盟国进一步围堵中国的行动不断升级。2012 年，有关各方围绕钓鱼岛和南海主权的争端显著升温，其背后都与美国亚太战略的调整存在密切的关联。

与罗姆尼不同，奥巴马连任强化了美国推动亚太新战略的方向和力度，其对两岸关系和平发展的影响主要体现：一是美制衡中国的力度加大，冲击中美关系的健康发展。与过去相比，奥巴马的亚太战略更加突出制衡中国的一面，即针对中国力量上升、影响力扩大的现实，要直接地和针锋相对地平衡中国的影响力、牵制中国的行为，这一战略将使中美在亚太地区良性互动的难度增大，也不可避免地会冲击中美关系的发展。二是台湾的战略角色和地位相对提升。由于中美两国长期存在的“战略互不信任感”正日益加重，在美国推行的亚太再平衡战略的设计和实施过程中，

台湾作为传统上的美国“以台制华”战略的棋子的角色得到了强化。美方认为，“台湾的位置正处于战略竞争的最前线，而这样的竞争很可能划定21世纪美中之间的战略格局”，[①] 美助理国务卿坎贝尔在众议院发表证词时表示，“帮助美国实现亚太战略目标的一个关键是，保持与台湾的强健和多元化关系”。[②] 国务卿希拉里2011年11月在夏威夷就美国亚太政策发表演讲时，首次将台湾定位为“一个重要的安全和经济合作伙伴”，[③] 不仅澄清了美国学界争议的所谓“弃台论”，也反映出奥巴马政府有意强化台湾角色的战略意图。

美国对两岸关系发展的底线是不允许两岸任何一方改变现状，包括“台独”与统一两个选项都不符合美国的利益。基于此，2012年美国进一步加大了对台湾的介入，力图将台湾乃至两岸关系发展纳入到美国的亚太议程中。在台“大选”中，美国虽未公开在蓝绿之间“选边”，但公开肯定马的大陆政策，直至选举最后阶段亮出“挺马”的底牌。选后，美对马当局进一步施加影响，以掌控两岸关系发展的节奏，不希望看到两岸关系发展走得过快、过近，批评吴伯雄提“一国两区”构想是“转错方向，贬低台湾地位”，[④] 要求台湾在南海和东海主权争端中持“克制态度”等等。可以说，美国的介入是马英九当局在两岸政治议题上的态度不断保守退缩、在钓鱼岛和南海问题上拒绝与大陆联手的主要原因。与此同时，美国还不断通过售台先进武器、支持台以观察员身份参与国际民航组织、给予台湾免签证待遇、重启美台“贸易暨投资架构协定（TIFA）”谈判等方式，加大对台当局的影响力，介入两岸关系发展议程。预计，在美国全面重返亚太战略的指导下，未来美打“台湾牌”干扰阻挠两岸关系发展的力度将进一步加大。

（二）马英九当局推行亲美倚美政策配合美国亚太战略

美国在亚太新战略中打“台湾牌”能取得多大成效，关键看台湾执政当局的配合程度。由于特殊的历史、利益和安全的考虑，马英九自2008年以来的第一个任期即奉行鲜明的亲美路线，马当局的基本战略就是“和陆亲美友日”“经济靠大陆，安全靠美国”。发展对美关系、建立稳固的台美

---

① 迈克尔·马扎：《为什么台湾问题对美国意义重大》，美国企业研究所网站2011年3月8日。

② 坎贝尔语，新华社《参考资料》2011年10月18日。

③ 希拉里：《美国的太平洋世纪》，《参考资料》2011年11月15日。

④ 白乐崎：《一国两区，转错方向》，台湾《自由时报》2012年4月11日。

互信始终是马当局对外政策的首要任务。

马连任后，台当局延续既定的亲美倚美政策，积极配合美国重返亚太的新战略。台美高层互动频繁，沟通顺畅。选后不久国民党副主席蒋孝严、“陆委会主委”赖幸媛即赴美沟通，增信释疑。为保证台美沟通更有效率和效果，马英九还任命其心腹金溥聪出任“驻美代表”，将美国信任的原“驻美代表”袁健生调任“国安会秘书长”，以确保能够“零误差、零时差”地传递美国的旨意。事实上，台当局在一些重大议题上的态度非常尊重或顾忌美方的态度，强调对美“零意外”。比如，马英九抛出“东海和平倡议”之前已先与美国沟通，美方对台渔船出海宣示“主权”等做法都事先知情。台当局在涉及两岸关系向前迈进的重大议题上始终主动与美国保持密切沟通，配合美国亚太新战略，为美国插手两岸关系发展提供了空间和条件，也削弱了大陆对发展两岸关系的主导权，成为影响未来两岸关系巩固深化的一大消极因素。

值得一提的是，从 2012 年岛内政局和两岸关系的发展趋势看，有两点新变化会促使台当局更加依赖美国：一是马英九的政治地位虚弱，更需获得美方政治上的支持。二是两岸关系进入“深水区”后，台更需美方的安全保障和扶持以增加谈判的信心。这些因素将使美国对两岸关系发展的介入程度进一步加深。

四、谢长廷访陆预示民进党“台独”路线调整势所必然

2012 年，影响海峡两岸关系发展一个重要的消极因素——“民进党因素”也出现了积极的变化，10 月初谢长廷成功参访大陆，对民进党的两岸政策、民共关系乃至国民党的大陆政策都产生了相当冲击，为我们分析探究民进党的“台独”路线转型提供了典型案例。

（一）谢访陆向外界释放了两大积极信号

谢访陆是在大陆快速和平崛起、两岸关系和平发展格局强化这一全新时代背景下发生的一个具有指标意义的事件，不应将之视为一个孤立的个案就事论事，过于看重短期效果，而应认真探究这一事件背后所蕴藏的深刻讯息。

其一，释放出民进党应该与大陆友好相处的强烈讯息。谢是民进党内

举足轻重的"超级天王"。虽然是创党发起人、"台独党纲"起草者，但在两岸关系上一直有较为积极务实的想法和作为。2000年提出"高雄与厦门是一个国家的两个城市"，主张"回归中华民国宪法讨论一个中国"，2005年谢任"行政院长"后公开承认"宪法一中"。① 因此，对谢这样一个具有指标意义的政治人物，其登陆行为本身即具有象征意义，代表了民进党内有远见的务实派在内外压力下为了顺应潮流努力引领该党转型的积极尝试。谢以登陆的实际行动向外界发出一个强烈信号，就是民进党必须正视大陆，正确应对大陆，与大陆友好相处。如谢本人所强调的，"不和大陆交流永远在野""民进党若想重返执政就不要与13亿人作对。目前该做的就是深化民进党与大陆的互信基础"。②

其二，发出"台独之路"走不通必须转型的信号。谢长廷的两岸论述虽然离大陆的主张还有距离，但它包含了"一中内涵"，保留了两岸"一个中国架构"的法理连接，较民进党一直强调"台独"神主牌、始终否认抵制"宪法"有很大的不同，从而对民进党坚持"台独党纲"的核心价值带来了重大冲击。岛内舆论因此评价，"谢把民进党从虚幻的'台湾国'拉回到'中华民国''中华民国宪法'"；谢的登陆是"昭示台独终局，他想要传递的主轴信息是民进党不搞台独了"，③ 再一次验证陈水扁以前承认的"台独"做不到就是做不到的论断。谢的登陆行动和"宪法"主张对绿营和"台独"基本教义派不啻是一枚动摇军心的震撼弹，这也是谢返台后频频遭受极端"台独"势力围剿的主要原因。

此外，谢长廷访陆对国民党的大陆政策也带来冲击，将增强马英九当局推行既定政策的信心和压力。未来，如果马当局在两岸关系上仍然畏首畏尾、瞻前顾后，不敢或不愿顺应潮流采取更加积极的作为，国民党将会失去独享"两岸牌"、占据两岸政策制高点以争取选民支持的优势。

（二）民进党短期内仍难以进行战略转型

谢长廷参访大陆反映了民进党内务实派希望正面面对大陆、加快该党路线转型的积极趋向。然而，这种尝试并未如外界期待的那样产生积极的回应，谢首先在党内遭到碰壁，不仅受到"台独"基本教义派的围攻，而且也不为党主席苏贞昌所接受。苏舍弃谢自任"中国事务委员会"召集

① 台湾《中时电子报》2005年5月21日。
② 台湾《中国时报》2012年10月13日。
③ 台湾《联合报》社论《台独的终局》，2012年10月4日。

人，从苏使用“中国事务委员会”名称而不是“大陆事务委员会”“两岸事务委员会”的名称，就可看出民进党绝不会轻易放弃“台独神主牌”，短期内也难以进行战略转型。

这是民进党的政治本性和政党利益决定的：从外部因素看，虽然民进党面临调整路线的压力越来越大，但这种压力还没有大到它必须放弃的程度，大陆的压力和美国的暗助形成某种对冲。从内部因素看，目前党内的主流声音还是顽固坚持“台独”，缺乏调整的意愿和动力。一方面是由于马英九施政满意度很低，难以摆脱执政困境，使党内不少人产生幻想，认为无须调整，也可以坐等国民党下台。另一方面是党内“台独”基本教义派的强力反弹与牵制。从实际利益看，目前民进党放弃“台独”也得不偿失，既难以同国民党区隔竞争，又要面对绿营基本盘松动流失的危险，未蒙其利先受其害。从党主席苏贞昌的个人算计看，他不愿碰两岸关系，认为时机不成熟，苏当下最关心的是“逢马必反”，让马英九深陷泥沼难以自拔，在此基础上带领民进党打赢 2014 年“七合一选战”，等苏拿到 2016 年“大选”入场券后再考虑路线的转型问题。因此，民进党现在在两岸政策上的基本策略和做法就是：摆摆样子，做做姿态，以塑造民进党有意愿、有能力处理两岸关系的社会形象。

谢长廷参访大陆虽然方向正确，但也包含其个人的政治算计，即利用两岸关系这个舞台延续和扩大自身的政治影响力，早出手，更主动，空间大；但是这一做法和目前民进党的主流心态以及苏贞昌的算计并不合拍，这是谢访陆后的效果不如预期的重要原因。

综上所述，当前的时代环境与民进党抛出“台独党纲”时的时空背景已经大相径庭，这是一个无可逆转的现实。从潮流和趋势看，民进党的“台独”主张越来越难以为继，路线转型势所必然，小修小补、精心包装的所谓策略性转型无济于事，民进党只有正本清源，痛下决心，抛弃“台独”，实现战略转型，才能脱胎换骨，为民进党的长远健康发展创造必要的条件。民进党的党旗是十字路口立了一个台湾地图，这正好反映了民进党的目前处境。作为十字路口的一次有益探路，谢长廷大陆行是成功的，有重要意义的。若干年后人们再回过头来评价，会发现谢先生这趟“开展之旅”犹如南美亚马孙河上振翅的蝴蝶，已对民进党的路线转型、民共关系乃至两岸关系和平发展起到了积极的催化作用。[①]

五、结语：巩固深化两岸关系，为破解政治难题创造条件

（一）巩固深化合作将成为今后两岸关系发展的主要特征

受多种因素的影响制约，马英九第二个任期两岸关系能做可做的部分仍将主要集中在非政治领域，巩固深化合作将成为今后两岸关系发展的主要内容。这是因为，继续巩固和深化两岸现有的经贸、文化、教育、科技等领域的交流合作，不仅有客观需要，即目前的发展尚处于初级阶段，需要巩固保障现有的成果，进一步提高合作的水平和层次；更有主观考虑，即在两岸缺乏足够政治互信的前提下，贸然推动政治谈判远不如继续推进非政治领域的合作容易，因此“先经后政、先易后难”就成为必然的共同选择。同时更为重要的原因是，目前马英九当局处境艰困，对政治议题的意愿不强，动力不足，主张“先经后政”、政经分离甚至“只经不政”，期望通过“经济合作”和“政治保守”的两手策略来稳固执政地位，赢得选票。

大陆方面在发展两岸关系上也并非外界想象的那样迫不及待，而是主张要保持正确的发展方向，稳定发展，稳中求进。十八大报告提出要“巩固和深化两岸关系和平发展的政治、经济、文化、社会基础，为和平统一创造更充分的条件”，实际上已指明了未来五年大陆对台工作的大方向和主要任务，它表明，巩固和深化两岸各领域的交流合作，将成为未来几年两岸关系发展的主要特征和基本任务。未来几年，继续深化两岸经济合作，扩大两岸同胞的共同利益；继续加强两岸文教社会交流，深化两岸同胞的感情融合，将成为两岸共同推动合作的主要内容。此外，加强制度建设也将是未来两岸关系发展的一项重要内容，即，双方要稳步推进包括两岸经济、文教、人员往来等各个领域的机制化、法制化进程，努力营造一个有利于两岸关系和平发展的环境条件和机制，让任何人、任何势力改变它都要付出极大的代价。预计，包括两会互设综合性办事处等将会很快纳

① 朱卫东：《从宏观层面观察谢长廷大陆行的蝴蝶效应》，香港《中国评论》2012 年 11 月号，第 8 页。

入双方的共同议程中。

（二）突破两岸政治僵局仍有赖各方共同努力

此次中共十八大报告涉台部分对推进两岸政治关系着墨较多，报告提出的“探讨国家尚未统一特殊情况下的两岸政治关系并做出合情合理安排”以及“商谈建立两岸军事安全互信机制、协商达成两岸和平协议”等目标，是“希望两岸共同努力”的项目，也是两岸关系进入新的历史阶段、迈入“深水区”无法回避的重大历史任务。报告明确向台湾方面发出了这一呼吁，表明两岸关系发展将不可避免地逐步“由经入政”，进入“经贸为主、政治为辅、政经促进”的新阶段。事实上，在两岸关系进入巩固深化期的时候，两岸经贸、社会、文教关系的深入发展必须与两岸政治关系的发展协调同步，台湾方面“只易不难、只经不政”的单纯思维难以为继，“鸵鸟政策”也不足以应付未来的各种挑战。要确保两岸关系发展在正确的轨道上行稳致远，必须就政治议题进行对话商谈，以建构可长可久的两岸和平发展框架。大陆方面提出这一主张体现了务实前瞻的眼光，也是对台湾民众普遍关心此问题的积极回应。

但另一方面，如前所述，当前影响台湾问题解决的战略环境与条件并未达到质变的程度，虽然大陆因素对两岸关系的主导作用在增强。但是，毋庸讳言，在宏观结构上，中国大陆和台湾地区及美国“大三角”关系的博弈，仍然没有任何一方可以单独决定或主宰两岸关系。在微观结构上，国、民、共三党形成的两岸“小三角”关系依然不稳定、不均衡，不仅深受岛内周期性选举政治的影响，而且三方政治互信脆弱，民进党成为三角关系中的变数。两岸政治僵局的突破在很大程度上受限于上述宏观和微观结构的制约，两岸关系并非任何一方单方面可以控制和左右的。

因此，十八大报告涉台部分所提出的有关推进两岸政治关系的呼吁，虽然合情合理、务实可行，但在目前的两岸现实下要想稳步顺利地推进，尚需台湾方面的正面回应和积极配合。但台湾方面则采取消极拖延的战术，认为两岸谈政治议题的条件不成熟，没有急迫性，不是优先选项，甚至给两岸商签和平协议设置了“国家需要、民意支持、国会监督”等高门槛，其中民意支持是要透过所谓“公投”凝聚共识。马英九当局之所以对此缺乏动力和意愿，不敢开启两岸政治对话协商，主因是缺乏自信，顾虑担心太多。一方面马的支持率和满意度始终低迷不振，马当局的主要精力都放在“拼经济”使人民“有感”的民生议题上，担心过早碰触政治议题得不偿失，影响2014年的“七合一选举”乃至2016年的“大选”。另一方面岛内仍有40%以上的民众对政治谈判持疑惧态度，这为民进党等“台独”势力的强烈抵制提供了空间；此外，奥巴马政府也不愿看到两岸走得过近、过快冲击其对台海的实质影响力。这些内外因素使得本来意愿不强、抗压性差的马英九当局更加顾虑重重，畏首畏尾。

尽管如此，笔者认为，今后一个阶段，在推进两岸政治关系上，双方不能无所作为，而应该积极作为，既然政治议题无法搁置、回避不了，就应努力营造有利于开展两岸政治谈判的环境与条件，使台湾当局和越来越多的台湾民众认识到，两岸政治商谈台不会被“矮化吞并”，也根本不存在什么“亲中卖台”问题，越早商谈，对台湾越有利；两岸只要不断累积政治互信、展现诚意和善意，完全有智慧找到彼此虽不满意但可接受的解决办法。同时，也要让美国充分认识到，两岸政治谈判有利于台海地区的和平稳定，也是符合美国亚太利益的。当然，即使是推动两岸政治对话商谈，仍应本着“先易后难、把握节奏、循序渐进”的思路，在两岸的共同协商下逐步稳妥地推进，在正确的时候做正确的事。

（原载于《台湾研究》2013年第1期）

当前两岸和平统一总体形势评估及战略思考

冷　波

两岸问题的实质是统一问题。实现两岸统一是我们对台工作从未改变过的目标。目前两岸关系总体形势是，随着大陆的崛起和两岸、国际格局的深刻变化，“台独”的空间被压缩殆尽；两岸和平统一仍任重道远，但随着大陆2005年以来的两岸关系新思维，尤其是2008年两岸关系的历史性转折和快速发展，使得两岸“融合——统一”的进程正式启动，大陆可谓真正摸索到了统一的正确道路。未来大陆要进一步推进两岸和平统一进程，应遵循统一的“实力原则”，继续增强自身的实力和吸引力；遵循统一的“融合原则”，坚定不移地促进两岸融合；遵循统一的“利益原则”，正视尊重台湾民众的利益诉求。

“台独”的空间被大大压缩

反对“台独”和实现统一可谓统一问题的一体两面。实现统一是最高要求和最终目标，反对“台独”是统一的基本要求和前提条件。自民进党成立、李扁先后执政以来，“去中国化”“修宪”“正名”“终统”“入联”甚至“制宪”等“台独”活动或口号一再冲击两岸现行体系。但所谓物极必反，自2005年“胡连会”后两岸关系的新变局始，“台独”声势日益下降已是不争事实。目前看，即使“台独”政党再执政，会不同程度地推行“台独”政策，但要实现“台独”的空间已几乎被压缩殆尽。除非大陆出现大的变故，“台独”可以说已几无实现可能。

（一）两岸的实力差距是“台独”难以实现的根本原因

从两岸的总体实力对比、地域人口比例、国际地位与影响等因素看，“台独”原本就是一条走不通的路。“台独”的消长与两岸的实力对比变化密切相关。“台独”声势的上升，与当年“风波”、苏东剧变后“台独”分子认为面临难得的“台独”机会有关。近年来“台独”活动衰退，亦是以20世纪90年代以来大陆经济快速发展、国际地位不断升高、国际上的一中框架更趋牢固等为背景的。目前大陆已牢牢把握两岸关系主导权，决定两岸格局、方向的能力越来越强。往前看，两岸实力进一步此消彼长的结果，将是双方的差距愈来愈大。因此，对台湾而言，“台独”几已成为死路，唯余维持现状和统一两种选择。

（二）大陆为反“独”不惜一战是遏制“台独”的重要保障

台湾问题攸关国家核心利益，中国民众和领导人为保证主权和领土不被分裂，不惜付出一切代价的决心毋庸置疑。大陆一再重申，坚持和平统一，但不承诺放弃使用武力。“这是二十多年来‘台独’势力始终未能把事态真正推向终局摊牌、始终未能真正跨越统独红线的最终决定因素。”[①]事实上，对台湾民众而言，绝无为“台独”不惜一战的想法。

（三）民进党失败的“台独”实践使“台独”的民意基础严重削弱

民进党对“台独”之路走不通心知肚明，实是将其作为与国民党做市场区隔、捞取执政选票的工具。该党8年“台独”执政，不但使两岸关系危机四伏、岛内经济大受影响，还假“台独”之名行贪腐之实，台民众对“台独”的危害性和虚伪性已有越来越清醒的认识。2008、2012年两次“大选”结果显示，民进党的“台独”路线已为民众所抛弃，甚至已成为其再夺执政权的关键障碍。因此，任何执政党再搞“台独”已缺乏足够的民意基础。

（四）大陆对台新思维使“台独”失去支撑点

长期以来，两岸在一个中国定义、“中华民国”地位以及台国际空间等问题上的分歧、冲突，是台民众对大陆不满甚至敌视，从而支持“台独”的重要民意基础。在有着强烈“出头天”思想的台民众看来，“中华民国”的地位和国际空间“合法合理”，他们不能接受在“一国两制”中地方政府的安排。“台独”势力见猎心喜，于是“有紧张就利用紧张，没有紧张就千方百计制造紧张，不断抛出议题挑逗大陆跳起来说狠话，‘台独’竟成为民进党在岛内政治中克敌制胜的不二法门。”[②] 鉴于此种不利状况，2000年时任国务院副总理的钱其琛提出“大陆和台湾同属一个中国”，

① 李逸舟：《两岸关系和平发展进程中的‘台独’问题》，《理论动态》2009年6月。

② 李逸舟：《两岸关系和平发展进程中的‘台独’问题》，《理论动态》2009年6月。

2005年该论述在“胡四点”中成为大陆对台新思维的核心，并于4月底的“胡连会”正式付诸对台实践。这标志着大陆对台当局地位、台国际空间等问题采取了更务实、灵活的态度，不再公开否定国民党的“九二共识”即是“一中各表”的说法，而是搁置相关分歧。此后，台民众在两岸关系中受尊重感提升，挫折感下降，且从两岸关系和平发展中得到实实在在的红利。自此，“台独”的民意基础被大陆釜底抽薪式地大大削弱。未来只要两岸能继续在一个中国上求同存异，保持良性互动，“台独”势力就将难有作为。

两岸和平统一仍任重道远

中国历史上的统一几乎都是武力统一，难寻和平统一的先例。武统直接简单，但破坏性大；和统后遗症小，但难度极大。自20世纪50年代朝鲜战争打乱武力统一台湾进程、1979年《告台湾同胞书》大陆正式选择和平统一方式，两岸统一之路注定布满荆棘。2008年国民党再执政，一度让部分人对统一形势的判断变得过于乐观。但台湾政党的轮替并不意味着统一形势就可一夕转变，这也并不符合事物发展的客观规律。两岸尽管业已走上“融合——统一”的正确道路，但统一的形势并未发生质变。

就和平统一而言，岛内各方对统一的意愿和态度，是判断统一形势的主要指标。从目前岛内民众、执政党、在野党对两岸统一的态度看，统一的长期性、艰巨性、复杂性并未改变。

（一）岛内民众支持两岸统一的比例较低

在选举社会，民意是政党路线政策的依归。岛内民众对统一的态度，可谓观察统一形势主要指标中的关键指标。台政治大学选举研究中心常年的跟踪民调显示，认同自己是台湾人的比例从1994年12月的20.2%上升至2011年6月的54.2%，支持“台独”的比例从1994年12月的11.1%上升至2011年6月的23.2%。2011年6月的民调显示，倾向统一、“独立”、维持现状的比例分别为10.1%、23.2%、60.1%。这显示国民党执政后民众身份认同上的“去中趋台”、统“独”认同上的“统降独升”趋势并未改变。这一方面和两岸百年隔绝、数十年对抗下民意的不易改变有关，另一方面是马两岸上“政经分离”政策的“因”，结下了岛内民意“政经分离”的“果”，马的做法客观上加持了“反中拒统”的论调。目前，岛内除少数传统统派外，已很难听见主张统一的声音。

此外值得注意的是，台民众对大陆的成见仍深。旺旺中时民调中心2012年8月的民调显示，台民众对大陆官民的好感分别为17%、32%，虽较以往有所提升，但仍处较低水准。①

（二）马当局对一中、统一及两岸政治议题协商持淡化、回避态度

执政党的政策是影响统一进程的重要因素。两蒋时期以及李登辉执政前期，台当局均明确承认一个中国，以两岸统一作为目标，1991年的“国统纲领”明确以两岸统一为指向。马英九2005年伦敦政经学院的演讲中，亦重申两岸“终极统一”的目标。但是，马上台后在岛内民意压力、绿营攻击、国民党内本土派力量牵制、美日不愿两岸走得过近等岛内外因素的影响下，其大陆政策不断向保守调整。

一是淡化“一中”。尽量少谈“一个中国”“中国人”，退步至只敢提“中华民族”“炎黄子孙”，也希望大陆尽量“一中不表”或“一中少表”；并一味向本土方向调整，强调“以台湾为主、对人民有利”。

二是强调“不统”。声称“任内不会与大陆谈判两岸统一的问题”，一味强调“不统、不独、不武”和维持现状。

三是不愿碰触两岸政治议题。马认为两岸关系发展过快尤其是触及政治议题，会引起岛内民众及美国的疑虑，难以招架民进党“亲中卖台”的攻击，对其连任不利，因此执政后大陆政策呈明显的“重经济、避政治”或“只经不政”的特点，避谈两岸政治议题，不愿如选前所宣示的那样去触及两岸结束敌对状态、建立军事互信、签订和平协议等问题。这使得两岸关系难以向更高层次推进。2012马连任后，继续强调碰触两岸政治议题的时机不成熟，对两岸政治议题的保守态度并无变化。不过，我们亦应注意到，马选后提出“广义和平协议论”，多次表示希望“实现两岸关系制度化”“两岸互设办事处”，并宣示会对两岸人民关系条例做出调整，显示其在两岸政策空间有限的情况下，对两岸政治议题实有化整为零、“堆积木”的变通思考。

（三）民进党阻挠两岸关系发展、反对两岸统一的立场难以改变

作为台本土代表、最大的在野党，民进党的态度对统一的影响毋庸置疑。该党2008年失去政权后尽管不再高喊“台独”，而以“主权”一词加

① 《对大陆官、民好感度明显增加》，《旺报》2012年8月6日。

以替代，但无意放弃“台独党纲”，更不用说改变反对两岸统一的立场了。2012年再败，该党内部虽一度掀起检讨两岸路线的声浪，但很快强硬派占据上风，“务实派”的声音逐渐减弱，党中央败选报告更定调“败选关键乃基层实力而非两岸”。显示民进党对路线调整会否造成支持者流失、能否得到大陆承认有较大疑虑，加之路线调整与权力斗争相互交织，内部很难达成共识。由此观之，该党未来仍难以对两岸政策做出实质调整，仍将以“维护主权和经济安全”之名阻挠两岸关系发展，仍是两岸统一的主要障碍。

两岸“融合—统一”的进程已正式开启

武力统一是先建立政治框架，再进行民众的融合。和平统一的进程则是先进行民众的融合，再在时机成熟时建立体现统一的政治框架。两岸社会的融合是台湾问题最终得以和平解决的基础，其途径是两岸全方位的互动交流，进而向一体化方向迈进。2008年以前（尤其是2005年以前）的两岸关系，似乎一切都是向分离而非统一的方向走：台当局借助政权的力量持续推进“去中”进程，“公投”“修宪”甚嚣尘上，“法理台独”大有山雨欲来之势；台民众在两岸持续对抗和政客煽动下对大陆的不满、敌视倾向难以改变；两岸经济、民间交流虽自然上升但受政治力干扰处于不正常状态。不过，在大陆2005年以来的两岸关系新思维下，尤其是2008年两岸关系走上和平发展的轨道后，两岸关系对抗的时代结束，和平发展的新时代开始，逐渐向“融合—统一”的方向迈进。

（一）两岸在反对“台独”、坚持“九二共识”的基础上建立互信、良性互动，为两岸融合提供了必要的政治环境

尽管国民党重新执政后在一中、统一、两岸政治议题协商等问题上持淡化、回避的态度，离我们先前的期待有落差，但明确抛弃李登辉的“两国论”及陈水扁的“一边一国论”，明确反对“台独”，承认“九二共识”，重新回到“一国两区论”，“将被颠倒的两岸关系重回一中的宪法框架”，与李扁执政时期有了本质的区别。这虽没有加速统一进程，但至少没有让台湾继续向“去中”的方向走，而且两岸双方在反对“台独”、坚持“九二共识”的共同政治基础上建立并不断巩固互信，保证了两岸关系大局的稳定，为两岸交流合作、协商谈判提供了必要的环境和条件。从这个意义上说，也是为两岸的融合营造了必要的环境。

（二）两会协商进入正常化、制度化轨道，成为推进两岸融合的重要助力

1999 年，李登辉抛出“两国论”，两岸对话的基础遭到破坏，海协、海基两会协商因此搁浅。2008 年国民党再度执政、两会恢复商谈以来，先后成功举办了八次“陈江会”，签署了包括《海峡两岸经济合作框架协定》（ECFA）在内的 18 项协议，取得了丰硕成果。两会协商在两岸的定期轮流举办，标志着两会协商步入正常化、制度化轨道，两会签署的协定和达成的共识，解决了两岸交往合作中一系列急需解决的问题，拓展了两岸合作的领域，丰富了两岸交往的内涵，大大推动了两岸融合的进程。

（三）两岸“三通”全面实现与两岸经济关系基本正常化，为两岸融合提供了经济基础

经济基础决定上层建筑。两岸经贸交流对两岸的融合具有内生性影响，两岸经济一体化是两岸融合必不可少的基础。2008 年以来，两岸实现全面直接双向“三通”，彻底打破了海峡两岸多年来的隔绝与封闭，使两岸之间的往来更加便捷，为两岸经贸文化交流和人员双向往来创造了必要条件，亦为两岸民众增进了解、化解敌意、促进融合提供了新的动力。四年多来，两岸经济关系加速发展，取得一系列重大突破。2009 年 6 月，台当局允许大陆企业赴台投资，两岸投资开始从单向迈入双向。2010 年 6 月，两岸经济合作框架协定（ECFA）正式签署，是两岸关系史上一座里程碑，标志着两岸在经济关系正常化、经济合作制度化方面迈出历史性步伐。2011 年始，ECFA 货物贸易早期收获计划顺利实施并逐步扩大。同年年初，两岸经济合作委员会正式成立并全面运作，推进了两岸经济合作机制化进程。展望未来，台湾经济对大陆的依赖必将继续增强，两岸经济的一体化将加速两岸民众的融合。

（四）两岸各界大交流的局面基本形成，两岸融合的途径大幅增多

马英九执政后两岸交流的障碍大为减少，两岸各项交流呈现全方位、宽领域、多层次展开的态势，两岸人员往来之频繁、经济联系之密切、文化交流之活跃、合作领域之广泛、共同利益之扩大，都已达到前所未有的水准。

一是交流范围不断拓展。从经济延伸到科技、文化、教育、体育等各个领域，从都会深入到县市、乡镇、村里和社区各个阶层，从企业界、学术界扩大到工人、农民、青年、妇女和少数民族等各个界别。

二是交流规模进一步扩大。大陆赴台旅游从无到有，快速发展。2008年7月4日，大陆居民赴台旅游首发，实现两岸人员往来新突破。2011年大陆居民赴台“个人游”启动并取得重要进展。2011年，两岸人员往来已达到710万人次，平均每天有近2万人来往于海峡两岸。其中大陆居民赴台游125.1万人次，大陆已成为台湾旅游的第一大客源地。

三是文教交流有所突破。2010年8月，台“立法院”通过“陆生三法”修正案，正式承认大陆学历，开放陆生赴台就学等，开启了两岸教育交流的新纪元。2011年，大陆进一步放宽高校免试招收台高中毕业生的标准，由学测的“顶标级”扩大至“前标级”。

四是民间交流蓬勃发展，平台更加多样化。海峡论坛、两岸医疗卫生讨论会、两岸和平发展论坛等各种专业化、民间性交流平台互动频繁，大大促进了两岸民间交流的发展。

五是中央及省区市高层率大型综合性经贸文化团组赴台，深入基层，展现亲情，产生了广泛积极的影响。

六是两岸同胞感情进一步加深。大陆汶川地震、台湾“八八水灾”两岸互帮互助，北京奥运会、上海世博会、台北花博会两岸共襄盛举，以及大熊猫“团团”“圆圆”赴台等，均加深了两岸同胞的手足亲情。

（五）两岸关系和平发展得到岛内民众普遍认同，保证了两岸融合进程可望得以持续

两岸关系和平发展顺应了和平发展的国际潮流，为两岸同胞带来了福祉。2008年以来的岛内多次民调显示，超过半数的民众对未来两岸关系发展充满信心与期待，五至八成的民众充分肯定两会制度化协商及两会商谈结果，多数民众对马当局积极开放的大陆政策表示支持，不认同民进党阻挠两岸交流的行为。

2012年台湾地区领导人选举，民众对两岸关系和平发展、马英九合作开放大陆政策的肯定，成为决定选举胜败的关键因素。两岸利益联结的空前强化，在台湾选举中首次显示出强大的政治效应。这也代表台湾民众最终选择了继续支持两岸关系的和平发展，明确表达了期盼两岸持续推进协商、扩大交流合作的愿望。这更意味着，在台湾这个以选票为导向、以民意为依归的选举社会，蓝绿政党都不敢轻易重走两岸敌对、拒绝交流的老路。因此，两岸也具备了进一步融合的民意基础。

进一步推进两岸和平统一进程的战略思考

尽管我们不承诺放弃武力，两岸统一在理论上仍有武力统一、和平统一两种方式，但从当前的国际格局、潮流及我国发展形势、战略机遇期等因素考虑，武力统一基本上是很难选择的一条路，较现实的唯有和平统一一途。如何切实有效地推进和平统一，让台湾民众愿意接受，就成为我们对台工作最需要去思考的方向，这也是我们一旦选择和平统一道路后不得不去做的事。目前阻碍台民众接受和平统一的最大的几个障碍是，大陆的实力并不足够强大及社会主义民主制度仍有不完善之处，两岸融合进程尽管已开启但融合程度还非常低，台民众对台湾地位、国际参与的现状并不满意等。未来进一步推进两岸和平统一，可从上述方面进行思考。

（一）遵循统一的“实力原则”，进一步增强自身的实力和吸引力

大陆的实力决定处理台湾问题的能力。多年前邓小平针对台湾问题即指出，“关键是把自己的事情办好”。尤其是李扁“台独”施政和“去中国化”政策、两岸长期的交恶对抗已使两岸共同的认同非常脆弱，现在大陆能做的只有不断增强自身实力，来增进对台民众的吸引力和向心力。

当大陆继续高速发展，以至于两岸的实力差距足够大、台湾的发展更加依赖大陆，统一的条件自然会更趋成熟。

另外要强调的是，大陆社会主义民主政治的完善，是增强大陆吸引力的重要方面。两岸的制度差异是台民众抗拒统一的重要原因之一。台湾民众具有明显的西方民主制度认同倾向，他们认为大陆现有的制度不足以保证统一后自己的民主自由生活方式得以继续。胡锦涛在建党90周年的讲话中称，“人民民主是中国共产党始终高扬的光辉旗帜”。我们相信，随着大陆民主政治的不断完善，台民众的担忧会日渐减少，向心力会日渐增强。

（二）遵循统一的“融合原则”，坚定不移地促进两岸融合

两岸经济统一、社会统一是政治统一的前提。没有前两者的统一，和平统一是很难实现的。所谓经济统一、社会统一换一个更恰当的词，其实是融合。笔者在前面已经提到，两岸已经开启了“融合——统一”的过程，但就融合程度而言，仍是远远不够的。大陆未来在促进两岸融合方面还有很长的路要走。

一是继续加强两岸经贸交流。ECFA的启动和实施标志着构建两岸关系和平发展框架率先在经济领域取得突破，但只是开了一个好头，两岸服务贸易协定、货物贸易协定等均未签署。大陆应继续大力推动这些后续协定的签署和实施，并加大两岸金融合作、产业合作的力度，更好地发挥两岸经合会的作用，把两岸的经济联系推到全新的层次。尤其要重视推动大陆赴台湾投资，这对建立并增进大陆在台影响力，具有极为重要的战略意义。一些人认为，促进两岸经贸交流只是给台送去经济上的好处，大陆可做可不做，甚至做多了反倒增加了统一的难度。这是没有从经济统一是和平统一基础的战略高度来思考问题。

二是加大两岸社会交流的广度和深度。从签证、通关、航线、航班数量等方面进一步提高两岸往来的便利性，更好地发挥两岸“一日生活圈”对两岸融合的促进功能。进一步促进两岸民间交往，一方面让从没来过大陆、占全台总人口 2/3 的台湾普通民众来大陆参访，促进其对大陆的了解，另一方面要加大大陆民众入岛交流的力度，包括旅游、求学、投资等。关键要更加注重两岸交流的“民间性”“草根性”，加强“与普遍民众沟通，与民间组织合作”，真正实现对台工作“向南移、向下沉、向根扎”，让“三中”群体切实感受到两岸关系和平发展带来的实惠，全面增强对台湾基层社会的影响力。只有通过持续强化两岸社会的交流，才能达到章念驰先生所说的“共同经历，共同参与，共同记忆，共同利益，将逐步建立起共同的家园，形成生命共同体”。①

三是促进两岸的政治交流。目前两岸的政治互动尽管形式上仍限于政党交流和属“白手套”性质的两会交流，但两岸官员实际已走上了谈判桌。未来两岸政治互动的强化可以从以下方面着手：更多的两岸官员就某些事务性议题直接商谈，两会互设办事处，国共两党互设办事处等。特别要强调的是，我们在寄望大交流、大合作产生两岸新认同的同时，要有意识地阻止台民众国族、统“独”认同的不利发展趋向，除要加强“两岸同属一中”的引导和宣传外，也要善于促马更加清晰、明确地表达一个中国立场，加大对“文教台独”拨乱反正的力度，阻马向民进党论述靠拢。

（三）遵循统一的“利益原则”，正视尊重台民众的利益诉求

利益是人们行为的驱动力。千万不要以为正确的东西就会得到拥护，要符合人们的利益。列宁说，“即使客观的几何规律，违背人们的利益也

① 章念驰：《“十八大”前话两岸》，《中国评论》月刊 2012 年 11 月号。

会受到反对”。两岸和平统一关键是人心向背问题，其实质主要也是利益问题。无论是当前的对台工作还是未来的统一方案，只有满足了台湾民众的利益诉求，才能得到他们的真心支持和接受。

1. 要“以人为本”，尽量满足目前台民众适当的利益需求

如今大陆在满足除台民众经济利益诉求上下了很大功夫，惠台政策不断推出，得到岛内社会尤其是直接受惠群体的好评。本文要强调的是台民众的另外两项诉求，即合情合理看待台当局应有的政治地位、台参与国际活动的问题。台湾问题专家李逸舟对此有较为深刻的分析：现阶段两岸关系的主要矛盾，是一个中国的基本格局与这一格局在局部范围内的不完整性、也即“中华民国”在中国主体范围不存在但又确实真实存在于中国局部地域之间的矛盾。漠视对方的客观存在、试图回避或者抹杀这一矛盾，是十多年来两岸关系持续紧张、两岸政治关系迟滞不前的直接原因。客观地面对并妥善地处理这一矛盾，是解构两岸关系对抗局面的关键所在，并将极大地化解两岸关系中统“独”斗争的因素，为两岸关系的全面发展开辟广阔道路。①

事实上，两岸关系自2005年以来逐渐取得进展，关键就是大陆对台新思维和新政策照顾到了台民众对台当局地位、国际参与的利益诉求。未来要继续争取台民众支持，最关键的也非从这两方面下功夫不可，因为这是台民众最在意的问题，这可能是未来两岸关系“最大的增长点”。

关于台当局地位问题。其实就是台民众一直讲的“平等、尊严”问题。台湾文化大学教授邵宗海将台民众对此方面的要求归结为“对等性”。②

大陆对台当局地位问题其实持较为开放的态度。海协会会长汪道涵1998年10月会见海基会董事长辜振甫时提出“对台86字箴言”：“世界上只有一个中国，台湾是中国的一部分，目前尚未统一。双方应共同努力，在一个中国的原则下，平等协商，共议统一。一个国家的主权与领土是不可分割的，台湾的政治地位应该在一个中国的前提下进行讨论。”其中的“共议统一”“台湾的政治地位应该在一个中国的前提下进行讨论”，指的都是台当局地位问题。我们2000年后提“两岸同属一中”，刻意少提或不提“中华人民共和国是代表中国唯一合法的政府”，亦是为台当局地位预

---

① 李逸舟：《实现国家统一理论创新与对台工作战略调整》，《理论动态》2009年12月。

② 罗祥喜：《江陈会在即，台湾学者研讨“两岸政治定位”》，中国评论新闻网2009年12月21日。

留了空间。2008 年的“胡六点”也明确指出，“为有利于两岸协商谈判、对彼此往来做出安排，两岸可以就在国家尚未统一的特殊情况下的政治关系展开务实探讨”。

李逸舟认为：“以往一中原则单纯强调两岸关系的‘法理内涵’，对台湾当局政治地位采取绝对排他性的否定态度；而‘两岸同属一中’则在坚持一个中国法理基础的同时，为一中原则注入了实事求是、正视现实的‘事理内涵’，以及以人为本、尊重包容的‘情理内涵’。”“大陆与台湾同属一个中国，不仅是指两岸在主权上、地理上、血缘上、文化上同属于一个中国，同时也包含现阶段分别存在于两岸的政治现实以及台湾在国际社会一定范围内代表中国的现实”。①

关于台国际参与问题。台民众对大陆的爱恨情仇最大的来源是该领域。马英九曾说，“台湾人民对于参与攸关民生福利的国际组织既是权利，也是人权”，“我们参与国际社会的程度机会等等，是台湾人民尊严的来源之一，很多人把这一点看得比其他一切来得重要”。这显示台民众对国际参与问题的高度在意。

大陆未来除不要去动台“邦交国”（没有实际意义，且可能严重恶化台民众对大陆的感情，让我们先前的善意前功尽弃）、以“两岸同属一中”搁置争议的思维去灵活处理台称谓问题外，还可针对适当的台国际参与问题适时做出适当的让步。李逸舟认为，在走向统一的过程中，两岸人民应该享有的权益都应该得到尊重，特别是台湾人民不应该由于“尚未统一”而受到惩罚，其参与国际活动的权益不应被剥夺。

大陆内部对台经济让利分歧不大，但在转变对台当局地位、国际参与态度问题上则有较大分歧。笔者认为，随着两岸实力差距的拉大，及我在国际格局中无可替代的地位，大陆在两岸关系上已牢牢掌握了主控权，只要不脱“两岸一中”架构，对台工作实可以更自信、大胆一些，格局、视野可以放得更开。“有舍才有得”，对台工作不突破传统的惯性思维的束缚，就很难有解开困局的开创性突破。

2. 未来统一方案要降低标准，尽量做出对台民众有利的安排

邓小平曾表示，我们为完成统一祖国的大业，充分考虑台湾能接受的条件，不充分为对方着想，不考虑对方是不可能的。清华大学王振民教授

① 李逸舟：《法理情三维建构下的“一中原则”》，《中国评论》月刊 2009 年 11 月号。

认为，要最大限度降低两岸统一的标准。“一国两制”的真谛，即“求大同，存大异”。“大同”就是国家的独立和主权不容分割，这是我们最大的公约数。“大异”就是允许在制度、体制上不一样。我们只在最重要、最基本的方面求得统一，其他方面不再视为必须统一的因素，这样就把国家统一的标准降到最低。两岸统一将最大限度地扩充“一国”的概念，最为宽松地解释统一的含义，形成更具有弹性的统一观。①

关于统一后对台湾地位的安排，大陆1993年发表的《台湾问题与中国统一》白皮书指出，统一后，台湾将成为特别行政区。它不同于中国其他一般省区，享有高度的自治权。它拥有在台湾的行政管理权、立法权、独立的司法权和终审权；党、政、军、经、财等事宜都自行管理；可以同外国签订商务、文化等协定，享有一定的外事权；有自己的军队，大陆不派军队也不派行政人员驻台。特别行政区政府和台湾各界的代表人士还可以出任国家政权机构的领导职务，参与全国事务的管理。大陆2000年发表的《一个中国的原则与台湾问题》白皮书进一步表示，中国政府注意到台湾与香港、澳门的不同特点，实现两岸和平统一之后，在台湾实行“一国两制”的内容，可以比香港、澳门更为宽松。

不过，台民众对大陆的安排并不满意，关键是不愿意接受“地方政府”的定位。未来的统一方案则需要在这方面想办法。张亚中的“一中三宪”、刘国深的“球体理论”等都是在做这样的思考。王振民认为，鉴于两岸问题的复杂性、独特性，要促进国家实现完全统一，更需要解放思想，大胆进行理论探索和理论创新。大陆方面要解放思想，台湾方面也需要解放思想。双方都要降低期望值，大陆不要再坚持按照原来的标准实现统一，不需要事事统一，应该允许台湾在很多方面保持自己的独立。台湾也不能坚持“完全独立”，法理上能够独立的方面就独立，不能独立的方面例如涉及主权事项无论如何是不能独立的，否则我们就成为两个国家了。两岸结合的方式一定不会与港澳回归一样，一定是非常有创意、非常新颖独到的，既不同于传统的单一制，也不同于目前的联邦制。王振民的上述观点无疑指出了解决统一后台湾地位问题的较为合理的思考方向。②

（原载于《中国评论》2013年2月号）

① 王振民：《两岸应找寻统一或统合的最大公约数》，《旺报》2010年5月9日。
② 王振民：《两岸应找寻统一或统合的最大公约数》，《旺报》2010年5月9日。

增进一个中国共同认知 开创两岸和平发展新局

谢 郁

中国共产党十八大的政治报告，确立了建设中国特色社会主义的整体国家发展战略，也指明了今后一个时期两岸关系发展的总体趋势以及对台工作的任务目标。结合当前两岸关系形势，认真学习报告中对两岸关系的新论述，我们能从中领会出诸多深刻内涵。

两岸关系和平发展是历史的必然 也是两岸民意的选择

报告中指出："解决台湾问题、实现祖国完全统一，是不可阻挡的历史进程。和平统一最符合包括台湾同胞在内的中华民族的根本利益。实现和平统一首先要确保两岸关系和平发展。必须坚持'和平统一、一国两制'方针，坚持发展两岸关系、推进祖国和平统一进程的八项主张，全面贯彻两岸关系和平发展重要思想，巩固和深化两岸关系和平发展的政治、经济、文化、社会基础，为和平统一创造更充分的条件。"

这一论述表明，两岸关系和平发展重要思想，和20世纪80年代形成的"和平统一、一国两制"方针、90年代提出的"八项主张"既一脉相承又与时俱进，显示了大陆对台政策的连续性和创新性。更为重要的是，报告从战略的高度阐述了和平发展与和平统一的辩证关系，指出在和平统一的最终目标实现之前，和平发展是两岸关系一个不可跨越的必经阶段。两岸长期以来形成的误解隔阂、矛盾分歧需要通过不断的交流沟通，消除隔阂误解，才能逐步化解。和平发展阶段的主要任务是巩固和深化两岸关系和平发展的政治、经济、文化、社会基础，为最终实现和平统一创造条件。这是中国共产党在回顾总结两岸关系发展的历程，准确把握两岸关系发展的客观规律，对影响两岸关系的内外因素进行深入分析的基础上做出的论断与决策。

过去几年中，两岸关系的具体实践和丰硕成果证明了和平发展是正确的道路，已成为两岸关系的主旋律，符合两岸社会和经济发展的客观现实需要，是历史发展的必然。2005 年，正当激进“台独”势力强力推进“法理台独”、台海和平面临重大威胁的时候，中国共产党和中国国民党的领导人在北京人民大会堂进行了举世瞩目的“胡连会”，发表了发展两岸关系的五项共同愿景，确立了“九二共识”“反对台独”作为国共合作及推进两岸关系的政治基础。2008 年“台独”政权结束，两岸关系从“台独”执政时期的高度紧张与对峙，进入了和平发展的新阶段。此后在两岸当局和广大同胞的共同努力下，两岸关系迅速发展，因政治因素而受阻的两岸交流如开闸之水奔涌而出，以短短四年多的时间实现了过去三十年未能达成的目标。

一是两岸协商谈判实现常态化、机制化，两会八次会谈共签署了包括 ECFA 在内的十八项协议，成果丰硕，为两岸商签协议开创了有效而成功的模式，积累了丰富而宝贵的经验。

二是两岸交流进展迅猛，展现大交流、大合作、大发展的新局面。2008 年 12 月 15 日两岸直接全面双向的“三通”终于全面实现。2011 年，两岸人员交流突破 700 万人次，两岸年贸易总额超过 1600 亿美元，两岸经济社会融合度进一步加深。

三是确立了两岸关系发展的政治基础，即体现一个中国原则的“九二共识”和反对“台独”，正是在此基础上，两岸关系才结束了自 1999 年以后长达近十年的政治僵局，进入了和平发展新阶段。

四是和平发展为两岸主流民意所认同。2008 年以来，两岸经贸的互利与繁荣，各项交流的热络与频密，“三通”的实现、ECFA 等协议的签署，给两岸人民特别是台湾同胞带来了实际的利益，充分享受到和平红利的民众，认同和平发展，支持和平发展。2012 年台湾选举的过程和结果表明，在两岸关系上，台湾民意选择了和平而不是战争，选择了合作而不是对抗，选择了发展而不是停滞。

因此说，经过四年的实践，和平发展不仅是历史的必然，也是两岸主流民意的选择，是大势所趋，更是民心所向。

坚持“九二共识”、维护“一中”框架是增进两岸政治互信的关键所在

十八大报告指出：“我们要始终坚持一个中国原则……两岸双方应恪守反对‘台独’、坚持‘九二共识’的共同立场，增进维护一个中国框架的共同认知，在此基础上求同存异。”

在全国代表大会政治报告中首次写入“九二共识”，表明大陆对其作为两岸关系发展重要政治基础的高度重视，体现了大陆在重大原则上的坚定性和在具体政策上的灵活性。1992年，两岸两会达成的“九二共识”，其核心是两岸均坚持一个中国原则，正是基于这一共同的认知和立场，两会才顺利开启了协商谈判的大门，两岸关系才向前迈出了重大的一步。同时，“九二共识”还本着“求同存异”的原则，对于存在分歧的“一中”内涵部分采取两岸各自表述的方式，充分展示了面对现实的务实精神以及灵活处理分歧的政治智慧。二十年来，“九二共识”作为两岸关系的政治基础发挥着至关重要的作用，当两岸双方都认同并坚持“九二共识”时，两岸关系就迅速而健康发展，当“九二共识”被否定被破坏时，两岸关系就跌入低谷，甚至危机频发。1992年，“九二共识”作为两会开启协商谈判的政治基础，极大地推动了两岸关系的发展和各项交流的进程。2005年，“九二共识”是国共两党联手合作、推动两岸关系的政治基础。2008年以后，正是在“九二共识”的基础上，两岸关系进入和平发展的新时期并取得一系列重大的成果。未来，“九二共识”的功能和作用将继续深化和扩展，是增进两岸政治互信，也是两岸关系巩固、深化、发展的重要政治基础。

经过四年多的发展，两岸关系在实现经济合作互利之后，要持续深化发展，增强政治互信尤为重要。“九二共识”是海峡两岸政治认知层面最大的公约数，是维护和增进一个中国最务实的着力点。“九二共识”的核心是一个中国，其精髓是求同存异，其中的“同”就是指两岸均认同并坚持“一个中国”的立场，而“异”的部分在于对“一中”内涵存在不同的认知，双方各自表述。在今天，要进一步增强两岸政治互信，我们应该做的是如何“聚同化异”，不断寻求双方对“一个中国”的连接点，凝聚和扩大共同点，维护并增进“一个中国”框架的共同立场，多方探索、共

同努力寻求就“一个中国”达成更为积极、更为一致的表述，逐步缩小、化解存在分歧的差异部分，从“一中各表”迈向“一中同表”。当然这并非易事，也不可急于求成，但我们相信，有了两岸均坚持“一个中国”这一共同前提，只要双方有意愿、有诚意，就有化解分歧、破解难题的能力与办法。

协商谈判是破解政治难题
建立两岸关系和平稳定架构的必经之路

当前两岸关系的发展进入了新的关键时期，过去几年中两岸在经济合作及事务性交流领域取得可喜的进展和现实的成果，接下来面临如何向前推进、继续深化的问题。

两岸关系由政治、经济、文化、社会几个主要部分组成，这几部分平衡发展，两岸关系才能以正常、良好的态势稳步前行。自 2008 年以来，两岸经济文化及社会各项交流快速发展，按照先易后难的进程，两会协商先后签署了 18 项协定，基本都属于经济合作及事务性交流领域，是易的部分。而难的部分，主要指政治议题的部分，则由于涉及诸多重要的敏感问题，双方存在矛盾与分歧，一直采取绕道而行的方式加以回避。应该说，在两岸关系的整体布局中，政治关系的发展明显滞后，两岸关系发展中政经不平衡的问题日益突显。

目前，随着交流的深入，两岸关系开始进入深水区，诸多经济及事务层面的交流合作越来越不可避免地要涉及双方的政治体制、法律体系，两岸公权力部门在交流事务中常常面临定位与称谓等难题，而两岸政治议题的对话协商迟迟难以展开，诸多难题一直得不到解决，对两岸经贸合作及各项交流造成的困扰和阻碍也越来越明显。过去二十多年的历史事实告诉我们，两岸关系发展如果只经不政，则两岸关系势必存在隐患。不开展政治对话与协商，政治上的矛盾分歧就得不到解决，两岸关系的稳定也就没有基本保障。一旦政治分歧激化，则两岸经贸及各项交流所累积的成果和互信就有可能一朝尽毁，两岸关系也将因此发生逆转，这就是两岸关系一直存在脆弱性和不稳定性的根本原因所在。

笔者以为，两岸关系要想维持长久的和平稳定与持续发展，政治谈判最终无可回避，两岸通过协商谈判逐步破解政治难题，化解矛盾与分歧，是继续深化两岸关系，建立两岸和平稳定架构的必经之路。

开展政治对话增信释疑
为政治谈判、和平协定创造条件

十八大报告指出：“促进平等协商，加强制度建设，希望双方共同努力，探讨国家尚未统一特殊情况下的两岸政治关系，做出合情合理的安排；商谈建立两岸军事安全互信机制，稳定台海局势；协商达成两岸和平协议，开创两岸关系和平发展新前景。”

如何处理统一前的两岸政治关系，一直是两岸关系中的重大症结性问题，关系到两岸关系的性质，关系到两岸政治定位，关系到两岸关系发展的方向，报告中将此作为重要议题郑重提出，一是切实抓住了两岸关系的要害与关键，切中两岸关系目前最大的症结点；二是表明了大陆愿意正视分歧、协商解决矛盾的态度；三是以“合情合理”展现了灵活、包容、开放的诚意与善意。建立军事互信机制，是为两岸防止军事冲突、维护台海和平。而和平协定则是为了建立两岸和平稳定架构，为两岸关系提供法律化、制度化保障，是确保两岸关系和平发展的既有成果及正确方向不受干扰破坏的有效途径。

从目前来看，两岸对于开启政治谈判的条件与时机，对和平协定的定位、功能以及内容，在认知和立场上都还存在较大的落差，特别是台湾方面多认为政治谈判条件尚不成熟，谈和平协定更是为时尚早，现阶段还要先经后政。并且，以目前台湾蓝绿格局的政治结构以及多元化的社会生态，在两岸议题上存在较大的分歧，两岸关系的深化发展面临来自台湾内部及国际上的各种阻力。但笔者认为，挑战与机遇总是并存的，在面对困难和阻力的时候，要看到历史也为两岸关系提供了开启新局的机遇。

首先，两岸的执政党及领导人对推动和平协议的重要性有共同的认知，都表达了积极正面的意愿。大陆多次在公开场合提出两岸通过政治协商达成和平协议的主张，此次十八大报告又再次将和平协定写入党的文件，将之作为未来推动两岸关系和平发展的重要任务目标。台湾领导人马英九也多次公开表达推动和平协定的意向，并在2008年和2012年两次竞选过程中将和平协定作为其重要的政见和主张。可见，两岸执政党和领导人对推动和平协议的必要性有最基本的共识。

其次，达成和平协议在两岸拥有较高的民意支持。超过 90% 的大陆民众支持两岸通过政治谈判签署和平协定，台湾的各种民调也显示，和平协定在台湾有五成以上的民意支持度，可以说，通过签订和平协定为两岸关系长期和平发展提供制度性保障得到两岸主流民意的认可。

其三，两岸两会协商行之经年，签署了十多项协定，积累了丰富的谈判经验，创建了一系列商签协定的成功模式，为未来两岸政治谈判打下了良好的基础，为和平协议的达成创造了有利的条件。

其四，也是最为重要的一点，“九二共识”“反对台独”这一重要的政治基础已经确立，它对两岸关系的功能和作用将继续深化和扩展，成为未来两岸开启政治谈判的重要基础。

笔者以为，两岸关系发展的速度和进程有其自身的客观规律，在时机不熟时急于求成是冒进，但对客观存在的问题一味回避拖延则为消极，二者都不可取，遵循规律顺势而为才是明智和理性的做法。两岸开启政治谈判的确还需要时间，累积更多的互信，创造更充分的条件，但这一切是坐等不来的，需要两岸共同努力去营造。当前两岸智库、学界、社会团体应积极展开政治对话，特别是针对一些存在分歧的重大政治议题，如两岸政治关系、和平协议等进行广泛深入的探讨。这种政治对话的功能与作用：一是加强沟通，了解彼此的真实立场及想法，消除误会，增信释疑；二是双方坦诚相待，拿出各自的规划及方案，寻找双方的共同点与连接点，增进强化共识；三是对存在分歧的难点和重点，商讨探寻解决的途径。经由政治对话的开展，假以时日，取得上述几方面进展，则能为政治谈判清除障碍、创造有利条件。

但如果一直不去触碰政治议题，回避矛盾分歧所在，则两岸谈判的条件就不可能有成熟的时候。

结　语

两岸关系历经风雨曲折走到今天，和平发展取得了丰硕的成果，两岸建立了基本的互信，人民也开始分享和平红利，这一切来之不易。未来需要两岸同胞共同努力，确保两岸关系继续沿着和平发展的方向持续深化、稳步前行。

（原载于《中国评论》2013 年 2 月号）

新一届领导人对台政策解析

党朝胜

3月17日，在第十二届一次全国人大闭幕会及随后的记者会上，新当选的国家主席习近平与李克强总理分别用不同方式，全面系统深入地阐述了“中国梦”；作为其重要一环的两岸关系部分，虽然篇幅有限，但字字珠玑。一幅承前启后，继往开来，通过不断巩固深化两岸关系和平发展，增进两岸同胞福祉和利益，开创中华民族新的前程的“花团锦簇、花好月圆”的“两岸梦”也清晰地展现出来。

“两岸梦”是“中国梦”的重要一环

习主席在全国人大闭幕会上的重要讲话，勾勒出13亿中国人追求中华民族伟大复兴的“中国梦”。这个梦，波澜壮阔，既深深反映了中华民族的先辈们不懈努力，追求进步的光荣传统，也充分体现了当今所有中国人的远大抱负。这个梦，内涵丰富，既包含国家富强、民族振兴，也包含人民幸福。这个梦，目标明确，就是必须不断为人民造福，而且要实现中华民族伟大复兴。这个梦，路径清晰，即必须走中国道路、弘扬中国精神、凝聚中国力量。这个梦，主体明确，既属于整个中华民族，也属于每个中国人，并且，必须紧紧依靠人民来实现，因此，生活在海峡两岸的每个中国人都不能有丝毫自满，不能有丝毫懈怠，必须再接再厉、一往无前。

海峡两岸有着共同的祖先，有着共同的血脉，有着共同的上下5000年的中华文明，有着共同的100多年追求民族独立、国家统一与民族复兴的光荣传统，两岸同胞都是炎黄子孙，同属中华民族。因此，“中国梦”所概括的三大愿景——国家富强、民族振兴、人民幸福当然属于海峡两岸同胞的共同梦想。国家富强，不仅是大陆地区的富强，而且是两岸同胞的共同富强，其过程及结果都需要两岸同胞共同为中华民族创造巨大财富，共同分享这个伟大的财富。民族振兴，是中华民族整体的振兴，其重要标志之一就是海峡两岸的统一，这就需要两岸同胞携手同心，共同支持、维护、推动两岸关系和平发展，共同追求并最终实现两岸的和平统一。人民幸福，既包括大陆同胞的福祉和利益的不断提升，即在现有辉煌成就的基础上进一步实现两个“一百年”的宏伟目标，进而达成中国特色社会主义事业的伟大胜利，而且还应包括广大台湾同胞的福祉和利益的进一步提高。因此，这个“中国梦”，其主体是海峡两岸的中国人，其过程需由海峡两岸共同参与，其成果也应海峡两岸共同享受。正如此，习主席在描绘这个“中国梦”时也特别呼吁，“广大台湾同胞和大陆同胞要携起手来，支持、维护、推动两岸关系和平发展，增进两岸同胞福祉，共同开创中华民族新的前程”。

而在全国人大闭幕会后的中外记者见面上，李总理又在有限的时间内，对外界所关心的新一届政府的内政、外交与两岸等一系列重大问题予以详尽解答，并进一步阐述了“中国梦”的美好蓝图与实现途径。尤其是在两岸关系方面，不仅极其感性地强调两岸“打断骨头连着筋”的同胞之情，勾画出一幅两岸同胞共同追求、共同分享“花团锦簇”“花好月圆”的美好愿景，而且还务实理性地指出，要想让“中国梦”梦想成真，两岸同胞就必须毫不动摇地坚持一个中国，维护同胞之情；需要两岸同胞共同充分利用当前的机遇，并使未来的机遇不断扩大，从而一道把共同的家园维护好、建设好。李总理还表示，“在推动大陆进一步开放和发展当中，会更多地考虑台胞的福祉和利益”，更是将对台政策与大陆的和平发展战略紧密结合，将两岸关系的推进与大陆进一步的开放和发展进程紧密结合。

总之，如果将习主席的重要讲话看成对“中国梦”的整体勾勒，李总理的答记者问则是对“中国梦”的进一步阐述。尤其是在两岸关系方面，习主席的讲话提纲挈领，意味深长，李总理的回答深入浅出，形象生动。由此可以清晰看出，新一届领导人的“两岸梦”是一个中国特色的追求国家富强、民族振兴、人民幸福的梦，是一个弘扬中华传统文化、凝聚中国力量的梦，是一个追求两岸关系和平发展、共同开创中华民族新前程的梦。

“两岸梦”的基本内涵

习主席的重要讲话和李总理答记者问，已经从原则前提、美好愿景、基本立足点、实践主体、实现路径和推进策略等方面，对“两岸梦”的基本内涵进行了相当清晰明确的勾勒。

（一）“两岸梦”的原则前提，坚持大陆和台湾同属一个中国，两岸同胞同属中华民族。习主席重要讲话中涉台内容的具体文字虽然不多，但通过上下文即可清楚看出其“两岸同属一个中国，两岸同胞同属中华民族”的意涵。李总理在答记者问时，也是首先强调了“两岸同属一个中国，居住在两岸的是骨肉同胞”的理念，其后所提“‘同胞’这个词在中华文化当中是根深蒂固的，也是中华民族5000年生生不息的根源”；“所谓打断骨头还连着筋，同胞之间、手足之情，没有解不开的结”；“大陆和台湾是我们共同的家园”等，更是从传统、情感、现况等不同角度对实现“两岸梦”的原则前提的进一步阐述。

（二）“两岸梦”的美好愿景，当前要务是推进两岸关系和平发展，远景蓝图是中华民族的伟大复兴。习主席重要讲话中有关两岸关系的部分，就是将“两岸关系和平发展”的近期目标与“共同开创中华民族新的前程”——“中华民族的伟大复兴”的远景蓝图清晰展现出来。并且，由此可看出二者的内在逻辑：“和平发展”是改善发展两岸关系的必由之路，中华民族伟大复兴则是改善发展两岸关系的最终归宿。李总理对此也有精辟论述，且既务实又感性。对于近期目标，李总理不仅充分肯定这些年来两岸关系和平发展的重大发展，而且还明确指出，“两岸关系发展的空间和潜力巨大”；对于远景蓝图，则用两岸共同的家园“花团锦簇”和“花好总有月圆时”来形容“中华民族新的前程”与中华民族的伟大复兴。

（三）“两岸梦”的基本立足点，以民为本，为民谋利。习主席在重要讲话中特别强调“增进两岸同胞福祉”，李总理也强调，在推动大陆进一步开放和发展时会更多地考虑台胞的福祉和利益，大陆和台湾共享发展机遇。事实上，正是由于两岸关系和平发展战略始终本着“以民为本”“为民谋利”的宗旨，始终将增进两岸同胞的切身利益放在首位，符合两岸同胞期待，因而赢得了两岸的民心，获得了越来越多的两岸同胞的认同与支持。现在，大陆新一届的政府不但明确表示“将会履行上届政府所做的承诺”，而且还将为增进两岸同胞福祉和利益“努力寻求合作的新推动支点”，这不仅保证了今后的对台政策方向，而且一定会让两岸同胞更加充满期待，从而也一定能赢得更加广泛的两岸同胞的支持。

（四）“两岸梦”的实践主体，团结合作的两岸同胞。两岸同胞是两岸关系和平发展的实践者，是“中华民族新的前程”的创造者，更是中华民族伟大复兴成果的享受者。习主席在讲话中特别呼吁，广大台湾同胞和大陆同胞要“携起手来”和“共同开创”，便是将包括两岸同胞在内的所有中国人一起作为构筑“中国梦”、实现“中国梦”、开创“中华民族新的前程”的共同主体。李总理答记者问时一再强调两岸“共享”、两岸同胞“一道”，也是在阐述这样一个道理，即只有两岸同胞“兄弟同心”，才能“其利断金”，两岸同胞要共筑“两岸梦”、共同实现“两岸梦”，就必须携手“支持、维护、推动两岸关系和平发展”，才能将我们共同的家园建设得“花团锦簇”，才能让两岸最终“花好月圆”，才能创造“中华民族新的前程”。

（五）“两岸梦”的实现路径，必须走两岸关系和平发展之路、弘扬民族精神、凝聚两岸力量。世界上没有任何模式可以照搬。习主席在重要讲话中提到，实现中国梦“必须走中国道路”；“必须弘扬中国精神”；“必须凝聚中国力量”。具体到两岸关系方面，也理当如此。两岸关系和平发展和两岸和平统一，中华民族的繁荣昌盛，是海峡两岸中国人自己的事，实现“两岸梦”要靠中国人自己。这就要求我们在“圆梦”过程中，结合中华民族深厚的历史渊源和广泛的现实基础，全面把握两岸关系的总体形势及其趋势，坚定不移沿着两岸关系和平发展道路奋勇前进；这就要求我们必须弘扬以爱国主义为核心的民族精神，和以改革创新为核心的时代精神，摒弃两岸政治对立，放下眼前利益冲突，凝心聚力，自强不息，永远朝气蓬勃；这就要求我们凝聚全中国的力量，海峡两岸所有中国人紧密团结，万众一心，为实现共同梦想而奋斗，并共同享有梦想成真的机会，共同享有同祖国和时代一起成长与进步的机会。

（六）“两岸梦”推进节奏，要兼顾稳定性和创新性。只有保持政策的相对一贯性与稳定性，才能使两岸关系继续沿着和平发展的正确方向稳步前进，只有不断创新，才能与时俱进，让两岸关系和平发展路线增添新的内涵与活力，才能使两岸关系和平发展的政治、经济、文化、社会的基础更加坚实。因此，习主席在重要讲话中所呼吁的“两岸同胞携手支持、维护、推动两岸关系和平发展，共同创造中华民族新的进程”，其中“支持、维护”就是突出政策延续的内涵，而“推动”“创造”更是希望两岸关系能够与时俱进不断创新。李总理所表示的“新一届政府将会履行上届政府所做的承诺，努力寻求合作的新的推动支点”，以及大陆在今后的发展中“愿意与台湾共享发展的机遇”，更是大陆对台政策的继承与创新的清楚表述，并让大陆对台政策充满动态感，让外界对大陆的对台政策更加充满期待。

总之，“两岸梦”是中华民族的梦，是海峡两岸中国人自己的梦。它是在总结了两岸关系60多年，尤其是近30年发展两岸关系的经验教训的基础上形成的，带有鲜明的中国特色。其实践过程需要两岸人民的共同参与，其成果也由两岸人民共同分享。

“两岸梦”的实现有待两岸同胞共同努力

大陆新一届领导人所勾勒的“两岸梦”，并非空想，而是有相当坚实的现实基础。只要两岸人民共同努力，稳步推进，全面发展，就一定能够克服各种困难，让两岸梦圆。

（一）“两岸梦”已具备坚实基础。其一，相同的法律规定。两岸的法律体系都是以“一个中国”为基础，以“追求国家统一”为目标。大陆的法律体系，自宪法以降的法律法规都充分体现了“一个中国”和“追求国家统一”的精神；台湾以“中华民国宪法”为统领的法律体系也贯穿了“一个中国”和“追求国家统一”的内涵。其二，共同的政治基础。虽然两岸对“一个中国”的政治内涵还有一定的分歧，但两岸执政党早在2005年便已形成坚持“九二共识”、反对“台独”的共同政治基础。此后，国共两党通过持续的高层交流，在既有共同政治基础上，就强化互信、真诚合作、共同推进中华民族复兴达成一系列重要共识。双方都强调坚持“九二共识”是两岸互信的基础、确保两岸关系和平发展的关键，都重申坚持走两岸关系和平发展道路。其三，深厚的文化基础。中华民族具有5000多年连绵不断的中华文明，博大精深、枝繁叶茂，是两岸人民的共同财富，不仅为人类文明进步做出了不可磨灭的贡献，也成为维系两岸同胞民族感情的重要纽带，并将两岸56个民族、13亿多人紧紧凝聚在一起。也正因此，两岸之间虽历经数十年的政治对立，但任何人、任何政治势力的任何政治动作，都无法将两岸文化割裂开来，实现所谓“台湾独立”。其四，坚实的民意基础。岛内各家民意机构的多次民意调查都显示，超过7成的台湾同胞希望两岸关系能够和平发展。而最近岛内的一份最新民调也显示，台湾民众认同自己是中国人的比例达61%，而认同自己属于中华民族者高达90%。台湾民众认同和平发展、认同自己是中国人、认同自己属于中华民族，更让两岸关系和平发展的趋势无法扭转。其五，宝贵的成功经验。经过30多年的努力，尤其是自2008年进入两岸关系和平发展的新阶段以来，两岸关系取得了巨大成就，两岸人民正享受越来越多和平红利。两岸政治互信基础更加牢固，两岸经贸联系日益紧密，两岸人民往来日益频繁，两岸社会文教交流日趋密切，两岸两会之间的制度化协商机制逐步建立，并签署一系列协定、达成一系列共识。实践证明两岸关系和平发展之路是一条正确的道路。

（二）两岸关系仍需稳步推进，全面发展。经过两岸同胞近5年的共同努力，两岸关系和平发展已经取得丰硕成果。但是，两岸关系如同逆水行舟，不进则退。因此，改善和发展两岸关系依然还有很大潜力，还有很大提升空间。中央台办、国台办主任张志军在第十一届两岸关系研讨会上便指出，要稳步推进两岸关系全面发展。稳步推进就是，要在全面把握两岸关系总体形势及其趋势中争取新的发展，要加强两岸各个领域交流合作的制度建设，要努力提高两岸交流合作的品质和效益；全面发展就是指“增进互信”“对话协商”“经济合作”“促进交流”等各个领域的进展应当相辅相成、相得益彰，努力实现全面协调可持续发展。对于张主任的所有看法，笔者深表认同，并认为两岸还可从以下三方面进一步夯实两岸关系和平发展基石：

其一，两岸仍需毫不动摇地贯彻“一个中国”的法律框架体系。一方面，两岸都要认真落实“法治精神”，遵守现有体系中一个中国原则的法律规定，依法施政。另一方面，两岸需进一步修改完善相应的相关法律规定，让一个中国原则得到更加完善有力的法律保障，特别是台湾方面，更要防止通过所谓“修宪”“修法”的形式寻求“法理台独”等分裂行径。

其二，两岸仍需坚定不移地维护两岸关系和平发展的共同政治基础。两岸要在继续维护坚持“九二共识”、反对“台独”的共同政治基础的前提下，聚同化异，努力寻求一个中国框架下的连接点，扩大共同点，增强包容性。特别是在当前，一方面，发展两岸关系不应再有人为设置的禁区和空白，任何一方都不要以各种理由阻挠两岸关系和平发展进程的进一步深化；另一方面，也不要以“突破”之名，冲撞一个中国框架的底线，岛内某些政治势力更不能“挟洋自重”，甘当国际反华势力“以台制华”的棋子。

其三，两岸仍需共同大力传承、弘扬中华文化。两岸都必须认识到，目前两岸在文化上虽然确实存在差异，但这种差异只是中华文化多样性、相容性的具体表现，两岸文化在本质上仍然一脉相承。因此，在今后，一方面要鼓励两岸各种形式的文化共同大发展，使中华文化的内涵更加丰富；另一方面，要将台湾同胞爱乡爱土的台湾意识与“台独”分裂意识区分开来，并努力削弱、消除各种“台独”分裂思想的流毒，努力增强两岸文化纽带联系。

结　　语

习近平、李克强的讲话已清楚表明，“两岸梦”是“中国梦”不可或缺的一部分，大陆方面将在推动大陆的进一步开放和发展进程中，进一步改善和发展两岸关系。习、李讲话也表明，大陆既会保持对台方针政策的稳定性与连贯性，又会为增强两岸同胞的凝聚力与向心力，不断与时俱进、开拓创新。习、李讲话还表明，大陆将会继续丰富两岸关系和平发展理论的内涵，在“巩固”两岸关系和平发展成果的基础上，“深化”两岸关系和平发展的政治、经济、文化、社会基础。

有梦想，有奋斗，一切美好的东西都能够创造出来。只要广大台湾同胞和大陆同胞携起手来，心往一处想，劲往一处使，便没有什么不能克服的困难。全体中华儿女携手努力，继续沿着两岸关系和平发展的道路，稳步推进两岸关系全面发展，就一定能在同心实现中华民族伟大复兴进程中完成祖国统一大业，“两岸梦”也一定能够梦想成真。

（原载于《中国评论》2013 年 5 月号）

努力构建新型的两岸关系发展模式

朱卫东

一、对两岸关系和平发展重要思想的几点认识

当今世界处在经济全球化、政治多极化、信息网络化大发展、大变革的时代，国际政经局势和权力格局正在发生着重大而深刻的变化，在这样一个各种因素相互交织、互为作用的全新时代背景下，推动中国境内两个不同政权管辖且实行不同制度的两个地区实现统一，是一项空前艰巨复杂的系统工程，既无先例可借鉴、又无理论可指导，需要充分发挥中华民族的智慧和创造力。

过去五年多两岸关系发生了历史性的变化，其关键因素是得益于两岸关系和平发展重要思想的提出以及由此形成的一系列政策主张，对台工作的理论创新推动了两岸关系的实践创新。在两岸关系步入巩固深化新阶段、迈向深水区的时候，尤其需要我们与时俱进地解放思想，进一步探讨丰富两岸关系和平发展重要思想，以破解日益复杂的两岸关系难题，推进中国统一进程。个人认为，大陆方面提出的两岸关系和平发展思想具有以下几个特点：

（一）具有强烈的“民族性”和“以人为本”的特点。即站在全民族发展的高度去考虑台湾问题，大陆并不是为了统一而统一，而是为了中华民族伟大复兴和两岸人民最大福祉，这一思想完全超越了党派和个人的利益，将两岸关系和平发展与和平统一、国家总体发展战略和民族振兴有机辩证地统一起来，和平发展是为了统一，统一是为了更高水平的和平发展。因此，这要求我们在进行两岸关系的理论探索时，也应以此为出发点和参坐标，大胆提出一切有利于推进两岸关系迈向统一的各种设想。

（二）具有浓郁的“实践特色”和“发展观”。卓有成效的两岸关系

发展理论一定是在两岸关系的实践中“长”出来的，是双方都能认可且有助于向前走的方案，而不是事先设定或凭空杜撰一厢情愿地强加于对方的。两岸关系和平发展思想就是在深刻总结30年来对台工作基本经验基础上提出的，“和平合作双赢”的理念已获得台湾大多数民意的认同，并被过去五年两岸关系发展的巨大成就所证明。它源于实践，也必将在实践中不断发展。也因此，我们不应将两岸关系和平发展理论视为一成不变的教条，而应把它看作一个开放包容的、具有强大生命力的鲜活理论，需要两岸在新的实践中共同去丰富和完善。

（三）具有鲜明的“两岸特色”和“一中精髓”。两岸关系和平发展思想以及构建两岸关系和平发展框架的政策主张完全体现出中国特色和“一中内核”。未来我们在进行相关理论探索时，一定要既借鉴世界上一切有用的理论，顺应国际主流价值判断，又不能违背国际法主权不可分割的原则，生吞活剥机械式地照搬现成的理论框框，自我设限、自我束缚，新的理论创造必定是两岸中国人思想解放的结晶，必然是管用的、可行的、有效的。

二、当前两岸关系和平发展所处阶段的基本定位

从战略的角度看，认清当前及今后几年两岸关系发展在统一进程中处于何种阶段以及这一阶段的定位性质，对于统筹规划两岸关系发展、明确阶段性目标和任务十分重要。

（一）从中长期角度看，未来十年甚至更长时间，两岸关系仍将处于国家尚未统一前两岸关系和平发展的初级阶段。所谓初级阶段，其基本内涵是两岸关系的和解合作与互信累积，即，通过全面双向直接三通，搭建平台桥梁通道，塑造环境条件机制，以增强两岸民众的感情联结和利益联结，加快两岸经济一体化和社会融合的进程，不断累积提升两岸战略互信，直至两岸完成构建两岸关系和平发展框架，签署两岸和平协议，迈入中程阶段。

在初级阶段中，台湾方面受限的因素较多，台湾与大陆合作的动力更多是源于应对内外压力的客观需要，并非是对共同政治目标的主观追求，因此，台湾当局所表现出的被动性、功利性和局限性等特点，会导致初级阶段的两岸政经文教社会等交流合作呈现不均衡、不对称、不稳定的态

势。同时，由于两岸在政治关系上既有的深层次的矛盾分歧的影响，以及岛内周期性选举政治的冲击，一旦双方不能有效管控处理，或者主张“台独”的民进党卷土重来重新执政，将使得初级阶段的两岸关系和平发展进程一波三折，敏感脆弱，充满变数。两岸关系和平发展初级阶段的定位及其特征，要求双方深刻认识推动两岸关系和平发展的艰巨性、长期性和复杂性，保持足够的信心和耐心，多一份从容淡定，少一份急躁冒进；关键是把握好统一的大方向，只要方向正确，每一步都是前进的脚步；至于发展速度快慢、幅度大小，个人认为，只要符合两岸关系发展的水平和民众的愿望，都是合理的正确的；反之，急于求成的结果必然是欲速则不达，或者要付出更大的成本和代价。

（二）从短期角度看，目前的两岸关系处于坚持“九二共识”的马英九当局第二个任期最后三年的阶段。不同的对手在台上会使两岸关系面临不同的发展前景。反对“台独”、坚持“九二共识”的国民党继续执政，无疑有助于巩固深化两岸关系和平发展，但由于目前岛内经济不景气及马当局施政等原因，马英九连任后，国民党并未走出执政困境，加之民进党的蓄意反对和美国的暗中阻挠，以及台湾社会“主体意识”盛行的牵制，台当局在两岸关系上缺乏迈大步的意愿和动力，瞻前顾后，畏首畏尾。另一方面，过去的选举经验以及民意的新变化也使国民党当局认识到，发展两岸关系是其施政的最大亮点，是提振台湾经济和施政满意度的重要动力。在此背景下，下一步台当局在发展两岸关系上能走多远，端赖其能否有坚定的意志做出正确的选择，以充分发挥好“两岸牌”的最大效用。鉴于2014年岛内“七合一选举”的影响，未来一年多的时间将是两岸关系可以有所作为的窗口期，需要两岸决策者具有高度的机遇意识，抓住机遇，用好机遇。

（三）从两岸合作角度看，目前的两岸关系发展已“由易入难”、迈入必须处理疑难杂症的“深水区”阶段。两岸关系面临逆水行舟不进则退，甚至少进也退的局面。因此，双方都必须建立全新的思维以培养和累积两岸战略互信，努力构建一种新型的两岸关系发展模式。这种思维包括：在方式上，由“单独决定论”转为“共同决定论”；在结果上，由“胜败零和论”转为“双赢共赢论”；在阶段上，由“目标决定论”转为“过程导向论”；在对象上，由“寄望当局论”转为“以民为本论”；在认识上，由“恶意对抗论”转为“善意合作论”。通过信心耐心和诚意善意，在思想上为两岸关系发展提供更多的诱因、更大的空间和更强的动力。

三、未来几年推进两岸关系发展的基本任务

鉴于上述对两岸关系和平发展所处阶段定位的分析，笔者认为，未来几年两岸关系和平发展的总基调是“稳中求进，进中求质、全面发展”。要继续保持两岸关系和平发展的正确方向和良好发展势头；推动两岸关系制度化建设，在构建两岸关系和平发展架构，诸如商签两岸文教交流协议、开启两岸政治协商乃至两岸军事安全互信机制等方面创造条件并取得实质进展。

（一）继续巩固深化非政治领域的交流合作。中共十八大报告提出要“巩固和深化两岸关系和平发展的政治、经济、文化、社会基础，为和平统一创造更充分的条件”，实际上已指明未来五年大陆对台工作的大方向和主要任务，它表明，巩固和深化两岸各领域的交流合作，将成为今后一个阶段两岸关系发展的主要特征和基本任务。在多种因素的影响制约下，未来两岸关系能做可做的部分仍将主要集中在非政治领域。这是因为：一方面目前两岸经贸、文化、教育、科技等领域的交流合作仍属初级阶段，需要巩固保障成果，进一步提高合作的水平和层次；另一方面，在两岸缺乏足够政治互信的前提下，贸然推动政治谈判远不如继续推进非政治领域的合作容易。更为重要的是，马英九第二个任期对政治谈判的意愿不强，主张“先经后政”、政经分离甚至“只经不政”。因此，通过继续深化两岸经济合作，扩大两岸同胞的共同利益；通过继续加强两岸文教社会交流，深化两岸同胞的感情融合，将成为两岸合作的必然选择。

（二）继续创造条件，在推进两岸政治对话商谈问题上积极作为。经过五年多的两岸交流合作，双方既有的政治分歧和发展中面临的政治障碍已越来越影响两岸关系的健康深入发展，政治议题不仅无法搁置也难以回避；既然如此，双方理应努力为破解政治难题创造条件。所谓两岸政治对话协商条件不成熟的说法，不应成为回避拖延政治协商的理由，也丝毫不应妨碍双方多做一些“开渠引水”的工作，以营造有利于政治商谈的环境与条件，逐步达到“水到渠成”的境界。要使越来越多的台湾民众认识到，两岸政治商谈台不会被“矮化吞并”，也根本不存在什么“亲中卖台”问题，越早商谈，对台湾越有利，目前开展两岸政治商谈并不是统一的谈

判，而是要解决阻碍两岸各项交流合作的政治性障碍。台湾当局应在这些问题上拿出勇气与智慧，理直气壮地向岛内民众讲清楚说明白，以利岛内社会能够对这些问题形成共识和良好的氛围。

当然，即使是推动两岸政治对话商谈，仍应本着“先易后难、把握节奏、循序渐进”的思路，在两岸的共同协商下逐步稳妥地推进，在正确的时候做正确的事。

在探讨两岸关系和平发展时期两岸政治关系安排的时候，要充分考虑到当前两岸关系仍处于和平发展初级阶段的基本现实，不好高骛远，不急不躁，先易后难，稳步推进。在破解两岸政治难题、打开政治僵局的路径选择上，笔者认为，要充分运用好“一个中国框架”这一具有很大包容性的创意主张，努力寻求双方的连接点，扩大共同点。两岸共同维护“一中框架”的主张是大陆对台工作重要的理论创新，值得台湾方面高度重视。这一主张的原则性体现在“一国”的概念上，核心是两岸同属一个国家，两岸关系不是国与国的关系。“两岸一国”坚持了国家主权的统一和不可分割；其务实性体现在，对那些理论上不违背“一个中国”、实践上不造成“两岸两国”“一中一台”的各种构想主张的包容与弹性，增大了一中的容量和韧性，为在政治上寻求双方“一中”主张的联结点和两岸共识的融合提供了动力和空间，是一个体现诚意、善意且有助于两岸双方共同培育、共同完善的理性选择。两岸专家学者有责任去共同丰富充实“一中框架”的内涵，发挥它具有很大包容性和韧性的作用，从而找到彼此均可接受的解决办法。

笔者认为，当前及今后一个时期，两岸关系发展要继续坚持和把握“稳中求进、进中求质、全面发展”的基调积极稳妥地向前迈进，其中，“稳”是前提和条件，要避免人为的动荡波折，但“稳”绝不是停滞不前甚至倒退；“进”“质”和“全”这三个字是对发展的基本要求，即未来的两岸关系发展应该是向前看、朝前走，更加注重质量和效果的，政经文教社会各领域的合作应该是全面发展、相互促进、相辅相成的，两岸政治关系不应成为两岸其他领域发展的短板和制约因素。各种交流合作关键是“求”字，即要顺应两岸民众的意愿，抓住机遇、保持旺盛的进取心，而不是消极等待、无所作为。

（原载于《统讯》2013 年第 4 期）

和平发展时期的两岸政治关系探析

彭维学

2008年5月以来，两岸政治关系进入“和平发展、柔性对抗”的新阶段，缓步推进，总体向好，但仍处于敌对状态与初级阶段，政治僵局仍未打破。当前，制约两岸关系的战略环境尚未根本改变，尤其是两岸政治互信和社会互信基础薄弱，两岸政治关系短期内难以实现重大突破。笔者拟从探讨两岸政治关系的发展现状、存在的问题及其制约因素着手，就推动两岸政治关系发展的策略与路径谈几点浅见，就教于各位。

一、两岸政治关系进展

中国共产党十八大报告确定了两岸关系和平发展时期的三大议题：“探讨国家尚未统一特殊情况下的两岸政治关系，做出合情合理安排”“商谈建立两岸军事互信机制”“协商签署两岸和平协议”。其中，“合情合理安排两岸政治关系”，无疑是三大议题的核心。和平发展时期的两岸政治关系，其主要内涵包括政治互信、政治合作、政治安排、政治定位四个基本面向。其中，政治互信是基础，贯穿于两岸政治关系的始终。政治定位是关键，涉及两岸所有重大政治议题。政治接触、互动与合作是重要纽带，可促进政治互信，同时为政治安排、处理政治定位创造条件。政治安排是核心，是两岸政治关系发展中的规划与部署，也是具体成果的体现。

与两蒋时期、李登辉执政后期、陈水扁时期两岸政治关系对抗、冲突、敌视、紧张的基调相比，马英九执政以来两岸政治关系总体缓和，对抗冲突程度明显减弱，政治互动面向不断扩大，合作程度不断加深。

（一）两岸维护一个中国框架的共同认知开始增进，政治互信不断增强

一是国共两党和两岸双方坚持“九二共识”、反对“台独”的共同基

础更加巩固，维护一个中国框架的共同认知开始增进，在“两岸同胞同属中华民族”、共同振兴中华问题上的基本立场趋于一致。马英九强调，“两岸关系不是国与国关系，而是很特殊的关系”，“中国大陆是我们宪法上的国土”；[①] 未来“不会推动‘两个中国’、‘一中一台’或‘台湾独立’”。[②] 2012 年 3 月，国民党荣誉主席吴伯雄与胡锦涛会面时，首度提出“一国两区”，强调“彼此都坚持一个中国”“两岸同属一中”“自己是台湾人，也是中国人”。2013 年 6 月 13 日，吴伯雄会见习近平时表示，“两岸各自的法律、体制都实行一个中国原则，都用一个中国架构来定位两岸关系”。[③] 这是经马英九明确授权后、国民党首次在“一个中国框架”问题上做出明确表述。2013 年 7 月 20 日，马英九再次当选国民党主席后给习近平总书记回函时明确表示：“1992 年，海峡两岸达成‘各自以口头声明方式表达坚持一个中国原则’的共识。”[④] 这是马英九执政以来有关一个中国原则最为明确的表述。

二是大陆对台湾当局“正视现实”和“互不否认治权”的要求展现灵活性。大陆以“个案处理、权宜安排、注重需求、局部突破”为思路，灵活处理两岸实务部门公权力行使、台湾基层民事调解书司法认证、台湾以适当身份参与国际组织活动等问题。大陆在第五届海峡论坛上宣布：“最高人民法院将就认可和执行台湾地区乡镇市调解委员会出具的民事调解书做出司法解释。”[⑤] 2013 年 10 月 6 日，国台办主任张志军在印尼“习萧会”后与“陆委会主委”王郁琦“简短寒暄”时“互称官衔”，在承认台湾方面两岸事务主管部门职能与权力方面迈出了重要步骤。

三是两岸开始对对方的核心利益与重大关切互体互谅，展现善意。对于台湾当局“外交休兵”和“有意义参与国际组织活动”的主张，大陆释放善意，不仅低调处理与台“邦交国”关系，还认可、甚至善意安排台湾以适当身份参与一些重要国际组织的活动。马英九当局也对大陆打击“藏独”“疆独”分裂势力的政策行为展现善意，多次拒绝绿营邀请达赖、热

---

① 《马：两岸不是国与国关系，是很特殊的关系》，香港中评社台北 2013 年 6 月 12 日电。

② 《马英九强调：不论岛内外都不会推动“两个中国”》，新华社 2013 年 4 月 29 日电。

③ 《吴伯雄提两岸关系发展七项主张》，香港中评社 2013 年 6 月 14 日电。

④ 《中共中央总书记习近平电贺马英九当选　中国国民党主席马英九复电习近平表示感谢》，新华网 2013 年 7 月 20 日电。

⑤ 《海峡论坛惠台措施台湾如何接招》，台湾《工商时报》2013 年 6 月 20 日。

比娅访台的要求。

（二）两岸政治互动与合作创新模式、提高层级、拓宽领域、成效明显

一是两岸高层互动频繁。胡锦涛于2008年4月、李克强于2012年4月，分别会见了以民间身份参加博鳌论坛的台湾候任“副总统”萧万长、吴敦义，开辟了两岸高层在大陆互动的新模式。借助一年一度的APEC峰会，胡锦涛自2008年11月以来，连续五年与马英九的代表、台湾前“副总统”连战会晤，开启了两岸高层以党职身份在国际场合互动的新模式。这些会晤对于两岸累积互信、解决台湾方面的紧迫性需求发挥了不可低估的作用。

二是两岸两会“准官方谈判”成效显著。两岸副部级官员以顾问或专家身份开展两会业务商谈，两岸司法互助、海关合作协议及两会磋商互设综合性办事机构都涉及政治问题，推动两会协商进入“经中有政”阶段，“为两岸架接了从‘互不否认治权’，逐渐走向‘相互承认治权’的桥梁”。①

三是国共两党高层间接政治对话拉开序幕。自2005年4月“胡连会”以来，国共高层透过国共平台展开制度化交流，以“准战略对话”引领两岸政治关系。2012年10月，马首次以国民党主席身份电贺习近平当选总书记，开启国共领导人党对党互动新模式。2013年6月举行的“习吴会”揭开了两岸高层政治对话的序幕，提升了国共平台的功能与影响，勾勒出两岸关系迈向“深水区”发展的路线图。② 另一方面，国共党际沟通平台——两岸经贸文化论坛自2006年建立以来，成功举办9届，形成了100多项共同建议。两党高层会晤机制、两党党际沟通平台，在促进两岸关系稳定发展、汇聚“反独促和”力量等方面发挥了重要作用。

四是两岸民间政治对话蓬勃展开。去年下半年以来，特别是今年以来，国共两党、两岸具有官方背景的智库、学术机构、民间团体，先后召开多场有一定规模的研讨会，形成讨论两岸政治性议题的积极氛围与上涨声势。尤其是2013年10月召开的首届两岸和平论坛，搭建了两岸民间政治对话的机制化平台，深入探讨了两岸政治关系、涉外事务、安全互信、

① 《准领事待遇，相互承认治权第一步》，台湾《联合报》2013年4月12日。

② 《朱卫东：国共确定“深水区”路线图》，香港大公网2013年6月14日。

和平架构等四大政治议题，营造了两岸红、蓝、绿学者开诚布公地进行政治对话的良好氛围，达成了诸多前瞻性的共同认知，受到海内外广泛好评。

五是两岸军事安全互信取得初步进展。两岸退役将领交流层级提高、密度加大、形式多样、议题广泛，两岸联合人道救援和海陆空联合搜救演练不断提升层级，两岸军事演习和军事宣传用语有所克制，一定程度上缓解了李登辉、陈水扁时期两岸剑拔弩张的局面。

（三）两岸在高层互动、涉外领域的非正式政治安排收到良好效果

政治安排是两岸基于政治现实、两岸民意和政治互信，出于两岸关系和平发展制度化、两岸合作双赢、携手振兴中华的政治目标，通过高层互动、默契配合、政治协商与谈判、签订协议等途径，就两岸政治关系走向、重大政治议题前景、双方在两岸政治结构中责任、权力、权利的确认等所进行的共同规划、妥善部署、具体安排或共同声明，具有长期性、制度性、稳定性特征。

随着两岸政治互信的增强，大陆应台湾方面要求，经与台湾方面沟通磋商，在逐步提升两岸政治互动层级、减少两岸涉外领域内耗、协助台湾参与国际区域经济整合等方面，释放善意，适度回应，妥善安排。

在两岸高层互动领域，大陆领导人会见以适当身份参加博鳌论坛的台湾候任“副总统”和卸任“副总统”，允许台湾参与 APEC 峰会的领袖代表由“部长级”提升到卸任“副总统级”，这在李登辉、陈水扁执政时期根本不可能达成。2013 年 10 月国台办主任张志军与“陆委会主委”王郁琦在印尼“习萧会”后的“自然会面”，更是双方非正式安排的结果。

在涉外领域，2008 年以来，台湾“邦交国”数目维持不变、以“观察员”身份参与世界卫生大会、以贵宾身份参加国际民航组织年会、同大陆签署 ECFA 后再与一些大陆建交国签订经济性协议，这些“涉外成果”与两岸相互谅解、尤其是大陆善意安排密不可分。

（四）两岸对政治定位的政策主张与实际作为善意调整、累积共识

所谓定位，即确认名分地位。两岸政治定位是指两岸双方在政治上界定己方及对方身份、地位、权利、责任，以及由此产生的对双方关系性质认定的政策宣示、法理规定或共同声明，涉及中国主权、治权、国际代表权等核心问题。从国际法理论、宪法和国际政治现实而言，中华人民共和国对“中华民国”的继承是“政府继承”的完全形式，不存在“国家继承”的问题，台湾是一个“处于内战局面的既成事实的地方政府”；[①] 中华人民共和国是代表全中国的唯一合法政府，具有完整的国际法人资格，而“中华民国”欠缺国际法意义上的对内主权和对外主权。但从两岸政治关系60多年的演进和台湾“宪法增修条文”看，上述“政府继承”没有完全完成，“中华民国政府”在中华人民共和国成立后的一段时间内仍占有中国在联合国的代表席位，迄今仍“有效治理台湾”，并维持一定数量的“邦交国”。

鉴于两岸“法统”的较量、李登辉的“两国论”、陈水扁的“一边一国论”及“法理台独”主张，导致两岸政治关系长期激烈对抗，损害了中华民族整体利益，两岸双方自2008年5月以来大幅调整了有关政治定位的政策主张。大陆坚持“中华民国已经灭亡”、台湾当局不具备“国家主权”、在国际上无权代表中国等宪法精神和基本原则，但在两岸政治定位问题上展现了极大的弹性与善意。一是默认台湾当局为中国主权和领土范围内“非主权国家但高于特别行政区的境外政治实体”；[②] 二是默认台湾享有“不完整国际法主体”的权益，甚至开始协助台湾扩大“有意义的国际参与”；三是明确提出“两岸从各自现行规定出发”，“增进维护一个中国框架的共同认知”，在此基础上“双方可以求同存异，增强彼此的包容性”。[③] 马英九当局在坚持“中华民国宪法”“宪法增修条文”“中华民国是一个主权国家”的同时，也在两岸政治定位问题上展现了一定善意，创造了一定的模糊空间。一是承认一中原则与一中框架。吴伯雄表示：“两岸各自的法律、体制都实行一个中国原则，都用一个中国架构来定位两岸关系。”二是重申“两岸关系不是国与国关系或国际关系”，而是一种特殊关系。两岸应采取“互不承认主权，互不否认治权”的务实态度来定位两岸政治关系。三是明确表示“中华民国领土主权涵盖台湾与大陆，目前政府的统治权仅及于台澎金马”[④]，“政府不能否认大陆是一个统治当局”。[⑤]

两岸在探寻政治定位问题上展现善意、累积共识、增强互信，为两岸

---

① 林冈：《两岸在统一前的政治关系探析》，香港《中国评论》月刊5月号。

② 此一概念吸纳了黄嘉树教授的创意。参见黄嘉树：《“未统一前两岸政治关系”剖析》，《台海研究》2013年第1期，第4页。

③ 《贾庆林在第八届两岸经贸文化论坛开幕式上的致词》，新华社2012年7月28日电。

④ 《马英九就职演说全文》，台湾“中央社”2012年5月20日电。

⑤ 《马“总统”：两岸谈判非“只经不政”》，台湾《联合报》2013年10月23日。

政治关系注入了新的正能量。一是从两岸现行法律、体制蕴涵的一个中国原则出发，以一中框架来定位两岸关系，实际是认同“两岸法理一中”，维护了中国主权的完整性。二是明确两岸不是国与国关系，不是国际关系，蕴涵两岸是“特殊国内关系”。三是默认对方为非主权国家内的统治当局或治理当局，在承认对方“治权”合法性方面迈出关键步骤。四是明确并认可一中框架在两岸政治定位中的核心地位与关键作用。事实上，随着“一中框架”共同认知的不断增进，台湾当局“治理台湾”的合法性不断提升，享受的和平红利不断增多，这为未来不断明确两岸政治定位提供了有益的启示。

从以上分析可以看出，马英九执政以来两岸政治关系处于1949年以来的历史最好时期，发展质量超过了20世纪90年代初“汪辜会谈”前后的水平。两岸政治关系所取得的进展，一定程度上增进了两岸政治互信和社会互信，深化了两岸关系和平发展格局，降低了两岸紧张对抗，遏制了“台独”扩张势头，为大陆维护和延长战略机遇期、为马当局和国民党创造两岸政绩、为台湾发展经济与扩大国际参与，创造了有利条件。

二、两岸政治关系存在的问题

应该理性看到，当前两岸政治关系仍处于初级阶段和敌对状态，非官方性、非直接性特征明显，正常化、制度化、机制化、法制化水平较低。

（一）两岸政治关系的敌对性质没有根本改变

20世纪中国内战遗留并延续的政治对立依然存在，两岸在政治、军事、涉外、意识形态、社会心态等领域的柔性对抗仍较严重，台军以大陆为“唯一假想敌”的军事战略没有改变。在较长时期内，两岸之间的柔性对抗不会完全消除，成为制约两岸政治关系进一步深化的重要障碍。

（二）两岸政治互信稳定性不高，制度化保障水平较低

一是“九二共识”“一中框架”暂时搁置两岸主权争议，以战略模糊方式求同存异，但根本争议仍未解决。二是“一中框架”理论化、协议化、法制化程度低。尤其是台湾方面对于“一中框架”仅见诸口头表述，没有落实到政党政纲和相关法规之中，也没有得到岛内多数民众认同。在特定条件下，台湾方面所强调的“九二共识，一中各表”“中华民国宪法下的一中架构”，异化成“两个中国”“一中一台”的风险依然存在。更

主要的是，一旦民进党上台执政，“九二共识”“一中框架”有可能被推翻。三是“一中框架”的包容性有待持续扩张，有关“台湾治权”的表述无法满足台湾需求。四是两岸在“共同维护国家主权与领土完整”这一核心问题上没有形成共识。

（三）两岸政治交流合作正常化、制度化程度较低

一是两岸官方公开、直接的政治对话管道仍未开启，两岸政治僵局仍未打破。二是两岸官方交流没有实现正常化、高层化、制度化、机制化。尤其是，两岸领导人建立热线电话、以适当身份会谈、公开互访等，迄未实现。三是两岸政党关系没有实现正常化，两岸党际交流间接、单向、不平衡特征明显。国、共即使实现了高层交流，但主要是国民党高层来大陆交流，现任政治局委员以上中共领导尚未赴台交流。民进党与共产党缺乏基本的政治互信，现阶段民、共不可能正式接触对话。

（四）两岸政治安排低档、低效徘徊，非正式性、权宜性特征明显

一是两岸政治安排的非正式性。两岸处理一些重大政治问题、重大利益关切没有进行正式的政治对话与协商谈判，主要依靠两岸互信、私下沟通，尤其是依靠大陆善意与让步，缺少制度化安排。二是两岸政治安排的个案性。有关两岸高层互动、台湾涉外关系的政治安排，只是个案处理、权宜安排，并不是整体规划、协议保障、通案解决的机制性安排。三是两岸政治安排的低敏感性与短期性。当前两岸政治安排的议题主要属于“政治浅水区”的低敏感度议题。由于马英九当局刻意冷却日益升温的两岸民间政治对话、以“全民共识”为由回避两岸官方政治对话，两岸军事互信机制、和平协议等前瞻性、高敏感性议题，短期内难以提上政治对话与政治安排的议事日程。

（五）两岸政治定位的根本分歧仍未解决

一是双方对“中国主权与国际法主体归属”问题仍存在根本分歧。马当局刻意突出“一中内涵”差异，强调“一个中国就是中华民国”。二是两岸没有公开承认对方“宪政秩序”“治权”“政权”的合法性。三是两岸在政治关系走向上看法分歧。大陆以“国家尚未统一”的论述，坚持和平发展的“统一指向”，提出“在同心实现中华民族伟大复兴进程中完成祖国统一大业”。[①] 而马英九重申维持台海“不统、不独、不武”现状，宣

---

① 《胡锦涛十八大报告涉台部分》，香港中评社2012年11月8日电。

称“统一没有时间表”。由于两岸政治定位分歧，国民党调整两岸政策倍感艰辛，“不仅必须因应对岸回避‘中华民国’的主权对立难题，还得防范绿营借‘修宪’将主权异化的企图”。①

两岸政治关系发展进程中存在的上述问题与不足，严重制约了两岸政治关系的进程、广度与深度，阻碍了两岸政治互信与社会互信的深入发展，限制了两岸经济社会文化领域的深度交流合作，削弱了两岸和平红利的扩散效应，极大地限缩了台湾国际参与的广度与深度。尤其是，两岸政治关系缺乏制度化、机制化、法制化保障，缺乏正式的、高层次的政治安排，不仅为美国等介入两岸关系、在两岸挑拨离间预留了较大空间，更主要的是给两岸和平发展留下了停滞不前、甚至紧张倒退的隐患与风险。

三、制约两岸政治关系的因素

当前，有利深化两岸政治关系的积极因素不断增强，包括：大陆综合实力与影响岛内政局、两岸关系的实力持续增强，岛内支持两岸和平发展、开展民间政治对话、进行政治接触互动的民意基础持续增强，有利于两岸融合、不利于“台独”发展的势头持续增强，有利于两岸关系和平发展的外部因素持续增强。但应该理性看到，这些积极因素尚不足以扫清两岸政治关系的结构性障碍。在较长时期内，制约两岸政治关系的战略环境与结构性障碍不会发生根本性变化。

（一）美国推行“以台制华”战略，强力干预两岸政治对话协商，给两岸政治关系发展增添了极大阻力

美国是影响台湾问题与两岸关系发展的重要外因，其唯一超级大国地位在未来20—30年内不会发生根本性变化。② 美国将中国视为最大对手，将“以台制华”战略视为围堵、遏制中国崛起的重要战略之一。美国官方表面声称“欢迎两岸和平发展，期待两岸加强经济、政治及其他领域的对话与互动”，但实质上希望两岸处于“不统不独不战不和”“可控制的不稳定状态”。美、日通过投资、产业链条及核心技术控制台湾经济，美国更在政治、安全、意识形态领域对台维持重要影响。当前及今后一个时期，

---

① 周志杰：《两个正视，化解两岸僵局》，台湾《旺报》2013年6月4日。

② 王缉思：《20年内美国仍是唯一超级大国》，《环球时报》2011年8月2日。《切勿轻言轻信“美国衰落”》，香港中评社2011年7月8日电。

美国加紧推进“亚洲再平衡”战略，将以强化美台经济关系、提升美台军事关系、支持台湾扩大国际参与、阻挠两岸政治对话、扶持民进党“台独”势力为杠杆，增强台湾对美依赖，阻止两岸关系“过快过热”，破坏两岸政治互信，影响两岸政治关系进程。即使两岸民间就某些敏感政治议题达成共识，美国也将阻止两岸官方政治谈判和两岸官方交流的重大突破，阻止两岸建立军事互信机制、签订和平协议。

（二）两岸经济社会文化交流正常化、制度化、机制化水平和社会融合程度较低，突破两岸政治僵局的社会基础仍不坚实

过去五年是“两岸交流合作成果最丰硕、两岸民众得利最多、两岸内耗最少、两岸关系发展最迅速的时期”①，但两岸各领域交流合作发展不平衡，制度化机制化程度不高。一是现有 19 个协议远不足以满足两岸大交流需要，协议落实成效也与预期效果有一定落差。二是两岸经济关系基础不牢，不对称性、不平衡性、非正常性特征仍较明显，两岸产业链、贸易链、价值链整合程度较低。三是两岸社会文教交流不够广泛、不够深入，两岸科技、法制、政治文化等其他领域的交流相当有限。四是民进党抹黑两岸交流“财团化”“国民党化”“北部化”所产生的负面影响，导致两岸经济社会交流的政治外溢效果未能充分发挥。

（三）两岸社会互信严重不足，尤其是岛内多数民众对两岸政治谈判疑虑较重，突破两岸政治僵局的民意基础仍不雄厚

推进两岸政治问题的协商解决，取决于两岸执政当局的格局、立场与政策，更取决于两岸人民的认知、意志与诉求。短短五年两岸关系和平发展的正面影响，尚不足以弥平两岸政治体制、社会价值、生活方式上的差异，不足以扭转台湾民众“亲美媚日恐共”心态，不足以消除两岸民众在国家认同、台湾前途走向、两岸政治定位等重大问题上的歧见。多数岛内民众“中华民国情结”较浓，对“中华人民共和国代表全中国”“大陆与台湾同属一个国家”的说法难以接受，② 对所谓“大陆打压台湾国际空间”“大陆导弹威胁”强烈不满，害怕过早推动政治谈判会损害台湾“主体性”和“自由民主价值”。③ 萧万长认为，两岸分治 60 多年，政治观点认知，

① 《张志军在十一届两岸关系研讨会上的讲话》，香港中评社 2013 年 3 月 22 日电。

② 《“中华民国就是台湾”，5 成民众认同》，台湾《中国时报》2011 年 10 月 14 日。《远见》杂志 2009 年 7 月公布的民调显示，82.8% 的台湾受访者认为“两岸目前是各自发展的国家”。

③ 《57.2% 民众支持两岸协商先经后政》，香港中评社 2012 年 12 月 15 日。

尤其涉及一个中国部分，仍有相当大的分歧，短期内没有政治谈判的条件。[①]

（四）民进党“台独”势力诬蔑两岸政治谈判，严重阻碍两岸政治关系进程

从扩大“台独”社会基础出发，民进党长期阻挠两岸经济社会交流合作，强烈反对两岸政治往来，抹黑大陆“惠台让利”政策是“裹着糖衣的毒药”，诬蔑两岸政治对话是“统一谈判”，“和平协议是统一协议”。迫于“台独基本教派”强烈反弹及群众基础“独”性较强的政治现实，加之阻止国民党两岸政策优势不断扩大的策略考虑，2012年“总统”选举失败后一度摆出大幅调整两岸政策姿态的民进党，仍坚持以“台湾前途决议文”为基调的两岸政策立场，极力阻挠两岸政治对话。苏贞昌声称：“台湾不能受制于中国设定的议程，要在中国的框架之外，主动提出以台湾为主体的议程。”[②] 蔡英文所属青壮派表示，“在大陆民主化前，台湾无法与大陆进行政治谈判”。[③] 未来几年，民进党除极力塑造民共对话假象、摆出与大陆交往姿态、展现“处理两岸关系能力”外，不可能放弃“台独”立场，不可能支持两岸在一中框架下发展政治关系。

（五）两岸在政治博弈过程中算计较多，尤其是台当局两岸政策具有较强的局限性、保守性与工具性，极大地制约了两岸政治关系的进程

近5年来，两岸尤其是大陆处理两岸问题的思路与方法，展现了振兴中华的高度、“两岸一家”的胸怀。但不容否认，因政治互信不足，两岸在推动政治关系过程中仍有不少政治算计的成分。台湾方面以两岸政治对话、和平协议，作为谋求大陆正视两岸“分治现状”、承认“中华民国治权”的筹码。

当前，马英九把巩固权力、深化改革和拼经济作为摆脱执政困境的优先选择，担心开启两岸政治对话会引起美国、民进党反弹，影响2014年“七合一”选举和2016年“总统”选举。同时，马寄望以“先经后政”“政经分离”策略，通过在大陆与美国之间维持平衡关系，既得到更多两岸和平红利，又得到更多美国政治安全承诺，为巩固执政地位、为国民党2016年“大选”营造利多。

---

① 《萧万长：现阶段没政治谈判条件》，台湾《联合晚报》2012年4月28。

② 《苏贞昌：中国框架外提台湾主体议程》，台湾《联合报》2013年5月10日。

③ 《台学者：“可操作模式”为与陆互动重点》，《多维新闻》2013年4月26日。

受上述因素制约，加之 2014 年、2016 年台湾选举期的到来，马当局的两岸政策难有大幅调整，两岸政治关系可能维持小步慢进的既有格局，通过政治对话来建立军事互信机制、签署和平协议，短期内仍有较大难度。

四、推进两岸政治关系的策略、路径与重点

鉴于“国家尚未统一”、两岸政治关系尚处于初级阶段、制约两岸关系的战略环境短期内难以根本改变的政治现实，我们应把握国际政治格局和两岸关系演进大势，把握两岸关系和平发展主题和中华民族伟大复兴的战略高度，以“一中框架、统一指向、务实协商、权责结合”为原则，以“壮大综合实力、增进政治互信、巩固强化基础、深化互利融合、循序渐进推动、务实平等协商、加强理论创新、合情合理安排”为路径，合理规划推进两岸政治关系的路线图，不断推进两岸政治关系。

路线一：壮大自身综合实力，优化两岸关系战略环境，扭转岛内民众“亲美媚日恐共”心态

中美综合实力博弈，将在相当程度上决定两岸政治关系的进程与质量。一旦中美实力对比发生有利于我的质变，就能从根本上扭转制约两岸政治关系的战略环境。届时，“大陆强台湾弱”的趋势更为明显，大陆影响两岸关系、岛内政局的实力显著增强，处理两岸政治关系、推动理论创新将更加自信。美国对台政经影响明显下降，美国介入两岸关系的成本大幅增加，介入两岸关系的能量与意愿下降。台湾民众“亲美媚日恐共”心态将根本扭转，对大陆向心力明显提升，对两岸政治安排的要价趋于合理。民进党两岸政策立场将出现实质调整，民、共关系将出现重大突破，国、民、共三角关系将趋于稳定。

路线二：深化交流对话融合，累积推进两岸政治关系的经济、社会、文化、民意基础

两岸经济社会关系的全面、正常、深入发展，是两岸政治关系全面、稳定、可持续性推进的基础。两岸双方在较长一段时期内，仍应坚持一中框架，搁置争议，着眼于扩大交流合作、发展两岸经济、提升民众福祉、加强互利融合，着力加强两岸对话协商、经济整合、社会整合、文化整合、政党交流、共同机构建构、舆论宣传等七大基础工程建设，不断提升

两岸交流合作的正常化、制度化、机制化、一体化水平，尤其是推升“大陆资金、机构、人员、信息入岛”质量，促进两岸加强利益联结、缩小社会差异、增进社会互信、培养价值认同，为推进两岸政治关系、开启两岸政治对话筑牢基础、创造条件。

路线三：妥善对待台湾民众在经济发展、传统安全与国际参与领域的重大关切，增强台湾民众对大陆的好感与信任

尽管两岸政治对话短期内难以开启，我们仍应更加自信、更加灵活、更有成效地处理好、维护好台湾同胞的重大关切与利益诉求。以“一中框架、有效惠民、个案处理、收放有度”为原则，持续推动、认真落实惠台让利政策，理性协助台湾参与区域经济整合，审慎处理台湾参与《联合国气候变化纲要公约》、国际民航组织活动等问题，条件成熟时单方面宣布逐步减少海西区的导弹部署，逐渐淡化台湾民众对大陆的恐惧与敌意，增强台湾同胞“两岸一家”“两岸命运共同体”意识。

路线四：推动两岸政治互动与政治合作拓宽渠道、扩大领域、加强授权、提高层级，累积两岸共识与互信

两岸可继续强化以国共高层定期会谈、两岸经贸文化论坛为发动机、以两岸两会制度化协商为主体、以两岸高层会晤和官方智库“二轨对话”为辅助、以两岸和平论坛民间政治对话为导向的多元交流对话协商，深化两岸政治互动。一是搭建更多高层互动和对话平台，做出更多个案性的、功能性的安排。促使马当局在两岸政治互动中加强对台方人员授权，增强两岸高层互动的权威性。二是尽快促成两岸事务主管机关负责人互访，有选择性地放宽两岸低敏感度实务部门公权力行使的限制，提高两岸交流合作成效。三是在两会框架下，加大“经中带政”议题的比重，逐渐放宽两岸官员以职衔参加两会谈判的限制。四是建立两岸经济战略对话机制，以非政治领域的高层对话来推进两岸政治互动。五是以首届两岸和平论坛达成的十项共同认知为参考，推动两岸就低敏感度、有利维护两岸权益、惠及两岸经济民生的政治性议题展开交流合作。六是推动两岸民间政治对话加强理论创新，扩大议题范围，吸引更多具有官方背景的智库、机构与重要人物参加，吸纳更多具有代表性的绿营智库、机构与重要人士参与，形成更多操作性强的共识与成果，为破解政治难题、开启官方政治对话积累经验、累积互信、创造条件。

路线五：坚持一中框架、循序渐进、平等协商、务实安排的工作思路，渐进解决两岸政治难题与分歧

第一，循序渐进推动，切勿急躁冒进。破解两岸政治难题，除采取“先民后官”政治对话模式外，还可采取“梯级推动”与“化整为零”方式。即：按政治议题敏感度、紧迫度、双方意愿、成功可能性的高低，分阶段渐次推动；将军事互信机制、和平协议可能涉及的内容合理分割，分开对话，逐个形成共识，或签署协议，条件成熟时形成总协议。

第二，平等对话协商，切勿强人所难。不论是当前两岸两会协商、民间政治对话，还是未来两岸官方政治对话、谈判，都要本着平等尊重、坦诚沟通、互体互谅的原则，不搞单边主义，不强人所难，不强加于人。

第三，合情合理安排，切勿罔顾现实和情理。一是排除分裂。两岸政治对话不能造成事实上的“两个中国”“一中一台”“台独”或永远维持现状的恶果。二是舍得有度。古语云：“施人慎勿念，受施慎勿忘。”① 大陆要有舍、让的责任、诚意与魄力，最大限度地尊重并满足台湾同胞的重大关切、利益需求、体面尊严，台湾也应将心换心，展现智慧，适时适情适度回应大陆民意，不能长期“只经不政”“只要不给”“要多给少”。三是符合实际。两岸对话协商不能以大欺小，以势欺人，拒不让步；也不能罔顾现实，漫天要价，毫不妥协。两岸政治安排的结果，要基本符合两岸政治现实与国际政治现实。四是排除外力。两岸政治对话协商，两岸高层正式会晤，应具两岸特色，应在一中框架下进行，不应让第三方介入、仲裁、调停，不应挟外力谋取谈判筹码。

路线六：从两岸宪法法律、宪政体制中不断为“一中框架”探寻更多联结点、增强更多包容性，并根据台湾对“两岸同属一中”清晰化程度，逐渐增加认可“台湾治权”清晰化程度，分阶段处理政治定位难题，谋求政治突破

中国“主权”归属争议（即“谁为中央政府”）以及治权统一的难题，不可能在和平发展阶段解决。传统的“法统之争”、西方的国家理论学说、分裂国家整合理论都无法解决两岸政治定位难题，两岸民众国家认同严重分歧使得这一难题的解决不可能一步到位。在和平发展阶段处理两岸政治定位难题，合理安排政治关系，必须坚持“一中框架、统一指向、

① 韩才主编：《增广贤文》，内蒙古少年儿童出版社2006年版，第71页。

理论创新、法制保障”，可与“两个一百年”发展目标及中华民族伟大复兴进程相衔接，把两岸和平发展划分为近程、中程、远程三个阶段，在“两岸同属一中”与“现实治权并立”之间取得平衡。根据台湾方面对“两岸同属一中”明确化、深入化、法制化程度，扩大台湾“治权”论述的弹性与空间，分层级分阶段处理“中华民国”名义下“宪法”“宪政体制”“治权”“政府”等四个层次的问题，渐进处理两岸在主权、治权与代表权上的分歧，即：分阶段推进“一中框架清晰化、两岸定位明确化、两岸对话协商官方化高层化、两岸政治关系紧密化、台湾扩大国际参与增量化制度化”。

近程阶段（两岸各表一中，治权互不承认）：以“一国两治，各自法理”（“一个中国框架、两个治理当局、各自治理内部”）来定位两岸政治关系。两岸是“中国内战状态尚未完全结束情况下、两个综合实力和国际法地位极不对称的两个治理当局之间政治对立、和平发展的特殊国内关系”。两岸政治角色以适当身份、渠道、形式接触互动。两岸各自治理内部事务，深化两岸大交流大合作大繁荣大融合，增强两岸政治互信和社会互信。两岸“邦交国争夺战”暂时休兵，大陆以“一中框架、排除外力、个案处理、可控可逆”为原则，处理台湾参与国际组织活动、参与国际经济整合的急迫性需求。

中程阶段（两岸同属一中，治权互不否认）：以“一国两体，分工治理”（“一个中国框架，两个宪政实体，分工治理两岸”）来定位两岸政治关系。随着台湾方面在“两岸同属一中”问题的表述更为明确，大陆逐渐认可台湾“宪政秩序”和“司法管辖权”，但不承认“中华民国政权”。第一步，两岸事务主管部门直接接触交流，互称官衔，实现互访制度化。第二步，两岸低敏感度“中央部委办”公权力部门及其负责人公开正式直接接触交流，互称官衔，实现互访制度化；涉外、防务等敏感部门主管以适当身份制度化会面；第三步，两岸就低敏感度非政府组织的国际参与建立沟通机制，减少冲突与内耗。第四步，两岸举行政治对话、并就结束敌对状态达成共识后，大陆以“一中框架、符合章程、主动配合、个案处理”为原则，主动协助台湾在无须以主权国家身份参与的国际组织活动、加入区域经济合作组织等方面取得较大突破。

远程阶段（两岸共建一中，治权互相承认）：以“一国两府，共同治理”（“一个中国、两个政府、涉外互补、大陆主体、权责相符、共同治

理”）来定位两岸政治关系。台湾方面将“两岸同属一中”明确化、深入化、法制化、承诺共同维护国家主权与领土完整、默认大陆国际法主体地位后，大陆明确承认“中华民国”是台湾地区合法政府及“应享有的治权”，但不具备主权属性。两岸官方通过对话协商谈判，签署和平协议或类似协议，合情合理安排国家尚未统一阶段的两岸政治关系及涉外关系，“共同追求绝不独立、绝不分离的终极统一之路”。[①] 两岸政治关系进入“主权共享、治权分享、国际代表权大陆独享、两岸涉外事务互补”“两个政府共建一中、共同治理两岸事务、采取实质行动共同维护中国主权与领土完整”的阶段。第一步，两岸共组跨两岸共同治理机构，扩大两岸官方办事处职能，共同治理两岸事务，联手维护国家主权与领土完整。第二步，两岸最高行政主管部门负责人在两岸四地公开场合正式直接接触、交流、互访，形成制度化安排。第三步，在默认中华人民共和国在涉外领域代表全中国、确认台湾不能参加联合国、不能以正式会员身份加入联合国下属组织、不能参加以主权国家名义参与的国际组织这一前提下，台湾可以“中华台北”等适当名义参加绝大多数国际组织。双方维持原有“邦交国”关系不变，均可以适当身份参与对方驻其“邦交国”馆处活动。第四步，两岸领导人交流互访制度化。

两岸政治关系演进具有高度敏感性、阶段性、长期性、复杂性特征。未来海峡两岸要加强对两岸政治议题的民间政治对话与理论创新研究，不断完善“一中框架”内涵，不断增进“一中框架”共同认知与包容性，尤其是要以“两岸一家”的胸怀和中华民族复兴的高度，不断为两岸政治对话筑牢基础、营造氛围、创造条件、累积经验，务实推进两岸政治关系正常化、制度化、机制化。

（原载于《台海研究》2013 年第 2 期）

① 《后九二共识期，政治谈判逐渐浮台面》，台湾《联合报》2013 年 4 月 27 日。

现阶段两岸政治关系问题探析

王鸿志　张　华（女）

一、当前两岸关系的阶段性特征

两岸关系在不同历史时期有其鲜明的时代特征，把握特征、厘清形势，是寻求两岸问题解决路径的基础。对于两岸政治问题的解决，“首先要务实”，“判断目前所在的水准，进而在客观实际的基础上提出主张”。[①] 2012 年以来，两岸关系在双方的共同努力下，呈现出以下鲜明特征：

（一）当前两岸关系是“大陆与台湾同在一个中国框架下的特殊关系”

大陆与台湾同属一个中国是基于历史、法理、政治现实等因素的事实认定，当前两岸关系的性质是“双方同在一个中国框架下的特殊关系”，包括三层含义：

一是大陆与台湾同属一个中国的事实不容改变。台湾问题的产生有其复杂的历史背景。1895 年日本以战争方式逼迫清政府签署《马关条约》，条约中文文本仅规定中国将管理台湾及附属岛屿的权力让与日本，而条约的日文文本又规定中国将对台湾的主权永远割让给日本。[②] 这在一定程度上使中国的主权遭到破坏，但经过第二次世界大战，中国与盟国一道打败了日本及其法西斯轴心国，收复了包括台湾在内的被日本侵占的领土。台湾从主权到治权回归祖国经过了《开罗宣言》《波茨坦公告》和《日本投降书》等文件确认，是具有国际法效力的。1945 年日本投降后，国共两党爆发内战，才使两岸形成内战遗留下的两个政权长期对峙的局面。但大陆与台湾同属一个中国，中国的领土主权没有分裂的事实至此从未改变。

---

① 《孙亚夫在“北京会谈”开幕式上的讲话》，“中央日报”网络版，2013 年 6 月 20 日，www. cdnews. com. tw。

② 伍俐斌：《〈马关条约〉是否‘割让’台湾给日本之考辨》，《台湾研究》2013 年第 3 期。

大陆方面，1982年修订的宪法规定："台湾是中华人民共和国的神圣领土的一部分。完成统一祖国大业是包括台湾同胞在内的全中国人民的神圣职责。"2005年3月14日经第十届全国人民代表大会第三次会议通过的《反分裂国家法》，进一步将新时期中央对台方针法制化，规定"世界上只有一个中国，大陆和台湾同属一个中国，中国的主权和领土完整不容分割。维护国家主权和领土完整是包括台湾同胞在内的全中国人民的共同义务"。"台湾问题是中国内战的遗留问题"。[①] 台湾方面，根据"中华民国宪法"增修条文及"两岸人民关系条例"的规定，"中华民国主权涵盖大陆和台湾"，并以"自由地区"（台湾地区）与"大陆地区"来界定两岸关系，[②] 被称为"一国两区"。这显示双方均确认大陆与台湾同属一个国家。台湾两大政党国民党与民进党，无论谁上台执政，在法理上均无法否认大陆与台湾同属一个中国。1991年通过的"国统纲领"亦阐明，"依循大陆与台湾均是中国的领土，促成国家的统一，应是中国人共同的责任"。即使鼓吹"台独"的民进党于2000年上台执政，也始终难以从法理上改变"两岸同属一中"的事实。两岸之间政治关系的本质，是20世纪40年代中后期中国内战遗留并延续的政治对立，这没有改变大陆与台湾同属一个中国的事实。[③]

二是两岸双方逐渐发展出以"一中框架"为特征的共同认知。2008年国民党重新执政后，两岸当局共同确认了体现一个中国原则的"九二共识""反对台独"的政治基础。大陆在坚持"一个中国原则"不动摇的基础上，于2012年7月又提出更具包容性的"一中框架"，认为"两岸虽然尚未统一，但中国的领土和主权没有分裂。一个中国框架的核心是大陆和台湾同属一个国家，两岸不是国与国的关系"。[④] 这一概念于2012年11月写入党的十八大报告，并呼吁台湾方面与大陆一道"探讨尚未统一前特殊情况下的两岸政治关系，做出合情合理的安排"。

马英九当局虽在第一任期出于各种原因，经常刻意强调"一中各表"，

---

① 《新时期对台方针政策重要文献选编》（修订本），中国社会科学院台湾研究所编，2009年12月。

② 施茂林主编：《最新基本小六法》，台湾世一文化事业股份有限公司，2009年4月第18版。

③ 胡锦涛：《在纪念〈告台湾同胞书〉发表30周年座谈会上的讲话》，《新时期对台方针政策重要文献选编》（修订本），中国社会科学院台湾研究所编，2009年12月。

④ 《全国政协主席贾庆林2012年7月在"第八届两岸经贸文化论坛"》开幕式上的讲话，国台办网站。

甚至进一步指出“一中”指的是“中华民国”，但随着马英九进入第二任期及两岸政治互信不断累积，2012 年 3 月，国民党荣誉主席吴伯雄与胡锦涛总书记举行国共高层会谈，双方认为，“两岸都坚持一个中国，在此基础上求同存异，同的是‘两岸同属一中’，对于异的部分搁置争议”，吴伯雄并向胡锦涛转达了国民党及马英九对两岸“一国两区”定位的继承与认同。这是国民党执政后，双方首次在高层对话中，对“两岸同属一个中国”形成更为清晰的共同认知。2013 年 6 月，吴伯雄在会见习近平总书记时再次代表马英九传达了“两岸各自的法律、体制，都主张一个中国的原则”，“都用一个中国架构（框架）来定位两岸关系”的重要信息，以此来对大陆方面近年来多次提出、习近平总书记又再次提到的“共同维护一个中国框架”进行呼应。根据《现代汉语词典》的解释，“框架”与“架构”在字面意义上没有差别，这表明双方达成了从共表“九二共识”到共表“一中框架（架构）”的进步。[①] 马英九本人也多次强调“两岸不是国与国关系”，而是一种“特殊的关系”。可见，与马英九第一任期相比，当前两岸双方就“一个中国框架”有了更多的共同认知，使得两岸关系发展处于前所未有的平顺期，不仅可以有效巩固并强化了两岸已有的政治互信，推动未来四年两岸关系迈向纵深，也有利于防止两岸关系发展偏离统一航向。

三是双方关系具有“平等而不对等”的特殊性。一方面，坚持平等原则是大陆处理两岸关系的基本态度。两岸双方开启交流交往之门后，大陆方面始终秉持平等协商的态度。在两岸关系领域，特别是在处理最先触及的经贸、文化、社会人员交流等低政治敏感度议题时，双方形成了互不要求对方承认己方为中央的默契，不以居高临下的态度与对方打交道。[②] 为进一步体现双方间的平等关系，在关于一个中国内涵这一重大原则问题上，大陆也以“新三句”取代了“老三句”，即以“大陆和台湾同属一个中国”取代“台湾是中国不可分割的一部分”，以“中国的主权和领土完整不可分割”取代“中华人民共和国政府是代表全中国的唯一合法政府”。中国共产党提出的以人为本、为民谋利的执政理念，在对台工作中的表现

① 根据《现代汉语词典》的解释，“框架”一是指“建筑工程中，由梁柱等联结而成的结构”，二是“比喻事物的基本组织、结构”。“架构”一是指“框架、支架”，二是“比喻事物的组织、结构、格局”。见《现代汉语词典》第五版，商务印书馆。

② 黄嘉树：《未来四年两岸关系面临的矛盾与挑战》，《北京大学学报》2012 年第 5 期。

就是将两岸同胞作为血脉相连的命运共同体，充分理解、信赖、关心台湾同胞，做到平等相待。另一方面，两岸之间无法苛求"绝对对等"。在处理两岸事务时，双方可在承认一个中国的前提下，平等相待。但在涉及国际空间等敏感领域时，因为一方是被国际社会普遍认可的主权独立国家，综合国力与国际影响力又越来越大，另一方则并非联合国及国际法认定的主权国家，双方关系客观上呈现不对等状态。① 这种差异性在两岸之间是难以回避的，如果处理不当就易引发矛盾，破坏互信。

（二）当前两岸关系发展阶段处于统一前和平发展的巩固深化阶段

第一，和平发展是和平统一前的必经阶段。解决台湾问题的核心是实现祖国统一，以和平方式完成统一大业最符合包括台湾同胞在内的中华民族根本利益，而要达到和平统一的目标，就必须经过和平发展这一过渡阶段。两岸关系正处于和平发展的过渡性历史阶段，是主客观条件共同作用的结果。从主观意愿上讲，中国共产党为促进台湾问题解决，提出了一系列方针政策，特别是党的十六大以来，大陆方面逐步将两岸关系和平发展思想确立为对台工作的主题。2005 年 4 月以连战访问大陆为契机，国共两党达成共同推动两岸关系和平发展的共识，此后经过双方不懈努力，和平发展的内涵不断完善，已成为一个有着丰富内容的理论体系。党的十八大报告更指出，和平发展不仅是和平统一的必经阶段，而且也是实现和平统一后长期不变的追求目标和历史发展的必然要求，只有实现两岸长期和平发展，才有可能实现中华民族的伟大复兴。台湾当局也由国民党荣誉主席吴伯雄在 2013 年 6 月与习近平总书记会谈时，再次确认要共同推动两岸关系和平发展。尽管民进党方面在大陆政策调整上仍然踌躇不前，但党内已有务实派做出积极探索，谢长廷继 2012 年访问大陆后，2013 年 6 月再度与大陆涉台研究机构在香港举行会谈，并在会议共识中宣布"两岸关系和平发展得到了两岸主流民意的支持"。可见，两岸"红、蓝、绿"三方在和平发展问题上有达成广泛共识的趋势。目前，两岸关系和平发展正逐渐从两岸当局的政策选择内化为两岸人民的共同认知，这一发自内心的认同也是确保两岸关系在和平发展阶段克难前行的重要保障。从客观需要上讲，和平与发展仍是时代主题，走和平发展的道路是国家发展战略的重大选择。因此推动两岸关系和平发展，谋求台海地区和平稳定，符合国家发

① 黄嘉树：《未来四年两岸关系面临的矛盾与挑战》，《北京大学学报》2012 年第 5 期。

展战略的整体部署。

第二，当前两岸关系和平发展已由开创期进入巩固深化期。2008 年国民党重新执政以来，两岸关系发生重大转折，由之前的僵化对峙进入了和平发展的开创期，取得了前所未有的积极进展和重大成果。如今，在经历近 4 年的和平发展开创期后，两岸关系自 2012 年开始步入巩固深化期。2012 年 3 月 7 日，全国政协主席贾庆林表示："当前两岸关系的发展正由开创期进入巩固深化期，要持续巩固深化两岸关系和平发展，积极推动两岸关系取得更扎实、更丰硕的成果。"之后，大陆多次强调，在两岸关系进入"巩固深化期"的关键时刻，要不断巩固与深化两岸关系和平发展的政治基础、经济基础、文化基础和社会基础，不断开创两岸关系的新局面。党的十八大报告也再次指出："全面贯彻两岸关系和平发展重要思想，巩固和深化两岸关系和平发展的政治、经济、文化、社会基础，为和平统一创造更充分的条件。"两岸关系和平发展已进入巩固深化期还体现在，两岸不仅在经济、文化、社会方面的交流合作持续深化，在政治领域也力求有新推进、新突破。2012 年以来大陆对台政策仍然遵循两岸关系发展的客观规律，既不保守，也不躁进，在两岸政治议题上采取循序渐进、先易后难的策略，积极为两岸政治对话创造条件。

（三）两岸政治互信有所增强，但敌对状态并未正式结束

一是近年来两岸政治互信得以增强。两岸政治互信是两岸之间在政治问题上的相互信任，政治互信的建立不可能一蹴而就，势必要经过先易后难、由浅入深的发展过程。但互信也是相对变动的，政治行为体之间增进互信的活动任何时候都不能停止，有时双方间的误判或利益冲突也可能削弱彼此间的政治互信。2008 年 5 月国民党重新执政以来，两岸在"九二共识"基础上开始初步建立政治互信，2009 年 5 月，胡锦涛总书记在北京会见国民党主席吴伯雄时，双方再次重申"双方政治互信的基础就是坚持'九二共识'、反对'台独'"。在随后的几年内，双方本着维护两岸关系和平发展大局的态度，从多方面努力维护彼此间的政治互信，并顺利经过了 2012 年岛内"大选"的考验而使之愈加巩固。2013 年 7 月马英九再次连任党主席后，在回复习近平总书记的电文中再度强调"九二共识"，且电文并未提到"一中各表"或"中华民国"，并以"复兴中华民族"与大陆提出的"携手实现中华民族复兴"相呼应。这也是继 2013 年 6 月份"习吴会"上双方达成维护一个中国框架的共同认知后，两岸高层在累积政治互信上取得的又一重要成果。①

二是两岸战争状态中止，但敌对状态并未正式结束。近年来，两岸关系在两岸双方共同努力下，迈入良性互动轨道，两岸关系和平发展局面基本形成。但不可回避的是，虽然两岸关系已经缓和并在不断发展，但基本都属于非政治关系性质，一旦碰到政治瓶颈，就难以深化下去。而阻碍两岸关系全面正常化，制约两岸关系和平发展的主要症结之一，就是由于两岸还处在敌对状态之下。② 两岸敌对状态可分为两岸战争状态与两岸政治上的敌对状态两个阶段。两岸战争状态是敌对状态最为尖锐的时期，在战争状态下，两岸处于矛盾激化所形成的武装冲突或准备武装冲突的状态，双方正式联系基本断绝。20 世纪 70 年代末，大陆提出“和平统一”的对台方针，并发表《告台湾同胞书》，两岸间的战争状态基本结束。台湾方面也于 1991 年宣布结束与中共的战争状态。尽管两岸战争状态已终结，但两岸政治上的敌对状态并未完全消除。③ 两岸政治上敌对状态表现为在两岸战争状态消除后，政治上的互信不足、军事上的对峙、意识形态上的对立仍然存在，进而在两岸经济、社会、法律、文化、教育、新闻媒体、对外关系，甚至体育、卫生等领域打下深深烙印。几十年来两岸出现的紧张对峙局面，皆肇因于两岸敌对状态一直未能结束。④ 目前认同缺失等制约两岸关系发展的难题，也与两岸间未能彻底结束敌对状态有很大关联。大陆方面始终对早日结束两岸敌对状态持积极态度，党和国家领导人郑重声明，要“在一个中国原则的基础上，协商正式结束两岸敌对状态，达成和平协议，构建两岸关系和平发展框架”。⑤ 而台湾政党也都曾明确主张两岸

---

① 吴伯雄在会谈中代表国民党表态称，将坚持“九二共识”与“反对台独”的政治互信基础，并称这是“国共两党一致的立场，成为两岸关系和平发展的基础”。吴伯雄代表马英九还传达的一个重要信息是，“两岸各自的法律、体制，都主张一个中国的原则”，“都用一个中国架构来定位两岸关系”。吴此番表态明确承认了一个中国原则与一个中国架构，意味着双方都可接受以“一中框架”定位彼此关系，这是台湾方面就两岸政治定位更为清晰的表述，对于提升彼此的政治互信具有指标性意义。

② 余克礼：《两岸应正视结束敌对状态签订和平协议的问题》，《台湾研究》2009 年第 3 期。

③ 程林胜：《举行“结束两岸敌对状态”政治谈判问题的理论探析》，《统一论坛》1998 年第 2 期。

④ 王在希：《至关重要的是结束两岸敌对状态》，《两岸关系》1998 年 12 月。

⑤ 胡锦涛：《在纪念〈告台湾同胞书〉发表 30 周年座谈会上的讲话》，《新时期对台方针政策重要文献选编》（修订本），中国社会科学院台湾研究所编，2009 年 12 月。

应结束敌对状态，签署和平协议，[①] 但又碍于岛内政治因素等复杂原因，台湾方面始终未能与大陆就此展开谈判。

二、当前处理两岸政治关系的着力点

在明确当前两岸关系阶段性特征的前提下，应本着“不背离、不超越、不回避”该阶段性特征的原则，从以下几个方面加以努力，为解决两岸政治难题创造条件。

（一）要继续在维护和巩固“一中框架”上下功夫

一是切实维护“九二共识”。1992 年由两岸授权海协会与海基会达成的“九二共识”，核心是确立了坚持一个中国原则这一共同认知，[②] 对于两岸建立基本互信、开展对话协商、改善和发展两岸关系发挥了重要作用。事实证明，认同“九二共识”两岸就可以展开平等协商并取得丰硕成果，否定该共识则意味着两岸协商寸步难行，甚至严重冲击台海和平与稳定，已经达成的协商交流成果也可能付之东流。因此，面对两岸关系快速发展变化的新形势，要坚持“固本强基”，明确“基础不牢、地动山摇”的思路，在维护“九二共识”的前提下谋求发展两岸关系。

二是严守反对“台独”底线。大陆方面在反对“台独”分裂行为等事关国家领土主权完整的问题上立场坚定，当年李登辉抛出“两国论”等分裂言论，民进党执政者上演“法理台独”等闹剧，都对两岸关系造成严重破坏，不但刚刚起步的事务性交流难以为继，推进政治关系发展更无从谈及。因此，要巩固两岸关系和平发展局面，就必须旗帜鲜明地反对“台独”，防范“台独”分裂行为对两岸关系的干扰。习近平总书记强调：“要继续保持两岸关系大局稳定，必须继续反对和遏制任何形式的‘台独’分裂主张和活动，不能有任何妥协。”[③] 目前，“台独”势力对两岸关系的威胁已得到有效控制，但民进党的“台独”立场仍未彻底调整。岛内民众特别是年轻一代，经过多年“去中国化教育”等“台独”施政的洗礼，许多人对于“台湾是主权独立的国家”已产生根深蒂固的观念，岛内“台独”的思想基础与社会土壤远未消弭。因此，在处理两岸政治关系时，仍要继

① 余克礼：《两岸应正视结束敌对状态签订和平协议的问题》，《台湾研究》2009 年第 3 期。

② 王毅：《在“九二共识”20 周年座谈会上的讲话》，2012 年 11 月 26 日，国台办网站。

③ 2013 年 6 月习近平总书记与国民党荣誉主席吴伯雄会晤时的讲话，国台办网站。

续坚持反“台独”的坚定立场。

三是充实“一中框架”内涵，增强两岸对同属一个中国的共同认知。如前所述，目前大陆与岛内执政的国民党当局在“两岸同属一中”上达成了从法理到表述、认知上的诸多共识。但民进党及其代表的政治势力与大陆在“一中”议题上的分歧依旧明显，首先民进党仍未放弃“台独党纲”及“台湾前途决议文”中对于“台湾是一个主权独立国家”的坚持，民进党内以谢长廷为代表的务实派所提出的“宪法一中”，虽然是在原有基础上的一个进步，但与“一中框架”还存在差距。由于民进党及其所代表的大批选民与大陆在国家认同上分歧较大，导致两岸在维护“一中框架”上仍面临诸多挑战。因此，如何充实丰富“一中框架”内涵，继续增强两岸之间，特别是强化广大民众对两岸同属一个中国的共同认知，仍是巩固“一中框架”的重要着力点。就此提出几点努力方向：第一，两岸各方可围绕此一议题展开多层次的深度讨论，寻求最大公约数；第二，两岸都应在历史、现实中寻求共同的经济、文化、社会乃至政治的连接点，不断增加彼此的共同认知；第三，将目光放及未来，着重于两岸共赢，着重于中华民族共荣及伟大复兴，去理解、定义、充实、丰富“一中框架”，塑造两岸“命运共同体”观念。

（二）合理定位当前两岸政治关系，引领民意寻求解决政治难题路径

两岸关系和平发展思想和主张，孕育于反对“台独”斗争的复杂时期，形成于两岸关系实现转折的重要关头。实践证明，这是一条符合两岸同胞共同愿望、中华民族整体利益以及历史发展方向的正确道路。推动两岸关系和平发展，既要坚持原则，又要讲究策略。

一要对和平发展的阶段性特征有清晰认知，合理定位当前两岸政治关系。两岸关系和平发展需要一个较长的时间和过程，开创期和巩固深化阶段都只是和平发展过程中的两个阶段，距离和平统一尚有距离。因此，“在国家尚未统一的特殊情况下”，对两岸政治关系做出的安排，可以是过渡性和阶段性的，不能将“目标（统一）定位”与“目前（和平发展）定位”混为一谈。也就是说，在处理当前两岸政治关系问题时，在坚持“一中框架”的原则下，要充分考虑到阶段性特征，即“和平发展”与“巩固深化”，围绕这八个字对当前两岸政治定位予以探讨，并逐步厘清。

二要引领民意，厚植解决两岸政治问题的民意基础。民意不是解决两岸政治问题的唯一条件，却是无法忽略的重要基础。不可讳言，与大陆绝大多数民众希望两岸尽快以协商谈判的方式解决两岸政治问题不同，台湾社会基于其特殊民意结构，民众对于两岸处理政治议题始终抱持多元看法，赞同者有之，反对者亦有之。相对而言，支持两岸以合情合理方式妥善处理政治议题的民众在不断增多，反对比例在下降，但尚不足以让台湾执政当局无顾忌地与大陆协商政治议题。作为执政者，不应以民意作为开启政治对话、协商、谈判的挡箭牌，而应高瞻远瞩、勇于担责、引领民意，对台湾民众就两岸政治议题多做一些增信释疑的工作，而非由部分绿营及“反中”人士恶意放大两岸分歧，催升台湾民众恐中心理。现阶段，扩大台湾民众在两岸交流中的和平红利，减少其对两岸开启政治对话的忧虑恐惧心理，降低“台湾主体意识”的负面效应是台当局可着力的几个重要方面。从大陆角度讲，则需继续在两岸交流交往中展现诚意、善意，展现宽容、耐心，更多了解台湾民意，更大程度赢取台湾民心。只要两岸双方共同努力，台湾民众对两岸开启政治对话乃至谈判的认同一定会不断提升。

三要顺应民意，借助民智，探讨两岸政治问题的解决方式。2009 年以来，两岸民间政治对话从星星之火到今天的如火如荼，两岸政治议题在岛内逐渐褪去“神秘外衣”，不再是讳莫如深的话题，说明开展两岸民间政治对话的想法得到台湾社会越来越多的响应和支援。大陆对台工作向来贯彻“以人为本”的理念，理解、信赖、关心台湾同胞，体察他们的意愿，理解他们的诉求。① 并在此基础上，为两岸开启、举办民间政治对话做了大量推进工作，提供了诸多平台，也展现了许多善意，赢得岛内主流民意的认可。台湾当局也应顺应民意，积极为两岸民间政治对话创造条件，民进党等政党及政治团体也应正视这一积极信号，并加入到这一行列。民间政治对话愈发成熟、热烈，两岸官方政治对话的时机也就水到渠成了。

（三）积极推动两岸开启政治谈判签署和平协议，妥善处理台湾国际空间问题

为早日终止两岸尚未结束敌对状态的非正常局面，增强两岸政治互信，还应从以下路径加以努力：

一是开启政治谈判，签署和平协议仍是两岸关系发展的努力方向。两岸关系和平发展要建立稳定的基础，必须为两岸政治分歧找到某种解决方式，而解决政治分歧势必需要开启政治对话与谈判。在政治谈判的基础

① 王毅：《十年来对台工作的实践成就和理论创新》，《求是》杂志 2012 年 10 月。

上，两岸追求达成和平协议的目标，方能结束两岸间的政治对立、实现两岸关系全面正常化。在两岸和平发展进入巩固深化期之后，随之衍生大量必须求助于公权力和制度化的机制才能解决的问题，诸如此类的问题都将涉及政治考量，两岸早晚也要就这些议题进行商谈。① 为此，第一，双方皆应明确在"一中框架"基础上，政治谈判并非统一谈判，和平协议也非统一协议，在两岸关系尚未发展到一定程度时，双方可不过早触及统一问题。第二，两岸双方不对等，但可共同平等处理政治议题。更因大陆较台湾无论从国际影响力抑或综合实力上都占绝对优势，理应更主动提出多种方案，展现更多善意。台湾方面则不必妄自菲薄，更不必担心被"吞并"，双方都可在"合情合理"的前提下，就政治谈判及和平协议累积共识，取得成果。

二是妥善处理涉及台湾国际空间的相关问题，对维护两岸政治互信具有重要意义。台湾的国际空间问题是一个敏感度很高的政治议题，它既涉及一个中国框架下的政治定位以及台湾的国际法地位，也牵涉到两岸关系及中国的主权、领土完整和统一，处理过程稍有不慎就会触及大陆和台湾各自的政治底线。② 未来是以个案还是更加灵活的方式处理国际空间问题，都是对两岸关系稳定及政治互信基础的重大考验。在处理方式上，大陆方面一贯致力于维护台湾同胞在国外的正当权益，避免在两岸涉外事务中产生不必要的内耗。对于台湾参与国际组织等涉及台湾国际空间的问题，大陆秉持在不造成"两个中国""一中一台"的前提下，通过务实协商做出合情合理的安排。目前已妥善解决了台湾以"中华台北"名义和观察员身份出席世界卫生大会等问题，未来可在总结上述有效经验的基础上，以更开放的胸襟，更灵活有效的方式来处理台湾的"国际空间"问题。台湾方面，首先应继续强化对"一中框架"的认知，恪守两岸政治互信基础，在巩固两岸政治互信的前提下，就台湾参与国际组织等问题与大陆进行协商。在此过程中，台湾方面应采取低调务实的态度，从减少两岸在涉外事务中的内耗开始，不给其他国家打"台湾牌"干扰制衡中国提供机会。两岸之间以协商争取双赢，从而开拓更加灵活稳定的两岸共处模式。

（原载于《台湾研究集刊》2013 年第 6 期）

① 黄嘉树：《两岸政治谈判的动力、阻力与路径》，《台湾研究》2010 年第 6 期。

② 饶戈平：《台湾的"国际空间"和参与国际组织活动问题》，《研究要报》，北京大学台湾研究院主办，2012 年第 5 期。

对国家尚未统一特殊情况下两岸政治关系的几点思考

谢　郁

两岸关系经过5年多的和平发展，进入巩固深化的关键时期，现在面临如何继续向前发展和深化的问题。2008年12月31日，胡锦涛总书记发表“六点意见”，提出：“为有利于两岸协商谈判，对彼此往来做出安排，两岸可以就在国家尚未统一的特殊情况下的政治关系展开务实探讨。”2012年11月，中共十八大政治报告中再度发出呼吁：“促进平等协商，加强制度建设，希望双方共同努力，探讨国家尚未统一特殊情况下的两岸政治关系，做出合情合理的安排。”这表明，祖国大陆希望两岸就涉及重大政治分歧的关键性问题展开讨论，逐步破解政治难题，深化两岸关系。

一、对两岸政治关系做出妥善安排是破解政治难题、深化两岸关系和平发展的关键点

2008年以来，两岸关系取得可喜的进展和丰富的成果，按照先易后难的顺序，两岸先后签署十八项协议，主要是经济合作及事务性交流领域的，而两岸政治性议题并未涉及。两岸关系涵盖政治、经济、文化、社会等各个层面，几方面均衡发展，两岸关系才能以正常的态势稳步前进。审视当前的两岸关系，已进入所谓的“深水区”，各项交流事务越来越不可避免地涉及双方政治制度、司法体系、政策法规以及两岸公权力部门的称谓等等。在两岸关系的发展中，政经不平衡的弱点日益突显，政治关系发展滞后已影响到经济与文化交流的进程，阻碍了两岸关系和平发展的进一步深化。

自1949年以来，两岸由于政治制度、意识形态以及价值体系等方面的差异，导致两岸在政治上存在诸多重大分歧与结构性矛盾，如何定位两岸

政治关系一直是两岸诸多政治难题中的最为核心及关键的问题，它关系到两岸关系的性质，关系到两岸的法理架构，关系到两岸的政治定位，关系到两岸协商谈判能否顺利进行。如果这一难题无法解决，则政治僵局就难以突破，两岸之间要建立和平稳定的政治架构也无从谈起。祖国大陆提出讨论两岸政治关系，就是希望能从根本上对重大政治分歧有一个初步的解决方案，为两岸政治关系寻求一种合理妥善的安排，并由此推展，逐步解决对外交往、军事互信、和平协议等议题，构建两岸关系和平发展的总体架构。

祖国大陆正式提出“探讨国家尚未统一特殊情况下的两岸政治关系”，并希望做出“合情合理安排”，是在认真分析评估两岸关系总体形势及走向的基础上，切中了两岸关系的症结点，希望从根本上突破难题。这其中有几点值得台湾重视：其一，体现了祖国大陆愿意理性面对客观现实、正视政治分歧的态度，这个客观现实就是“国家尚未统一”，以及两岸间对于政治问题存在重大的分歧与矛盾；其二，表达了愿意平等协商解决政治难题的诚恳态度，目前先从“探讨”问题开始，不急于求成，不设定时间表，力求行稳致远；其三，期待对两岸政治关系有“合情合理的安排”，“合情”是照顾两岸双方的彼此关切，不强加于人；“合理”则是要遵守两岸现行的法理基础，共同反对“台独”，不搞“两个中国”“一中一台”。这就一方面再次明确、充分肯定了两岸既有的共同政治基础，同时又展现了开放、弹性与包容的态度。

二、探讨两岸政治关系面临的复杂性

两岸政治关系，直接触及两岸关系中最为核心最为本质的问题，涉及双方的法统，具有高度敏感性和复杂性。

1. 两岸在此问题上有共同点，但仍存在矛盾与分歧

纵观 1949 年以来台湾当局对于这一问题的立场，“两蒋”时期坚守“中华民国是代表全中国的唯一合法政府”，与祖国大陆“汉贼不两立”，两岸处于严重的政治对立与军事对抗；李登辉时期的“特殊国与国关系”和陈水扁的“一边一国”更是直接挑战祖国大陆“主权完整”“一个中国”的原则底线，数度引发台海危机，造成长期政治僵局。2008 年以后，两岸快速走向缓和交流与合作，最根本的原因是有“九二共识”作为基

础，双方在“一个中国”问题上有基本的连接点与共同点，因此和平发展成为两岸关系的主轴。

祖国大陆自1949年后一直坚持“世界上只有一个中国，台湾是中国的一部分，中华人民共和国是代表全中国的唯一合法政府”（旧三句），20世纪90年代末以后，在两岸事务中表述为“世界上只有一个中国，大陆和台湾同属于一个中国，中国的领土主权完整不可分割”（新三句）。无论新三句还是旧三句，其中始终坚持两点，一是世界上只有一个中国，反对“两个中国”“一中一台”；二是“中国领土主权的完整不可分割”，这是祖国大陆坚守的原则与底线。而有所变化之处在于，“一个中国”从原来的明确中华人民共和国是“唯一合法代表”变成了“两岸同属”，搁置了关于“一个中国”具体内涵的争议与分歧，这“一个中国”不再是“非彼即此”，而是“两岸共同拥有”的。祖国大陆希望通过这样弹性包容的表述，增进两岸在“一个中国”上的共同点和连接点。

马英九当局对于两岸关系的表述：“两岸是一种特殊关系，不是国与国关系”，“两岸是自由地区与大陆地区，也就是台湾地区与大陆地区”，这与祖国大陆主张“大陆和台湾同属一个中国”在法理逻辑上有共通点和连接点。但台湾近几年对于“中华民国是主权独立国家”的强调有增无减，多次讲“‘一中’指的是‘中华民国’”，“两岸的法理定位就是‘一个中华民国，两个地区’”，大有要把“一中就是中华民国”越表越清晰的架势，这实际上是不断强化与扩大分歧，与祖国大陆一再希望增进共识、搁置争议，对“一个中国”具体内涵模糊与弹性处理的做法显然不是相向而行。

2. 岛内政局发展的复杂性

20世纪90年代以后，台湾进入政治多元化时代，经过2000年及2008年两次政党轮替，岛内两党政治格局渐趋成型，蓝绿两大政治势力围绕执政权的斗争与对抗长期存在，其各自的社会民意基础也随之两极化。蓝绿两大阵营的权力斗争中加入了统“独”对立、族群矛盾等复杂因素，对于两岸政治关系的探讨势必要面对复杂多变的岛内政治局势。目前，国、民两党对于两岸关系立场和政策各行其道，毫无共识，并且，两岸议题经常成为“朝野”攻防的战场，每逢重大选举更是选战焦点，政党政策和政治人物的立场每每服从于政争和选战的需要而失去原有的基本点。2008年以来，马英九的两岸政策始终面临民进党“亲中卖台”的猛烈攻势，在内外压力下，马英九在两岸政治议题上立场模糊、政策摇摆，顾虑重重。民进党在"维护台湾主权与安全"的旗号下，对两岸交流与对话设置障碍，两岸之间探讨政治问题的空间被无形压缩，进程受阻。

3. 两岸民意认知存在落差

长期以来处于隔绝中的两岸民众，由于生活环境、政策导向、舆论宣传等因素影响，意识形态和政治立场都存在很大的差异，对两岸关系的看法也有不同的角度，涉及重大政治问题时则有更为明显的落差，对统一前两岸政治关系的安排也要面对两岸民意认知差距。

4. 国际环境复杂性及外部势力的干扰力

以美国为首的西方势力出于自身战略利益的需要，长期将台湾作为其围堵和遏制中国大陆的重要棋子。虽然美国一再表示乐见两岸对话，但其管控两岸对话进程、防止两岸关系快速朝统一方向推进的政策导向十分明显。特别是涉及两岸政治协商、军事交流等重大议题，美国更是高度关注，台湾当局的两岸政策始终受制于、服从于美国的亚太战略需求。近期，随着亚太各国在海洋主权领域的争端不断激化，中国在东海、南海维护主权的形势日趋严峻，日本、菲律宾等国家利用两岸的政治分歧见缝插针，玩弄伎俩分化离间两岸，企图从中渔利，两岸同愤。可以说，尽管两岸都在努力维护东海、南海主权，但两岸的政治现状对两岸维护主权造成了困难，而外部因素的干扰又反过来使两岸关系特别是政治关系的发展变得更为复杂。

三、"尚未统一特殊情况下两岸政治关系"的特性

由于这一问题涉及面广、敏感度高、复杂性强，这就决定了我们探讨两岸政治关系时，应注意到以下几点特殊性：

一是阶段性及过渡性。两岸关系和平发展需要一个较长的时间和过程，"在尚未统一的特殊情况下"，也就意味着在最终达成统一之前的这段时期，对两岸政治关系做出的安排，是阶段性和过渡性的，是一个不断修正、发展和完善的过程，并非永久不变，更不是最后的终极方案。其要完成的是阶段性的任务，即从此入手，开始逐一破解两岸政治难题，为两岸关系长期和平发展、最终迈向统一创造条件。

二是妥协性。政治定位问题事关重大，牵涉双方重大原则利益，两岸

双方都势必坚持自己的原则和底线。祖国大陆多次发出呼吁，希望双方能共同探讨寻找解决问题的方案，并作出“合情合理的安排”，这就需要双方在商讨过程中相互有所妥协，有所让步，如果双方都寸步不让，如此重大的问题难以得到妥善的解决。

三是局限性。我们所讨论的“两岸政治关系”是“统一前特殊情况下”的特殊安排。其过渡性决定了必然有局限性，不可能要求此议题的处理方案一下子就圆满、全盘地解决问题，其作用与功能是有限的，如能达到双方虽不全然满意但都可以接受的程度，就属不易。

笔者认为，对“国家尚未统一特殊情况下的两岸政治关系”做出“合情合理”安排，应遵循以下几项基本原则。

一是维护主权完整。从尊重历史事实、正视政治现实的立场出发，对两岸政治关系的定性、对两岸当局的定位以及对两岸现状的描述，都要以维护中国领土主权完整为原则，必须在“主权完整”这一基本前提下进行，不能朝向“主权分割”的方向表述，不能是“两个中国”“一中一台”。祖国大陆在胡锦涛发表的“六点意见”中对此有较完整的论述：“维护国家主权和领土完整是国家核心利益，世界上只有一个中国，中国主权和领土完整不容分割。1949 年以来，大陆和台湾尽管尚未统一，但不是中国领土和主权的分裂，而是 20 世纪 40 年代中后期中国内战遗留并延续的政治对立，这没有改变大陆和台湾同属一个中国的事实，两岸复归统一，不是主权和领土再造，而是结束政治对立。”这样的表述，符合客观的历史事实，也符合两岸现行的法理架构及相关规定。

二是恪守“两岸同属一个中国”。两岸现行的法理架构及政策法规，都明确定位祖国大陆和台湾是同属“一个中国”的两个地区，因此两岸关系不是“国与国”的关系，是“一个中国”内部的特殊关系，具体用何种方式来界定、表述这种特殊关系，要由两岸共同探讨及协商，最终找出解决方案。

三是不违背统一目标。我们讨论的两岸政治关系，是“国家尚未统一特殊情况下”的关系，虽然现状是尚未统一，但“两岸最终将走向统一、现在处于统一之前的特殊阶段”，因此两岸政治关系的定位不能违背两岸最终统一这一总体方向。

四是求同存异、弹性务实。在探讨协商过程中，两岸应本着弹性务实、求同存异的原则，平等协商，灵活处理，既不违背一个中国原则，又顾及双方的利益和要求，对于一些短期内无法达成明确共识的部分，给予各自解释的模糊空间，双方恪守默契，避免一些敏感性的难题成为破坏两岸对话气氛，影响两岸关系深化发展的障碍。

祖国大陆提出开展政治对话、探讨两岸政治关系的呼吁，完全是为了巩固两岸关系和平发展的成果，维持两岸继续前行的趋势，希望台湾正确解读祖国大陆的诚意与善意，而不将之看成是“施压促谈”而加以回避。毕竟，政治难题要有所破解，两岸关系要有所突破与进展，需要两岸共同努力，相向而行，方可达成。

（原载于《统一论坛》2013 年第 3 期）

两岸和平协议基本内涵与落实路径之探讨

朱卫东

在两岸关系和平发展进入巩固深化的新阶段中，两岸和平协议问题十分重要，无法回避，也难以搁置。近年来，海内外围绕该议题的讨论日渐增多，但囿于岛内政治发展的复杂性和两岸关系和平发展的水平，两岸对这些问题的理论探讨和实践推进目前仍属各说各话，徘徊不前，缺乏寻找共识、创新推进的勇气。令人高兴的是，本次在上海举办的首届两岸和平论坛为双方搭建了一个就两岸重大政治问题进行坦诚对话、务实沟通的平台，促使两岸红蓝绿的智库学者们可以认真细致地去探讨有关两岸和平协议的一系列重要问题，增进了解，避免误判，以逐步求同存异，扩大共识。

这些问题包括：何谓两岸和平协议？一个符合民族愿景且为两岸所认可接受的和平协议的性质定位与基本内涵是什么？和平协议的表现形式以及和平协议与正式结束敌对状态是何种关系？如何积极稳妥地推进两岸早日达成和平协议？如何在此基础上对两岸关系和平发展进行战略规划，以共同捍卫中国的主权和领土完整，实现中华民族的伟大复兴？凡此种种，都需要两岸智库学者认真思考对话，相向而行，共同探寻解决之道。

鉴此，笔者在综合考虑影响两岸和平协议相关因素的变化趋势，以及迄今为止各方对和平协议的立场主张、意见建议的基础上，特就两岸和平协议的基本内涵与落实路径提出浅见。由于该议题政治性很强，这里略去学究式的探讨，只提出政策性的建议。

一、关于两岸和平协议的性质与定位

鉴于“两岸同属一国”的两岸关系本质属性，以及两岸关系相当长一段时间仍将处于和平发展的阶段特征，两岸和平协议的性质与定位是：

1. 两岸和平协议的性质：属于两岸尚未统一前签订的正式结束两岸政治军事敌对状态，巩固两岸和平，促进两岸融合，维护中国主权与领土完整的具有法律约束力的国内协议。所谓国内协议，是指它鲜明的两岸特色，在性质上属于一个国家内部的协议，而不是两个国家签订的协议，也完全不同于国际间的“停战协议”或“互不侵犯条约”。其作用是，将为构建两岸关系和平发展框架奠定基本原则，为两岸关系全面正常化发展提供制度保障。

2. 两岸和平协议的定位：属于两岸尚未统一前，在“一中框架”基础上签订的，以巩固深化两岸和平，促进两岸交流合作，合情合理安排两岸政治军事关系为内容，具有基础性、阶段性和综合性特点的框架协议。作为国家统一前过渡时期的两岸关系制度安排，虽然它不是实现国家统一的“终局安排”和“两岸和平统一协议”，但不能排除统一的政治指向。亦即，两岸和平协议所能发挥的功能和作用，不仅是一个可以“稳固和平”的协议，也应是一个有助于“促进统一”的协议。

二、两岸和平协议的基本内涵

两岸和平协议的性质与定位决定了两岸和平协议的基本内涵，虽然最终的具体内容、表述方式以及文本样式尚须两岸通过正式谈判协商确定，但其基本内容应包括以下要点：

1. 两岸和平协议中的“一中框架”定位：在两岸和平协议中纳入“两岸同属一个中国”的两岸关系定位至关重要，应在“一中框架”内处理两岸和平发展的各项事务。应该指出的是，明确两岸和平协议的“一中属性”，是处理包括签署主体等和平协议其他内容的基本前提，也是签署两岸和平协议的根本意义所在。

2. 签署和平协议的目的：和平协议内容中应对签署协议的目的有所表述，即，两岸基于中华民族的整体和长远利益，从维护两岸同胞的福祉出发，应摒除敌对状态，在一个中国的原则下，以和平方式解决一切争端，共同捍卫中国的主权和领土完整，为构建两岸关系和平发展框架、实现国家完全统一创造条件。

3. 两岸和平协议的政治基础：宜明确，双方同意坚持“九二共识”

“反对台独”的共同政治立场，以一个中国框架（架构）定位两岸关系。无论协议最终如何表述，都不能在实质上违背“两岸同属一个中国”这一核心，这是两岸和平协议能否顺利签署的关键所在。

4. 两岸对和平解决争端条件的承诺：对条件的设定和遵守是协议的核心内容。是正面表列还是负面表列的表述方式取决于双方的协商。应包括：双方认为，维护中国的主权和领土完整、反对任何图谋分裂中国的行为是两岸当局应共同承担的责任和义务。台湾方面承诺不推动“两个中国”“一中一台”和“台湾独立”，大陆方面承诺坚持以和平方式解决两岸间的政治分歧与争端，双方共同致力于维护台海地区的和平稳定。

5. 和平协议与结束敌对状态的关系：两岸正式结束敌对状态是和平协议的应有之义，它不仅是单纯结束军事上的敌对状态，更是通过正式的程序在法律意义上结束自 1949 年以来由于中国内战遗留并延续的政治对立状态。鉴于正式结束敌对状态和签署两岸和平协议既有联系又有区别，且二者推进的难易程度不同，因此，这两项议题似可合二为一，也可视情分开处理，使之相互促进。

6. 和平协议与军事安全互信机制：在两岸敌对状态结束后，两岸和平协议宜对构建两岸军事安全互信机制做出安排，这是维护和巩固两岸政治军事互信的必要措施和制度保障。因此，两岸和平协议内容应包括：双方应共同致力于构建军事安全互信机制，减少安全顾虑，促进台海和平。两岸有责任与义务不与外国进行针对对方的军事活动。

7. 两岸关系和平发展机制化建设：在和平协议中纳入有关两岸和平发展机制化的内容，是确保两岸和平难以逆转的重要举措和必要条件。为此，两岸可共组一个常设的联合机构“海峡两岸和平发展委员会”（暂名），负责协调彼此关系，处理两岸和平协议执行等相关事宜。通过这一过渡性、功能性的政治关系框架，推进两岸政治整合进程。

8. 和平协议中的其他内容：鉴于两岸关系发展的长期性、复杂性及其本身内容的多面向、多层次，两岸和平协议也应涵盖两岸涉外事务、经济合作和文化交流等内容，这些领域因处于从属地位，可进行原则性和方向性的表述。

9. 达成和平协议的方式：可直接由两岸谈判达成一致文本后分别签署批准。也可先由两岸领导人会晤等方式，联合发表类似“海峡两岸和平共同宣言”“海峡两岸追求和平繁荣共同声明”等形式，逐步创造条件，分阶段分步走，最终实现签署两岸和平协议。

10. 两岸和平协议的文本样式。总的看，为便于两岸早日达成和平协议，协议文本内容以原则性的规定和概括式的条文表述较为适宜。

三、达成两岸和平协议的实践路径

签署两岸和平协议是岛内外多种因素综合作用的产物，需要多方的共同努力才能早日实现。目前看，马英九当局深陷执政困境，缺乏意愿，民进党全力反对，岛内民意疑虑增加，美日不断暗中阻挠；从两岸关系的现状水平以及影响和平协议相关因素的未来发展趋势看，要达成两岸和平协议的目标的确任重道远。尽管如此，由于两岸签署和平协议问题迟早要面对，我们绝不能消极地等待“水到渠成”而无所作为，应该积极创造条件做好“开渠引水”的工作，应继续本着“先易后难、循序渐进”的思路，积极稳妥地加以推进。基本路径包括：

（一）积极做好开启两岸政治对话谈判的各项准备

包括：1. 两岸红蓝绿三方民间学者先行探讨有关两岸和平协议等一系列重要问题，逐步寻找共同点、联结点和突破点，增进互信，累积共识。现阶段要充分发挥好两岸和平论坛这一探讨两岸政治关系平台的积极作用，使之逐步机制化。2. 继续发挥好国共交流机制和两会平台的积极作用，增强政治互信，从战略层面规划两岸商谈的方向、议题和节奏。3. 应特别重视建立和发挥两岸“二轨政治对话机制”的作用，通过两岸指定智库学者就彼此关心的重大问题进行共同探讨，在不断的磨合过程中，逐步由官方授意的政治对话过渡到官方授权的政治商谈，从而寻找双方都能接受认同的办法和方案。

（二）增进两岸战略互信，积极营造有利于推进政治谈判的环境和条件

两岸政治互信的维护、累积和扩大，对两岸政治商谈能否取得成果、能否健康深入发展具有重要作用，应通过不断增进两岸全方位的战略互信，巩固和扩大两岸关系发展的成果，并通过新的发展成果累积更多、更强的互信。当前及今后一个时期，一要全力扩大和深化以“三通”为平台的两岸各界大交流，进一步增进和加深两岸的感情联结，逐步培养两岸命运共同体意识，形塑新的政治认同；二要全力推进和落实以 ECFA 主体的

两岸经济合作工程，加深两岸全方位的利益捆绑，以经济合作的成效来培养和扩大岛内赞同两岸政治商谈的社会基础；三要全力推进和深化以两会制度化协商为主体的两岸多层次对话协商，使越来越多的岛内民众充分认识到，通过政治谈判签署和平协议，台湾不会被“矮化吞并”，也不存在什么“亲中卖台”的问题，谈判是可以解决问题的，谈判的成果是全民共享的，打破两岸政治谈判被污名化、妖魔化的现象，在岛内社会营造有利于谈判的小气候。

此外，双方两岸事务主管部门加强直接联系沟通，尽快促成两会互设办事处，尽早促成国台办主任和“陆委会”主委互访，对于下一步两岸政治和谈环境气氛的塑造，以及政治互信的深化和两岸关系的全面推进将产生重要而深远的影响。以此为基础，也有助于实现两岸领导人的历史性会晤，从而为两岸签署和平协议创造重大机遇。

（三）解放思想，实事求是，务实推进

两岸和平协议不仅是一个重大政治问题、历史问题和战略问题，也是一个攸关两岸切身利益的现实问题，它涉及诸多敏感复杂的难题需要破解，因此，两岸都应有足够的信心、耐心和同理心去看待对方，将心比心。任何方案设计都不能一厢情愿，双方都应正视现实，并在具体的谈判中表现出灵活性与妥协性，以实现双赢的目标。在这一过程中，双方都应与时俱进地转变思维观念，比如，不应纠缠、局限于两岸关系现有存量问题的处理，而应向前看朝前走，扩大增量，做足增量，把盘子做大，使双方的空间增大，共识增多、分歧缩小。

过去的经验已经证明，要处理和解决好两岸的政治难题，必须兼顾战略目标和长远利益，正确地把握趋势，恰当地定位自己，合理地评估对手，努力做到原则坚定性和策略灵活性的高度统一，在此基础上才可能抓住机遇、用好筹码。总之，在如何早日达成两岸和平协议的问题上，双方能否解放思想、实事求是至关重要！

（原载于《中国评论》2013 年 12 月号）

对两岸和平协议内涵及达成路径的再探讨

谢　郁

四年前，两岸关系结束动荡与紧张对抗、步入和平发展轨道一年有余，学界刚刚开启讨论政治议题的大门，笔者参加在台北举办的两岸一甲子学术研讨会时，发表《对两岸达成和平协议问题的初步探讨》一文，就两岸和平协议的定位、性质、原则、内涵以及达成的步骤等问题，提出个人的浅见，在当时引起一些讨论与争议，显现两岸在此问题上存在原则性的分歧与认知上的差距。之后的几年中，随着两岸关系和平发展的不断深化，通过政治谈判结束敌对状态、签署和平协议的重要性及必要性在两岸获得越来越多的认同，学界对和平协议的研究与探讨也越来越深入。笔者观察四年来两岸各方针对和平协议提出的意见及观点，结合两岸关系发展的形势，对和平协议的相关问题，再度提出个人的思考意见，与两岸学界共同探讨。

两岸关系五年来的深入发展为推动和平协议创造了更为有利的条件

首先，两岸执政当局都明确将推动和平协议作为发展两岸关系的目标任务。和平协议是构建两岸关系和平稳定架构的重要途径，两岸的执政党及领导人对推动和平协议的战略意义有共同的认知，都表达了积极正面的意向，并将之作为推进两岸关系的目标任务。党和国家领导人多次正式提出两岸通过政治协商达成和平协议的主张，2012 年 11 月中共十八大报告又再次将和平协议写入党的文件，将之作为未来推动两岸关系和平发展的重要任务目标。台湾领导人马英九也多次公开表达推动和平协议的意向，并在 2008 年和 2012 年两次竞选过程中将和平协议作为其重要的政见和主张。可见，两岸执政党和领导人对推动和平协议的必要性有最基本的共识。

其二，更为重要的是，经过五年多的发展，“九二共识”“反对台独”作为两岸关系的政治基础得以进一步确立和强化，国共两党就“一中框架（架构）”达成的基本共识与积极作为，使两岸政治互信不断增强，为和平协议提供了最重要的政治基础。四年多前，当时笔者提出“和平协议是将两岸同属一中法制化的基础性文件”时，台湾蓝绿都颇多反对意见，然而今天，“两岸同属一中”作为和平协议的重要内涵已被广泛接受。

其三，达成和平协议在两岸拥有较高的民意支持。超过 90% 的大陆民众支持两岸通过政治谈判签订和平协议，台湾的各种民调也显示，和平协议在台湾拥有五成以上的民意支持度，可以说，达成和平协议为两岸关系长期和平发展提供制度性保障得到两岸主流民意的认可。

其四，两岸两会协商行之经年，签署了 18 项协议，积累了丰富的谈判经验，创建了一系列商签协议的成功模式，为未来两岸政治谈判、达成和平协议打下了良好的基础。

其五，两岸学界、民间及智库的政治对话已广泛开展，形成常态，两岸学者就针对政治定位、军事互信、和平协议等政治性议题的探讨越来越广泛而深入，互信逐步累积，共识渐次增加，与四年前在两岸对话中政治议题的敏感与鲜见相比，当前政治谈判、和平协议已频频成为各种两岸论坛中热议的主题，两岸学者踊跃贡献智慧与心力。

两岸对和平协议存在较大的立场分歧与认知差异

近几年，两岸政学界对和平协议提出诸多的建议与版本，两岸党政领导人也多次谈及对和平协议的主张，显示两岸对于和平协议的性质、定位、内涵及进程等重大基础问题上尚存在较大的分歧与差异。

1. 关于和平协议的定位：台湾方面提出“广义”的和平协议，马英九先生曾在 2012 年 2 月 9 日在国民党中常会提出，“两岸即使没有签和平协议，还是可以透过别的途径，把两岸和平发展的现状制度化，现在签了 16 个协议，每一个协议其实都是广义的和平协议”，更有台湾智库专家提出“和平协议是两岸和解制度化的一个过程”。这显然与大陆方面所希望的和平协议是不同的概念，大陆方面希望的和平协议是具政治内涵的“狭义的和平协议”，是巩固两岸政治基础、结束两岸敌对状态、解决两岸政治分歧，促进两岸政治关系正常化、为两岸关系和平稳定发展提供制度性保障的法律文件，不只有推进的过程，还应有具体的、具法律效力的最终成果。

2. 关于和平协议的功能：台湾方面希望通过和平协议将“两岸和平制度化”，换言之，也就是将“三不”政策中的“不武”制度化，强调的是“和平”的单一性功能。而大陆方面则认为和平协议应将两岸既有的政治基础“九二共识”、“反对台独”、“一中框架（架构）”制度化，对两岸关系的稳定与发展具全局性、综合性功能。

3. 关于和平协议的途径：从“胡六点”到中共“十八大”报告，大陆始终主张经由政治谈判，协商达成和平协议。和平协议是两岸政治谈判的内容及重要成果。而台湾方面则认为和平协议不必然经过政治谈判，可以在两岸经济性事务性交流协商中逐步形成“广义和平协议”。

4. 关于和平协议的前提：马英九于 2011 年 10 月，提出和平协议三前提是“台湾需要、民意支持、立法机构监督”，之后又提出“两岸有充分互信、民意有高度共识、国际社会认同与支持”“事前交付公投”等条件，为和平协议设置高不可越的多重门槛。大陆则主张在“两岸同属一个中国框架”下通过政治谈判商签和平协议。

5. 关于和平协议的内涵：台湾方面或认为可不触碰较为敏感的政治难题，绕过两岸政治定位等问题，在不解决争议的情况下直奔“不武制度化”的主题，这既与两岸政治现实脱节，也不符合政治协商的常理与逻辑。大陆方面意见多认为和平协议必须面对并初步解决两岸政治分歧，应对两岸政治定位、军事安全互信等议题协商并达成共识，做出双方虽不尽满意但都能接受的初步安排，共同对未来两岸关系的发展做出前瞻性规划。

6. 关于和平协议的时程：台湾方面一直认为目前两岸政治谈判条件尚不成熟，谈和平协议更是为时尚早，现阶段还要先经后政。大陆方面则希望两岸正视现实，面对分歧，在深化经济文化交流合作的同时，不回避政治难题，加强沟通与对话，积极为政治谈判、和平协议创造条件。

对和平协议的初步构想

和平协议是结束两岸敌对状态、确保两岸关系和平稳定、实现两岸关系正常化的有效途径，对维护两岸关系具有重大的战略意义。

以下是笔者对两岸和平协议的初步构想：

（一）和平协议的性质

1. 和平协议应是两岸在统一前的特殊时期，为确保两岸关系和平发展、为未来两岸迈向和平统一创造条件的“阶段性协议”，并非最终解决两岸问题的“终极协议”。

2. 和平协议是两岸以共同协议的形式，将“两岸同属一个中国框架（架构）”法律化，并对统一前两岸政治关系等重大问题形成共识并做出初步安排的“基础性协议”。

3. 和平协议是从政治和法律的角度确立并规范化两岸关系和平发展现状与未来走向的“综合性、框架性协议”。

4. 和平协议并非国与国之间的条约或协议，是两岸间的协议，是“一国内部协议”。

（二）达成和平协议的基本原则

笔者以为，两岸达成和平协议应遵循以下原则：

一是“两岸同属一个中国”原则。“两岸同属一中”是对两岸关系历史与现状的准确表述，符合两岸现行法律对两岸关系的定位，符合两岸现行的法政体系，这是和平协议的基础与核心，是防止任何形式的分裂与“台独”、确保两岸关系和平发展的重要基础与前提。特别需要指出的是，这里的“一个中国”是包含了两岸在内的、大陆和台湾共同拥有的“一个中国”，不再是非你即我、非此即彼的相互排斥的“一个中国”。

二是平等协商原则。两岸通过平等协商、寻求双方都能接受的最佳方案，最终达成和平协议，以确保协议的公平性与合理性。

三是求同存异、循序渐进原则。和平协议作为阶段性协议，不可企望通过一纸协议就能将两岸沉积了半个多世纪的政治难题一揽子解决，对于一些难于完全解决的重大难题，可暂时搁置，或局部处理，留待下一步解决。

四是互利双赢原则。和平协议的达成，应在总体上兼顾两岸利益，力求合情合理，根据互利双赢原则规范双方的权利和义务。

五是排除外力干涉原则。和平协议的达成应体现两岸中国人平等、自主协商处理两岸事务的精神，排除外部势力干涉、插手两岸事务。

（三）达成和平协议分四个阶段

第一阶段：拓展并深化两岸交流，累积谈判经验，加强政治互信。这一阶段的主要任务是持续加强两岸经济、文化及社会各项交流与合作，实现两岸协商谈判机制化，累积经验，增加互信，强化认同，营造气氛。过去五年来两岸关系和平发展的进程就属于这一阶段。

第二阶段：展开广泛深入的政治对话，强化两岸政治互信基础。这种政治对话可经由学术、民间、智库等多种管道进行，其功能与作用有三：一是加强沟通，了解彼此的真实立场及想法，消除误会，增信释疑；二是双方坦诚相待，拿出各自的规划及方案，寻找双方的共同点与连接点，增进强化“两岸一中”的政治基础；三是对存在分歧的难点和重点问题，探寻解决的途径与合理的安排，为政治谈判清除障碍，创造条件。现阶段两岸的各种民间论坛、政治对话就是为完成这一阶段的任务。

第三阶段：开启政治谈判，两岸可以发表“共同声明”等方式，宣布“正式结束敌对状态”，两岸承诺共同维护中国领土主权完整，共同维护台海和平与稳定。

第四阶段：开展深度政治协商，达成和平协议。这一阶段要解决两岸重大的政治问题，包括：两岸可以“备忘录”的形式就统一前两岸政治定位达成共识并做出合情合理的安排；两岸就共同参与国际事务达成共同意向，找出妥善的解决方案；建立军事安全互信机制；对两岸关系的未来走向共同做出前瞻性规划，最终达成和平协议，确立两岸和平稳定架构。

（四）和平协议的内容

笔者认为，和平协议是一项系统工程，是立足于从政治和法律的角度确立两岸关系和平发展现状与未来走向的制度性框架，其具体内容设计如下：

1. 世界上只有一个中国、大陆和台湾同属一个中国。1949年以后大陆和台湾尚未统一的状况，是20世纪40年代中后期中国内战遗留并延续的政治对立，不是中国领土和主权的分裂，也没有改变大陆和台湾同属一个中国的事实。1949年以来两岸实行法律规定及行政体系都符合“一个中国”的基本框架。

2. 两岸正式结束长达六十余年的敌对状态，消除政治对立和军事对峙，两岸关系实现正常化，双方共同致力于维护两岸的长期和平与稳定。

3. 从中华民族的整体利益和长远利益出发，海峡两岸有义务共同维护中国领土主权的完整，坚决反对以任何形式谋求台湾独立和分裂中国的行为。

4. 两岸基于和平与合作的原则，建立稳定的两岸军事互信机制，以保障两岸关系的和平与稳定。

5. 两岸通过务实协商达成共识，在不造成“两个中国”“一中一台”的前提下，双方在国际事务中加强合作，共同参与，共同维护中华民族的整体利益和两岸同胞的合法权益。

6. 两岸在互利双赢的原则下，通过签订两岸经济合作框架协议，建立并完善两岸经济合作机制，寻求两岸共同参与地区经济一体化进程的合理途径。

7. 两岸共同继承中华文化优秀传统，通过签订两岸文化教育交流协议，建立并完善两岸文教交流机制，营造两岸人民共有的精神与文化家园，凝聚民族意志，共同努力，弘扬中华文化。

8. 增进两岸民间交流，扩大人员往来，加强两岸交流的法律建设，为两岸人民的交流交往提供更加便利的条件与更加完善的保障。

结　　语

对于和平协议，尽管目前两岸间存在很多意见分歧，但维护并寻求长期和平与稳定是两岸的共同愿望，和平协议是确保两岸关系长期和平稳定的有效途径，笔者期待两岸学者共同探讨，集思广益，目标为了早日达成和平协议。

（原载于《中国评论》2013 年 11 月号）

两岸关系和平发展阶段之谈判模式创新探析

汪曙申

在两岸关系和平发展阶段，基于一定政治基础的协商谈判始终是两岸双方增进互信、扩大共识、解决问题的重要方式和途径。两岸关系的性质从根本上决定了两岸谈判的形式和内容，两岸关系的实践决定并推动着两岸谈判深入发展，逐步形成反映历史阶段性特点的不同模式。基于两岸谈判的领域、层面对谈判模式的需求不同，两岸双方有必要从更为宏大的视野出发，根据两岸关系发展的历史规律和实际情况，适时推动谈判模式的创新发展，为构建和完善两岸关系和平发展框架创造更有利的条件。

一、两岸谈判模式之历史演进

（一）“两会模式 1.0”

经 20 世纪 80 年代台湾启动政治转型和开启两岸交流，90 年代初两岸互动规模呈快速扩大之势，交流衍生的各类问题愈益增多，国民党当局长期坚持“不妥协、不接触、不谈判”的“三不政策”难以为继。1990 年 11 月 21 日，台湾当局成立获得官方授权与大陆方面联系与协商的民间性中介机构——海峡交流基金会，次年 3 月开始运作。大陆方面为推动两岸谈判、发展两岸关系，于 1991 年 12 月 16 日成立海峡两岸关系协会，作为与台湾方面海基会接触商谈的平台。1992 年，两会达成在事务性商谈中各自以口头方式表述海峡两岸均坚持一个中国之原则的共识，即“九二共识”。

“九二共识”坚持一个中国原则，表明追求国家统一，成为两岸两会展开对话协商的政治基础。1993 年 4 月 29 日，海协会会长汪道涵与海基会董事长辜振甫，本着平等协商、互惠双赢的精神，在新加坡协商签署包括《两岸公证书使用查证协议》《两岸挂号函件查询、补偿事宜协议》《两会联系与会谈制度协议》及《汪辜会谈共同协议》等四项协议。《汪辜会谈共同协议》将此次会谈界定为民间性、经济性、事务性和功能性，协议内容涉及的是敏感度较低的事务性问题。不同寻常的是，此次会谈为1949年两岸分离后首次由两岸双方授权的民间团体进行协商谈判，并签署正式的具有治理意涵的协议，发展出两岸谈判史上的“两会模式”。遗憾的是，1994年“千岛湖事件”、1995年李登辉访美接连冲击两岸关系，两岸谈判随之停滞。直至1998年两岸关系有所缓和，第二次“汪辜会晤”才于该年10月在上海举行，达成汪道涵访台的共识。但1999年7月李登辉抛出“两国论”，迫使汪访台行程取消，两岸关系也由此陷入冰点。自此，李登辉在分裂路线上越走越远，两岸互信荡然无存，两会商谈完全中断，一度承载两岸对话和商谈功能的“两会模式”无法再走下去。2000年台湾首次政党轮替，民进党上台执政，陈水扁当局虽迫于美国压力提出“四不一没有”承诺，但顽固坚持“台独”立场和路线，完全否认“九二共识”，两岸关系根本没有转圜的余地，反而一步步陷入紧张对抗和冲突的恶性循环之中。

从制度创新的意义上说，20世纪90年代开启之两会商谈无疑是两岸关系发展中的一项重大制度创新，本文称之为“两会模式1.0”。“两会模式1.0”的重要意义在于：第一，它是在蓬勃发展的两岸经贸往来和不断增长的民间交流之下催生的，终结了两岸长期不接触、不谈判的历史，奠定了两岸对话谈判的政治基础。第二，它创设了两岸通过谈判解决一般事务性问题的新途径、新方式，开创并建立了两岸制度化协商的崭新机制。第三，它成功探寻出一条有利于两岸化解敌意、缓和对抗、加强合作的可行路径，标志着两岸关系迈出了历史性重要一步。正如马英九称：“该会谈开启两岸以谈判化解敌意、以协商取代对抗的历史新局。”①

（二）“澳门模式”

2000年5月民进党执政后“台独”分裂活动加剧，两岸关系趋于紧张动荡，两会协商持续中断，两岸交流所衍生的大量事务性问题缺乏妥善解决的途径。从台湾方面看，陈水扁2003年抛出“一边一国论”的单方面

① 《马英九出席“汪辜会谈20周年”纪念茶会致辞》，参见台湾“总统府”网站，2013年4月29日。

改变现状的动作遭到内外强烈批评。2004年陈连任后在各方压力下试图缓和两岸情势，于是年“双十讲话”中抛出“两岸可以九二香港会谈为基础，寻求虽不完美但可接受的方案，作为进一步推动协商谈判的准备”①。从大陆方面看，在民进党否定“九二共识”致使两会机制缺失的情况下，大陆为尽早解决制约着两岸交流合作的直接“三通”问题，展现出相当的灵活务实态度，提出由两岸民间行业组织进行协商的政策思路。2003年4月陈云林在纪念“汪辜会谈”十周年的讲话中提出：“在两会对话和谈判未能恢复的情况下，可以由两岸民间行业组织协商解决‘三通’问题，搁置政治争议，及早达成协议，尽快通起来。”②

在此特殊情势下，由两岸民间行业组织负责对口协商的优势在于，它不是两岸政治对话和谈判，能最大化地使技术问题单纯化、解决方式便捷化。基于此，大陆方面首先与坚持“九二共识”的国民党达成实施两岸春节包机的共识。由于“在野”的国民党没有公权力，最后通过行业对行业、团体对团体的方式就包机的技术性、业务性问题进行沟通协商。具体看，2005年两岸春节包机由大陆方面中国民用航空协会海峡两岸航空运输交流委员会与台湾方面台北市航空运输商业同业公会在澳门进行对口商谈，两岸民航主管部门官员各自以民间行业团体顾问的身份与会。最后，双方于2005年1月达成春节包机协议，同意两岸包机双向对飞、不中停和多点开放，由双方共同实施。

上述谈判被不少学者概括为“澳门模式”，即采用一种“复委托”的谈判形式。2003年10月，台湾当局修改“两岸人民关系条例”，新增“复委托机制”，规定除海基会外，台湾当局可以委托其他具有公益性质的法人协助处理两岸事务或代之签署协议，而经台湾当局委托的海基会也可以“复委托”其他公益法人执行任务。该项修法意味着，台湾当局确认了两岸事务性议题可以采用“官方主导、民间协商”方式，突破了以往单一的两会谈判模式。此后，两岸在两会平台停摆的情况下，可以通过分别委托各自相关民间行业团体，就特定事务性问题进行磋商并达成共识。与“两会模式1.0”不同的是，两岸民间团体成为形式上的谈判主体，相关业务主管部门官员以民间团体顾问的身份与谈，台湾“陆委会”和海基会人员

① 《陈水扁2004年“双十讲话”》，台湾《中国时报》2004年10月11日。

② 《陈云林：积极促进两岸对话与谈判，开创两岸关系发展新局面》，《人民日报》2003年4月26日。

不上谈判桌。台“陆委会”曾以“搁置争议、不设前提，相互尊重、实事求是，政府主导、民间协助”来界定这一模式。① 淡江大学大陆研究所所长张五岳则将该模式称之“政府授权、民间名义、官员主谈、公权力落实”。2011 年台湾地区领导人竞选期间，前“陆委会主委”吴钊燮访美时抛出“澳门模式”，宣称民进党重新执政后可能以“澳门模式”取代“九二共识”作为基础延续商谈，反映出“澳门模式”在民进党内确实有一定市场。

如今看，“澳门模式”的内核是民间协商、达成共识及各自确认，它是特殊两岸关系的产物，能够解决一定的事务性问题，但有着明显的局限性：第一，它是在两岸互信缺位情况下的权宜性安排，仅用于解决“个案”问题，并无适用于两岸关系的普遍性意义。第二，它所涉及的春节包机简单、单纯，很难适用于牵涉两岸更广泛重要利益的复杂事务。特别是在两岸大交流、大合作、大发展时期，“澳门模式”根本无法适应两岸关系的形势和需求。第三，它不是两岸制度性商谈，既不能作为衡量两岸关系发展的根本性指标，对两岸关系和平稳定的正面作用亦相当有限。

（三）“两会模式 2.0”

2008 年台湾发生第二次政党轮替，国民党实现重新执政。马英九上任后的重要议程之一即贯彻国民党的大陆政策，重建两岸和平稳定的格局。马英九当局大陆政策的核心是，在“中华民国宪法架构”下，维持“不统、不独、不武”的台海现状，在“九二共识”基础上恢复两岸协商，推动和完善两岸关系的制度化。一方面，马英九当局执行的“三不政策”缺乏明确政治方向，遭致不少人的质疑、批评；另一方面，马英九当局承认并坚持“九二共识”的做法为两岸重启商谈创建了基础，在 2008 年 5 月执政后迅速恢复两会中断十年之久的对话商谈，其发挥的重要功能和积极意义不容否定。5 年来，“陈江会谈”共举行了八次会议，签署了 18 项协议，涵盖“三通”、旅游、食品、医药、渔工、检疫、共同打击犯罪、经济合作、知识产权保护、金融监理、货币清算以及投资保障等广泛领域。2013 年 6 月举办两会领导人换届后的首次“陈林会谈”，顺利签署两岸服

① 针对 2008 年台“陆委会”将此称为“05 年共识”，国台办表示，两岸民航业者就 2005 年春节包机的技术性、业务性事宜做出安排的过程，就是在“九二共识”基础上进行，完全不存在“陆委会”所谓大陆方面放弃一个中国原则谈判前提、开启两岸功能型议题谈判的序幕的问题，也根本不存在此臆想、杜撰的所谓“05 年共识”。

务贸易协议，进一步推动两岸经济社会走向全面交流融合。台湾《经济日报》社论曾指出，若将两岸会谈以1.0、2.0作阶段性的区分，“汪辜会谈”两岸关系破冰可视为1.0阶段，“陈江会谈”两岸经贸协商新时代可视为2.0阶段。[①] 本文之所以将2008年迄今举行的两会商谈称之为“两会模式2.0”，主要是其与20世纪90年代之“两会模式1.0”相比具有以下重要特征：

第一，两岸建立并巩固政治互信，两会商谈形成制度化运作，更加稳定、更具可持续性。两会重启商谈的基础可以追溯至2005年4月“胡连会”达成的国共两党“两岸和平发展共同愿景”。2008年国民党重新执政后坚持“共同愿景”的基本路线，建立和增进两岸政治互信，才得以实现两会商谈的重启和制度化。此外，两会之间展开多层次的交流互访，成立两岸经济合作委员会，召开“协议成效与检讨会议”，均有助于促进双方相互了解、有针对性探讨问题并保障协商成果落到实处。与“两会模式1.0”相较，“两会模式2.0”充分体现了“建立互信、搁置争议、求同存异、共创双赢”的精神，其稳定性、连续性和制度性更强。

第二，两岸功能性业务主管部门谈判参与度大幅提升。伴随两岸事务性谈判领域拓展、专业性增强，两岸相关业务主管部门以两会顾问的形式直接参与到谈判，就协议框架和内容进行全面沟通协商。如在两岸金融合作协议协商谈判中，大陆方面中国人民银行、银监会与台湾方面“金管会”是业务主谈者；两岸共同打击犯罪与司法互助协议，由司法部、公安部与台湾方面“法务部”对谈；两岸经济合作框架协议（ECFA），则由商务部与台湾“经济部”负责主谈，等等。对此，台湾当局将其概括为“机制对机制”“官员对官员”[②]。在两岸业务主管部门完成技术性和事务性的协议文本草案协商后，再由两会展开预备性磋商，最后召开两会领导人会谈正式签署协议。两岸业务主管部门以适当身份参与谈判，丰富和发展了“两会模式2.0”的功能性、专业性和权威性。

第三，政治能量和社会效应更加显著。政治上的互信、经济上的互需、解决问题的导向，共同放大了2008年以来两会会谈的政治能量和社会效应。一方面，两会商谈的成功实践不仅扩大了两岸关系的制度化网络，

① 《两岸会谈2.5时代的开始》，台湾《经济日报》2013年4月29日。
② 《赖幸媛吁大陆撤除对台军事部署》，台湾“中央社”2010年9月13日。

更具意义的是在其过程中厚植了两岸的相互了解与信任，形成两岸关系中“互信——制度化”之间的良性循环。另一方面，19 项协议的达成和落实显著降低了两岸货物、服务、人员和资本交流互动的交易成本，极大地推进了两岸交流融合的历史进程，丰富和完善了两岸关系和平发展的重要内涵。

二、两岸关系和平发展阶段之谈判模式创新

在实现两岸最终统一之前，两岸关系和平发展阶段是一个长期复杂的螺旋上升过程，需要克服一系列的差异、难题和矛盾。在影响和推进两岸关系和平发展的诸项因素中，谈判模式创新将会在未来特定阶段发挥更为重要的作用。

（一）模式创新之基本条件

从两岸关系发展史看，理论上提出的各种谈判构想能否付诸实践并发展为成熟的模式受到各种客观条件的影响。不论是“两会模式 1. 0”“澳门模式”还是“两会模式 2. 0”，都有其形成和发展的历史背景及条件。基于两岸关系和平发展阶段的性质和特征，适时推动谈判模式创新符合两岸关系前进的内在需求，也具有现实条件的支撑。

第一，实力、信心与创新。大陆的实力、信心决定着两岸关系的走向。继 2000 年至 2008 年取得“反台独、反分裂”斗争胜利后，大陆从 2008 年开始逐步确定两岸关系和平发展框架并持续推进之，牢牢掌握了两岸关系的主导权。在 2010 年超过日本成为世界第二大经济体后，大陆将在本世纪第二个十年进一步发展完善制度、推进对外开放、释放改革红利，实现经济总量翻倍的目标，国际地位将有一个全新的飞跃。整体实力大幅增强、处理国内外复杂事务信心提升，都将有利于大陆在两岸关系上推动包括谈判模式在内的系统性创新。

第二，原则立场上“同”的坚持与扩展。两岸谈判中的模式创立，需要两岸双方共同努力和谋划，其中台湾当局对两岸关系性质持何种原则立场至关重要。马英九连任后多次表示，不论在国内或国外，都不会推动“两个中国”“一中一台”或“台湾独立”。2013 年 6 月国民党荣誉主席吴伯雄在马英九授权下与习近平总书记会谈，明确提出两岸各自的法律、体制都主张一个中国原则，都用一个中国架构来定位两岸关系，而非“国与

国”的关系。国民党和马英九当局在坚持“九二共识”和“不独”承诺的基础上，进一步明确主张一中原则和一中架构，这表明两岸在增进维护一个中国框架的共同认识上迈出新的一步。随着两岸关系和平发展进程的推进，两岸不断给予“两岸同属一中”更加清晰、明确的表述和宣示是完全有可能的。只要2016年国民党继续执政，两岸双方对原则立场上“同”的坚持与扩展就不会中断，就有利于两岸执政当局抓住机遇、引领形势，适时推动谈判模式创新。

第三，理性务实管理分歧的态度。两岸之间的特殊历史造成两岸关系发展中的矛盾复杂、难点密布，任何两岸谈判模式都必须考虑到这些矛盾和难点，这就需要有理性务实的态度。从以往两岸谈判的实践看，双方基本照顾到战略性与策略性、原则性与灵活性的平衡，并从中寻找出一整套管理争议和分歧的方法、手段。实践证明，在一个中国原则下，两岸谈判可以暂时搁置争议以寻求双赢。即使未来两岸谈判“由易入难”“由经入政”，只要有理性务实的态度，两岸在“深水区”亦能找到管理分歧、解决矛盾的妥善办法，其中就包括谈判模式的创新。

（二）模式创新之基本精神

两岸全面交流合作格局的形成和发展对两岸关系的“顶层设计”提出了更高要求，谈判模式创新是两岸关系制度化“顶层设计”的重要组成，必须坚持科学性、平衡性、前瞻性和建设性的基本精神。

第一，科学性。两岸关系和平发展有其内在遵循的规律，它受到两岸历史、地理、文化、经济、政治、社会等因素的交互作用，特别需要掌握好节奏、步调。谈判模式创新首先要坚持科学性的原则，即首先要正确地反映两岸关系现实，要体现“海峡两岸同属一个中国”的客观事实，在任何情况下都不能造成“两个中国”或“一中一台”。汪道涵曾指出，以什么为基础进行谈判，关系到两岸关系的性质与和平统一的前景。① 其次要根据两岸关系发展的具体实践来把握创新的“面”和“度”，既不能因急功近利而搞超前的“大跃进”，也不能因瞻前顾后的保守心态而错失机遇。

第二，平衡性。两岸在地理、人口、经济、军事、制度等方面悬殊差距大，台湾社会在面对大陆时存在“弱者”心理，近些年来台湾社会出现

① 《汪道涵：两岸对话与谈判是和平解决问题的唯一途径——纪念汪辜会谈十周年》，《人民日报》2003年4月26日。

两岸相处之道的“大小关系论”就是其表现。[①] 未来两岸强弱之势继续扩大以及台湾社会怀疑戒备心理长期存在，要求两岸双方必须正视差异、正确看待差异，因此两岸在谈判模式创新上应该处理好“大小关系”，坚持平等互惠的精神，把握好谈判过程中的平衡性，不搞单方面的强加于人。

第三，前瞻性。在两岸关系中，任何一项政策举措必须既有延续历史的纵深，又有掌握未来的前瞻性。正如马英九所言，“两岸关系仍须有新构想、新视野及新动力，方能开创永续的和平及繁荣”。[②] 谈判模式创新的前瞻性表现在：一是在正确把握两岸关系和平发展阶段性过程及特点的基础上，合理设计创新的形式与内容；二是创新不仅要有预警性，能提前反映两岸关系发展的需求，而且要体现规划性，开拓和引领两岸关系发展的方向。

第四，建设性。历史告诉我们，发展两岸关系既需要政治基础和互信，更需要诚意和诚信。谈判模式创新的建设性应体现在，一方面它应有利于扩大两岸共识，巩固既有协商成果，另一方面有利于扩展两岸和平协商格局，推动签署包括科技、文化、教育及政治军事领域的系列协议。

两岸协商谈判关系到两岸关系和平发展的基础工程建设。坚持谈判模式创新的上述原则，目的在保持两岸谈判与两岸关系发展的方向性与协调性，努力确保未来不管谁在台湾执政，两岸关系和平发展的方向及进程不会逆转。

（三）模式创新之基本内涵

两岸谈判及其模式发展始终基于两岸关系实践的一般规律，即是一定经济社会需求的反映，谈判模式创新因其超前性而具有较大难度，总体分为形式与内容两个方面。

第一，主要形式。5 年多来，“两会模式 2.0”在推进两岸事务性和功能性商谈上发挥了举足轻重的作用，今后巩固和深化两岸关系和平发展的政治、经济、文化、社会基础仍需要进一步发展该模式。同时要看到，两岸协商从经贸、社会、文化等“低政治领域”逐步过渡到政治、军事、安全、外交等“高政治领域”是一个历史的趋势，为因应这一过程中存在的固有矛盾和分歧，妥善处理双方的名义、地位将便于进一步深化商谈。未

① 马英九称之为“以大事小以仁、以小事大以智”。

② 《马英九接见中国国民党荣誉主席吴伯雄大陆访问团致辞》，参见台湾“总统府”网站，2013 年 6 月 10 日。

来，两岸谈判的形式可以不拘泥于两会框架，应根据两岸谈判的规律及需要进行创新性发展。2012 年 11 月 26 日，王毅在“九二共识”20 周年座谈会上指出，达成共识的方式也可以灵活多样，不拘一格。对此，两岸政学界已提出一些建议，比如适时创设两岸和平发展委员会。2010 年 9 月，台湾大学副校长包宗和提出，可效仿两岸设立经济合作委员会，成立半官方性质的两岸和平发展委员会研拟两岸和平协议。① 2011 年 4 月，淡江大学教授张五岳提出，为因应未来两岸可能的政治对话和协商，台湾方面可以效仿当年“国家统一委员会”的机制，在“总统府”设立两岸和平发展委员会，研拟“两岸和平互动纲领”的可行性。② 前台湾省议会议长、“21 世纪基金会”董事长高育仁亦建议，应早日成立两岸和平发展委员会，推动签署和平协定、建立两岸制度化的和平机制。杨开煌建议台湾方面在“总统府”下设“两岸和平发展委员会”以作为协调岛内各党派立场、凝聚共识和研议功能性议题的平台。2012 年 3 月由台北论坛基金会董事长、前“国安会秘书长”苏起发起的台北论坛公开发表《政策建言书》，建议在“总统府”下设法制化的“两岸和平发展委员会”，含纳政党及社会代表，建构台湾内部对发展两岸关系的共识。大陆方面中华文化发展促进会副会长辛旗进一步建议，为两岸政治谈判创造条件，两岸双方可成立海峡两岸和平发展委员会，由两岸领导人担任主委，由两岸各自管辖区域内的公权力机构组成代表团进行谈判，代表团成员应具有广泛的代表性和公权力，须得到两岸的充分授权。③ 全国台湾研究会研究员刘建青提出，两岸有必要共同设立双主席制的两岸和平发展委员会，由两岸政治领导人担任共同主席，以规避两岸目前在主权问题上的结构性矛盾，实现两岸领导人的定期会面；在该委员会下可设经济、外交、军事、文化、社会等数个分委会，共同研究处理和解决两岸关系发展中的问题。④

以上创见体现了模式创新的基本精神，值得两岸双方进一步认真思考。本文认为，基于两岸谈判模式创新关系到两岸事务的决策、授权与执行问题，未来两岸政治谈判架构顶层设计至少应考虑以下三点。一是具有更高代表性，即应在规格和授权上要高于两会模式，有权就两岸政治、军

① 《学者促设两岸和平发展委员会》，台湾《联合报》2010 年 9 月 3 日。

② 《学者倡议两岸和平发展委员会》，台湾《中央日报网路报》2011 年 4 月 19 日。

③ 《辛旗：两岸和发会领导人任主委》，台湾《中国时报》2012 年 5 月 5 日。

④ 《刘建青：发展两岸政治关系的基本原则》，中国评论网 2013 年 3 月 26 日。

事、安全、涉外等高层次问题进行协商，特别是能就结构性矛盾和症结性问题形成结论。二是双向性，即两岸各自乃至进一步共同组织搭建谈判架构，一方面用于凝聚内部共识，另一方面作为双方对话谈判的平台。第一阶段可先各自成立具有高代表性，政、经、军、涉外等部门共同参与的高级机构，针对两岸政治谈判中相对容易的部分，包括结束两岸敌对状态、协调两岸军事活动、加强在国际社会上的合作等，研拟方案、对话协商并达成协议。第二阶段可考虑成立由两岸最高领导人领衔的共同委员会，处理台湾当局政治定位、签订两岸和平协议以及最终的两岸统一形式等核心议题。三是名称使用弹性，可使用两岸和平发展委员会，也可采用双方都能接受的其他名称。

第二，基本内容。一般而言，谈判的形式从根本上是为谈判内容服务的。两岸谈判内容分为以经贸文教为主的“易”的部分和以政治军事为主的“难”的部分，二者之间是一种循序发展的递进关系。马英九当局处理两岸关系遵循的是“先急后缓、先易后难、先经后政”的原则，这说明其并未完全放弃解决“难”和“政”的问题，两岸政治关系常态化、制度化是迟早要解决的。马英九曾表示，两岸签署 ECFA 后进一步完成服务贸易协议和货物贸易协议，将为两岸关系带来重要的结构性改变，象征建立两岸经贸关系的基本法。[①] 照此逻辑，“两岸经贸关系基本法”是由若干个协议分阶段、分步骤达成，那么两岸政治关系的常态化、制度化甚至形成一个基本法，也将是通过两岸对话协商来分阶段、分步骤实现的。不同的是，“两岸经贸关系基本法”由两会模式完成，“两岸政治关系基本法”的达成可能需要两岸谈判模式创新的配合。

创新两岸谈判模式或建立两岸政治谈判新架构的目的是，在两岸从搁置争议走向面对争议阶段时，妥善处理和解决两岸关系结构性难题。一是政治上，总的方向是探讨国家尚未统一特殊情况下的两岸政治关系，做出合情合理安排。其所涉及事项包括两岸在主权和治权上的定位、两岸之间的性质关系、两岸公权力部门互动的行为准则等。二是在军事上，总的方向是商谈建立两岸军事安全互信机制，减少军事对抗活动、防止误解误判、降低战争风险、增进军事安全。其所涉及事项包括讨论建立军事热

① 《马英九接见中国国民党荣誉主席吴伯雄大陆访问团致辞》，参见台湾“总统府”网站，2013 年 6 月 10 日。

线、互通军事演习活动信息、军事院校及部门交流、撤除导弹、调整军事部署、加强在非传统安全领域合作以及共同维护中华民族领土和海洋权益等问题。三是在对外关系上，总的方向是妥善解决台湾参与国际组织活动问题。其所涉及事项包括一般国际活动中台湾方面政治符号和政治象征的处理问题，台湾参与国际组织活动模式发展问题，两岸双方在国际社会加强合作的机制创设问题等。创新两岸谈判模式从根本上是为两岸最终达成和平协议服务的，由于这一过程牵涉到复杂的历史、法理和政策等因素，因此即使在未来新的谈判模式下，两岸双方也要审慎处理，做好模式创新之效应评估，逐步积累进步成果，严防造成两岸关系后退。

三、结　论

两岸关系和平发展阶段的性质及定位是建立和发展两岸谈判模式的前提，模式创新理应立足两岸关系的性质和前途，应是在对历史经验和现实状况准确把握基础上的统筹规划与科学设计，不能凭空设想，更不能脱离实际。在谈判模式创新过程中，两岸双方有必要继续坚持求同存异、聚同化异的精神，继续发挥和展现开辟未来的政治决断和务实处理复杂事务的政治智慧，为解决两岸症结性问题逐步创造条件。

（原载于《台湾研究》2013 年第 6 期）

和平发展与两岸政治对话

修春萍

自2008年两岸关系步入和平发展轨道以来，短短数年间，在经济、社会、文化等诸多领域取得巨大进展，可以说实现了历史性的跨越，和平发展也得到了海峡两岸绝大多数民众的支持以及国际社会的普遍欢迎。但是，不可否认的是，两岸关系既有的导致两岸分隔、对立的政治死结未解，并成为阻滞两岸关系和平发展不断巩固深化的终极障碍。两岸政治分歧的解决，涉及历史、现实、国际等众多复杂因素，并非一朝一夕便能达成，但先就一些两岸关系发展中无法绕开，且涉及民生福祉的政治性问题展开对话与协商则是可能和可行的。马英九在2012年台湾地区领导人选举中寻求连任成功之后，两岸民间和学界有关政治对话的讨论日渐增多，令人遗憾的是实质步伐一直没有迈出。那么，两岸关系发展中政治对话究竟有多强的现实需求？其主要障碍何在？它的前景又会怎样？

一、政治对话是两岸关系和平发展不断巩固深化的现实需要

两岸关系进入和平发展轨道以后，面临的首要问题是如何进一步巩固深化两岸关系、确保和平发展局面得以维持，同时，也需要不断解决一些台湾社会经济未来发展不得不面对的实际问题，而这些都绕不开两岸进行政治对话这一根本问题。两岸开展政治对话的现实需要至少有以下三个方面。

第一，两岸关系和平发展客观上已经对双方进行政治对话与协商、解决政治分歧提出了要求。2008年以来，两岸关系循着先易后难、先经后政的思路，通过双方协商，不断克服障碍，向前推进，取得了巨大进展。但是，由于众所周知的原因，横亘在两岸之间阻碍两岸关系发展的问题不在

少数，有的解决起来相对容易，但有的属于两岸关系的结构性问题，处理起来就有相当难度。正因为此，发展两岸关系采取先易后难的方式是务实有效的。不过随着两岸经济、社会、文化关系的日益密切，在深度和广度两个方向上都不同程度地遇到了来自政治层面的阻隔。就目前引起广泛关注的两岸互设办事机构一事看，两岸关系发展至今，经济规模之庞大，人员往来之众多和频密，都急需在对方常设办事机构，以协调解决交往中出现的种种问题。而如若仅从经济和社会文化的角度出发，这是一个简单不过的事，可一旦涉及机构的身份、权限等有关公权力等政治问题时，简单的问题马上就变得复杂和棘手起来，就不得不一再协商，久拖难定。再如早先的台商权益保护和时下的陆资入岛等经济问题，但由于涉及司法管辖和承认等政治法律问题而横生枝节。关于岛内极为关注的台湾地区国际参与问题，因事涉国家主权，麻烦更大，如无两岸政治协商，并在一个中国等关键问题上达成双方都能接受的共识，则难有寸进，只能局限于事务性层面，进行一事一议的个案化处理。从以上事例不难看出，展开政治对话与协商，是解决两岸关系发展中衍生问题的必须。就事务发展的逻辑与顺序而言，两岸间的交流与往来，遵循着双方认可的先经后政、先易后难的顺序渐次推进，但在以经济为主且相对容易处理的问题逐步解决之后，如果要保证两岸关系在和平发展的轨道上不断向前推进，就不可避免地会遭遇此前搁置下来、暂不碰触的那些问题。这些问题基本属于双方分歧较大的政治议题，不进行深入的对话协商无法解决。换言之，进行两岸政治对话协商是两岸关系和平发展本身提出的需要。现在台湾岛内有观点认为，两岸政治对话并不急迫，不解决这些问题两岸关系也不至于陡然变坏。过去多年来，虽然两岸没有进行政治对话，但一些具有相当政治性的问题包括台湾参与世界卫生大会、国际民航组织大会等，也还是在技术上得到了解决。此论有些似是而非，急不急迫要端看站在什么角度，在众多台商和民众看来，他们在两岸交往中遇到的现实问题急需解决，实在不宜再拖下去。无论是世界卫生大会，还是国际民航组织大会，都只是个案、特例处理，并非此类事情的通盘解决，时至今日，还有不少属于经贸文化交流类的项目，仍因为政治问题而无法进行。所以要进一步推进两岸关系发展，就必须面对与处理阻碍两岸关系进一步发展中的问题，否则，这些阻碍会演变为阻力，并且会逐步侵蚀已经取得的成果，甚至坐失进一步改善和发展两岸关系的良机。

第二，大陆要确保两岸关系不偏离和平发展的轨道并不断向前推进，需要推动两岸政治对话协商。两岸关系风风雨雨半个多世纪，终于走入了和平发展轨道。推动两岸关系不断向前发展是既定目标，而从易到难、从经到政是顺理成章的政策思路，易的问题解决了，自然要轮到解决难的问题，而解决难的问题必须启动两岸政治对话与协商。还有，一个重要现实问题是，2008年以来，虽然岛内政局发生重大积极变化，“台独”势力受到重挫，两岸关系进入和平发展轨道，但是不可否认的是，台湾岛内的“台独”分裂势力并没有消失，有着相当民众基础的民进党，至今仍未放弃“台独”主张。这些势力与国际上一些反华力量相互配合，继续干扰两岸关系发展，两岸关系和平发展局面遭到破坏的风险仍然存在。为了巩固两岸关系和平发展的成果，保证两岸关系长期健康发展，就需要建立起一个稳固的框架，使得两岸关系和平稳定的局面不会因为台湾岛内政局变化而受到严重影响。而这必须通过两岸政治对话协商才能达成。

第三，台湾社会经济发展要获得更好的环境、更广阔的空间，需要增进两岸互信，这也必须通过两岸进行政治对话来达成。半个多世纪以来，两岸一直处于未能统一的状况，特别是20世纪90年代以后岛内“台独”分裂势力膨胀，在岛内外大肆进行分裂国家活动，迫使大陆不得不采取非常手段“反独遏独”，维护国家主权与领土完整。由于“台独”分裂势力常常将一些社会经济活动，赋予明确的政治目的，使得台湾的这些社会经济活动因背后的政治指向而受到影响。即使是两岸关系和平发展的今天，两岸在“九二共识”的基础上建立起一定的政治互信，大大推动了两岸间的交流与合作，但由于彼此间在一些重大政治问题上存在着分歧，双方互信仍然不足，从而让一些与台湾社会经济发展密切相关的问题难以解决。以备受岛内各界关注的台湾“国际活动空间”问题为例，这个问题涉及国际上一个中国框架问题，具有很强的政治性，如何两岸不进行政治对话协商，就不可能对此进行统筹考虑，做出一个整体性的安排，只能进行个案处理，而个案处理只能是就事论事，它虽然触及台湾的国际参与，但不可能深入到解决的层级。事实上，并非所有涉及政治议题的事物都能如台湾当局所希望的那样进行以个案化的方式进行处理，包括两岸关系发展中一些被冠以“事务性”标签搁置下来的政治性问题，若不进行政治对话与协商，也很难妥善处置。

可见，无论是从维持两岸关系和平发展的大局、进一步深化两岸关系的角度看，还是从解决一些台湾未来发展不得不面对的实际问题的角度看，都绕不开两岸进行政治对话这一根本问题，这也正是这一问题受到越来越多关注的主要原因。

二、两岸实现政治对话存在的主要困难

尽管两岸关系发展已越来越需要双方进行政治对话、通过协商解决阻滞两岸关系发展的障碍，但是从目前情况看，短期内两岸进行政治对话的可能性并不太大。

首先是马英九当局现阶段与大陆进行政治对话的意愿不高。近期马英九本人以及台湾当局相关部门的正式表态都表明了这一点。马英九最近在接受《中国时报》专访时称，“台湾与大陆的政治对话时机仍不成熟”，“何必急”，理由是“大家都没有一致的意见”，两岸过去谈判了 18 项协议，多少会碰到政治问题，但都解决了。目前两岸正在商谈互设机构，各方面交流也在增加，“有没有政治对等方面没有那么大差别”。[①] 台湾“陆委会”更是一再表示两岸政治对话的条件不成熟。马英九当局目前不愿与大陆进行政治对话不排除与马英九个人意愿有一定关系。有分析认为，马英九的政治取向、意识形态和自我定位，以及他特定的成长背景、所受的教育等，都使他不愿意也不相信两岸能够通过共同缔造和平模式，通过和平谈判最终实现国家的和平统一。他的理想是中国统一在全盘西化的政治模式下。而现实上靠台湾之力又不可能实现，因此最好的选择是“拖以待变”。[②] 当然，政治人物不可能仅凭个人好恶来决定重大政策，马英九本人及其领导的国民党当局不愿意与大陆进行政治对话，更多的应该还是政治计算和利益权衡。两岸政治对话的核心问题是两岸政治定位问题。马英九坚持的一个中国是“中华民国”，强调自己是“中华民国总统”，这是马英九的基础立场。马英九当局如果认定两岸一旦进行政治对话，必然涉及两岸政治定位，而在大陆对“中华民国”的基本态度明白无误，两岸力量对比又差距巨大的情况下，当然就不会愿意弃“中华民国”而就大陆的主张，与大陆进行所谓“矮化自身”的政治对话。而且，在岛内政治现状

① 《两岸政治对话，马：何必急》，台湾《中国时报》2013 年 4 月 21 日。

② 《推动和平发展深化的动力何在》，《中国评论》2013 年 4 月号。

下，开启这样的政治对话协商，无论对马英九本人还是国民党，都要计算自身的得失。

其次，两岸政治对话面临着相当大的阻力。这些阻力主要来自两个方面。一是台湾岛内以民进党为首的绿营反对与牵制。民进党作为台湾岛内最大反对党，迄今为止，其仍坚持其“台独”立场，这一立场决定了民进党在两岸政治对话协商问题上的基本态度，即坚决反对、百般阻挠。问题的关键还不仅仅于此，民进党出身草莽，在制造议题、煽动民众等方面的能力强过多数时间处于执政地位的国民党。在当前台湾岛内民众更倾向于维持两岸关系现状的大背景下，国民党在两岸关系方面任何大动作，都可能被民进党炒作为“卖台”“投降”等等，令本就踌躇难前的国民党难以招架。再加上就政党实力来讲，民进党与国民党差距并不太大，从近几次“大选”的民意支持度看，大体维持在45%左右。这些都是马英九当局不得不顾忌的因素，从而也成为两岸就政治议题进行对话协商的岛内障碍。

另一是来自美国等国际势力的制约。两岸关系进入和平发展轨道之后，美国政府公开的说法是欢迎两岸关系和平发展，期待两岸加强经济、政治及其他领域的对话与互动。这一态度在美国总统奥巴马2009年11月访华期间，双方共同发表的《中美联合声明》中有明确表述，即美方“欢迎台湾海峡两岸关系和平发展，期待两岸加强经济、政治及其他领域的对话与互动，建立更加积极、稳定的关系”。[①] “美国在台协会”理事主席薄瑞光在马英九竞选连任成功后也曾公开称，美国从不劝阻台湾与大陆政治谈判。不过，美国官员私下对台湾当局的说法是否与此一致则并不得而知。而一些美国的亲台学者和前官员对两岸接近则表示出明显的疑虑，比如最近美国前国务卿赖斯在视讯会中问马英九“两岸越走越近，是否可能改变台美关系”，[②] 前“美国在台协会”理事主席卜睿哲则明言，两岸政治对话很困难，并称，大陆不需要对台发动战争，只需逼迫台湾坐上谈判桌，要台湾接受实力不如大陆的事实，将使台湾难以应对。大陆想要透过施压和胁迫手段达成目的，将导致高度不确定的情势发展。[③] 这些言论在相当程度上反映了美国部分政治势力在台湾问题以及两岸关系上的传统思

① 《人民日报》2009年11月8日。

② 《与美国学者视讯对话马：两岸互设办事处无国与国疑虑》，台湾《中国时报》2013年4月17日。

③ 《两岸要政治对话卜睿哲：非常困难》，台湾《联合报》2013年3月27日。

维。在战略布局上更是如此，美国近年来推行的亚洲再平衡战略矛头指向中国，除了美国自己不明确承认外，几乎是各相关国家、主要战略力量的共识。在此情形下，奉行亲美、友日、和中的马英九当局宁愿从动作上去判断美国政府的实际态度，而非以美国的口头表态去选择自己进一步的大陆政策，甚至“宁左勿右”地解读、理解美国的“真实想法”，以与大陆保持距离的姿态，巩固其让美国放心的亲美形象，获取美国的支持。

第三，目前两岸政治对话的内在动力尚不足。如前所述，现阶段两岸关系发展已经对两岸政治对话提出了要求，但是，目前台湾岛内现有的推动两岸关系和平发展的内在力量尚不强劲。两岸关系从高度紧张转而进入和平发展迄今只有短短 5 年时间，岛内部分民众从眼前的现实利益出发，满足于目前两岸关系和平发展所带来的红利，从而强化了维持现状的意识，这不可避免地会在相当大程度上降低了岛内社会对于两岸关系超越目前状态的期待，岛内的各相关机构进行的民调数据所显示的超过 70% 的民众希望维持两岸关系现状，也在很大程度上反映了这一社会现实。立场上一贯支持两岸关系发展的台湾《联合报》最新进行的民调显示，认为应继续扩大两岸经济文化交流的占 57%，支持马英九当局与大陆进行政治对话的为 43.7%，不支持的为 40.8%；认为马英九当局未来三年应优先处理的议题，发展经济占到 58%，两岸关系不到 4%。① 这样的民意足以支持马英九当局维护与发展两岸关系，但尚不足支持其在两岸政治对话方面迈出步伐。还有，两岸进行政治对话协商、解决阻碍两岸关系发展的政治问题，既是为了降低两岸关系和平发展局面受到破坏的风险，也是为了两岸关系开创更好的未来，为台湾社会经济发展开拓更大的空间。但就目前情况看，台湾民众对此的理解与认识并不足，因此在维持现状和改变现状之间，更倾向于前者。台湾社会的这一现实，大大影响了开展两岸政治对话的内在动力。

三、两岸政治对话的前景展望

基于上述分析，不难得出一个基本的判断：短期内两岸进行政治对话协商的前景并不乐观，但是从长期看，则是势在必行。就推动两岸政治对

① 《马总统两岸外交政策肯定多于批评》，台湾《联合报》2014 年 5 月 14 日。

话的力量看，大陆方面毫无疑问是主要力量，同时，台湾岛内也存在着一定正能量。对于大陆而言，作为推动两岸政治对话的主动方，未来可做的工作有至少有两个方面：

一是要循势而为，因势利导，夯实基础，也就是将马英九当局一再宣称的不成熟条件变得成熟起来。在政策取向上则应分段而行。在政治层面也可以先易后难，将两岸的政治交往分为对话、协商、谈判等程度不同的阶段，由易而难，逐步进行。比如，将两岸和平发展的红利在岛内扩大化，进一步强化两岸关系进一步发展的要求，并逐渐形成支持两岸进行政治对话的舆论，进而让主张两岸政治对话成为台湾主要政党及政治人物的政治资本，生成新的岛内社会和政治生态，然后再以对话的成果，壮大积极力量，将对话向着协商的层面推进。目前台湾岛内已经出现了一些主张两岸进行政治对话、不应回避政治谈判的声音，国民党内次级团体“567大联盟”就发表声明，主张两岸政治议题应该谈。[①] 一些有相当政治社会影响力的人士包括国民党荣誉主席连战、前“国安会”秘书长、台北论坛董事长苏起、海基会前董事长江炳坤等也都认为不应回避免两岸政治对话。但是，总体上看，这种声音在岛内仍然不大，要达成将推动两岸政治对话转化为政治资本尚有难度。但回顾两岸关系发展的历程，在陈水扁当政时，又有谁能想到改善和发展两岸关系竟成了日后马英九胜选的重要因素呢。台湾政治人物总爱说形势比人强，这是选举政治的现实主义。势之所趋，人心所随，政治力量和政治人不顺势而为，也难逆势而动。

二是找到双方都可以接受的政治对话的切入点。2013 年 3 月，当时的国台办王毅主任曾表示，愿意先通过民间渠道，由两岸智库和有识之士就“两岸之间存在多年的‘政治上的敏感问题’进行探讨，以便为今后适当时机解决这些问题创造条件”。这是在方式上寻求一个可行的办法，先展开讨论，不求马上得出结果，讨论中有分歧没关系，总比避而不谈要好。谈起来后并未见洪水猛兽，天也没因此塌下来，台湾执政当局至少也就不会过于担心两岸政治对话。至于政治对话以何内容为开端，这几年各界人士已有不少讨论，诸如一个中国框架的内涵、两岸关系和平发展框架的建立、台湾地区国际参与以及两岸在国际上的合作问题等等。海基会副董事长兼秘书长高孔廉认为，政治议题不同层次，有低阶有高阶，低阶政治议

① 《567 大联盟吁马总统免兼党主席》，台湾《联合报》2013 年 5 月 2 日。

题已经进出。如果不解决，很难继续往上走。政治议题协商要先易后难、先低后高，循序渐进。[①] 总之，从相对敏感度较低、且与民众切身利益有联系的政治议题切入，实现的可能性会大一些。令人鼓舞的是，2013 年 10 月，两岸多家智库、学术机构在上海共同举办了首届两岸和平论坛，这次会议集中了两岸 100 多位专家学者，讨论的议题包括两岸政治关系、涉外事务、安全互信、和平架构等。这是一次两岸民间就政治议题进行探讨的重要实践，相信随着这一论坛持续举办、这些议题讨论的不断深入，一定会对两岸政治对话协商起到积极推动作用。

（原载于《中国战略观察》2013 年第 11 期）

① 《高孔廉：低阶政治议题已进出》，台湾《联合报》2013 年 4 月 30 日。

马英九当局两岸谈判政策评析

汪曙申

经过四年多来两岸的共同努力，两岸关系已由和平发展开创期步入巩固深化的新阶段。在这一历史进程中，两岸制度化谈判的恢复和推进发挥了至为关键的作用，不仅解决了一批长期制约着两岸关系发展的重大难点问题，而且促进了两岸政治和社会互信，夯实了两岸和平发展的基础。从形式上看，两岸谈判的具体内容虽由两会承办，但其主体是两岸公权力部门，执政双方的战略、原则、策略对谈判的达成及其成果具有重要影响。本文根据2008年国民党重新执政以来两岸关系发展的脉络，特别是两会商谈的有关实践，探究马英九当局关于两岸谈判的战略思维、基本原则、做法特点及面临的主要障碍，希冀为两岸继续巩固谈判成果、开创谈判新局提供有益视角。

一、马英九当局对两岸谈判的性质认定

两岸关系定位是马英九当局制定两岸谈判政策的前提和基础，也是马英九当局确立谈判立场、目标和策略的重要基础和依据。大体上看，其在两岸关系定位上的立场为：

一是两岸关系并非两国关系，而是“一国两区”的关系。马英九当局坚持以“中华民国宪法”框架下的“一中宪法”作为主权论述的法理依据，摒弃两岸关系的“台独定位”，对李登辉的“两国论”、陈水扁的“一边一国论”进行了拨乱反正。马英九当局主张，两岸同属中华民族，不是两个中国的关系，而是“一国两区”的关系，一国即“中华民国”，两区即台湾地区和大陆地区，并明确表态“不从事双重承认”，也不会推动“两个中国”。2008年9月4日，台“总统府”曾做出具体解释，即“根据‘中华民国宪法’规定，两岸是自由地区与大陆地区，也是台湾地

区与大陆地区；两岸关系不是国家与国家关系，也不是中央与地方关系，两岸地区是对等地区，每个统治地区上有统治的当局，我们是台湾当局，他们是大陆当局”。[①] 2012年3月22日，国民党荣誉主席吴伯雄在与胡锦涛总书记会谈中提到，“根据双方现行体制及法律规定，双方都彼此坚持‘一个中国’，但对‘一个中国’的内容，双方表述有所差异”；“台湾现在推动两岸关系的依据，是两岸人民关系条例（台湾地区与大陆地区人民关系条例），这是以‘一国两区’的概念作为法理基础，这足以说明两岸不是‘国与国关系’，而是‘特殊关系’”。[②] 同年3月25日，台“陆委会”进一步声明：“‘一国两区’指的是‘一个中华民国，两个地区’，完全依据中华民国宪法及两岸条例法律规定，外界不应予以曲解。”[③] 接着在5月20日，马英九在就职演说中再次肯定了这一立场。2012年7月底，国共两党在第八届两岸经贸文化论坛上达成17项共同建议，其中一致确认“两岸关系不是国与国关系”。[④]

二是两岸是“一中各表”规范下的对等政治实体的关系。马英九当局一方面从法理上明确了两岸为“非国与国关系”，另一方面从实务上坚持两岸是对等的政治实体，是台湾当局与大陆之间的平等关系。马英九当局对两岸关系的定位源于岛内宪制性规定，认为大陆虽不在其治理管辖之下，但在法理上属于“中华民国”领土，乃是处于“中华民国”治权之外的一个单独的政治实体。基于这一法理逻辑，马英九当局明确反对“台湾地位未定论”，主张台湾与大陆虽然在实力上相差悬殊，但法律地位完全平等。

马英九当局基于法律与现实两个层面对两岸关系的定位，决定了其将两岸谈判的性质定位为“一国两区间的平等谈判”。主要表现在：从谈判立场看，强调坚持“中华民国主权”，维护“台湾主体性”，主张以“互不否认”代替“互不承认”，两岸谈判首先应着眼于地位平等，决不能伤害“中华民国主权”和台湾尊严。马英九曾公开表示，如果大陆否认“一

① 《“府”：两岸关系，即台湾对大陆地区关系》，台湾《联合报》2008年9月3日。

② 《吴胡会，同强调九二共识》，台湾《中国时报》2012年3月22日。

③ 《“陆委会”：不该曲解“一国两区”》，台湾《中国时报》2012年3月25日。

④ 具体表述为：“从中华民族整体和长远利益出发，基于两岸关系不是国与国关系，双方应努力在国际事务中避免内耗，通过平等务实协商，促进双方合作，妥善处理两岸民间团体和谐参与国际非政府组织的活动。”

中各表”，那“我们就不谈了”，“若要签署两岸和平协议，‘中华民国’的政治实体地位必须获得尊重”。从谈判目标看，不利用谈判谋取分裂，注重维护谈判的稳定性与持续性，同时非常在意维护台湾利益，强调谈判结果应服从服务于台湾经济社会的长远发展，能为把台湾打造为全球创新中心、亚太经贸枢纽、台商营运总部创造有利条件。此外，马英九当局也致力于通过和平商谈塑造台湾与大陆之间的平等谈判地位，向国际社会展现台湾理性、负责任的对外形象，为扩大国际“软实力”、巩固执政加分。从谈判策略看，讲究原则性与务实性的结合互补。在“主权”等原则底线问题上寸步不让，自行免责，认为两岸谈判能否顺利进行取决于大陆是否正视现实，搁置争议，弹性处置。在操作上较为务实，能够从两岸关系发展的现实出发，一定程度上照顾大陆的原则诉求，通过利益权衡实现“舍少求多”。总的来看，马英九当局以“一中宪法”处理两岸谈判问题，既有助于以内部宪制性规定、两岸平等商谈反击绿营对其“弃守主权”的抨击，又承认一个中国，维护了两岸协商谈判的政治基础，在两岸事务性商谈阶段发挥了特殊作用。

二、马英九当局推动两岸谈判的基本原则

马英九执政四年多来，在两岸谈判问题上基本采取积极姿态，构筑起两岸谈判的政治基础，以谈判方式着力解决台湾社会以及两岸交流面临的诸多问题。总体上，其推动谈判的原则主要有：

（一）维护“九二共识”作为两岸谈判的政治基础。两岸谈判的启动和开展需要两岸执政双方具备相当的互信，大陆方面一贯主张坚持体现一个中国原则的“九二共识”，坚持反对“台独”，是两岸开展对话和协商的政治基础。2005 年国共两党在此基础上开创性地达成“两岸和平发展共同愿景”，初步建立了两党之间的政治互信。马英九执政后坚持这一愿景的基本方向，确立以“一中各表”为内容的“九二共识”作为其发展两岸关系、恢复两岸商谈的基础，为两岸建立互信、重启事务性商谈创造了条件。“九二共识”本身蕴含求同存异的精神，既确认了双方均坚持一个中国的共同立场，又搁置了双方的政治分歧，是发挥政治智慧、照顾各方利益的结果。马英九当局主张“九二共识”的内涵包括：一是两岸双方坚持世界上只有一个中国，但双方的定义不同，台湾方面认知的一个中国是指

"中华民国"。二是"九二共识"可对目前尚无法解决的两岸主权争议做暂时性的处理，创造两岸互不否认的模糊空间，具有相当高的实用主义价值，使得两岸接触时"找到一个非常实用的着力点"。三是"九二共识"包含一个中国的精神但又可各自表述，这既便于推动两岸和解合作，又满足了国民党对"中华民国主权"的坚持，设置一道抵抗绿营势力反马"卖台"的防火墙。马英九当局已将"九二共识"看作其四年来成功推行开放合作的大陆政策的重要前提，第二任期将继续维护其作为深化两岸互信、推动两岸商谈的基础性和原则性地位。

（二）强调两岸搁置争议、"互不否认"。目前，两岸在台湾当局政治地位、"中华民国"、台"国际空间"等问题上仍存在着明显的重大分歧。马英九当局认为，这些短期内难以解决的分歧不应成为两岸开展谈判的绊脚石，双方应暂时搁置争议，从"互不否认"的思维出发，找寻实现两岸共赢的新路径。主要考虑有：一是认为在法理层面两岸根本不可能相互承认。马英九主张，基于两岸各自的法律，两岸"要给对方一个正式承认是做不到"，"大法官也很难解释，在法理上仍为'中华民国'领土的中国大陆上会出现另外一个国家，尽管世界上有很多国家承认对岸，但在'我国宪法'体制下，仍无法作这样的承认"。[①] 二是在务实层面两岸可以相互不否认。马英九认为，两岸做不到相互承认，也不必相互否认，最好的方式是互不否认，两岸关系发展应建立在"相互不否认"的前提下，"互不否认"可暂时搁置两岸敏感争议，为两岸关系和平发展创造求同存异的空间，是两岸关系良性发展的基础。通过四年多来两岸关系良性互动，马英九当局已将两岸官方通过两会直接谈判视为两岸从相互否认走向互不否认的重要象征。三是"互不否认"政策的正面效果开始显现。马英九认为，台湾宣布的"互不否认"政策已促使两岸恢复和平协商，有效搁置了两岸军事冲突及政治对抗。可以预期，马英九当局将继续视搁置争议、"互不否认"为推动两岸谈判进程的一项重要原则。

（三）坚持"以台湾为主、对人民有利"。两岸谈判是双方增进互信、扩大共识、解决问题的重要方式和途径，同时也因涉及两岸公权力及实质利益分配而甚为敏感，处理不当很容易激起岛内反弹乃至扩大两岸分歧，影响到两岸良性互动。马英九当局在两岸谈判问题上十分注重维护台湾

① 《马：中国是地区，非国家》，台湾《自由时报》2008 年 12 月 22 日。

“主体性”价值，始终强调坚持“以台湾为主、对人民有利”。主要表现在：一是在谈判中特别注重对等，严防台湾被矮化。马英九当局将两岸谈判的形式与内容是否符合台湾人的尊严作为两岸对等的重要标准，立足于“主权”的高度，注意从细节和小处着眼，防止民进党等“台独”势力抓住把柄蓄意放大扭曲。这使得马英九当局在面对绿营对其出卖“主权”的指控时，能够以事实澄清真相，即马英九所言“批评或指控几乎找不到一个个案可说是政府在哪个地方让台湾的主权、尊严或地位受到任何影响”。二是在谈判中特别强调“对人民有利”的原则，注重保护台湾的整体利益。当前，“台湾优先”的观念深入岛内民心，特别是在两岸经贸交流领域，岛内多数民众认为开放和扩大两岸经贸交流要以确保“国家整体利益”及“台湾利益优先”为原则。马英九当局坚持“台湾的权益不容退让”，在两岸谈判上优先选择于己有利的议题，趋利避害的现实主义倾向较为明显，如在对台湾发展有利的经贸领域姿态积极，但在开放大陆农产品入岛及大陆劳工赴台等方面持抵制态度。2009 年 3 月，马英九在成功大学针对两岸签署两岸经济合作框架协议（ECFA）表示：“台湾利益必须受到保障，开放若不利，就不会开放。”① 在协商顺序上，马英九当局曾一再强调优先谈判石化、机械、纺织等对台湾“有较大影响、有迫切性的”产业关税，而弱势产业则暂不开放。马英九在 2010 年“元旦讲话”中称：“历次谈判中，政府始终坚持‘以台湾为主、对人民有利’的原则，凡是有损台湾主体性或对人民不利的事，绝对不会去做。”② 三是特别尊重台湾民众的“主体性”和选择权。马英九当局在推动两岸谈判的同时高打民主牌，拉岛内民意为政策背书，增加谈判筹码。从马英九在各种场合的讲话看，其宣称的台湾民意包括：在“中华民国宪法”架构下维持台湾民主现状是台湾主流民意；台湾人民只想与大陆进行经济互动，但不认同大陆的政治制度适合台湾；台湾前途由 2300 万台湾人民决定，“若他们对与大陆在政治上统一不感兴趣，没有任何政治人物能够强迫他们”等等。尊重和体现民意是马英九当局落实“以台湾为主、对人民有利”政策不可或缺的重要方面，但马英九暂不主张以“公投”方式处理两岸事务性谈判问题。从马英九任内处理两岸谈判事务的种种表现看，其已明确将“以台湾为

① 《两岸经合架构协议，以时间换空间》，台湾《中时晚报》2009 年 3 月 8 日。

② 马英九：《改革、奋斗、台湾再起》，引自台“总统府”网站。

主、对人民有利”奉为指导谈判实践的重要原则之一。

三、马英九当局推动两岸谈判的主要做法及特点

两岸协商谈判是一个系统、复杂和敏感的动态过程，牵涉到两岸双方各方面利益的重大调整。马英九当局基于岛内外主客观因素的限制，对推动两岸谈判自始就相当谨慎，在打破僵局有所突破后更强调选择稳妥渐进而保险安全的做法。

（一）主要做法。一是建立两岸基本互信，为两岸谈判构筑政治基础。马英九在2008年3月当选后曾公开呼吁两岸回到“九二共识”，表示希望与大陆签订经济合作协定、和平协定以及争取国际空间。他还竭力为“九二共识”辩护，称“民进党可以反对九二共识，但不能否定它存在”。马英九在同年“520就职演说”中正式强调要在“九二共识”的基础下尽早恢复两岸协商。2012年“大选”期间，马英九领导国民党在“九二共识”问题上与民进党针锋相对，强调并捍卫“九二共识”对维持两岸和平、繁荣和稳定发展所发挥的关键性作用。马英九执政以来从以“九二共识”为基础的两岸关系论述入手，逐步拆除了两岸恢复谈判的政治障碍，并以实际行动维护了两岸谈判不断深化的政治基础。二是以两会为平台重启和推动两岸制度化商谈。马英九在2008年执政后重视海基会在两岸商谈中所发挥的“白手套”功能，任命娴熟两岸事务的国民党副主席江丙坤任海基会董事长，主动排除海基会与海协会进行正常沟通运作的政治障碍，为两会重新建立联系创造条件，并充分授权海基会，积极促进两会实现历史性复谈。迄今，两会已在两岸轮流举办了8次会谈，签署18项协议并达成2项共识。这期间，马英九当局顶住岛内“台独”势力强烈反扑坚持推动会谈，是两会能够不断累积谈判成果的重要前提，对推进两岸关系的制度化和机制化进程起到了重要作用。三是维护和促进两岸良性互动，为两岸谈判营造良好的外部环境。两岸关系和平发展的良好氛围是两岸谈判顺利开展和不断深化的重要保障。四年多来，马英九当局较重视维护两岸各级别、各层次沟通渠道的有效畅通，注重利用两岸经贸文化论坛（国共论坛）、博鳌亚洲论坛以及其他国共两党高层接触交流的平台和机会，增进两岸高层间的相互了解和政治互信。在双方共同努力下，两岸各级别、各层次的沟通渠道较为顺畅并形成良性互动。四是先急后缓、先易后难、先

经后政，稳步推进谈判。马英九当局在两岸谈判内容的优先选择顺序上有着较为清晰的思路，即在搁置争议的大前提下，先处理两岸间共识多、岛内争议少的经济事务性问题，然后推进至社会和文化领域，而将两岸政治谈判作为协商的长远目标，待将来条件成熟后再予以考虑。2008 年马英九接受日本《世界杂志》总编辑冈本厚专访时就曾表示："两岸关系应该循序渐进，首先是经贸方面的正常化，继之是台湾国际空间的问题，然后再讨论签署和平协议。"① 2009 年 5 月马英九在接受"中视"专访时明确指出："要谈的议题优先顺序非常清楚，三原则就是先急后缓、先易后难、先经后政，政治问题在谈判经济性议题时尽量不去碰，以免造成困扰。"② 此后，马英九在各种场合一再表示，经济是发展两岸关系的优先议题，两岸谈判政治议题的时机并不成熟。

（二）主要特点。一是明确区隔两岸事务性谈判与政治谈判，"重经济、避政治"。马英九当局对两岸事务性谈判态度比较积极，但在政治谈判问题上立场偏向保守，虽不完全排除两岸展开政治谈判的可能性，但极力避免在事务性谈判阶段掺杂政治谈判的内容，对大陆关于两岸就政治问题提前探讨、逐步破解难题的主张反应平淡。马英九曾公开表示，改善台海两岸关系必须分阶段推进，在两岸经贸领域实现正常化、解决台湾的国际空间问题后，才能谈到签署和平协议的问题。2011 年 10 月，马英九在"大选"阶段抛出和平协议遭到绿营抨击后，立即提出"十大保证"作为签订协议的前提，③ 并主张经过"公投"程序。从在两岸谈判上的表态和做法看，马英九当局奉行的是"经济拿来主义"和"政治保守主义"相结合的双轨路线，存在着既想获得经济、和平红利又尽可能延缓政治谈判的复杂心态。二是单方面设定政治谈判的前提，拒绝进行统一谈判。一方面，马英九当局声称不排除与大陆触及政治性议题的协商，在道义上抛出追求两岸和平发展的橄榄枝。另一方面，又强调"不排除不是一定要做"，大陆撤除对台导弹是展开和平谈判的前提，任内不会与大陆进行统一谈

① 《马"总统"：目前无计划与胡锦涛会面》，台湾《中时晚报》2008 年 10 月 10 日。

② 《马：任内绝不与中国协商统一》，台湾《中国时报》2009 年 5 月 12 日。

③ 《"十大保证"包括："一个架构"》，即在"中华民国宪法"架构下，维持台海"不统、不独、不武"的现状；"两个前提"是"国内"民众达成高度共识，两岸累积足够互信；"三个原则"是"国家"需要、民意支持、"国会"监督；"四个确保"是确保"中华民国主权""独立"与完整、确保台湾的安全与繁荣，确保族群和谐与两岸和平、确保永续环境与公义的社会。

判，反对谈判解决台湾人民拥有最终决定权的台湾前途问题。马英九当局的言行表明，其所指涉的两岸政治谈判渗透着强烈的“台湾主体性”因素，不仅是要求大陆正视“中华民国”存在现实的谈判，也是将两岸和平与国家统一问题分割处理的谈判。三是在谈判中“高要价、低付出”，并借机寻求“外交”、安全等外溢利益。马英九推崇孟子“惟仁者为能以大事小，惟智者为能以小事大”的哲学观，在处理两岸关系问题上讲究“用其智”，表现在事务性商谈中则是向大陆抬高要价，同时压低付出。马英九当局还利用两岸制度化商谈带来的良性互动，运用岛内民意争取扩大台湾在“国际空间”及军事安全方面的政治利益。四年多来，马英九当局在某种程度上已将带有政治色彩的台“国际空间”问题从其所称的两岸和平谈判中分割出来提前进行沟通协商，而且技术性回避两会管道改以其他渠道与大陆磋商，显示马英九当局在不触及台湾当局政治定位及前途走向等核心问题的情况下，不排除会选择部分与台湾利益攸关度高、紧迫性强的政治性议题与大陆方面展开沟通或谈判。四是坚持两会为两岸谈判的“第一渠道”，并重视运用国共平台等辅助管道。马英九当局高度重视海基、海协两会在两岸制度化商谈中的“白手套”作用，赋予其两岸谈判“第一管道”的重要地位，强调谈判中“主体是政府，党只是辅佐角色”，不认可“立法院”直接介入两岸谈判事务。从迄今两会商谈的情况看，两会模式已发生一些新的变化，如两岸公权力部门主管官员以理事或顾问身份直接参与谈判，两会工作层级的沟通联系更加频繁，并酝酿互设办事处等。与此同时，马英九当局认为应扩大两岸互动的管道，政党可以扮演沟通的桥梁，两岸高层和各界人士借助国共平台（两岸经贸文化论坛）、博鳌亚洲论坛、亚太经合组织领导人峰会等渠道保持接触沟通，可以准确了解各自的想法，减少不必要的误会，传递有效的信息，从而协助促进两岸关系发展。五是执行亲美政策以抬高谈判筹码，在大陆和美国之间保持平衡。马英九当局基本上坚持两岸问题由两岸双方解决的立场，在推动两岸谈判进程中尽量避免美、日等外部力量的直接介入，这在一定程度上符合大陆方面关于台湾问题是中国内政、由中国人自己解决的政策主张。但应看到，马英九当局也在极力寻求强化与美、日的“实质关系”，主动迎合美国的台海政策特别是两岸军事平衡政策，通过争取美方对其两岸谈判政策目标的支持，提升与大陆谈判的实力基础。2008 年 10 月，马英九在“国军重要干部研习会”上的致辞很能说明这一点，他称：“台湾的实力愈强大，两岸谈判越会有对等双赢的成果，这就是为什么当台湾努力改善两岸关系时，美国政府还是将重要的军事装备出售给我国，因为一个军事的平衡，是获致和平的重要条件。"[①] 六是坚持维护两岸谈判进程，但也存在向内妥协的一面。针对民进党和"台独"势力极力干扰破坏两岸谈判，马英九当局采取软硬两手，一方面展现强硬姿态，坚持推动轮流在两岸举办的两会制度化协商机制，全面落实两会达成的各项协议和共识，从执行面保证了两会平台运作的有效性和长期性。另一方面，马英九当局柔性呼吁民进党正视大陆情势和岛内民意的变化，主动参与两岸事务的讨论，寻求台湾社会内部的最大共识。马英九曾公开鼓励民进党与大陆接触，明确表示希望民进党人士参与两岸经贸文化论坛。在处理民进党和"台独"势力这一阻挠两岸谈判进程最大阻力的问题上，马英九当局既有一定的抗压性，在岛内分歧大、共识少的议题上又存在明显的妥协性。

四、影响马英九当局两岸谈判政策的主要因素

两岸谈判既有一般性谈判的特征，又有其独特之处。两岸谈判的特殊性源于两岸关系的特殊性。[②] 四年来两岸谈判取得了显著的丰硕成果，得到国际社会和岛内主流民意的肯定，这是马英九当局继续与大陆方面合作推进谈判的有利条件。然而，随着两岸谈判纵深的不断推进，势必将牵涉到双方更多的、不同问题领域的深层次利益调整，来自外部因素的干扰也会随之增多。根据两岸关系发展的历史性经验以及两岸谈判的特殊性，马英九第二任期的两岸谈判政策将受到以下因素制约。

（一）岛内民意对两岸谈判发展的支撑度。马英九当局的两岸谈判政策服从于大陆政策，而大陆政策又服从服务于其巩固执政地位和国民党长期的总体目标。当前台湾政治生态仍处于蓝绿分裂对峙状态，这一二元化对立的结构赋予了岛内民意对执政当局决策更大的影响力。2012 年 10 月台湾 TVBS 民调显示，54% 的民众不满意马英九当局处理两岸关系的政策，认为两岸已签订协议对台湾发展有利的比例由先前的 41% 下降为 33%，为 2010 年两岸签署 ECFA 以来的最低点。这表明，两岸经济关系深化能否给

① 《马英九：未来四年两岸间无战争》，台湾《自由时报》2008 年 10 月 22 日。

② 黄嘉树、刘杰：《两岸谈判研究》，九州出版社 2003 年，第 15 页。

台湾民众带来切实有感的利益是民意看待两岸谈判的重要考虑因素。马英九当局虽着力塑造有利于两岸关系和平发展的民意走向，但岛内长期形成的“台湾主体意识”根深蒂固，岛内民众对大陆的误解和疑虑在短期内还很难有根本性改变，这种消极心理将与今后不断深化的两岸谈判相伴相生，构成马英九当局进一步推进两岸谈判的制约因素。特别是，相当一部分民众对马英九当局推动两岸谈判获利有限却可能伤害台湾“主权”存在忧虑，这将对两岸开启政治谈判构成牵制。

（二）民进党和“台独”势力的制衡。2008 年和 2012 年民进党在两次“大选”中的失利使“台独”运动进入一个历史性的低潮，同时两岸关系和平发展持续推进促使民进党的两岸政策逐步走向理性务实，两岸协商谈判面临新情况。从积极面看，民进党从体制内阻挡两岸谈判的能力不足，体制外手段的实际效用有限，两岸谈判的步调、节奏仍将由马英九当局全面主导。从消极面看，民进党虽败但并未溃散，仍有能力运用舆论和在“立法院”对马英九当局推动两岸谈判实施监督，利用马英九当局在两岸谈判上的失当或失误做文章。对此，马英九当局为了削减内部压力，在两岸谈判问题上会始终保持谨慎，避免出现任何形式上台湾被“矮化”或实质利益让步过多的争议性情形。在民进党掣肘以及泛绿选民政治立场未变的背景下，马英九当局在选择谈判议题和确定谈判目标时会有所顾忌，将坚持“台湾获益相对多、内部争议相对少”的大原则，其后一步的谈判也会受到前一阶段谈判成果落实的效果以及各方面反应的联动影响。随着两岸谈判的扩大和深化，马英九当局将会继续谨慎地避免在谈判中可能出现被民进党和“台独”势力操作利用的空隙，这反过来又会限制其推动谈判进程的速度和幅度。

（三）两岸互信度。两岸互信是推动谈判的重要前提，四年多来两岸谈判的成功实践不仅促进了两岸良性互动，而且增强了两岸互信的基础。但不可否认的是，两岸谈判朝深层次推进，将会对两岸互信基础提出更高的要求。表现在台湾方面：马英九当局对大陆对台政策的疑虑未消，如在协商发展两岸经济关系的过程中，担心大陆磁吸效应冲击岛内弱势产业以及台湾经济对大陆形成结构性依赖，谈判思维很难摆脱经济保护主义和政治保守主义的牵制；并未完全剔除对两岸谈判中大陆统战因素的担忧，对大陆方面推动“以经促政”以及对大陆企业、机构、人员入岛保持警惕；对大陆如何处理台湾当局政治定位、“中华民国”等问题有较大疑虑，担心一旦开启政治谈判将使处于弱势的台湾陷入大陆预设的一个中国框架，损及“中华民国主权地位”，等等。

（四）美国台海政策的限制。马英九执政使台海局势的稳定性和可控性增强总体符合美国的利益，这是奥巴马政府对两岸关系发展表示“乐观其成”的重要原因，但这并不改变美国对两岸谈判未来走向的疑虑。奥巴马政府推动战略中心东移，反映在台湾问题上，美国需要马英九当局继续执行亲美路线与“和而不统”的大陆政策，在经济、军售、国际空间等领域给予台湾支持外，将会进一步防范马英九当局大陆政策超出美国战略利益的范畴，特别是将在发展两岸政治和军事关系上设防钳制。马英九当局“和中、友日、亲美”的战略旨在追求各方利益的平衡，虽然主张两岸协商解决内部事务，但在两岸谈判问题上怎么走、走多远，都不得不照顾和迁就美国的利益。

总体上，马英九在第二任期将继续按照“不统、不独、不武”为核心的大陆政策，在“九二共识、一中各表”的基础上，策略性地务实推进两岸协商谈判。马英九当局两岸谈判政策虽有消极的一面，但政策效果符合大陆推动两岸关系和平发展的战略部署，客观上有利于深化两岸政治互信，推进两岸经济正常化与合作制度化，也有利于两岸民意融合，加强两岸相互依存。结合两岸关系发展的客观规律、现实特点以及马英九当局关于两岸谈判的考虑，大陆仍宜坚持先易后难、先经后政、循序渐进、稳步推进的基本思路，但也要积极为解决敏感复杂的政治军事问题进行准备、创造条件，要采取措施削弱不利于两岸谈判发展的各种消极因素，增强台湾方面推进两岸政治对话和谈判的信心和意愿，通过不断累积经验逐步破解难题。同时，我们也应实事求是、与时俱进，适时创设两岸谈判新的合理模式与渠道，从机制上丰富和发展两岸谈判的形式，为扩大和充实两岸谈判的内容打好基础，使两岸谈判在推动两岸关系和平发展进程中发挥更加突出的作用。

（原载于《台湾研究》2013 年第 1 期）

论转型正义与两岸关系和平发展的深化

刘国奋

相较于民进党主政时期，2008 年以来两岸关系的确发生了重大转折。过去五年来两岸关系进展较快，但两岸关系和平发展如何巩固并深化却也遇到一定的瓶颈，这一状况的出现其实是两岸关系转型正义未能最终完成所致。两岸关系转型正义事关两岸关系和平发展的深化，关系到有效、长效的两岸互动机制的建立，更涉及两岸民众切身利益与中华民族根本利益的维护。本文围绕两岸关系转型正义的内容，它的历史与现实和内部与外部的需求与压力、完成两岸关系转型正义对两岸三党的要求及其相关路径与方法等问题展开初步探讨。

一、两岸关系转型正义及其需求与压力

众所周知，1949 年以来两岸长期处于分离状态，由于冷战和隔绝等因素，两岸双方都有对对方不利的宣传。1979 年全国人大常委会发表《告台湾同胞书》呼吁两岸“三通”，两岸老死不相往来的局面有所打破，特别是 1987 年台湾开放民众赴大陆探亲政策，两岸经贸人员往来增多，两岸民众的相互了解逐渐增加。但遗憾的是，20 世纪 90 年代后随着台湾民主化和“本土化”的推进，台湾越来越向“独立”的方向发展。尤其是在李登辉主政中后期和陈水扁主政时期所进行的全面的“去中国化”，及其对两岸关系做出错误的定位，即所谓的“两国论”和“一边一国论”，不仅给台湾民众的中国认同观造成了负面的影响，而且也毒化了两岸关系。2008 年 5 月国民党在台湾重新执政后，回归“九二共识”、反对“台独”的政治立场，两岸关系得到一定程度的拨乱反正。本文将“两岸关系拨乱反正”称之为“两岸关系转型正义”，并就此问题展开进一步的探讨。

在两岸的共同努力下，五年多来两岸关系和平发展已进入到“深水区”。然而，我们也注意到，两岸关系和平发展至今，两岸的政治僵局仍未破解，两岸的经济互利失衡，两岸政治经济发展不平衡，两岸交流交往的不全面深入，所有这一切其实与两岸关系转型正义未实现有关。所谓“两岸关系转型正义”，大致有三个方面的内容：1. 政治上，两岸互不敌对；2. 经济上，两岸互利互惠；3. 目标上，要有共同的处理两岸关系发展的长远目标追求。时至今日，两岸在这些问题上还存在较大的矛盾与分歧，表明两岸关系转型正义远未实现。两岸关系转型正义的实现需要两岸官方和两岸社会各界共同努力，探讨两岸关系转型中存在的问题及原因，寻找消除存在问题的方法与路径，共同倡导两岸关系转型正义以推动两岸关系和平发展的深化。

（一）两岸关系转型正义的历史与现实需求

谈到两岸关系转型正义的历史需求，我们不免会想到先人们对中国前途与命运的担忧和期待，有人可能会以“老生常谈”而作如此评论。但事实是，大陆领导人和广大民众追求两岸统一的确是出于对国家和民族的历史责任感。这一祖国统一的目标其实与孙中山的三民主义统一中国有共通之处。然而，至今两岸仍处于猜忌、敌对甚至仇视的状态，这不利于两岸关系和平发展进程的推进，更不利于两岸民众的整体利益和中华民族的根本利益的维护。中华民族一百多年被欺负的历史铸就了中国人民的国家强盛、民族复兴的梦想，历史重任已经摆在我们两岸中国人民的面前。两岸人民分离了60多年，又饱受外力的干扰，两岸合则利于两岸，分则损于两岸。

从现实需求上讲，现今两岸关系和平发展的局面来之不易，而两岸关系转型正义的实现是深化两岸关系和平发展的需要，如何使已进入深水区的两岸关系和平发展行稳致远，必须从政治、经济、文化、社会等全方位加以考虑与推进。两岸关系和平发展到今天，两岸政治性分歧问题难以回避，如果两岸关系转型正义不完成，两岸就不能很有效地触碰到两岸所面临的政治性问题，更遑论问题的解决。

（二）两岸关系转型正义的内外动力与压力

首先，两岸关系转型正义的完成具有内在的动力与压力。五年多来，两岸民众在交流交往中获益较多，台湾支持两岸关系和平发展的比例也在增加，有进一步扩大和深化两岸关系和平发展的需求。但另一方面，台湾民众对两岸关系也存在不少的矛盾心理，如既“承认自己对大陆的了解很不够”，但又“对大陆没有兴趣”；既“承认大陆对台湾的发展很重要”，同时又“对大陆的影响力很担心”；既希望在两岸交流交往中获利，又担心过度依赖大陆，等等。[①] 台湾民众有如此多的矛盾心理表明，两岸关系转型正义必须提到目前的两岸议事日程上。

其次，两岸关系转型正义的实现具有外在的压力。近两年来，美国的全球战略出现新的调整，试图通过“重返亚洲”，构建以美国为主导的亚太权力结构。为此，美国从政治、经济、军事等方面在亚太地区展开新的部署。在策略手法上，美国采取了冷战时期老一套的分化、对抗策略，如在钓鱼岛争端问题上若明若暗地支持日本，加大了中、日在钓鱼岛问题上的纷争；在南海问题上煽风点火，扩大东南亚国家和中国大陆之间的矛盾斗争，这些不仅给亚洲地区投入变数，也给两岸关系带来某些不利影响。事实表明，无论在钓鱼岛问题上，还是在南海问题上，两岸都面临共同合作、维护国家主权与领土完整的外部压力。然而遗憾的是，由于马英九当局对大陆方面的不信任，致使两岸在前述问题上不能展开有效合作，反而让外人渔翁得利，使两岸共同利益受损。由此我们也必须认识到，两岸极需要通过完成两岸关系转型正义达到共同合作维护中国的主权与领土完整的目的。

二、两岸关系转型正义对两岸三党的要求

两岸关系转型正义涉及两岸民众对彼此的看法与情感，但两岸关系转型正义的实现更与两岸三个主要政党的立场态度有关。从两岸民众整体利益和中华民族根本利益考虑，实现两岸关系转型正义是两岸三个主要政党义不容辞的责任。

（一）两岸关系转型正义对中国共产党的要求

过去五年多来，支持两岸关系和平发展的台湾民众逐渐增多，但这并没有使台湾民众有效转化为自己是“中国人”的身份认同，反而认为自己是“台湾人”的身份认同得到了某种程度的强化，据台湾相关民调显示，

① 《两岸关系7个社会心理矛盾》，台湾《中央日报网络报》2013年8月8日。

马英九执政五年的“台湾人认同”指数增加比陈水扁时期要快得多。[①] 在台湾主张“台独”者无罪，提倡统一者却难被容忍，例如花莲县政府民政处长周杰民2013年6月间因说了“两岸统一是必然的”的话语而丢了官职，县长傅崐萁还向县议会及大众“致歉”。[②] 面对台湾这样的情况，对于主张两岸统一的中国共产党不能不说是一大挑战。为此，中国共产党不能气馁，必须做到：一要继续坚定不移地追求两岸统一的目标，不让“台独”分子有任何幻想；二要有更大的耐心，相信时间在大陆这一边、在中华民族整体利益这一边；三要有灵活务实的对台政策策略，做好统筹安排。

中共中央总书记习近平提出中国梦，其反映在对台政策的目标上是追求两岸的统一，两岸如果不统一，中国梦就不能完整实现。中共对两岸统一的目标方向明确，但手段要灵活，措施要务实。由于大陆日益强大，台湾民众总有忌惮心理，因此，在当前对台工作方面，中共要放下身段，多倾听台湾民众的声音，对其合情合理合法的要求要照顾到。在高举祖国统一大旗、牢牢把握两岸关系发展方向的同时，要广开言路，脚踏实地，持续推动两岸政治、经济、文化和社会等方面的交流交往，积极主导并促使两岸关系转型正义早日完成。

（二）两岸关系转型正义对中国国民党的要求

国民党要坚持“九二共识”和“两岸同属一中”的政治立场，担负起促进中国统一的历史责任。很遗憾，国民党在台湾民主化和“本土化”过程中已经失去了统一中国的目标。马英九的“不统、不独、不武”的政策有助于改善因陈水扁主政而恶化了的两岸关系，它在短期内有利于两岸关系的改善与稳定，但从长期看不利两岸关系和平发展的扩大与深化，反而在某种程度上成为两岸关系和平发展深化的阻力。国民党支持台湾民主化值得肯定，但不能没有正确的方向感，更不能被“台独”分子牵着鼻子走。为了实现两岸关系转型正义，国民党要有更积极的作为，做出自己应有的贡献。

国民党要坚持以两岸的中华民族利益为先，不能仅看美国的眼色行事。马英九的“不统、不独、不武”政策也符合美国对两岸的政策要求。

---

① 《童振源对卜睿哲专书〈未知的海峡〉的评论》，台湾《中央网路报》，http：//www. cdnews. com. tw，2013－04－10。

② 《统一论掀波　花县民政处长下台》，台湾《中时电子报》2013年6月29日。

国民党必须考虑清楚：在中华民族利益和美国利益之间孰轻孰重、孰先孰后？我们时常发现这么一个怪现象，台湾在大陆利益和美国利益之间做选择时往往会选择后者，而忘记了在中华民族整体利益问题上自己的利益其实与大陆的利益是一致的、是捆绑在一起的，这在钓鱼岛问题和南海问题上就表现得十分明显。例如今年 5 月台湾举行“政经兵棋推演”，模拟大陆为争夺钓鱼岛主权、不惜和日本开战的紧急状况，马英九所率的当局 23 部门因被美、日要求选边站，最后竟然加入美日联盟而对抗大陆和俄罗斯。发生这种情况，似乎比民进党执政时的“兵推”还更为荒腔走板，不能不令人担忧。因此，面对台湾这样的现况，国民党应有更广的胸襟、更远的眼光来推动两岸关系和平发展，决不能因一党或台湾一隅之利而牺牲中国的全局利益。

（三）两岸关系转型正义对台湾民进党的要求

从目前两岸关系和平发展情况看，做一个理性、负责任的政党对民进党十分重要。

理性的政党不是一味地为反对而反对。民进党自成立迄今，反对党的角色扮演得过头，采取“凡之国民党赞成的民进党就反对、凡之国民党反对的民进党就赞成”的非理性做法，如既反对“九二共识”，称其为“国共共识”而非“台湾共识”，也反对扩大两岸交流交往，称大陆“有政治目的”、台湾会被大陆“套牢”，等等。某些民进党人士虽同意与大陆交往，但其目的还是想利用“和中国发展全面性的特殊关系，积极壮大自己”，进而“降低对中国的依赖”。[①] 这种非理性的反对立场会让民进党自己付出代价，最终因其与台湾民众的需求不符合与两岸关系和平发展脱节而不可避免地“被边缘化”。

负责任的政党并不会将民主诉求与国家分裂混为一谈。在民进党成立之时主张所谓“住民自决”，到后来推出“台独党纲”“台湾前途决议文”，伴随着民进党在台湾推动民主化，其“台独”主张越来越由隐讳走向显性。直至民进党上台，陈水扁于 2002 年 8 月初抛出所谓“一边一国论”，民进党从李登辉手中接过“台湾主体意识”的接力棒，以“公投制宪”等方式，试图在“台湾民主化与本土化”的幌子下行“台湾独立”

① 《台北、金门和北京学者座谈：两岸的挑战》，香港《中国评论》2013 年 6 月 8 日，http：//www. chinareviewnews. com，2013－06－08 00:47:36。

之实。这种企图以“民主方式”达到分裂中国的目的的做法不是一个负责任的政党该有的行为。

民进党必须从自己的小算盘中走出来，抛弃“台独”诉求，站高望远，做一个对中华民族历史负责的政党。民进党必须首先实现自身的政治转型，这是两岸关系转型正义中非常关键的一环。如果民进党够觉悟，则可以选择“主动转型”，即放弃“台独”幻想，承认“九二共识”，在此基础上与大陆建立起“两岸同属一中”的共识；积极支持并参与两岸各界、各领域的交流交往活动，而不是动辄给对方抹黑、拖两岸关系发展的后腿。倘若民进党不能实现“主动转型”，则两岸关系转型正义实现的时日就会被拖长，如果这种情况出现，则只有等待两岸民众给予压力，倒逼其转型。不过这种“被动转型”将会使民进党的发展受到影响，其执政的可能性降低。

民进党必须尽早认清两岸关系和平发展大势，认识到“台独”目标不切实际，与大陆对抗不利于民进党，也不利于台湾发展。民进党必须承认“九二共识”和“两岸同属一中”，融入到中华民族复兴的潮流中才是其真正的出路所在。

三、完成转型正义、深化两岸关系和平发展的路径与方法

从现阶段情况看，完成两岸关系转型正义是深化两岸关系和平发展必不可少的一环，两岸关系转型正义不落实，两岸关系和平发展就难以得到深化与扩大。笔者以为，两岸关系转型正义的完成可以从以下四个方面着手进行。

（一）树立“两岸同属一中”的观念，开启解决两岸根本分歧的钥匙

一个中国问题是两岸绕不开的根本问题，目前两岸关系所有问题的症结都根源于此。在一个中国问题上，大陆方面已一再做出了调整，如从“老三段论”到“新三段论”，从一个中国原则到“一个中国框架”，再到“两岸同属一中”。目前对一个中国问题的主要纠结在台湾方面，为解决这一问题，台湾必须从以下三方面进行拨乱反正：

一是停止以“民粹式”地宣传“台湾为主”“台湾优先”论，以事实为基础建构合则两利、互惠互利的思维方式。在两岸关系中，片面提倡以

一方“优先”“为主”的想法，都是不考虑对方的感受与利益的做法。因此，这种“民粹式”的“台湾为主”“台湾优先”的论调应停止使用，对有关思维进行拨乱反正式的清理，对于两岸关系转型正义的实现十分关键。

二是停止以对抗大陆为目的的所谓“台湾主体性”“台湾主体意识”的主张，以避免继续对台湾民众的误导。“主体性”“主体意识”是相对模糊的概念，但在反共、反中思想意识浓厚的台湾社会氛围中，“台湾主体意识”易被用来作为与大陆对抗的思想武器，也极易被“台独”人士利用作为“台独意识”的引火线。民进党主政时期，“台湾主体性”“台湾主体意识”被搬上台面，为其推行“台独”路线做舆论宣传和思想准备。因此，所谓“台湾主体性”“台湾主体意识”等用语的继续使用只能误导台湾民众，不利于两岸关系转型正义的实现。

三是停止对台湾青少年“去中国化”的教育。马英九上台后，中止了陈水扁时期实行的一些“去中国化”的政策措施，但该问题还未得到根本性解决，特别是在台湾的中小学教育上，是到了真正彻底的拨乱反正的时候了。台湾应停止向青少年灌输包含“去中国化”内容的教育，增强台湾青少年的正确的中国历史观和“中国意识”，让台湾青少年树立起中国认同观、共为中华民族复兴而奋斗的理念与目标。

（二）消除两岸敌对心理、建立相互尊重与互利互惠的新型两岸关系

一是停止敌对，相互尊重。由于两岸敌对状态未结束，两岸相互猜忌心仍较重，台湾方面尤为如此。以两岸经贸往来为例，2013 年 6 月两岸达成服务贸易协议，尽管该协议大陆让步较多，但岛内居然有很大的反对声音。这种状况的发生，与台湾相关部门事先工作做得不到位有关，更与民进党和“台独”人士利用台湾社会对大陆的敌对与猜忌心有关。

二是互惠互利，利益共享。在自称“民主社会”的台湾，不该有仅仅只以台湾自身获利而不顾大陆方面的利益的做法，尤其是在大陆让利后还一再宣称大陆让利“有政治目的”，“别有用心”。[①] 这种说辞不是“民主政治”与“自由经济”的台湾所该有的，然而这些年来这样的说辞在台湾不断地被重复着，并使一些善良的台湾民众对大陆产生反感，进而排拒两岸交流交往，更排斥两岸统一。为此，两岸要建立互惠互利的常态经济关

① 《陈唐山：中国让利充满政治目的》，台湾《自由时报》2013 年 8 月 5 日。

系，而不是大陆单方让利，更不是大陆让利后反遭羞辱。

三是荣辱与共，维护主权领土完整。当前，在钓鱼岛问题和南海问题上，两岸应有共同的合作目标。如前文所述，两岸应以中华民族整体利益为重，采取必要的合作措施，共同维护中国的主权与领土完整。进而以此类推，即两岸的统一也是中华民族整体利益的维护，两岸加强合作，荣辱与共，必将使两岸民众的现实利益和中华民族的整体利益得到维护和加强。

（三）相互磨合与妥协，实施“分阶段走”的方案

两者关系的和谐相处本身就是磨合与妥协的结果，两岸关系也不例外。两岸关系纷繁复杂，历史与现实、内部与外部等因素相互交织，两岸双方必须做出相互妥协与让步。过去30多年来，大陆的对台政策陆续进行调整，做出了一些妥协与让步，并有了较为明确的“分阶段走”的战略。在20世纪90年代以前，大陆方面对台湾问题的解决没有“分阶段走”的概念，不管是先前的“武力解放台湾”，还是后来的“和平解决台湾问题”都是以“立即统一”为导向的。然而自90年代后期以来，大陆一方面鉴于台湾内部政治发展变化，对台湾问题的解决出现“分阶段走”的思路。而且这一思路越来越清晰，到2012年11月胡锦涛总书记在中共十八大作政治报告时就明确表示：“希望双方共同努力，探讨国家尚未统一特殊情况下的两岸政治关系，做出合情合理安排。”因此，可以说大陆已将两岸关系分为统一前与统一后两个时期，目前两岸最为重要的事是，确立统一前两岸应做的事项。

然而，反观台湾方面对于两岸关系的重要性认识不足。其执政党——国民党对解决两岸关系的根本分歧问题仍持消极、回避态度，对两岸关系和平发展进程不能起到积极的主导作用。其主要反对党——民进党对两岸关系的主张仍停留在不合时宜的“台独”立场上，而看不到两岸关系和平发展的大势，如此下去这个政党在两岸关系和平发展中只能“被边缘化”。不过我们也注意到，近期来民进党召开“华山会议”对大陆政策进行讨论，虽然“台独”立场仍是民进党“华山会议”的主调，但还是有人建议民进党的大陆政策不妨“向国民党靠拢”，国、民两党“来比内政争取民心”。[①] 这种与国民党就岛内政策问题展开竞争、而不是以“台独”与其作

① 《遥指2016　政治调色盘悄然变化》，台湾“中时电子报”2013年7月12日。

区隔的声音虽弱，却也表现出民进党内有识之士的理性务实的态度。如果民进党能在大陆政策上做出理性选择，则两岸关系转型正义的实现就会加快，不但民进党的前途光明，而且更重要的是两岸关系和平发展能有一个“历史性转折”。

鉴于两岸关系的处理需要妥协与让步，两岸必须寻找最大的公约数。目前两岸最大的公约数就是“九二共识”，中共已将“九二共识”写进其十八大报告中，而台湾方面，民进党至今仍否认“九二共识”的存在，对两岸关系和平发展进程的推进很不利。如果民进党能承认“九二共识”，两岸双方确立“两岸同属一中”的共识就不会很难。从两岸关系和平发展现况看，目前两岸关系中重要的是确立“两岸同属一中”的共识，在此基础上两岸可就统一前的相关问题进行讨论、安排，如两岸结束敌对状态、建立两岸军事安全互信机制、签订两岸和平协定、两岸政治关系定位、台湾参与涉外活动、两岸共同维护领土主权完整的相关事务协作，等等，如此，两岸关系和平发展面临的政治僵局就能突破。

（四）以官方为主导，全面、深入地展开两岸有序交流

在两岸交流交往中突出官方主导作用。在两岸关系和平发展的推进过程中，两岸官方的主导作用极为重要。检视自1979年以来两岸交流交往的每一个阶段，官方的作用从正反两个方面影响着两岸关系的发展进程。自全国人大常委会发表《告台湾同胞书》到2008年初，两岸的交流交往大多以民间跨出步伐为先，这种情况在台湾尤其明显。2008年5月国民党在台湾重新执政以来，马英九当局对两岸交流交往虽采取相对积极开放的政策措施，但受制于岛内政治环境因素，仍坚持所谓的“先民后官”立场，致使两岸交流交往除经贸外的其他方面还不够全面、深入。两岸关系发展到今天，两岸官方的主导作用应被突出出来，两岸官方应联手合作主导两岸交流交往，乃至两岸政治对话或谈判。两岸官方要对相关活动进行统筹规划，不仅使其有节奏、分阶段推进，还应使两岸交流交往活动细化，以分清主次，理出重点，攻克难点。

广泛吸引两岸各界人士参与交流交往活动，增强两岸民众的情感和扩大两岸利益的交汇面。扩大和深化两岸关系和平发展有赖于两岸民众的共同参与，两岸民众共同参与的内容和方式应是多种多样的。可以广泛吸纳各界共议两岸共同关心的问题，让问题的讨论更加深入、有针对性；可以共组公益社团组织，通过共同参与相关活动，增加双方的兴趣与情感交汇点；可以实行两岸人员自由流动，除经商、旅游外，还可适度向对方放宽求学、就业限制，做到利益共享，等等。总之，通过共同推进两岸各界、各领域的交流交往，可以使两岸民众参与到共创两岸记忆、共写两岸发展史的活动中，从而起到增进情感和扩大利益交汇面的作用。

四、结　语

由于李登辉和陈水扁时期的全面“去中国化”，两蒋时期的反共宣传教育被转化为反大陆和反中国的教育，尤其是“两国论”与“一边一国”的思想意识灌输，这种错误的两岸关系定位对给台湾民众的中国认同形成极为负面的影响。而大陆在改革开放政策下经济发展迅速，用30余年的时间走过了西方发达国家100多年才走完的经济发展之路，致使目前大陆政治经济、社会文化等各种矛盾交织。加之，西方思想价值观在台湾盛行，实行社会主义制度的大陆不被台湾民众所看好与接受。如此等等的种种原因，使得台湾民众对大陆和两岸关系有不少误判和不合适的看法。

过去五年来，马英九当局对两岸关系转型正义的作为有限，至今仍将两岸交流交往局限于经贸文化层面上，并将解决两岸政治根本问题的政治对话或谈判推给了民间；民进党与“台独”人士对两岸关系继续抹黑、歪曲，并不时地掩马英九当局和国民党大陆政策的后腿，使得马英九当局和国民党对两岸政治僵局的打破没有更大的勇气。所有这一切加大了两岸关系转型正义实现的难度。

但是我们也看到，经过五年多的和平发展，两岸关系转型正义的实现面临一个机遇与挑战并存的关键时刻。两岸关系转型正义的实现有赖于共产党对两岸和平统一问题解决的坚持不懈的努力，有赖于国民党对中华民族前途责任的历史担当，有赖于民进党的大陆政策的实质转型，同时也有赖于两岸官方和广大民众的共同努力。我们有理由相信，有两岸人民的智慧和勇气及两岸共同不懈的努力，定能早日实现两岸关系的转型正义，并使两岸关系和平发展进程持续进行下去，直至两岸和平统一的目标的达成。

（原载于《台湾研究》2013年第4期）

互信与两岸关系和平发展：制度的分析

汪曙申

2012 年台湾“大选”的结果是国民党继续执政，这预示着两岸关系走向巩固深化阶段的前景更加明确。在新的形势下，增进互信和推进制度建设业已成为支撑两岸关系和平发展的两大要素。如何理解互信与制度之间的相互作用及其对两岸关系的复杂影响，正是本文所要探讨的重点。

一、制度理论在两岸关系中的适用性

近几十年来，制度作为研究分析政经和社会问题的重要变量日益获得重视，其适用领域不断拓展。美国政治学家奥斯特罗姆认为：“制度是一整套规则，应遵循的要求和合乎伦理道德的行为规范，用以约束个人行为。”① 美国经济学家诺思指出：“制度是一个社会的博弈规则，或者更规范地说，它们是一些人为设计的，形塑人们互动关系的约束”。② 在国际领域，国际制度被认为是“在一定国际关系领域中汇聚行为体期望的一组原则、规范、规则和决策程序”。③ 总体上，研究制度的学者普遍认为，制度一般包含以下要素：规则和行为规范、约束力和限制性、处理社会关系。

我们从功能上看，制度的价值主要在于：一是创设规则，为参与者所遵循，使其在预先设定的框架下行动、相互作用和发挥影响，并规定违反规则的惩戒机制。二是提供相对稳定的预期，减少事物及其关系的不确定

① ［美］V. 奥斯特罗姆等：《制度分析与发展的反思》，王诚等译，商务印书馆 1996 年版，第 226—228 页。

② ［美］道格拉斯·C. 诺思：《制度、制度变迁与经济绩效》，上海人民出版社 2008 年版，第 3 页、第 4 页。

③ Stephen D. Krasner, ed, *International Regimes*, Ithaca: Cornell University Press, 1983, p. 2.

性。“用经济学的行话来说，制度界定并限制了人们的选择集合。”① 三是减少交易成本。有效率的制度能够提供更加全面、及时和准确的信息，促进行为者之间合作的可能性，减少不必要的成本损耗，从而达到增进共同利益的目标。

海峡两岸关系是两岸经济、政治、社会、文化、军事、民意等领域关系相互交错和渗透构成的一个整体系统。随着两岸关系和平发展由开创期步入巩固深化期，两岸经济关系在正常化基础上进一步走向制度化；社会文化教育关系成为两岸探索加强合作的对象，构建常态化和稳定的制度是未来努力方向；政治军事关系虽尚未提上日程，但两岸结束敌对状态、签署和平协议、建立军事安全互信机制等均离不开良好完善的制度支撑。

从理论上看，适用于两岸关系的制度理论属于中层理论，它既不同于关于国家、社会性质的宏观制度理论，也区别于规范一般组织机构的微观制度分析。制度理论在两岸关系中的适用性主要体现在以下方面。

第一，关于制度的形成。历史唯物主义的观点认为，制度的生成最终是由生产力水平决定的。两岸关系发展过程中形成的各种制度，归根结底也是由两岸社会各自生产力发展水平及其所衍生的经济社会需求所决定的。比如，20 世纪 90 年代初，两岸创设海协会和海基会并形成两会会谈制度，就是在两岸开放和互动的影响下根据双方经济社会发展需要所建立的。两岸关系的政治性强、敏感度高，制度的形成除了根植于社会经济力之外，还离不开政治力的上层推动和设计。因此，在两岸关系和平发展的整个进程中，制度建设主要还是由两岸根据双方经济社会发展要求进行理性稳妥的顶层设计，然后予以逐步实施和推进。也就是说，制度建设的主体是执掌公权力的两岸官方。

第二，关于制度的规范。规范是制度的重要内容。在两岸关系中，制度的适用范围广泛，涵盖政治、经济、社会、文化、军事等众多领域。制度首先规范的对象是两岸政治主体，它要求两岸尊重制度的合法性，运用各自的治权将内部治理统一到两岸制度的规范要求上来。如签署 ECFA 后，两岸自然应根据协议要求调整和完善内部相关经济政策和法规。其次，制度规范将推及两岸经济主体、社会主体以及个人。如两岸投资保障协议对

① ［美］道格拉斯·C. 诺思：《制度、制度变迁与经济绩效》，上海人民出版社 2008 年版，第 3 页、第 4 页。

两岸投资人的权利义务进行了规范。总体上，两岸迄今签署的18项协议和达成2项共识，对制度规范的对象、内容、范围形成了明确的表述。在两岸关系和平发展进程中，制度的规范性需要两岸双方共同维护和完善，这不仅是双方的共同利益所致，也是互信不断增强的结果。

第三，关于制度的发展。基于适应生产力进步和人的发展需要，以及时代条件所限，制度往往呈现螺旋式上升的发展轨迹。“制度就会以一种自我实现的方式制约着参与主体的策略互动，并反过来又被政治主体在连续变化的环境下的实际决策不断再生产出来”。① 从20世纪80年代两岸初步开放交流到当前两岸步入大交流、大合作、大发展时代，两岸关系发展所需要的制度，其形式和内容都已发生重大变化，总体要求越来越高。从趋势上看，两岸关系制度发展不仅要紧跟两岸扩大交流合作的客观需要，还应发挥主动性和前瞻性，为深化两岸关系和平发展消除体制或机制上的各种障碍，创造更加有利的条件。

在两岸关系中，制度既是社会生产力发展的结果，也是两岸理性塑造的产物。十八大报告已明确提出“促进平等协商，加强制度建设”。2013年1月海协会会长陈云林访问洛杉矶时也指出，十八大报告强调加强两岸关系和平发展的制度化建设，表明了我们愿通过平等协商，强化两岸各领域交流合作的机制化，以利于巩固两岸关系和平发展局面，并形成不可逆转的趋势。可见，在维护两岸关系和平发展这一大局上，制度将会发挥越来越大的效用，成为促进两岸全面互信与两岸关系和平发展之间形成良性互动的重要因素。

二、互信与两岸关系制度化的逻辑关系

正如新制度政治学所主张的，制度并不是决定政治、经济和社会行为的唯一要素，现实中往往存在“制度攸关”而不是“制度决定”。根据制度的一般性功能及在两岸关系中的特殊适用性，制度化在两岸关系和平发展进程中与互信的逻辑关系，主要体现在以下两个层面。

（一）基本逻辑Ⅰ：互信→制度→两岸关系

互信是指行为者之间在心理上彼此信任、对相互间行为具有稳定预期

① ［日］青木昌彦：《比较制度分析》，周黎安译，上海远东出版社2004年版，第28页。

的一种正面状态。互信是两岸关系保持和平发展正确方向的前提和基础，是四年多来两岸关系和平发展取得重大成就的关键所在。

两岸关系的制度建设，已完全超越一般意义上的交流互动，它涉及两岸经济、政治、社会、军事等广泛领域的利益调整及其规范化、机制化。因此，推进两岸关系的制度化，必须倚赖两岸互信的巩固和深化。两岸关系发展的经验告诉我们，只有信任问题解决好了，才能协商去解决实务问题，信任度越高，越有利于达成共识和落实共识。在两岸关系进入巩固深化的新阶段，制度作为互信与两岸关系和平发展之间的衔接作用日益突出。

2008 年以来两岸双方的接触、对话、协商，对建立、维系、深化两岸互信的基本路径和方法进行了有益探索并累积了可贵的经验。从加强两岸关系制度化建设出发，如何深化两岸互信可参考以下路径。

第一，坚持不懈地培育和巩固两岸互信的政治基础。“两岸互信遍及广泛领域，人民之间的互信是基本命题，两岸双方的互信则起提纲挈领的作用。”① 尽管两岸在政治上仍有诸多历史遗留下来的复杂问题需要克服，现实中亦存在各种负面干扰因素，但双方既有的政治框架并不妨碍对“两岸同属一中”原则的共同坚持。在两岸关系和平发展新的形势下，两岸双方不断给予“两岸同属一中”更加清晰、明确的表述和宣示，对增信释疑将大有裨益。2012 年 3 月，国民党荣誉主席吴伯雄登陆与胡锦涛总书记会见时提出，国民党在大陆政策上坚持“九二共识”与反对“台独”，两岸“彼此都坚持一个中国”，“两岸并非国与国的关系”，传递了进一步推进两岸关系和平发展的积极信号。

当然，两岸关系和平发展仍面临“台独”势力的干扰破坏，两岸双方从长远计，理应拿出切实有效的举措，逐步削弱“台独”分裂势力的负面能量，从而为深化两岸互信、确保两岸关系行稳致远去除障碍。对此，马英九当局更应拿出执政魄力，打破李登辉、陈水扁执政 20 年塑造的以分离主义为内核的“台湾主体意识”迷思，从文化教育和思想领域进行拨乱反正，去除“台独”分裂意识。

第二，不断提升和夯实两岸互信的物质基础。两岸互信的深化离不开

① 孙亚夫：《客观地、全面地、辩证地看待认同问题》，《中国评论》2013 年 1 月号，第 11 页。

物质上共同利益的追求与实现。迄今，两岸签署的18项协议特别是对促进两岸经济关系机制化具有实质意义的ECFA，为台湾积极应对全球化和区域经济一体化挑战提供了机遇。正是有了这些被实践证明为正确的重要成果，两岸双方才更有经验、更有信心、更有动力去进一步推进交流交往，扩大互利合作。随着两岸商谈的深入推进，双方在经贸合作上由浅入深、由易入难，各自难免会碰触到一些重要利益的调整。基于两岸经济同属中华民族经济，两岸双方对今后一个时期的经济合作与发展已达成相当共识，应有能力解决各种复杂的经济问题，为不断增进互信奠定更为扎实的物质基础。

第三，不断夯实和提升两岸互信的民意基础。社会互信对政治互信的发展具有重要意义，两岸双方需要从文化、教育、情感、心理等层面入手，抓住和平发展的历史机遇全面深化两岸社会互信。正如吴伯雄所言，“台湾与大陆无论是历史脉络、血缘和文化关系，都是血脉相连、唇齿相依”。同时，我们清醒地看到，经过两蒋时期的长期对抗隔阂，李登辉、陈水扁时期的“台独意识”泛滥，岛内民众对大陆的各种误解和疑虑还难以在短期内消除，两岸在对增进互信有重要作用的“共有观念”上仍然不足。对于两岸文化教育交流，大陆方面一向持积极态度，表明两岸既可通过签署一揽子协议做出通盘安排，也可就两岸文化教育领域的具体交流做出机制化的单个安排。今后，推动两岸文化教育交流与合作，加强社会基层更为广泛的接触对话，将是发展两岸社会互信的重要途径。

第四，结束敌对状态、签署和平协议是根本解决两岸互信问题的必然之路。从历史上看，两岸在冷战时期形成的敌对心理迄未根除，台湾当局仍然在政治、经济、军事等方面防范大陆，成为深化两岸互信的重大阻力。大陆方面提出两岸关系和平发展理论，对和平统一前的两岸关系发展进程进行了符合两岸实际情况和两岸人民利益的总体规划，充分展现出新思维和新观念。只有台湾方面真正打破冷战思维，与大陆一起以合情合理合法的方式正式结束敌对状态，签订和平协议，才能从根本上确立两岸互信。

可见，互信是制度建设的关键前提，从上述四个方面推进两岸全面互信，是保证两岸关系和平发展进程不断推进的基础工程。

（二）基本逻辑Ⅱ：制度→互信→两岸关系

20世纪70年代起，新制度经济学的有关理论被运用到国际关系领域。

制度的功能从创造经济效益，扩大到政治、安全领域，即国家之间建立起良好的制度能够缓解权力现实主义的“安全困境”，从而增进国家间的信任与合作。“制度具有规范性、权威性、约束性和可预期性的特点。”① 在两岸关系和平发展过程中，制度如何以及发挥何种程度之作用，是我们认知两岸关系制度化的重要方面。我们知道，互信对两岸关系和平发展具有关键意义，两岸理应从战略高度进行规划、培育，使其始终朝有利于两岸关系良性发展的方向演进。在此过程中，制度建设发挥着难以替代的重要作用。

第一，制度建设客观上要求两岸应从系统、前瞻的角度持续巩固深化双方互信。对于大陆方面，应将建立和深化两岸互信作为一个系统工程来看待，不仅需进一步明确两岸互信的基础、条件，而且要根据两岸关系发展的历史规律和阶段特点主动设计深化互信的进程、步骤，以与两岸关系的制度建设保持步调一致、相互协调，以确保两岸互信既能满足当前两岸关系发展的客观需要，又能为两岸进一步深化合作创造可持续条件。对于台湾方面，应将增进两岸互信纳入大陆政策框架的内核，作为制定和实施大陆政策的重要准则，从有利于两岸关系制度化的大方向思考决策。

第二，制度建设能够稳定两岸双方预期，减少不确定性。“制度能够增加人类行为的规律性，减少行为的不确定性，使解释和预测更加可靠。”② 随着两岸关系制度化持续推进，两岸在经济、社会、政治乃至军事上都可能实现更加紧密的对话、合作，双方在规则构成的制度框架下将会获得更加透明、准确和高效的信息，彼此行为都将受到约定的规范，相互提供稳定的预期，为维护和增进互信提供良好的制度环境。

第三，制度建设能够有效促进两岸互信、减少互疑。两岸互信是增长还是削弱，与两岸关系发展的实践密切相关。当两岸关系发展较顺利、稳步向前时，互信就容易累积、增长；当两岸关系遭遇挫折、冲击时，互信就自然消磨、减少。清楚把握这种相关性，两岸双方应进一步认清和强化“以实践促互信”的基本路径，多做、做好有利于增进两岸互信的事情，不断探索、开创有利于增进两岸互信的新方式、新途径。在此过程中，制

① 朱卫东：《对进一步增进两岸政治互信的战略思考》，《台湾研究》2012 年第 5 期，第 4 页。

② 魏姝：《政治学中的新制度主义》，《南京大学学报（哲学·人文科学·社会科学）》2002 年第 1 期，第 59 页。

度确实可以发挥两岸关系稳定器和推进器的作用，能够促进两岸关系平稳发展，减少不必要的误解和误判，从而维护和增进互信。

第四，制度建设能够减少交易成本，强化两岸合作的内在动力。在两岸关系中，合作的达成需要政治、经济和社会等方面条件的配合。制度建设有利于减少两岸交流合作的成本。如ECFA实施后两岸早收清单内容逐步实现零关税，显著促进了经贸合作的深化发展。随着两岸关系制度化由点及面的逐步铺开，两岸在经济、政治、社会、文化等方面的对话合作势将进一步扩大，从而为两岸互信的增长提供更好的制度保障。

以上论述说明，互信与制度是一个相互依赖和促进的关系，二者实现良性互动的结果是为两岸关系和平发展创造更稳定、更有利的条件。从不断巩固两岸互信、有力推进两岸关系和平发展出发，如何做好两岸关系的制度设计就显得至关重要。

三、推动两岸关系制度化的主要原则

认同与互信是两岸关系的基本问题，也是推动两岸关系和平发展的基础问题。[①] 两岸关系和平发展越深化，需要破除的难题越多，互信和制度的需求就越大。基于两岸关系发展的历史规律和现实特性，两岸关系制度设计应坚持以下原则。

第一，两岸理应扮演好两岸关系制度化的设计者和维护者。两岸关系制度化要靠社会民间各方面力量的整体参与推动，更需要两岸的意志与能力支撑。由于阻碍因素多、情况复杂，两岸关系制度化的统筹设计应由两岸共同完成。双方应从两岸关系和平发展的大局出发，在互信的基础上求同存异，求同化异，尊重规律并发挥创新意识，力求不仅使制度建设满足两岸关系发展的要求，还要为两岸关系持续深化创造新的持久动力。

第二，两岸关系制度化应以有利于维护一个中国框架为前提。两岸关系制度化的宗旨是巩固深化两岸关系和平发展，为最终实现祖国和平统一筑牢基础。也就是说，在国家尚未统一特殊情况下，制度建设的首要前提是坚持一个中国原则，坚持反对“台独”。王毅指出，十八大报告“强调加强两岸关系和平发展的制度化建设，表明了我们愿通过平等协商，强化

① 孙亚夫：《客观地、全面地、辩证地看待认同问题》，《中国评论》2013年1月号，第11页。

两岸各领域交流合作的机制化，以利于巩固两岸关系和平发展局面，并且形成不可逆转的趋势”。[①] 十八大报告首次把坚持“九二共识”写入党的代表大会正式文件，提出两岸双方应增进维护一个中国框架的共同认知，表明大陆方面希望在认同并坚持一个中国上寻求两岸双方的连接点，扩大彼此的共同点，增强相互的包容性，从而深化政治互信、加强良性互动，增添两岸关系和平发展的前进动力。对此，台湾方面有必要在维护一个中国框架、坚持“两岸一中”立场上表明更加积极和坚定的态度。

第三，两岸关系制度化应坚持合情合理的原则。合情，就是照顾彼此关切，不搞强加于人；合理，就是恪守法理基础，不搞“两个中国”“一中一台”。从这个意义上讲，一方面，制度建设需要基于两岸双方的共同意愿，不能将一方的意志强加于对方，制度建设过程中的矛盾和难点需要两岸通过平等协商谈判的方式去妥善解决。另一方面，制度建设不能违背见诸两岸各自内部规定的关于“一个中国”的法理基础，因此其目标是排斥“台独”路线，增进两岸对“一中”的认同。

第四，从增量的角度理解推进两岸互信和制度化建设。增量是相对于存量而言的，两岸互信需要在确保既有存量成果的基础上一步步向前推进，既不能停滞不前，又不能急于求成。有学者将两岸政治互信分为“基础性互信”“长成性互信”“融合性互信”三个不同层级。[②] 增量互信重视结果，即通过两岸双方在战略指导下的共同努力，不断夯实互信基础，提高互信质量。由于两岸关系内在的复杂矛盾，互信呈现螺旋式上升状态，不排除会因某些突发事件导致停滞甚至后退的情况发生。但对此不必悲观，只要大原则一致，经两岸努力完全可以排除障碍。对于受制于客观条件尚难达成的事情，双方也不必操之过急，要从符合事务本身发展规律的角度去对待和处理。既然两岸互信的增长是一个渐进的过程，以互信作为支撑的两岸关系制度化同样是一个增量递进的进程。制度建设既要符合两岸关系发展的实际，不滞后、不过度超前，也要发挥前瞻性和规划性，为两岸关系和平发展不断取得新的实质突破创造环境。

---

① 2012 年 12 月 26 日王毅在“九二共识”20 周年座谈会上的讲话《十八大报告的对台工作论述具有继承性、创新性和前瞻性》，国台办网站 http：//www.gwytb.gov.cn/wyly/201211/t20121126_3391676.htm。上网时间 2013 年 1 月 24 日。

② 刘国深：《增进两岸政治互信的理论思考》，载张文生主编：《两岸政治互信研究》，九州出版社 2011 年版，第 25 页。

四、两岸关系制度化的动力和限制

理论和实践中，制度都不是一成不变的，它本身是动态发展的，制度变迁是连续的、渐进的，是一种创新的过程。一般而言，制度变迁在能够为相关主体创造高于成本的收益时才会发生，它需要驱动力。纵观两岸关系和平发展进程，制度化的动力在于：

第一，两岸双方具有推进两岸关系制度化的意愿和能力。未来十年，大陆综合实力将保持稳步提升，对台战略的整体实施条件将更加有利，方向是继续以两岸关系和平发展为主题，在保持既定政策连续性的同时，根据两岸关系形势发展适时对政策进行创新发展，制度化是其中一项重点工作。十八大报告明确指出，希望双方共同努力，探讨国家尚未统一特殊情况下的两岸政治关系，做出合情合理安排；商谈建立两岸军事安全互信机制，稳定台海局势；协商达成两岸和平协议，开创两岸关系和平发展新前景。上述提法反映大陆方面希望两岸关系由经济的制度化逐步过渡到政治、军事关系的制度化。马英九当局在第一任期内，高度重视并将“两岸关系制度化”作为保障台湾安全的三道防线之一，[①] 通过签署 18 项协议充实制度化的内涵。正如马英九所指出，“两岸和解制度化”是维护台湾安全最好、也是第一道防线。[②] 今后三年，马英九当局大陆政策的总体基调不会改变，在国民党掌握“立法院”多数席次的优势下，“两岸和解制度化”在其政策框架中的地位还会加强。

第二，两岸关系和平发展的内在需要是制度化的重要驱动力。两岸关系和平发展是一个全面系统的过程，涵盖经济、政治、社会、文化、军事、民意等领域。在两岸关系和平发展的总体路线图中，从经济制度化走向社会文化的制度化，最后逐步破解难题实现政治、军事领域的制度化，是符合事物发展规律和两岸关系特殊情况的稳妥路径。2012 年两会在第八次会谈中签署两岸投资保护和促进协议、海关合作协议，推进了两岸经济交流合作的制度化建设。两岸经济合作框架协议（ECFA）早收计划实施

① 2011 年 5 月马英九在与美国战略与国际研究中心（CSIS）视讯会议中提出“两岸和解制度化”“深化台湾在经济、文化上对国际发展的贡献”“强化国防与外交”为内容的“三道防线论”。

② 《马：两岸和解制度化，保台第一道防线》，台湾《中国时报》2011 年 11 月 30 日。

成效明显，[①] 后续协商进展顺利。目前两岸已实现互设经贸办事机构，两会互设办事机构亦有望很快实现。这些都表明，两岸关系和平发展呈现阶段性递进的特征，其本身的能动性将对两岸关系制度化不断提出新的要求。

第三，两岸经济和社会一体化推进将为两岸关系制度化提供强大支撑。一般而言，制度创新从根本上受到制度供给能力与人的需求水平之间的矛盾驱动。两岸关系制度化，从一开始就是围绕两岸人民的需要建立起来的。当前，随着两岸经济、文化、社会联系达到了60多年来最密切的水平，两岸关系和平发展理念已深入台湾社会，成为各界共识。从经济面看，近几年来两岸贸易投资稳步增长，2012年两岸贸易额达1689亿美元，同比上升4.3%，约占台湾对外贸易总量的39%。同时，两岸产业合作进一步走向制度化、机制化。从社会面看，2012年两岸人员往来规模达797万人次，再创历史新高。大陆居民赴台263.02万人次，同比增长42.56%，其中赴台旅游197万人次，同比增长57.5%。两岸民间社会交流交往日益密切，大幅增进相互了解和感情融洽。台“陆委会”2013年1月3日公布民调显示，64.2%的民众赞成两岸两会互设办事机构，76.4%的民众支持台湾当局进一步深化两岸在人权、法治、经贸、文教、公民社会等领域各项交流，以增进两岸民众的相互了解；67.1%的受访民众认为应适度开放大陆资金赴台投资。

当前，两岸关系制度化呈现前所未有的重要机遇，但台湾问题的长期性和特殊性，使得两岸关系制度创新是一个复杂和敏感的过程。它的建立和完善务必讲究条件、时机和策略，在把握有利条件的同时，不能忽视以下限制性因素。

第一，两岸之间长期存在道路差异、制度差异、理念和观念差异。两岸关系制度化无法通过单方、强制的方式达成，只能是一种双向、协议式演化过程，它取决于大陆的对台政策和台湾当局的大陆政策。两岸长期存在的道路、制度和理念观念差异对两岸互信的深化构成重大障碍，加之两岸在地理幅员、人口规模、经济总量、军事实力上的落差，使台湾方面在推进两岸关系制度化进程中难以去除作为相对弱势一方、因缺乏自信而产

① 根据大陆海关的统计，2012年1至11月，台湾企业享受关税优惠大约是30.86亿人民币，同比增长3.2倍。据台湾海关统计，同年1至11月，大陆企业享受关税优惠大约是5005万美元，同比增长1.4倍。

生的心理疑虑。“在台湾的国、民两党对于‘在一个中国原则下，什么都可以谈’这般话有着不信任与不安全感。”① 这种心理状态造成了马英九当局在推动两岸经济关系制度化的同时，奉行“政经分离”的保守政策，刻意回避两岸政治对话和谈判，拖延协商建立两岸军事安全互信机制。这种“只经不政”局面若长期维持下去，将导致两岸关系制度化很难在政治、军事领域取得突破，互信的发展也将遭遇瓶颈。

第二，两岸重叠认同的塑造是一个艰难的过程。本质上，认同决定互信。淡江大学大陆研究所教授赵春山称，唯有两岸有共同思维想法、心灵相通、共同价值观，才有助于推动两岸和解制度化。② 根据台湾政治大学选举研究中心长期跟踪的调查数据，近20年来台湾民众的中国人认同持续下降，台湾人认同不断上升，2008年国民党重新执政以来两岸关系和平发展未改变这一趋势。同样，在多数人支持维持现状下，偏向统一的比例下降，偏向“独立”的反而上升。这说明两岸社会在大交流、大合作时代的“共同意识”“共有观念”仍然不足，两岸关系和平发展在扭转台湾民众“去中趋台”“去统趋独”方面还需要更多条件的配合，需要花费更大的力气去耕耘。马英九当局实施的“不统、不独、不武”政策以维系两岸关系现状为目标，其缺乏明确方向所造成的消极性，制约了两岸社会从根本上持续扩大重叠认同。要扭转这一形势，需要马英九执政当局拿出更大的政治勇气和决心，破除旧观念和旧思维，进一步明确“两岸同属一中”“两岸同属一国”的政治立场，与大陆方面一起将其文件化、法律化和制度化。

第三，“台独”势力始终对两岸关系制度化持抵制态度，是两岸关系实现“由经入政”的最大阻力。2008年以来“台独”运动在两岸关系和平发展大潮中步入低谷，民进党的两岸政策开始转以构建两岸稳定的关系为基调。但在政党竞争、选举利益、“台独”理念等影响下，民进党对两岸进一步推动经济关系制度化的政策，包括扩大大陆资金入岛投资、陆生赴台求学等，始终持疑虑和抵制态度。对于两岸进一步增进维护一个中国框架的共识、强化确认“两岸同属一中”，推动“一中各表”走向“一中共表”，民进党等“台独”势力势必会全力反制。鉴于民进党所代表近四

---

① 张亚中：《两岸和平发展期应是统合期：以统合深化认同与互信》，《中国评论》2013年1月号，第5页。

② 《两岸政治协商议题，学者交锋》，台湾《中国时报》2012年7月29日。

成岛内民意，若其一味极力反对，两岸启动政治谈判以取得两岸关系制度化实质性突破将很困难。

第四，以美国为代表的国际制约因素仍将长期存在。美国的台海政策向来以其自身的亚太和全球战略为依归，现实主义特性浓厚。台海局势关系亚太区域和平稳定，民进党执政时期，美国虽一度加强对“台独”行径的管控，但并没有放弃对台湾的支持。2008 年国民党重新执政后，美台关系快速恢复。从衡量美台关系的对台军售看，过去四年美国对台售武步入 20 年来经费最高、项目最多的阶段，总额达 183 亿美元。此外，美国正式给予台湾免签证待遇，访台官员层级也进一步提高。布鲁金斯学会东北亚政策研究中心主任、前“美国在台协会”理事主席卜睿哲撰文称，美中之间存在的摩擦越来越多，美国在台湾问题上向中国让步，无助于美国解决其他问题，反而会让日本、韩国等盟友担心美国会牺牲其利益。① 今后三年是两岸进一步增进互信、推进两岸关系制度化的关键时期，美国在转向亚太、防范中国的战略部署下，势必更加重视台湾的地缘价值，对两岸关系“由经入政”保持警惕，防止两岸进行政治谈判削弱其在台海事务上的影响力。

五、结　论

在两岸关系和平发展的长期进程中，互信是前提和基础，制度化是路径和方式，二者犹如两根支柱，相互关联、缺一不可。互信的建立和深化有助于两岸关系制度化的持续发展，反之，两岸关系制度化的不断推进将为两岸互信的增长创造更加有利的条件，二者共同支撑着两岸关系和平发展这一主题。今后三年将是构建两岸关系和平发展框架的重要机遇期，只要两岸秉持建立互信、搁置争议、求同存异、共创双赢的精神，发挥两岸中国人的智慧，妥善处理好增进互信与拓展制度化之间的关系，两岸关系一定会取得更大的发展。

（原载于《台湾研究集刊》2013 年第 5 期）

---

① Richard C. Bush Ⅲ：Uncharted Strait，http：//www. brookings. edu/research/papers/2013/01/14 - taiwan-bush，上网时间 2013 年 1 月 15 日。

海峡两岸政治与经济关系互动问题探讨

刘国奋

自两岸关系迈入和平发展时期以来，两岸经济关系亦随之快速发展，并进入到机制化与制度化阶段。按政治经济学的原理，经济决定政治，政治对经济有反作用，两者关系相互影响，而遗憾的是，与两岸经济关系快速发展相反，两岸政治关系至今裹足不前，交集点非但没有扩大，在某种程度上似乎还有往相反方向移动的态势。当前两岸政治与经济关系不能同步发展令大陆方面和台湾有识之士不无担忧，因此如何在两岸经济关系快速发展的形势下推动两岸政治关系向前迈进，对于巩固和深化两岸关系和平发展具有十分重要的意义。本文拟对两岸政治与经济关系现状及其不协调的原因、两岸政治与经济互动关系的认识与定位，以及促进这一互动关系的相关路径等问题进行初步探讨。

一、两岸政治与经济关系现状及其不协调的原因

（一）两岸政治与经济关系的现状特点

自 2008 年 5 月国民党重新执政以来，马英九当局在两岸关系处理上奉行“先急后缓”“先易后难”和“先经后政”的原则。大陆方面考虑到当时两岸关系面临现实问题，也按照台湾方面的意愿，积极推动两岸经贸、人员等方面的交流交往，两岸陆续签署了包括“经济合作框架协议”在内的 18 项协议。对于推进两岸政治关系，大陆方面虽有所期待，但一直得不到台湾方面积极、正面的回应。在“九二共识”下两岸关系尽管进入到和平发展新时期，然而两岸政治与经济关系发展很不平衡，其总体发展呈现出“经热政冷”的特点，主要表现为：

1. 两岸经贸、人员等往来持续扩大，经济相互依赖加深，但台湾对大

陆的戒备心仍较重。两岸贸易额从2008年的1292.2亿美元增长到2012年的1689.6亿美元，台湾对大陆的贸易顺差分别为774.6亿和954亿美元。与大陆的贸易在台湾经济中起着越来越重要的作用，台湾对外贸易顺差主要来自于大陆。例如，2009年两岸贸易受世界金融危机的影响虽比上一年有所下降，但台湾对大陆仍有652.1亿美元的贸易顺差，创台湾外贸顺差新高；2012年台湾对外贸易总额为5718.4亿美元，比上年减少3%，但全年还有303.8亿美元的顺差，再创其对外贸易顺差新高。由此可见，如果没有对大陆的贸易顺差，台湾的总体对外贸易将出现大幅逆差。在两岸投资方面，从2008至2012年大陆实际利用台资约112.9亿美元，截至2012年12月底，大陆实际利用台资累计高达570.5亿美元，而陆资入岛因台湾方面的限制累计仅有3.5亿美元。在人员往来方面，2008至2012年台胞来大陆分别为436.8万、448.4万、514.1万、526.3万和534.02万人次，大陆居民赴台分别为27.9万、93.6万、166.2万、184.5万、263.02万人次。[①] 另据台湾“陆委会”的公布的统计显示，自2008年7月至2012年12月底止，大陆旅客赴台观光累计达483万余人次，已为台湾经济带来相当于新台币2433亿元的收益。[②] 然而，两岸如此大规模的经贸、人员等往来关系并没有让台湾解除对大陆的戒备心，面对日益密切的两岸经贸、人员往来，台湾方面却担忧大陆“对台湾具备危险的影响力”，[③] 这在其至今仍对与大陆交流交往采取诸多限制可见一斑，如对大陆企业入岛投资、陆客赴台旅游、陆生到台求学，甚至在台大陆配偶等方面都有许多限制性法规条文和政策措施。那些限制不仅在某种程度上制约着两岸经贸文化等交流交往的扩大与深化，而且也对台湾民众有关发展两岸政治关系的观感在一定程度上起到负面的影响。

2. 台湾当局对发展两岸经贸关系较为积极，而对两岸政治对话或协商、谈判却采取回避甚至拒绝的立场。自2008年两岸两会恢复协商以来，两岸达成的18项协议大多为经贸方面。这些年来两岸经济关系发展步伐较快，甚至根据“经济合作框架协议”，两岸成立了经济合作委员会，但两岸在政治关系方面几乎没有任何进展。2008年12月31日胡锦涛总书记提

① 上述相关数据来自商务部和国务院台办网站。

② 台湾《中央网路报》，http：//www.cdnews.com.tw，2013年2月15日。

③ 《旺报社评：团结才能摆脱台湾经济困局》，台湾《中央网路报》，http：//www.cdnews.com.tw，2013年4月18日。

出了推动两岸关系和平发展的“六点意见”，其中提出两岸“结束敌对状态、达成和平协议”的建议。2012 年 11 月胡锦涛总书记在中共十八大作政治报告时又表示，希望两岸就政治关系做出合情合理安排、商谈建立两岸军事安全互信机制、协商达成两岸和平协议。然而，对于大陆方面就相关问题展开两岸政治谈判的呼吁，马英九当局始终采取回避的态度，两岸两会协商谈判至今停留在事务性议题上。在“不统、不独、不武”的“新三不政策”下，马英九当局不仅回避两岸政治谈判，而且还在两岸政治、军事等关系问题上进行某些自我设限动作。例如，2011 年 10 月 17 日马英九提出与大陆洽签“和平协议”的同时，推出了所谓“国家需要”“民意支持”“国会监督”的三项前提。① 此后不久，马英九在接受媒体采访时还表示，如果他连任，“绝对不会在未来的四年当中跟大陆的领导人见面，绝对不会跟大陆去谈统一的问题”。② 2013 年 4 月马英九在接受台湾媒体专访时重申，“两岸关系仍应秉持先急后缓、先易后难和先经后政三原则”，他并认为两岸谈判应是渐进式的，政治对话不是现在人民需要的。针对大陆方面有关两岸“就政治关系作出合情合理安排”的呼吁，马英九回应说：“其实早在 20 年前，中华民国就已经安排好了，就是修宪。”③ 可见，马英九当局对于两岸关系的处理至今仍局限在两岸经济关系上，对开启两岸政治对话或协商谈判没有意愿。

3. 台湾民众支持两岸关系和平发展，但对“中国人认同”不升反降，而对“台湾人认同”仍呈上升态势。由于李登辉和陈水扁执政时期的政治操弄及其对“台湾主体意识”的构建，台湾民众对“中国人认同”比例在逐年下降，这一下降趋势至今仍未出现反弹的迹象。国民党在台湾重新执政后，两岸关系和平发展让两岸民众同蒙其利，两岸和平更使台湾民众深有体会，其对两岸关系和平发展的支持在增多。在 2012 年台湾领导人选举的投票中，许多台湾民众虽对马英九的执政表现不满意，但因为担心民进党上台后两岸关系会重新陷于动荡不稳，因此约有 77.3 万选民将票投给了马英九。然而，支持两岸关系和平发展并没有使台湾民众有效转化为自己是“中国人”的身份认同，反而认为自己是“台湾人”的身份认同得到了某种程度的强化。台湾学者分析认为，如果将“台湾人认同”比重减去

---

① 台湾《联合报》2011 年 10 月 18 日、10 月 19 日。

② 《和平协议需十大保障前提》，台湾《中国时报》2011 年 10 月 24 日。

③ 《两岸谈判应渐进　现在无意政治对话》，台湾《联合早报》2013 年 4 月 10 日。

"中国人认同"比重看作"台湾人认同"指数，那么根据台湾政治大学选举研究中心的多年调查显示，"台湾人认同"指数从1992年的-7.9%增加到2000年的24.4%，2007年上升到38.3%，2011年增至48.5%，2012年则达到50.6%。马英九执政5年的"台湾人认同"指数增加比陈水扁时期要快得多。[①]这种现象的出现有其多方面因素促成，但对深化两岸关系和平发展和推动两岸政治关系形成一定的挑战。

（二）当前两岸政治与经济关系不协调的原因

有人将两岸经济关系快速发展而台湾民众对中国认同和两岸统一却相对疏离的现象称之为两岸政治与经济关系的"背离"。笔者以为，目前两岸政治与经济关系出现的状况准确的用词应为两者关系的"不协调"，这一关系的不协调可以从两岸经济因素和非经济因素的角度来观察。

从两岸经济因素方面看，目前两岸政治与经济关系不协调的原因主要有两个。

一是两岸经济关系的基础不够扎实牢固。经过多年的发展，两岸经贸往来已达到一定的规模，两岸的某些产业已形成你中有我、我中有你的格局。但总体来看，两岸经济关系还处于较低层次这个环节。许多台商在大陆投资设厂以从事代工生产零组件，即便是高新技术产业，也多以从事下游产品生产为主。多年来，两岸经济以投资带动贸易的方式展开，而这种利用大陆廉价劳工的投资带动贸易的方式极易受劳动成本上升和外销市场波动的影响。在大陆经济快速发展的形势下，不少在大陆的台资企业已遇到大陆劳动力成本上升等问题的困扰，近几年已有一部分在大陆的台资企业撤厂转往东南亚及其他地区。因此说，两岸经济关系还很薄弱，基础不够牢固，其对两岸政治关系的促进作用较为有限。

二是两岸经济关系的不对称性与非常态化。每年两岸经贸往来虽已达到相当的量，如2012年两岸贸易额为1689.6亿美元，大陆实际使用台资金额28.5亿美元。然而，由于台湾对两岸经贸往来有诸多约束，尤其是对大陆的对台贸易和投资等活动有许多限制性政策法规，致使两岸贸易和投资活动仍处于不平衡与非正常的状态。以2012年两岸贸易、投资为例，大陆对台出口367.8亿美元，台湾对大陆出口1321.8亿美元；截至2012年

① 《童振源对卜睿哲专书〈未知的海峡〉的评论》，台湾《中央网路报》，http://www.cdnews.com.tw，2013年4月10日。

12月底，大陆实际利用台资累计达570.5亿美元，而陆资入台累计约3.5亿美元。[①] 仅由上述数据可见，尤其在投资方面两岸存在巨大的反差，2009年6月台湾虽放宽大陆对台投资，但开放度仍相当有限。自2008年5月以来两岸签署包括“经济合作框架协议”在内的18项协议，为两岸经济关系向更为全面、双向、常态化的方向发展提供可能，然而该协议只是个框架性协议，其后续协议内容复杂，协商与落实过程艰难。因此，两岸经济关系不对称性和非常态化格局难以在短期内得到根本改变，这势必影响到两岸政治关系的发展。

从两岸非经济因素方面看，目前两岸政治与经济关系不协调的原因既有主观的原因，也有客观的因素。

主观上讲，两岸政治与经济关系不协调是由台湾方面对大陆的看法和对两岸统一问题的认知所致，这种看法与认知源于受历史与现实、内部与外部环境等方面的影响。由于台湾与大陆长期分离，尤其受李登辉和陈水扁主政时期的政治操弄，台湾民众对中国的认同感逐步下降。目前两岸经济关系的进展还不能有效触动台湾民众长期受反共、反大陆和“去中国化”的宣传教育所形成的思维模式，加之还时常受到“台独”和西方价值观等因素的干扰和影响，台湾民众对两岸政治关系的认知出现较大的偏差是可想而知的。特别是在选举频繁的台湾，台湾民众对中国认同和两岸统一问题的认识显得十分关键。自国民党在台湾重新执政以来，许多台湾民众因担心台湾经济过于依赖大陆而“受制于大陆”，对大陆的不安全感增加，他们在政治与社会方面刻意拉开与大陆的距离，反映在对自我身份的认同问题上，即“台湾人认同”的比例上升，而对“中国人认同”的比例下滑。[②] 这种民意倾向不时地被民进党和“台独”人士所利用，也对国民党采取较为积极开放的大陆政策形成一定的制约。

客观上讲，两岸社会文化等精神生活联系不够密切，从而影响到两岸

① 《商务部统计：2012年两岸贸易额近1700亿美元》，新华网北京2013年1月30日电；《2013年两岸经贸关系展望》，台湾《两岸经贸》月刊2013年1月。

② 台湾《远见》杂志、《天下》杂志和台湾政治大学选举研究中心定期所做的民调显示，自2008年以来，认为自己是“台湾人”的民众明显超过“既是台湾人又是中国人”的民众。笔者认为，台湾的民调受到多种因素的影响，问卷的设计也很有讲究，不同的设计方式和所作民调的时机选择存在一定的差异，例如台湾竞争力论坛2013年2月27日公布一民调结果，台湾民众认同自己是中国人的比例高达61%，颠覆了以往多数台湾人认为自己“并非中国人”的印象。不过在目前台湾政治气氛中，台湾民众对两岸经济关系密切做点平衡拉回动作是可以想象的。

政治关系的推进。政治与经济的发展方向不一定全然表现为一致性，有时经济关系的密切未必能促使政治关系的密切，因为政治关系涉及的面较广，且相当复杂，它既涉及经济资源配置，也涉及社会精神生活等方面。目前两岸社会文化等交流尚属初期阶段，两岸各领域、各社会阶层的交流接触还不够广泛，已有的交流接触又大多停留在浅层次上，没有深入展开，两岸的互信基础不易扩大，因而难以对两岸政治关系起到实质有效的影响。此外，在“和平统一、一国两制”的构想解决香港、澳门回归问题上，政治制度和价值观的不同并未影响港澳回归中国的进程。但与港澳相比，因“和平统一、一国两制”在台湾已被污名化，台湾问题的解决具有相当的特殊性和复杂性，在两岸政治关系处理中，政治制度和价值观的不同会成为台湾有关人士拒绝或拖延统一的借口，或进行讨价还价的筹码，从而影响到两岸政治关系的发展进程。因此从客观因素看，由于目前两岸的经济、社会、文化等方面的联系还不够紧密，两岸政治关系也就难以有实质的进展。

二、对两岸政治与经济互动关系的认识与定位

在当前两岸关系和平发展的新形势下，如何进一步推动两岸政治与经济关系的良性互动，首先最为重要的是对这一互动关系状况要有比较全面、清楚的认识，进而对其做出较为明确的定位，以便我们寻找出有效的途径和采取积极合理的推动措施。

（一）对当前两岸政治与经济互动关系的认识

1. 当前两岸政治与经济互动关系仍属于良性范畴。政治与经济互动关系态势可分为两者关系相互促进、两者关系相互排斥以及两者关系的进展不同步三种。除非是相互排斥，其他状况的政治与经济关系均属于良性互动范畴。目前两岸政治与经济关系的基本状态是，经济关系大幅领先于政治关系，其互动关系虽属于良性范畴，但两者互动不协调，多少影响两岸关系和平发展进程。当前，两岸经贸关系快速发展，而两岸政治关系进展则受制于台湾方面而难以进展，最为突出的表现是台湾民众对一个中国认知的疏离感和对两岸统一的排斥感，加之民进党和“台独”人士的阻挠，台湾执政当局对两岸政治对话或政治协商持排拒态度。然而我们也要看到，相较于以往，支持两岸经贸文化等交流交往和两岸关系和平发展的台

湾民众大为增加,[①] 这为两岸政治与经济关系进一步走向良性互动提供了较为重要的民意基础。

2. 单靠经济手段难以有效推进两岸政治关系的密切。从一般意义上讲，政治关系涉及阶级、民族、社会集团之间基于各自根本利益而发生的相互关系及与之相关的活动。两岸同胞作为中华民族炎黄子孙的后代，不存在民族矛盾问题（尽管部分民进党人士和“台独”分子刻意将其归为“两岸民族矛盾”），但由于受多年“去中国化”的宣传教育，在两岸关系上，台湾民众心目中的“我群”与“他群”意识较为明显，两岸的政治关系涉及的两岸阶层或社会集团之间的利益关系问题，其相关利益冲突可能经由“我群”与“他群”的方式被突显出来，进一步增加了两岸政治关系推进的难度。此外，两岸政治关系还涉及两岸民众对对方的认识和对两岸政治关系的看法，也涉及两岸经济关系以外的包括两岸的政治生活和社会精神生活等方面。由此而言，两岸政治关系发展虽以两岸经济关系为基础，但单靠经济联系的紧密不足以解决两岸政治关系问题。

3. 两岸政治与经济关系的不协调状态非短期内能改变。我们必须认识到，促进两岸政治与经济关系的密切互动并朝着两岸统一的方向发展是一项艰巨而又复杂的系统工程，具有长期性。单从台湾民众对两岸政治关系的认知度来讲，要纠正这种长期受反共、反大陆和“去中国化”宣传教育所形成的认知偏差，非一朝一夕、单一方式能够完成，它需要台湾媒体对大陆进行客观与理性的报道，需要台湾对“去中国化”的教科书进行修正，也需要两岸各项交流交往活动的持续深入展开，要投入较长的时间、从多方面去努力。因此，目前两岸政治与经济关系发展不协调，并非完全是两岸经济关系发展不足的问题，其涉及的问题较多、较复杂，需要两岸做大量的、耐心细致的工作，要有“打持久战”的心理准备。

（二）对当前两岸政治与经济互动关系的定位

在分析了两岸政治与经济互动关系不协调的原因和当前两岸政治与经济互动关系的状况后我们得知，在“希望”和“能将”两岸政治与经济关系互动到何种程度之间存在一定的落差，当前重要的是我们要对两岸政治与经济互动关系做出准确的阶段性定位。

---

① 《“民众对政府大陆政策之看法”专案民调结果》，台湾《中央网路报》，http：//www.cdnews.com.tw，2013-02-20。

政治关系要以经济关系为基础，但它又不会全然由经济关系所决定。由于台湾民众目前的思想状况和两岸政治、经济、社会、文化等方面的差异，目前两岸的政治关系难以跟上经济关系的发展速度，两岸关系走向有利于统一的质的变化还未到“水到渠成”的程度。因此，为推动两岸政治关系发展，我们有必要将两岸政治的对话、协商或谈判分为近期和远期两个阶段。近期阶段，可以商讨除两岸统一以外的所有两岸政治关系问题；远期即待条件成熟，两岸双方都有意愿，可就统一问题和统一后的两岸关系问题展开协商或谈判。

处于近期阶段的当前两岸政治与经济关系面临的一个突出状况是：有70%多的台湾民众对两岸统一持反对立场，① 他们对两岸政治对话或政治协商心存疑虑，认为这种对话或协商一定是涉及两岸统一的问题。因此，近期阶段，在两岸政治对话或政治协商问题上，让台湾民众消除不必要的顾虑是大陆首先要考虑到的，大陆必须明确表示：当前两岸政治对话或协商不会涉及两岸统一问题，只是谈两岸目前关切且需要解决的政治性议题。在目前两岸关系和平发展形势下，要达成两岸政治与经济关系的协调发展两岸双方必须把握以下几点：

（1）目前对两岸政治与经济关系的处理还须采取“先经后政”“循序渐进”的方式，全面扎实、常态化的两岸经济关系是两岸政治关系改善必不可少的基础。

（2）两岸政治关系的推进需要其方方面面的一定量的累积，全方位、深入地展开两岸各领域的交流交往是两岸政治关系改善不可或缺的要件。

（3）大陆要避免急于求成的焦躁情绪：对两岸政治关系问题的处理包括两岸政治对话或协商要分阶段进行，跨越阶段的政治议题推动可能会有适得其反的效果。

（4）台湾必须认清两岸关系和平发展的总趋势：反对或人为拖延两岸政治关系向前发展，不利于两岸政治与经济关系的良性互动，并最终不利于台湾自身利益的维护。

在两岸关系和平发展的进程中需要两岸双方的共同合作，尤其是要努力推动两岸政治关系向前发展，而不是坐等，更不是拖后腿。为此，我们

---

① 台湾《联合报》在2012年9月公布的一项两岸关系趋势调查表明，台湾民众拒绝统一的比例维持在80%左右。

必须在“两岸同属一中”的原则下，排除一切不利于两岸政治互信积累的干扰因素，运用创造性思维扩大两岸的政治互信基础。总体而言，在两岸政治与经济关系互动发展的近期阶段，只要台湾不“独立”，两岸继续保持经济、社会、文化等全面、积极的交流交往态势，同时不排斥两岸政治对话或协商，让两岸关系和平发展的良好势头持续下去，假以时日，两岸政治关系就能更上一层楼。

三、如何促进两岸政治与经济关系的积极互动

目前两岸政治关系还未达到实质进展程度，积极创造条件推动两岸政治关系良性发展是必要的。为此，我们必须寻找各种路径与方法，让两岸政治与经济关系得到协调、快速发展。

（一）两岸政治与经济关系协调互动的路径

两岸政治与经济关系协调互动的路径是多种多样的，本文前面所探讨的两岸政治与经济关系不协调的原因其实也可以作为解决问题的切入点。此外，从近几年两岸交流交往的实践来看，有三种现成的路径可供我们选择运用。

1. “两岸经济合作框架协议”的路径。“两岸经济合作框架协议”涵盖的面较广，两岸要充分利用该框架尽早全面实现两岸经济关系的正常化、制度化，尤其要扩大两岸产业的合作面，推进两岸产业标准化和规范化建设；加速两岸金融服务等多领域的合作，全面推动“服务贸易”“货品贸易”“争端解决”等协议的商谈，积极扩大两岸经济联系的融合面。此外，为进一步推动两岸经贸关系的正常化、制度化，要求台湾方面消除其对大陆企业入岛展开经济活动的种种限制性政策与法规。这些方面的工作如能落实到位，将会为两岸政治关系的推进奠定较为坚实的经济基础，也将会为两岸政治关系的密切提供丰富的合作经验。

2. 两岸论坛的路径。近几年来，两岸已开办了多种多样的论坛，在两岸关系和平发展进程中起到了积极的促进作用。在这些论坛中有三个论坛应可以作为两岸展开政治议题讨论的首选场所，如果运用得当，将对推动两岸政治对话或协商起到积极的影响。一是博鳌论坛的途径。每年在海南召开的博鳌论坛是全球企业家的峰会，近几年两岸领导人通过该论坛进行多次会面，这个论坛是两岸领导人展开经济与政治对话的较佳平台，若有

意愿和需要，双方可以利用这个论坛，谈点两岸双方都关心的经济和政治问题。二是国共论坛的途径。国共论坛已吸纳了其他党派团体人士的参与，论坛的议题也由当初的经贸问题发展到文化教育等方面，今后可以作为两岸党派团体讨论经贸文化乃至政治议题的场所。三是海峡论坛的途径。该论坛主题是“扩大民间交流、加强两岸合作、促进两岸共同发展”，它的“民间性、广泛性、社会性和参与性”的特点促进了两岸民间交流的活跃。上述三个论坛合力形成一个讨论两岸关系问题、展开两岸交流合作、深化两岸情感的“立体形”的场所，对于推动两岸政治与经济关系的协调互动有很大的促进作用。

3. 两岸两会办事机构的路径。当年两岸各自设立“海峡交流基金会”和“海峡两岸关系协会”，两岸经由两会处理和解决了两岸交流交往中产生的一些事务性问题，并为两岸协商谈判累积了丰富的经验。如今两岸两会拟互设综合性办事机构，将进一步扩大两会办事效率。尽管两岸两会办事机构仍是以处理两岸间事务性问题为目标，但能走到这一步是两岸关系划时代意义的举措，具有相当的重要性，它标志着两岸交流交往进入到一个新的阶段，也是两岸互信的增加所致。当年两岸两会为解决两岸交流交往中产生的一些事务性问题，对一个中国问题进行反复协商，交换意见，最终达成“九二共识”。因此，两岸两会有了互设机构，两岸交流协商平台将更为现成便捷，随时可就有关问题进行意见交换，如有需要，也可以就两岸关切的任何政治性议题进行探讨。

（二）当前两岸政治与经济关系协调互动的议题

1. 中国领土主权与两岸民众生产生活权的维护。无论从中华民族整体利益考虑，还是从两岸民众生产生活权的维护考虑，两岸都应合作维护钓鱼岛和南海的主权。然而，由于台湾当局受多方牵制，已明确表示不会与大陆合作保钓、护南海。① 受台湾当局相关立场的影响，两岸目前难以在这两个重大问题上联手合作，两岸的利益受损是显而易见的。当前在促进两岸合作维护领土主权方面能做的大致有两种形式的活动：一为专家学者的研讨会，二为两岸民间的共同保钓、护南海的行动及民间合作开发行动。两岸可先从专家学者研讨相关方案、民间人士与企业界进行合作行动

① 马英九在不同场合上宣称，绝不可能和大陆一起维护钓鱼岛和南海的主权。《台方：钓岛与南海议题都不会与大陆联手处理》，香港《中国评论》，http：//www. chinareviewnews. com，2013 -02 -19。

着手，如：保钓资讯共享和联合保钓行动、相关渔业资源和油气的开发等方面的两岸合作，由此逐渐形成两岸官方的默契，相信随着时间的推移两岸官方就有可能采取合作维护领土主权的实际行动。

2. 两岸共同保护和继承中华优秀传统文化。随着中国的强大和文化创意产业在世界范围内的蓬勃兴起，中华优秀传统文化对世界的吸引力会越来越大。中华优秀传统文化是两岸所共同拥有的宝贵财富，在维护和继承中华优秀传统文化方面，两岸有很大的合作空间。笔者曾在 2010 年 6 月撰文认为："两岸应共同确立文化交流合作项目，如共写戏曲、共编教科书、共建两岸文化博物馆、共同保护文化遗产与共同申遗、共推民俗文化繁荣、共设宗教联合会、共办孔子学院，等等，使两岸人民在文化交流合作中有共同参与中华文化传承与创新的经历，如此，两岸人民必将在中华文化的历史与现实中建构共同的文化记忆。"① 两岸民众共同合作保护与传承中华文化的活动十分重要，它有利于扩大两岸民众的社会精神生活范畴，也是培养两岸民众共同情感的重要活动，将为两岸政治关系良性发展奠定坚实的社会精神生活基础。

3. 寻求两岸共同管理和共同创造的机会。为增进两岸民众情感、累积两岸政治互信，两岸必须寻求共同管理和共同创造的机会，两岸可以由经济活动的共同管理和共同创造过渡到社会文化活动等方面的共同管理和共同创造。例如平潭综合实验区的深化，可从经贸活动的共同经营管理扩大到社会生活的共同管理，通过平潭综合实验区的两岸共同实践活动，为建设"两岸共同家园"累积经验。又例如，在 NGO 公益活动和两岸网络社区等方面，两岸完全可以进行合作与共建，这种共同创造的合作模式必将对两岸民众情感的加深乃至两岸政治关系的密切产生积极的影响。此外，大陆应广泛吸纳台湾社会各界精英人士参与祖国的改革开放活动，发挥他们的特长和聪明才智，让其有更多的机会、更广阔的场所积极投入到中华民族伟大复兴的事业中。两岸各界人士的共同管理和共同创造是重构两岸共同历史记忆过程的重要组成部分，相信通过这样的活动，必定能增进两岸的政治互信、激发两岸民众的中华民族责任感和自豪感，两岸的统一之路也就会修得更宽、变得更近。

---

① 文章写于 2010 年 6 月，作为参加全国台湾研究会的一次学术研讨会之用，该全文后刊载于《中国评论》月刊 2011 年 4 月号，其电子版见：http：//mcn. zhgpl. com/crn-webapp/zpykpub/docDetail. jsp？docid = 39701。

四、结　论

为推动两岸政治与经济关系积极互动，台湾必须正视这样一个问题：台湾到底要作何种连接？即是“台独”人士所求的切断与大陆的连接，抑或是民进党人士所言的“由国际走向大陆”？还是国民党人士所做的在连接大陆的同时要由美、日作担保？[①]“台独”人士的切断与大陆连接的观点不值得一驳，民进党的“由国际走向大陆”也很荒谬，因为台湾经济早在大陆改革开放前就已与世界相连接了。那么，国民党的与大陆和世界同时连接、分散风险的想法理论上没有错，问题在于马英九当局为顾及美、日感受一味强调与大陆保持“不统、不独、不武”的现状，这种只求从大陆获得经济利益、不思两岸政治关系发展的连接，其成本与效益可想而知。多年来，台湾为了所谓确保与大陆往来的“安全性”，而竭力谋求与美、日建立相对密切的关系，其代价很大，如不顾钓鱼岛主权而与日本签订所谓“渔权协议”，多次以数十亿美元向美国购买先进的武器装备等。由于两岸的不合作，才使得美、日等国从中获利，而受损的是两岸民众的现实利益和中华民族的整体利益。

我们注意到，一方面台湾在经济上要求大陆让利，而其对大陆的种种限制性政策措施却取消得很少；另一方面，在台湾涉外活动问题上要求大陆让步，而在两岸政治关系上却与大陆若即若离，并拒绝与大陆进行政治协商或谈判，哪怕是政治对话。多年来，台湾总有人担心“台湾被边缘化”的问题。国民党重新执政后，在与大陆改善关系的同时，不断要求扩大台湾的“国际活动空间”和与其他国家和地区签订“自由贸易协议”等。其实，“台湾被边缘化”问题既是“台独”思维作祟的结果，也是台湾方面刻意与大陆保持距离所造成的[②]。台湾要求扩大“国际活动空间”等问题，其实也是政治性议题，台湾方面时常用隔空喊话方式或通过国际

---

① 《经济不能只靠大陆　宜开拓新兴市场》，台湾《中国时报》2009年6月11日；台湾军方有关人士称，两岸“外交休兵”，但“‘国防外交’一直持续进行中，没有休兵”，《台军方：“国防外交”没有休兵》，香港《中国评论》，http：//www.chinareviewnews.com，2013－03－27。

② 民进党前主席许信良就认为：“不稳定的两岸关系，还是可能成为台湾对外签署自由贸易协议的阻力。”《许信良的乌鸦嘴？蓝绿都该听》，见香港《中国评论》，http：//www.cdnews.com.tw，2013－04－16。

组织与大陆交涉相关议题，这种做法既不利于问题的尽快解决，更不利于两岸关系的良性互动。在两岸政治与经济关系的发展过程中，两岸的政治对话或协商乃至政治谈判是难以回避的，关键在于谈什么、如何谈，才最有利于两岸同胞和中华民族的整体利益。

政治与经济两者是不可分割的一对整体关系。多年来，台湾在两岸经贸关系中获得不少经济利益，这种状况在很大程度上是基于大陆的同胞情谊而对台湾做出的让步，但这不等于说大陆可以一直让下去。尤其是在“台独”势力在台湾还有一定的市场，并对台湾当局的大陆政策产生某些制约影响的情况下，台湾这种对大陆的政治疏离反过来会制约两岸经贸等关系的发展，并最终使台湾的利益受损。大陆经济正在转型升级，随着大陆民众生活水平的提高，生产和消费关系、经济和社会政治关系等方面也在发生积极而深刻的变化，大陆正由“世界工厂”渐变为“世界市场”，经济改革也在带动社会政治改革。台湾能否抓住大陆经济、政治和社会发展变化的时机，让处于疲惫的台湾经济有新的活力和陷于“民粹”的台湾政治有更广的视野，这就要看台湾的选择了：台湾是否要坚持不能达成的“台独梦”？抑或是继续与大陆离心离德，坚持所谓的“台湾主体意识”或“以台湾为主”的思维？还是顺势放弃那些不切实际又损害台湾本身利益的思维意识，加入到实现“中国梦”的伟大潮流之中？

大陆新一代领导人已全面接班，他们正带领全体大陆民众和港澳同胞积极实现伟大的“中国梦”。“中国梦”并非是凭空的设想，它是源于为洗刷中国近现代百多年的屈辱历史，是植根于大陆30多年改革开放成果丰硕的土壤，更是基于中国目前所处的内外环境而为全中华民族长远发展利益着想所做的选择。实现“中国梦”的这一进程已经启动，大陆进行30多年的改革开放就是其序曲。“中国梦”其实更需要两岸同胞团结一致，共同为中华民族的伟大复兴而努力奋斗，我们期待台湾同胞积极加入，共同创造中华民族更加幸福美好的明天。

（原载于《现代台湾研究》2013年第4期）

深化两岸认同的路径研究

——基于社会组织的分析视角

谢　楠

2008年5月以来，两岸关系进入一个大交流、大合作、大发展时期，"三通"的实现、ECFA的签订以及一系列相关协议的签署标志着两岸和平发展格局正在不断深化发展，但两岸间的相互认同增强趋势却并不明显，减弱势头却较强。针对如何深化两岸相互认同的问题，已有不少研究者进行了深入的研究，提出了两岸之间通过建构"集体记忆"与"共有观念"进入两岸认同的发展过程。[①] 笔者拟在"集体记忆"和"共有观念"概念的基础上，借助社会组织的研究视角，对深化两岸相互认同的路径进行具体论述。

一、两岸经济往来与两岸认同

近20年来两岸之间经济贸易发展速度惊人（如图1），2012年两岸贸易金额达到1689.9亿美元，其中大陆从台湾进口1322亿美元，向台湾出口367.9亿美元，大陆成为台湾对外贸易顺差主要来源地。但同时，岛内民众对中国的"国家认同"却呈现弱化趋势，岛内"统独"对立情况愈发严重（如图2、3）。岛内的"去中倾台"趋势并未随着两岸日益密切的经济关系而得以扭转。

从图2中我们可以看出，岛内民众认同自己既是"中国人"又是"台湾人"的比例在过去的20年中稳中有降，已从最高1995年的49.3%下降到2012年38.5%，认同自己是"台湾人"的比例大体呈上升趋势，2012

① 陈孔立：《两岸认同的过程——双管双向互动模式》，《台湾研究集刊》2012年第5期，第10—16页。

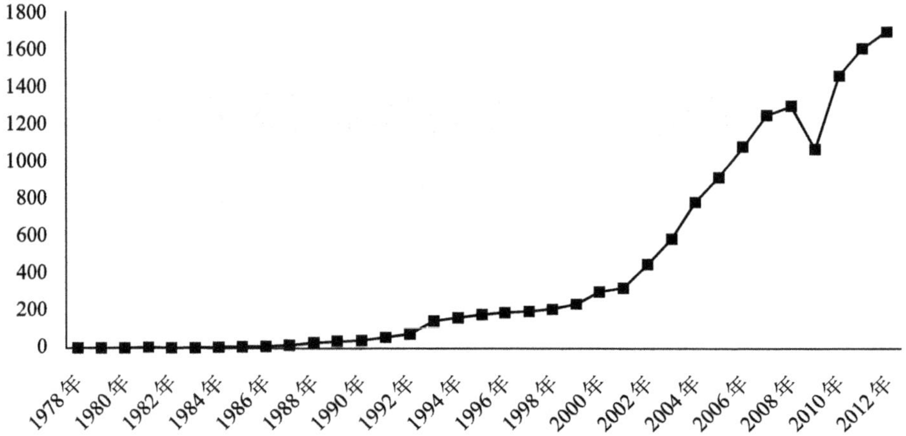

图1　1979年—2012年两岸贸易图

数据来源：商务部台港澳司

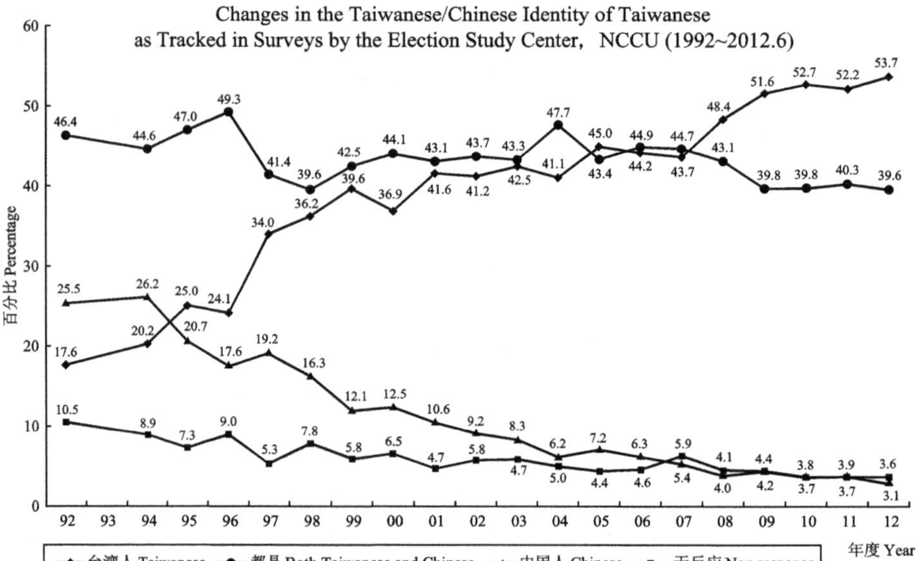

图2　台湾民众“台湾人”/“中国人”认同趋势分布图（1992—2012）

分布图由台湾政治大学选举研究中心制作，数据来源：台湾政治大学选举研究中心数据库。

年已达54.3%，认同自己是“中国人”的比例则一路下滑，以后1993年最高的26.2%下降至2012年的3.6%。从图3中我们还可以看出，岛内民众对两岸统一的态度日益暧昧，虽然主张“维持现状再决定”的比例一直维持在35%左右、“偏向独立”的比例增长也不多（增长仅8个百分点），

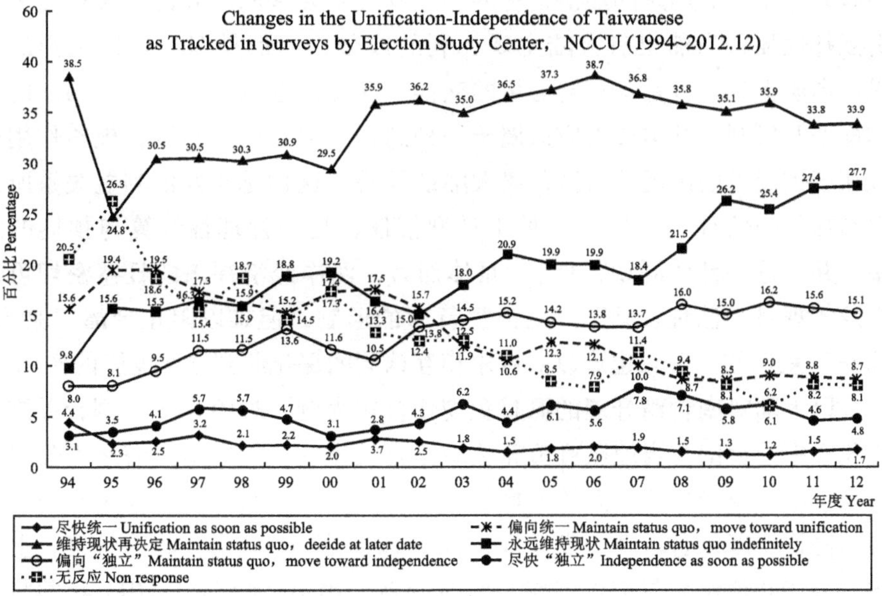

图3　台湾民众统"独"立场趋势分布图（1994—2012）

分布图由台湾政治大学选举研究中心制作，数据来源：台湾政治大学选举研究中心数据库。

但主张"永远维持现状"（保持两岸现有的这种在政治对立、彼此关系和平发展的状况）的比例却呈现明显上升趋势，已从1994年的不到10%上升至2012年的27.7%，同时"偏向统一"的比例也出现了明显下降，已由1996年的最高峰19.5%下降至2012年的8.7%。

反映岛内民众国家认同的调查不少，虽然具体数据有所差异，但所反映出的岛内"台湾主体意识"逐渐上升，"独台""偏安"意识日渐浓厚的趋势却基本一致。①

马克思认为人们在自己生活的社会生产中，发生相适合的生产关系，其总和构成社会的经济结构基础，制约着竖立其上的法律、政治、社会意识等上层建筑。② 但社会意识有其自身发展的独立性，并非与社会存在变化发展亦步亦趋。两岸相互认同程度明显落后于两岸间经济依存度的状况，充分说明了两岸间日益密切的经济往来只是两岸相互认同的必要条件

① 这里所指的"偏安"意识是引用台湾大学政治系张亚中教授的说法，意指岛内的一种满足于现状、不希望改变两岸间"不统、不独、不武"的状态、希望长期享受两岸和平红利的态度。

② 马克思：《政治经济学批判序言》，中共中央马克思恩格斯列宁斯大林著作编译局编，《马克思恩格斯选集》，第2卷，人民出版社2004年版，第32页。

而非充分条件。两岸间经济贸易的迅速发展主要是两岸经济发展程度客观上互补性强，当然也有大陆主观让利的成分，但都是双方理性选择的结果，本质上是一种基于利益考量的交换。在经济基础上所构建的两岸的合作框架及机制，其本质上应该属于一种惩罚式或预防式机制，根本作用应该在于控制可能出现的台湾背离大陆的风险。这种基于经济利益关系所建立和强化的信任关系属于一种工具型信任，是一种理性计算与预期的结果，并非是一种认同型信任。[①] 具体而言，两岸经济往来的日益密切可以有效实现对“法理台独”“急独”行为的遏制，但难以阻止台湾“独台、偏安”意识的上升，也难以对两岸相互认同的深化起到立竿见影的作用。

以大陆对南台湾开展的虱目鱼契作合作为例，2010 年 8 月国台办副主任郑立中赴台南与当地虱目鱼养殖渔户直接座谈，促成由上海水产公司与代表学甲养殖渔户的台南学甲食品公司达成协议，与 100 户养殖渔户签订契约协议，以每台斤高于成本价新台币 10 元的 45 元保证收购价格，上海水产公司并预付参与契作养殖户每台斤新台币 10 元订金。2011 年共收购 300 万台斤；2012 年契作户数增加至 120 户，2012 年 12 月收购完成 360 万台斤，估计占全台湾虱目鱼总产量的 5%。运行两年的虱目鱼契作模式带来了良好的社会经济效益，稳定了收购价格，使参与契作的台湾渔民获得真正受益，赢得了当地渔户的真正支持，形成了当地渔民与大陆经济上的紧密联系。当地渔户协会理事长喊出了“经济是渔民最关心的，不容任何政党破坏，反对契作就是反对渔民”，这已初步具有“经济利益共同体”意味。虽然契作在 2012 年选举未能扭转台湾学甲当地基本盘，但在蓝绿政党阵营 3∶7 的投票倾向中，投票率 71% 比全市的 74% 低，废票率 0.8% 比全市的 0.7% 高。这意味着当地选民开始对岛内民进党消极的不投票、投废票，逐渐展现对其消极面对两岸交流的不满态度。

虽然台南学甲区居民还未积极投票支持蓝营或者直接支持两岸交流政策，但这是一个令人期待的开始。我们相信，随着大陆对台湾（特别是南台湾地区）经济合作方式的不断调整，随着大陆善意持续的、适宜的展现，岛内群众将会越来越多的支持两岸交流政策，两岸之间的认同也会在这过程中得到逐步深化。

现阶段两岸间经济与政治发展的二律背反现象促使我们正视两岸认同

① 沈惠平：《社会认知与两岸互信的形成》，《台湾研究集刊》2013 年第 1 期，第 7—13 页。

构建的复杂性和艰巨性，因此有必要深入研究“认同”概念的内在含义及发展规律，以寻找到深化两岸认同的可行路径。下文拟从“集体记忆”“共同观念”及“社会参与”的概念入手，深入剖析“认同”的构成要素。

二、集体记忆、共同观念与社会参与

（一）集体记忆、共同观念与两岸认同

“认同”（Identity）是一个社会心理学概念，所回答的就是通常意义上的“我是谁”的问题，涉及社会如何将自我概念赋予个人、个体又如何产生群体概念的相关问题。“认同”是社会成员对自己某种群体归属的认知和感情依附，[①] 是“一个人或群体的自我认识，它是自我意识的产物——我或我们有什么特别的素质而使得我不同于你，或我们不同于他们”。[②]“认同”一方面强调了归属，强调你和某群人有何共同之处，另一方面强调区别和排斥，强调你和他者有何区别之处。按照建构主义的观点，“认同”是社会建构的产物。其中，集体记忆是集体认同形成的重要因素，“集体记忆在一个集体，特别是民族集体，回溯性的身份认同中起到持久的作用”。[③] 同时建构主义强调共同观念在集体认同形成中的重要作用，认为“观念建构身份，身份决定利益，利益决定行为”。[④] 由此可见，两岸认同是由两岸民众的集体记忆和共同观念所构建的，如果我们能够构造新的集体记忆，发展共同观念，我们就能够深化两岸认同。

基于集体记忆的可重构性特征，在深化两岸认同方面，研究者提出正视多年来两岸各自在政治社会化过程中所建构的集体记忆的差异性，以开放心态纠正、消除彼此的差异，促进相互理解和包容，另一方面通过两岸之间的互动构建新的集体记忆。而对于两岸间的共同观念，研究者认为两岸的长期交流已经形成了一些共有的观念，如“两岸关系应当和平发展”

① 王希恩：《民族认同与民族意识》，《民族研究》1995 年第 6 期，第 17 页。

② 亨廷顿：《谁是美国人？美国国民特性面临的挑战》，程克雄译，新华出版社 2010 年版，第 17 页。

③ 格罗塞：《身份认同的困境》，社会科学文献出版社 2010 年版，第 37 页。

④ 陈孔立：《两岸认同的过程——双管双向互动模式》，《台湾研究集刊》2012 年第 5 期，第 10—16 页。

“两岸关系不能倒退”等，提出两岸在互动过程中继续构建更广泛、更深刻、更密切的共有观念。[①]

（二）集体记忆与社会参与

从历史发展的维度上观察，集体记忆具有历史性和现实性的分别，而对集体记忆本身进行考察，我们发现集体记忆可以是宏大的、标志性的、规范意义上的，也可以是零碎的、分散的和日常性的。理解集体记忆自身的复杂性和多样性，对构建新的集体记忆大有裨益。

两岸之间协商签署的诸多合作协议，如 ECFA 等，就属于宏大的（涉及两岸各自整体之间的相互关系）、标志性的（代表着两岸之间的合作达到一个新的高度）、规范意义上的（以约束性的文本规范两岸彼此之间的权利与义务）新的集体记忆。另一方面台湾对大陆开放自由行促使每年几十万陆客进入台湾旅游、两岸青年学子彼此交流学习等等，也属于新集体记忆的构建。通过两岸民众互动所产生的大量零碎的、分散的和日常性的记忆事件，有助于增进对“他者”的了解，消除彼此之间的“刻板印象”，推动两岸认同从区隔走向重构。[②] 正如格罗塞所言，“集体记忆通过家庭、阶层、学校和媒体来传承”，[③] 集体记忆的建构建立在广泛的社会参与基础上。

现阶段两岸正不断创造条件以促进两岸民众在社会领域相互参与。但笔者认为，当下两岸民众在社会生活领域的参与行为更多具有“推着走”的特征，往往是两岸官方正式组织动用“有形的手”强力组织动员民众参与。我们应该创造条件，积极为两岸民众的社会参与行为“解禁”，使其具有自我推动、自我发展的内在动力。

（三）共同观念与社会参与

共有观念来自行动者的社会性实践活动。“建构主义理论意味着共同观念的存在取决于具有知识的行为体之间的互动。没有实践活动，结构就不会发挥作用。”[④] 回顾两岸关系由敌对状态走向和平发展的历史过程，正是双方不懈努力、勇于实践的结果。两岸之间既有的一些共同观念如“两

---

① 陈孔立：《两岸认同的过程——双管双向互动模式》，《台湾研究集刊》2012 年第 5 期，第 10—16 页。

② 孙升亮：《两岸认同从区隔走向重构》，《台湾研究》2009 年第 5 期，第 7—12 页。

③ 格罗塞：《身份认同的困境》，社会科学文献出版社 2010 年版，第 34 页。

④ 温特：《国际政治的社会理论》，上海世纪出版集团 2008 年版，第 19 页。

岸关系应当和平发展”“两岸关系不能倒退”“两岸人民属于中华民族”等都是在两岸持续互动交往中不断碰撞、调整而形成的。展望未来，两岸之间想要形成更多的共同观念，必然是秉持求同存异的精神，在相互肯定双方既有的同质性的基础上，通过广泛的社会参与形成更广泛、更深刻、更密切的共有观念。

以两岸最终实现完全统一的目标来看，“两岸关系应当和平发展”“两岸关系不能倒退”“两岸人民属于中华民族”这类共同观念只是两岸现阶段之间的最大公约数，属于一种底线共识，是一种彼此不可突破也不应突破的基础性规范。“两岸关系应当和平发展”“两岸关系不能倒退”是海峡两岸人民、红蓝绿政党都接受的共识，而“两岸人民属于中华民族”则是两岸对自身历史文化的共同认知。当两岸共同观念继续向前发展，就涉及对彼此发展道路、生活方式、价值理念的不同认知。客观上说，1949 年以后大陆与台湾就走上了不同的发展道路，至今都在实现现代化的道路上不断摸索和实践。两岸之间的隔阂与差异在短时间内确实难以消除。因此，未来两岸间共同观念的继续建构，不仅仅需要两岸在政治领域达成共识形成协议，更是需要两岸民众在社会生活领域广泛参与，以实现对彼此的生活方式和价值理念产生认同。这是一个彼此包容理解的过程，更应是一个彼此砥砺、共同发展的过程。

三、发展两岸间社会组织是深化两岸认同的重要路径

无疑，深化两岸认同需要通过两岸民众的积极社会参与以形成新的集体记忆、发展共有观念。社会参与的形式有许多种，包括社区参与、网络参与等等。其中最重要的应该是参与各类社会组织，以实现制度化、组织化的社会参与，这也是公民现代性的重要组成部分。①

（一）社会组织的特征与功能

社会组织的概念有广义与狭义之分，广义上讲社会组织是人们为实现特定目标而建立的共同活动的群体，亦称次级社会群体。② 狭义的社会组

① 王兵：《当代中国人的社会参与研究述评》，《哈尔滨工业大学学报（社会科学版）》2012 年第 6 期，第 22—26 页。

② 参见《中国大百科全书（第一版）》网络版“社会组织”条目，作者：李路路。

织概念，又被称之为“民间组织”“非政府组织”，泛指那些在社会转型过程中由各个不同社会阶层的公民自发成立的、在一定程度上具有非营利性、非政府性和社会性特征的各种组织形式及其网络形态。[①] 在本文的讨论中，如无特别说明，笔者一般应用狭义的社会组织概念。

社会组织存在多种形式和类型，但也有相对稳定的共同特征：一是特定的组织目标。组织成员一般都是围绕着某一特定而具体的目标来从事共同的活动。二是相对固定的成员。成员进入、退出和活动都有相应的程序，成员对组织能形成归属意识。三是合法性。社会组织应该在国家法律许可下，登记注册开展活动。四是自治性。社会组织一旦成立，就应该在相应范围内自主开展活动，实现有效的自我管理。从这个意义上说，大陆的很多社会组织与政府之间依旧是从属互补合作关系，民间性和自治性尚不完全。[②] 五是非赢利性。这强调社会组织与市场经济中的公司组织之间的差别，突出社会组织的服务性特征。社会组织的发展目标不在于获得盈利，而在于向社会提供多样的社会服务。

社会组织的功能总体而言在于满足人们的经济、政治和社会需要。具体而言，社会组织功能的发挥取决于社会组织自身的定位。如果将大陆社会中的社会组织定位于政府、市场之外的第三方，是社会治理“多中心”的一方，那么社会组织的主要功能在于弥补市场“无形的手”和政府“有形的手”的不足，可以推进政府向“有限政府”的转型，同时有助于企业摆脱“企业办社会”的状况，推动企业的专业化发展。[③]

另一方面，从社会转型发展的角度上说，社会组织的基本功能在于培育和发展与市场经济相适应的价值体系、社会规范、道德和伦理实践体系。[④] 各种社会组织内社会个体之间、社会组织相互之间在频繁持久的互动过程中将逐渐形成、并为社会普遍认同的价值和社会准则。从这个意义上说，大陆社会自身在快速变迁的过程中所存在的社会约束力失控、价值

① 王名：《走向公民社会——我国社会组织发展的历史及趋势》，《吉林大学社会科学学报》2009年第3期，第5—12页。

② 文军：《中国社会组织发展的角色困境及其出路》，《江苏行政学院学报》2012年第1期，第57—67页。

③ 张尚仁：《“社会组织”的含义、功能与类型》，《云南民族大学学报（哲学社会科学版）》2004年第2期，第28—32页。

④ 冯钢：《论社会组织的社会稳定功能——兼论“社会复合主体”》，《浙江社会科学》2012年第1期，第66—73页。

“失范”现象需要通过形成新的社会组织体系，并通过社会集体组织的正常运作来重新规范个体行为，并逐步形成社会普遍认同的价值和社会准则。而大陆社会与台湾社会未来要形成真正意义上的“生命共同体”，也应该通过社会组织（广义层面）这个媒介，使彼此的社会个体与社会组织能够在频繁持久的互动过程中形成双方都认可的价值和社会准则，为两岸最终统一奠定观念认同基础。

（二）发展两岸间共有社会组织的优势

现阶段，大陆和台湾之间的交流，社会组织已经发挥了重要的作用。每年两岸公权力部门、学校及行业协会等各类组织都组织大量的交流活动，如各类两岸论坛、两岸青年交流营，最近台湾还逐步放宽了陆生赴岛的限制。两岸之间大量的交流活动确实对修正彼此之间的刻板印象大有裨益。但坦白而言，这类交流互动行为普遍存在着“推着走”的情况，基本都是在既定组织之间发生的。这种行为有助于增进理解，结束两岸之间的“敌对状态”，推动两岸民众从“互不理解”到“相互理解”。[①] 但当两岸认同建构进入获得“群体资格阶段”,[②] 两岸民众要获得彼此群体成员特征，除了选择成为对方社会中的一员以融入当地社会，如长期居住在大陆的台商逐步强化对迁移地的认同,[③] 嫁入台湾的大陆配偶逐步融入台湾当地社会，还应创造条件使彼此社会中的个体能够在共同的社会组织中持续互动，不断扩大两岸之间价值观念和社会规范“交集”的范围，成为真正意义上的“你中有我，我中有你”，如图4所示。

两岸间共同的社会组织与两岸各自的既有组织在促进两岸互动方面的区别在于：前者可以使两岸彼此的社会个体能够在共同的目标下，制定彼此都认同的程序、规范，实现真正的共同管理，以形成共同的归属和认同。而后者的社会个体一方面难以有长期持续的互动，另一方面受自身组织的规范和观念影响，个体在互动时往往会出现“我了解你，但我不认同你”的状况。

① 陈孔立提出两岸的认同过程存在五个阶段：“对抗”“不对抗”“利益相关者”“群体资格”与“认同重构”这几个渐进向前的发展过程。参见陈孔立：《两岸认同过程的五个阶段》，《台湾研究集刊》2012年第6期，第1—6页。

② “群体资格”是社会认同理论中的重要概念，是社会认同的来源。行动者获得某一群体“群体资格”的过程也是相关集体记忆和社会知识的习得过程。

③ 耿曙：《“资讯人”抑或“台湾人”：大上海地区高科技台商的国家认同》，台湾“国政研究报告”2002年5月28日。

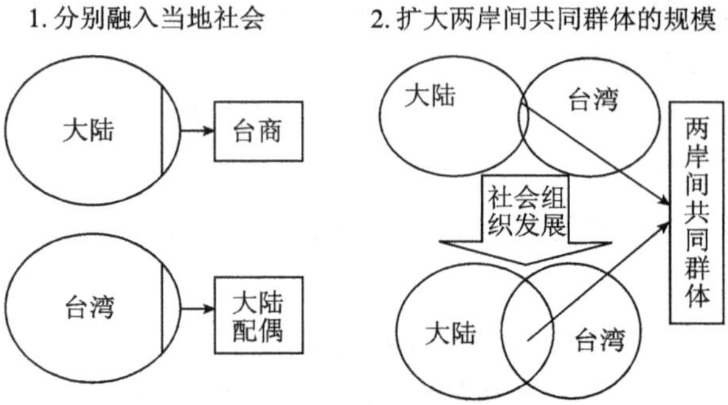

图4　两岸认同构建的不同路径示意图

（三）优先发展两岸间的公益慈善服务类社会组织是合适的选择

社会组织的类型划分多样，按照大陆的《社会团体登记管理条例》《民办非企业单位登记管理暂行条例》和《基金会管理条例》，民政部将纳入管理的民间社会组织分为社会团体、民办非企业单位和各类公益性基金会三大类，学术界有按照美国霍普金斯大学非营利组织比较研究中心制定的分类法，将中国民间组织分层12各大类27个小类：文体类、教育类、卫生保健类、公益基金及志愿服务类、宗教类等。① 鉴于两岸政治社会生态的具体情况，笔者认为应优先发展两岸间的公益慈善类社会组织。

主要理由：

一是大陆开始逐步降低社会组织登记准入门槛，社会组织活动空间有所扩大。2012年1月1日起，广东省社会组织管理改革迈出实质步伐，放宽了社会组织的限制，各类行业协会、异地商会以及公益服务类、社会服务类、经济类、科技类、体育类、文化类社会组织，不再需要挂靠主管单位，可以直接到民政部门申请登记。按照大陆社会管理发展的趋势来看，沿海经济发达地区都可能会效仿广东，放宽对社会组织发展的限制，以促进社会组织的发展。

按照广东省委、省政府印发的《〈关于进一步培育发展和规范管理社会组织的方案〉的通知》的具体要求，行业协会商会已经允许吸纳港澳台人士在广东省内工商注册的企业为会员，同时强调应加强与港澳台社会组织交流合作，推进港澳服务提供者以独资民办非企业单位形式举办养老机构和残疾人福利机构。未来我们应该积极推动在特定社会组织领域（如公

① 邓国胜：《非营利组织评估》，社会科学文献出版社2001年版，第5—6页。

益慈善类社会组织）内，进一步放宽对港澳台社会个体参与大陆社会组织的限制，将两岸三地的合作层次由组织对组织的合作推进到组织与个人的合作甚至是个人与个人的合作。

二是公益慈善服务类社会组织政治功能较弱，其价值理念无涉两岸政治敏感区。必须认识到社会组织具有非政府性、非营利性和资源性特征的同时，同时也具有政治性、对抗性，主要发挥社会功能的同时，也具有一定的政治功能。[①] 在自由主义语境下的西方公民社会理论较为强调国家与社会之间的二元对立划分。西方发达资本主义国家甚至还经常以非政府组织为中介，向非西方国家灌输西方的民主观、人权观和社会观。这是值得我们警惕的。我们必须走国家与社会组织有效整合的发展道路。

公益慈善类社会组织的“帮助弱势群体”的核心理念具有较强的普适性，较易与两岸之间现存的政治敏感区进行区隔，能够在两岸之间形成“共同观念”的连接点，即便对两岸中政治态度差异较大的社会个体也能形成共鸣，有助于互动的持续进行。

三是可以吸收台湾地区先进的经验，有助社会组织水平的提升。台湾社会组织建设取得了令人瞩目的成就，截至2012年底，台湾地区各类社会组织总数超过5万个，[②] 成为社会治理的重要组成力量。台湾社会组织管理理念较为先进、监管体系严密、管理机制以及管理手段多元化，这些经验都值得大陆借鉴。[③]

四是可以充分吸引两岸青年人的参与。从台湾的“国家认同”调查来看，岛内的青年群体对“中国”的认同相对于其他年龄群体更低。岛内《天下》杂志的调查显示：62%受访者认为自己是“台湾人”，自认“既是台湾人也是中国人”的有22%，自认是“中国人”的仅8%；其中，19到29岁的年轻族群认为自己是台湾人更高达75%。[④] 导致台湾青年国家认同观念嬗变的原因与台湾李登辉时期开始的“去中国化”教育密切相关。这既说明了两岸认同构建工作的艰巨性，也指明了工作的主要对象应是岛内的青年群体。

---

① 白平则：《如何认识我国的社会组织》，《政治学研究》2011年第2期，第3—10页。

② 数据来源：台湾“内政”统计资讯服务网 www. moi. gov. tw/stat.

③ 郑振宇：《台湾社会组织管理的经验、问题与启示》，《探索》2013年第3期，第142—146页。

④ “2010国情调查”，台湾《天下》杂志第437期，2009年12月16日。

两岸青年群体固然在国家认同观念层面有着巨大的差异，但在热衷慈善公益、积极参与志愿服务工作方面有着极强的共性。发展两岸间公益慈善社会组织，能够充分吸引两岸青年人的参与，可以为两岸青年的长期互动交流、增进相互理解提供很好的条件。

（四）发展两岸间公益慈善社会组织的目的

发展两岸间共同的公益慈善社会组织的目的在于将两岸各自的社会个体以公益慈善理念汇集起来，在共同组织内互动交流，为共同的目标—“帮助弱势群体”共同努力。在此过程中，两岸具有不同生活习惯、思维方式和价值观念的社会个体能够逐步构建出鲜活、积极的集体记忆，并在互动中提升扩大“共有观念”，共同努力构建一种双方均能接受的新行为规范和价值理念，稳步推动两岸认同的深化发展。

自2008年马当局执政以来，两岸关系进入了快速发展阶段。现阶段两岸关系进入了公认的“深水区”，而两岸认同被普遍认为是未来两岸深度整合的关键性因素。两岸认同在不同层面上展现出不同的面貌：两岸民族认同长期保持高度同一性；两岸文化认同中的同一性大于差异性，差异性值得正视和消除；两岸国家认同同一性已被差异性赶超，差异性还有扩大的趋势。[①] 台湾“国家认同”的嬗变是岛内政治生态变化等综合因素影响变化的结果。消除两岸认同的差异性、重新走向同一性，需要两岸长期共同努力。深化两岸认同的可选路径有许多，选择以发展两岸间共同社会组织为抓手，优先发展公益慈善类社会组织，从“帮助弱势群体”这个两岸都普遍认同的观念入手，吸引两岸的社会个体特别是青年群体广泛参与，循序渐进，逐步增强两岸在文化价值理念层面的认同，为建构“两岸一家人”的观念提供可靠基础。

（原载于全国台研会《两岸经济关系与政治关系的互动路径》论文集）

① 刘相平：《两岸认同之基本要素及其达成路径探析》，《台湾研究》2011年第1期，第1—6页。

共生中的差异与差异中的共生

周志怀

近代以来，海峡两岸由于历史道路不同，逐渐形成了不同的政治和社会制度，在意识形态、发展模式与生活方式上也存在着诸多差异，从而构成了阻碍两岸关系和平发展的政治分歧。这些差异或分歧虽然客观存在，但这并不能、也不应该割断两岸之间历史的、文化的、血缘的、地理的、民族的和法理的联结。如何看待两岸在共生过程中存在的差异与分歧，并在处理这些差异与分歧中获得共生，应是海峡两岸的共同愿望与责任。本文重点探讨2008年以来两岸关系和平发展过程中的差异与共识问题，同时也就现阶段两岸红绿之间的交流以及两岸关系和平发展进程中出现的“台独休克”现象作一梳理。

一、两岸关系和平发展的共识与分歧

在2008年以来的两岸关系发展过程中，两岸或许形成过诸多共识，但笔者认为以下三点具有重要作用：

一是两岸间的政策共识。亦即两岸双方在处理彼此关系时，在大政方针方面所形成的基本共识。2013年6月以来，两岸执政者在这方面的共识更加清晰，这就是：两岸都主张一个中国原则，都用一个中国框架定位两岸关系，都认同坚持“九二共识”、反对“台独”的共同政治立场。在这样一个基础上，两岸双方可以牢牢把握两岸关系和平发展主题，把两岸关系良性发展的势头保持下去，不断开创两岸关系和平发展新局面。

二是主流民意的共识。一是两岸和平，二是两岸的持续或长期和平，三是两岸和平的制度化。马英九先生曾在2011年的元旦祝词中称，“争取台海长期和平发展是两岸人民的共同愿望”。这一判断体现出对两岸民意的精准把握。实际上，早在2008年3月，马英九在刚刚当选后就指出，如果大家都接受“九二共识”，“不敢讲百年和平，至少长期和平是有机会的”。这当然是一种良好与善良愿望。对此，大陆方面也持完全相同的看法。2008年12月，胡锦涛在纪念《告台湾同胞书》发表30周年重要讲话中强调，要“竭力避免再出现骨肉同胞兵戎相见，让子孙后代在和平环境中携手创造美好生活”。同时也再度呼吁，“在一个中国原则的基础上，协商正式结束两岸敌对状态，达成和平协议，构建两岸关系和平发展框架”。这一讲话，同样凸显了大陆希望两岸子孙后代能够在长期和平中创造并共享美好生活的愿望，同时也提出可以用构建两岸关系和平发展框架的方式，使两岸间的长期和平获得制度性保障。

三是共同利益的共识。应该说，2008年以来两岸关系所取得的所有进展，都是建立在共同利益基础上的，而这个共同利益又是建立在中华民族整体利益上的。2009年4月，马英九在出席美国“‘战略与国际研究中心’台湾关系法30周年研讨会”视频会议时称，“为了台湾繁荣以及中华民族的整体利益”，要“加强与大陆的交往”。胡锦涛也一再表明应增进中华民族的整体利益，2011年11月在美国檀香山会见连战荣誉主席时指出：3年多来，在两岸双方共同努力下，台海局势发生重大积极变化，两岸关系开创出和平发展新局面。事实证明，两岸关系和平发展符合两岸同胞共同意愿，符合中华民族整体利益。2013年6月，习近平总书记在会见吴伯雄荣誉主席时也强调，要坚持从中华民族整体利益的高度把握两岸关系大局。实践表明，现阶段两岸关系和平发展所取得的成果，正是两岸双方充分考虑了民族整体利益的结果，这展示了今后两岸关系发展的基本方向。如果海峡两岸在今后的合作发展中均能以民族整体利益为核心考量，和平发展就能够得到持续巩固与强化。

两岸关系的和平发展不仅有共识，当然也存在不同的差异与分歧。红与蓝、红与绿之间的差异与分歧到底在什么地方？笔者认为，大陆与国民党之间的差异与分歧，主要在于政治制度、意识形态、价值观和生活方式，但与民进党的分歧则主要在于主权、领土完整与国家安全。政治制度、价值观与意识形态等方面的分歧是可以暂时放在一边的。因此，我们与国民党之间并不会因为分歧阻断了双方之间的交流、理解与互信。但是，大陆与民进党之间的差异与分歧则是原则性的、本质性的，是零和的、不可调和的，因而难以取得共生。2013年6月习近平总书记在会见吴伯雄荣誉主席时指出：“‘台独’分裂势力及其分裂活动仍然是对台海和平的现实威胁，必须继续反对和遏制任何形式的‘台独’分裂主张和活动，不能有任何妥协。”这与江泽民、胡锦涛两代领导人对于“台独”问题的判断完全是一脉相承的。2004年9月，江泽民同志辞去军委主席职务后在中央军委新班子扩大会议上的讲话中曾明确指出：“当前和今后一个时期，对我国国家安全最大、最现实的威胁就是‘台独’分裂势力。”胡锦涛同志在2008年“12.31”重要讲话中也强调：“‘台独’分裂势力及其分裂活动违背两岸同胞共同利益，损害中华民族根本利益，拂逆中国发展不可阻挡的历史潮流，是对两岸关系和平发展的最大威胁。”

大陆三代领导人反对“台独”分裂势力及其分裂活动的论述，表明了大陆维护国家主权与领土完整的决心与意志。民进党如何解决与大陆之间的根本分歧，应该是今后必须思考的重点。

二、红蓝绿的不同困境与民进党的大陆政策选择

两岸红、蓝、绿都有着各自不同的困境。

大陆目前面临的最大问题是治理困境。仅从脱贫问题看，世界银行2008年宣布，将国际贫困标准从每天生活费标准的1美元提高至1.25美元。中国大陆则于2011年宣布上调国家扶贫标准，从2010的1274人民币（每天0.55美元）提高到2300元（每天1美元）。这一调整则使大陆贫困人口从2688万扩大至1.28亿，占农村总人口的13.4%，接近全国总人口的1/10（台港澳除外）。再从就业问题看，大陆2013年仅大学毕业生就高达699万。老龄化社会的问题也日益突出。发达国家一般在人均1万美元以上进入老龄社会，而大陆则在低收入阶段进入老龄化社会，未富先老。到2050年大陆60岁以上将达4亿人，每4人中就有一老人。其他诸如环境保护、城乡二元化、腐败等问题上，也面临严峻挑战。

马英九当局目前面临的最大问题则是再次政党轮替问题。在2008年“大选”中，国民党候选人马英九以765万票的绝对优势当选，大赢民进党候选人谢长廷220余万票。但其后却频遭“8.8”风灾“美国牛肉进口”以及人民对经济复苏“无感”等因素困扰，施政满意度始终无法提升，以至被民进党贴上“无能”标签，从而使2012年“大选”的连任也赢得心惊肉跳。马英九在第二任期内所推行的“油价、电价上涨”复征“证券交易所得税”“核四公投”“改革年金制度”等多项政策，也备受争议，民

意支持度继续处于低迷状态。台湾指标民调公司2013年6月下旬公布的民意调查结果显示，受访民众对马英九的信任度为21.9%，不信任度为63.7%；对马的执政满意度仅为16%，不满意度则高达73.7%。这一状况的持续，势必会危及国民党2016年的继续执政。

对于要重返执政的民进党来说，如何面对大陆，处理好两岸关系，维护台海和平，则是其不得不面对的重大现实问题。对于2008年与2012年两次“大选”的失败，民进党内的有识之士都曾直指为民进党的路线挫败。但两次败选后，我们都未看到民进党真正要检讨其核心价值、政治路线以及事关台湾前途的大陆政策。特别是对于2012年“大选”的检讨，党内很多人认为美国与大陆的介入才是导致败选的重要原因。蔡英文选后还曾以下乡谢票为由，拒见“美国在台协会”主席薄瑞光。而代为会见的民进党智库副执行长萧美琴则当面抱怨：部分美国现任及卸任官员在选举期间支持特定政党，民进党感到遗憾。[①] 无法直面问题所在，正是民进党所面临的困境。这是世人皆知的困境，民进党却浑然不知？

民进党要重返执政，在大陆政策上面临着三种选择：第一是以不变应万变，坚持既有意识形态，难以摆脱“台独”党纲与“基本教义派”的羁绊。第二是调整：也就是策略性与试探性的调整，其目的主要是应对选举。第三是转型：转型的基本概念是弃“独”。在上述三项选择中，转型是迟早要走的路。

2012年民进党败选后，谢长廷曾表示，“如果民进党的中国政策与国民党拉得太开，不仅让对手有攻击目标，台湾内部也会持续对立”。他主张，“民进党应尝试贴近国民党的中国政策”。[②] 那么，国民党的大陆政策究竟是什么呢？按照民进党原“中国事务部”主任、现任台湾清云科技大学企管系副教授颜建发的理解，“马英九所代表的国民党主张‘不统、不独、不武’，仔细探究，实际上‘不统’并非实情，精确地讲，应该是‘暂时不统’。不过，‘不独’则是铁律，而且其反台独”。[③] 果如此，国、民两党的基本立场南辕北辙，民进党要如何向国民党的大陆政策靠拢呢？要找到真正答案，除了弃“独”之外，民进党可能别无选择。

① 林政忠：《拜会民进党，薄瑞光“碰钉子”》，台湾《联合报》2012年1月31日。

② 社论：《民进党敢向国民党靠拢?》台湾《联合晚报》2012年2月8日。

③ 颜建发：《两岸议题可望在2014年的七合一选举提早登场》，台北论坛网站2013年7月4日。

三、“台独休克”现象与民进党的转型机遇

从目前情况看，在民进党现状派与调整派，或是“基本教义派”与务实派的较量中，现状派或“基本教义派”还是占上风的。与此同时，我们也应该看到，岛内“台独”基本教义派目前的声音虽然还很大，但在2008年“大选”失败后，民进党已失去了运用体制内力量与手段推动“台独”分裂活动和“去中国化”的能量。随着两岸关系和平发展的深化，岛内已开始出现“台独休克”现象。这一现象的主要表现有三：

一是“台独”空间受到压缩，“台独”的价值理念受到挑战。2013年5月，民进党主席苏贞昌在就职周年前夕谈及其两岸立场时，表达了“何必再喊台独?”以及“法理台独让学者去讲!”的想法。被视为蔡英文重要文胆的台湾清华大学副教授姚人多则直言“台独”“建国”已失去主流市场。这些现象表明，2008年以来的两岸关系和平发展效应，已开始让“台独”的价值出现边缘化趋势。

从李登辉与陈水扁过去的执政实践看，“台独”其实也只能是一种空想。理性地思考一下，“台独”起码需要如下几个条件：一是民意相挺，但现实表明，岛内大多数人主张维持现状；二是国际社会支持；三是以军力为支撑；四是法理基础。可以肯定地说，这些条件对于“台独”鼓吹者来说，基本上都是要向不可能的事物挑战。实际上，早在2006年，美国的中国问题专家陆伯彬就曾直言，主客观条件已使得“台独”运动趋于式微。[①] 李登辉2007年1月29日接受台湾《壹周刊》访问时也曾称，他“从来没有主张过台独”，也不是“台独”教父。李还批评民进党制造“追求台湾独立的假议题”，“统独天天谈都是假的，都在权力斗争”。而陈水扁面对现实时，也不得不坦言：“台独做不到就是做不到。”由此观之，也就不难理解苏贞昌、姚人多等人为何会有上述言论了。民进党在两次“大选”失败之后，路线检讨的声音虽被压制，但始终没有消失。一种观点认为，民进党只有再尝败绩，才有可能真正警觉与反省，认真思考转型，这一论断不无道理。

二是民进党对两岸交流的限制开始转为正面思考并持开放态度。2012

① 《西方外交官：民进党把台独玩完》，台湾《中国时报》2006年3月29日。

年2月，民进党中执会通过的“2012年大选检讨报告”指出，在实务上，未来除了要更深入研究大陆的变化与对台战略，也应更具体展开双向交流，摆脱“反中、锁国”等错误刻板印象。2012年3月，陈菊任民进党代理党主席时则公开表示，民进党欢迎所有党公职同仁对大陆有更多了解与交流。其后，陈菊还明确表示，乐见并肯定两岸关系和平发展及两岸人民密切交流互动。蔡英文也提出民进党应建立与大陆交流的模式。民进党中执委洪智坤认为，如此一来，民进党与大陆的往来交流，可以制度化、正常化、除罪化。民进党对现实的两岸交流不再采取无视、漠视或者敌视的态度，不再停留在反对、批判的层面，这是一种重要姿态。

目前，民进党已不再禁止县市长与党公职人员访问大陆、参加城市交流或登陆促销农产品。据统计，2012年民进党公职人员赴大陆事先报备的有50件左右，约比2011年增加两倍。特别是谢长廷先生去年的登陆，已迈出红绿交流的最为艰困的一步，打开了大门。谢长廷访问后，台湾中国时报的民调发现，有44%的人支持谢的“开展之旅”，51%期许苏贞昌主席也能有趟大陆行，近五成认为民进党与大陆的交流应更大胆开放些。[①]在谢登陆的8个月之后，未来事件交易所的调查显示，支持谢访问大陆的受访者已高达64%，较过去增加了20%。

红绿之间交流与互动的增加，显然是催生“台独休克”现象的重要因素。

三是民进党及其支持者不再排斥两岸对话。2010年5月，民进党的民调显示，有高达86%的泛绿支持者，支持民进党与大陆对话。当时蔡英文也马上松口称：“民进党不排除在不预设政治前提下，与大陆进行直接并实质的对话。”[②] 今年6月，未来事件交易所发表的“民共对话与互动”的民意调查结果也显示，对民进党与共产党共同举办两岸关系论坛的支持度高达51.9%，对于民进党智库与大陆学术界智库进行二轨政策对话的支持度亦达56.9%。这显示，岛内民意对于民共对话寄予较高期待。实际上，苏贞昌2012年在登记参选党主席时，也曾主动抛出两岸关系主张，强调应以“用对话代替对抗、用互动追求互利互惠、促成共存共荣”。要求与大陆对话的声音越大，相互了解与理解的可能也就随之增加，“台独”的空

① 社论：《民进党必须回答的几个问题》，台湾《中国时报》2012年10月15日。
② 社评：《掌握契机，引发民进党改变》，台湾《旺报》2012年1月31日。

间也势必会受到相应的挤压。

“台独休克”现象的出现，应是民进党大陆政策调整或转型的机遇，关键在于民进党中央如何把握，大陆可以拭目以待。

四、红绿双方直面差异的路径：创造性接触与持续接触

两岸之间固然有很多差异，但这些问题毕竟都是共生中的差异。孟子曰：物之不齐，物之情也。差异客观存在，并不可怕。关键是如何面对差异、处理差异、缩小差异，在差异中实现共生与双赢，亦即台湾维新基金会董事长谢长廷先生经常所论及的“和解共生”。《周易·系辞传下》曾有这样的精辟论述：“天下同归而殊途，一致而百虑。”也就是说，我们无论寻找何种路径，采取何种办法，具有何种不同思考，但共生都是我们要达到的共同愿望与目标，而这正是殊途同归，百虑一致。

红绿双方要直面差异并寻求共识，最简单的路径就是双方必须进行创造性接触与持续接触。2012 年之后，红绿双方的互动开始出现一些令人值得关注的现象。当年 3 月，国务院台湾事务办公室所属的海峡两岸关系研究中心在云南腾冲举办第十届两岸关系研讨会，时任民进党中央发言人的罗致政、原陈水扁办公室主任陈淞山、原民进党“中国事务部”主任董立文等应邀与会，民进党的“三只小猪”启动了 2012 年“大选”后红绿交流的按钮。10 月，谢长廷先生毅然登陆“调酒”，这是红绿双方的一次创造性接触。谢的“开展之旅”虽不计名分，但这并不能改变其为绿营极具代表性人物的实质。12 月，国务院台湾事务办公室副主任孙亚夫以海峡两岸关系研究中心主任名义出席台北学术研讨会，与民进党政策会执行长吴钊燮公开互动并同台演讲致辞，吴称这是他印象中的“民进党同大陆官员的第一次公开见面”。2013 年 7 月，由民进党前主席蔡英文任董事长的“小英教育基金会”举办专题会，邀请中国银行首席经济学家发表专题演讲，这是该基金会首度邀请大陆人士面对面座谈，“开启了蔡英文与中国大陆的接触”。[①] 应该说，这是蔡英文与大陆之间的一次试水式的互动。

2013 年，红绿双方还搭建了持续性接触的重要平台。6 月，维新基金

① 《蔡英文邀请大陆学者登岛谈“钱”》，《人民日报·海外版》2013 年 7 月 11 日。

会在香港主办“两岸关系的发展与创新”学术研讨会，大陆派出国务院台湾事务办公室以及商务部、文化部、农业部、环保部官员和众多学者与会，鲜明表达了与绿营保持持续性接触的立场。应该说，在香港举办的这一论坛，正是促进大陆与民进党务实派、与绿色阵营创造性接触与持续接触的重要平台。“两岸关系的发展与创新”学术研讨会最终达成了三点结论：1. 两岸同源同文，两岸关系和平发展得到两岸主流民意的支持。台湾各政党、政团及民间团体的参与，有助于全面反映台湾民意，稳健推进两岸关系的发展。两岸政党均应认识到，摆脱对立冲突、开展平等协商、推进双方交流，为两岸人民及国际社会所乐见。2. 两岸交流应让广大人民受益。任何协议应平等协商，互惠互利，符合人民需求，特别需要重视基层民众的利益与合理关切，以利于维持两岸关系长期稳定发展。3. 两岸协商已进入深水区，彼此差异仍未解决。两岸应面对历史、正视现实，尊重民意与增进人民福祉，推进政策创新，促进两岸共同繁荣发展。① 这表明，在这个论坛上，红绿不仅可以直面差异与分歧，而且可以推进对话，寻求交集或共识。这样的论坛若能持续举办，必将为红绿交流“树立一个良性互动的典范”，② 红绿间的共识则可能从无到有，从少到多，从而引发蝴蝶效应，对两岸关系的发展产生重要影响。

五、四项建议

为了实现两岸红绿双方之间的创造性接触与持续接触，缩小差异，并在差异中赢得共生，笔者特别提出以下建议：

1. “共同建设者”应该成为两岸关系和平发展中的新的关键词。参与两岸关系，做反对派、批判者很容易，但做一个建设者却十分困难。在两岸关系和平发展中，民进党应承担更多的责任与义务，不要一直处于边缘地位，而是要转变成一个负责任的参与者。

2. 共创和平。和平不分红与绿，发展不分红与绿，民生不分红与绿。共创和平需要两岸之间有一个公开透明的协议，绿色阵营应支持签署和平协议，使两岸和平的现状能够制度化、固定化。

---

① “两岸关系的发展与创新研讨会”闭幕式结论，台湾维“新影子政府网站”2013 年 6 月 30 日。

② 孙亚夫：《民共交流，必先弃“独”》，香港《文汇报》2013 年 6 月 30 日。

3. 红绿交流要选择合情合理的切入点。当前，民进党可从改变相互称谓开始，将“中国”改称为大陆、北京、台海两岸等。这个切入点应该是合情合理的，并不困难。

4. 搭建红绿对话平台，共同举办“南南合作与发展论坛”。台湾南部县市与学界可以与大陆南部合作举办论坛，寻找连接点，扩大合作，深化共同利益，打造制度化的交流平台。

（原载于《中国评论》2013 年 9 月号）

当前民进党两岸政策思维及其可能方向

刘佳雁

自2012年5月苏贞昌正式接任民进党主席迄今几近一年，尽管各界对苏可能调整民进党的两岸政策极为关注，但事实是，在党内政争环境和“朝野”竞争态势特别是“基本教义派”的掣肘下，近一年来党内众声喧哗的务实调整两岸政策声音却逐渐由强趋弱、偃旗息鼓，谢长廷登陆可能开启民共对话的机会之窗亦被关闭，民进党的两岸政策基调趋向保守，一些关注民进党未来发展和转型的有识之士无不为之惋惜。短期来看，2014年“七合一”选举前，苏领导下民进党调整两岸路线的可能性不大。倘或2014年苏续任民进党主席，随着2016年“大选”党内外竞争的日趋激烈化，民进党两岸路线调整存在一定的可能性，但其调整的时间、速度和幅度都值得密切观察。

一、明显趋于保守的民进党两岸政策

从接任党主席近一年的演变来看，苏贞昌领导下的民进党两岸政策思维不仅未能超越其前任蔡英文的路线，其基调甚至相较于蔡英文“和而不同，和而求同”的“和中”思维还更加保守，镌刻着深深的“反中仇中”痕迹。

（一）“台独”基本立场不变，更加清晰地强调“一边一国”

苏贞昌接任党主席后，不仅延续了民进党中执会通过的2012“大选”败选检讨报告不承认两岸政策是败选主因的观点，而且认为民进党本来就有两岸政策，不能因为“大选”选输，连中心思想、基本价值都放弃，“民进党的基本立场并没有错”。2012年7月底，苏在接受美国《华尔街日报》专访时更鲜明地表示“民进党继续坚持支持‘台独’的立场”。

综合苏贞昌近一年来的相关言论，可以较清楚地看出，固守两岸“一边一国”的“台独”立场是苏贞昌两岸政策的基本思维。

其一，在台湾地位和前途上，更加清晰地主张“台湾认同”，并强调以“台湾前途决议文”为基调的“台湾共识”。苏曾多次声称：要从“台湾共识”出发，坚守“台湾价值”；“台湾是主权独立国家”，“台湾前途应由2300万人共同决定”。苏在就任党主席发表的演说中明确地提出了所谓“三大保证”，即“台湾是台湾人的台湾”“台湾是所有台湾人的台湾”“台湾是世世代代人的台湾”，声称“这是台湾社会最大的共识，也是民主进步党对台湾人民始终不变的保证”，强调有关台湾的“国家定位”、前途与民主自由“完全由台湾人决定”。2012年7月25日，苏贞昌借“新台湾国策智库”学术座谈会发表演说，正式提出其所谓“对中战略”，声称“民进党必须提出更符合台湾人民利益与期待的政策主张，强化以对话增进彼此了解、以和平确保民主发展、以民主决定台湾未来的台湾共识，即台湾的主流价值、主流民意”。苏公开强调，民进党对两岸关系的立场与政策坚定一致，那就是“台湾是一个主权独立国家，国号是中华民国，任何改变此一主权独立现状的作为必须获得2300万台湾人民的同意”，“多数民意认为台湾不属于中华人民共和国，多数民意不接受‘两岸同属一国’，这就是‘台湾共识’”。2012年11月，针对大陆中共“十八大”政治报告的涉台内容，苏在接受媒体采访时进一步强硬地表示，希望大陆领导人能用更宽广的态度来看待了解台湾民意，胡锦涛有关发言与过去没有不同，但“台湾是主权独立的国家，台湾跟中国之间的差异，是中国跟台湾两岸之间无法回避的政治现实，台湾自由民主的主流民意也是中国无法回避的政治现实”。

其二，在两岸政治关系定位上，更加清晰地定位两岸关系现状是“一边一国”。这一立场是苏贞昌顽固坚持“台湾是主权独立国家”立场的自然延伸和逻辑发展，其最明显的表现就是大动作恢复“中国事务部”和设置“中国事务委员会”。面对党内外多数意见认为，民进党设置两岸政策事务机构应避免出现“一边一国”联想而不宜以“中国”为名称的建议，苏基本上采取了回避甚至否定的态度，最终以所谓“中国是中性名词，世界上都用中国来指称，中国方面也用‘中国’称呼自己”为理由，没有接受“大陆事务部”“两岸关系委员会”等理性建议。2012年7月下旬第八届两岸经贸论坛贾庆林提出“大陆和台湾同属一个国家”，苏贞昌以“三项忧虑”和“三项要求”做出正式回应，即：“忧虑马英九的两岸政策无法捍卫台湾主权与代表台湾主流民意；忧虑马当选后未经与民意沟通就透过国民党荣誉主席吴伯雄向北京提出‘一国两区’说法，也接受‘两岸同属一中’；忧虑中国对台政策正按‘胡六点’一步一步进逼，最终就是要以‘一个中国原则’的框架来深化‘台湾属于中国’、‘台湾是中国的一部分’”；要求“马英九与国民党应该立即公开驳斥‘两岸一国’说法，以正国内和国际视听；马政府必须展现实际的决心与行动来捍卫台湾的‘主权’与‘国家’尊严；未来马政府与对岸的协商谈判必须展现一定程度的透明性，并经过国会的民主监督程序，向人民进行坦诚且清楚说明”。对谢长廷登陆提出隐含“宪法一中”的“宪法各表”主张，苏则明确表示这“不是民进党的主张”。

（二）对两岸交流与对话持积极态度，但呈现出“政经分离”的两面性

尽管面对大陆崛起、国际政经环境的转变以及两岸关系和平发展的不断深化等客观趋势，包括苏贞昌在内的民进党人对“大陆因素”和两岸关系攸关能否执政的重要性有了更进一步的认识，苏在当选党主席的记者会上就明确表示“态度上必须更与时俱进，作法上则是要以更完整、更灵活的方式进行互动”，“民进党不仅不能回避与中国接触，更要自信、积极地与对岸互动”，在此基础上也展现了一定的积极姿态。主要包括：1. 恢复已被废止的专责研究大陆问题的“中国事务部”，并举办两岸政策座谈会和大陆问题学术研讨会，发行“中国与两岸情势电子报”。2. 接任民进党智库“新境界文教基金会”董事长，并设立22个议题小组，推动智库由研究“内政”议题为主向兼顾“中国政策”等议题的转型。3. 对民进党公职人员参访大陆持积极认同态度。

但是，在如何与大陆互动上，苏贞昌则未脱离僵化的敌对思维，大体表现出适当分离对待两岸政经议题和有条件支持民共交流的态度，具有较强的两面性。具体表现在：1. 主张两岸不预设前提条件的互动。苏认为：“民进党更要了解中国，不只是现在的、经济的中国，更应关注未来的、经济以外的中国及更广大的庶民中国。要用对话代替对抗，用互动追求互利互惠，促成共存共荣。”苏贞昌提出的所谓“对中战略”三个层面中也强调：“民进党如果完全不跟中国互动，中国所了解的台湾会是透过国民党的偏听、偏见，台湾也不能了解中国。”2012年6月，苏接受台湾《远见》杂志专访时亦声称：“民进党积极主动面对中国，不排斥与中国往来，也欢迎中国人多来看看。”但也强调这种互动必须是没有前提和条件的。

2013 年 3 月，民进党发言人林俊宪也表示，民进党支持两岸和平的发展，但反对有预设前提与条件的互动。2. 不反对民共对话与交流，强调“民进党重要的党公职要去中国，党都有相关规范，没有阻碍”，但声称民进党公职人士登陆“是私人行程，没有民共平台的问题”。苏 2012 年在接受《远见》杂志专访时虽公开表达了访问大陆的意愿，但强调必须以“党主席”的身份。3. 发展两岸经贸和民间往来不能放弃“台湾利益”。苏反复声称在两岸互动中“台湾的国家利益不能放弃，保护台商最优先”，强调“若要放弃信仰价值与中国做生意，赚再多钱也无意义”，“最重要还是把台湾守住、固好”，“跟它（大陆）做生意、做贸易都可以，我们什么都买卖，只有自由、民主、主权不卖”，“我们不反对两岸经贸往来，但要维持自己的主体性，台湾才有空间、才有未来”。正是在这种思维的主导下，苏不仅公开抨击两岸投资保障协议“保障中资却没有保障台资与台商，是不安全协议，对台商的人身安全、台湾的经济安全都没有保障”，声称“不要让这个令人失望的协议过关”，对其子弟兵、“立委”吴秉叡有关“陆生纳入健保”的提议公开踩刹车，还公开要求马当局继续延长对大陆制鞋产品课征反倾销税、限制或拒绝大陆资金参与岛内基础，等等。4. 奉行冷战思维，“亲美亲日”。为争取美国的信任，苏不仅宣布恢复和筹开“驻美代表处”，还极力迎合美国的亚太再平衡战略，在东海和南海问题上附和美国的主张。民进党从对抗大陆的思维出发，公开强烈反对两岸在钓鱼岛问题上合作，声称“马当局要避免被操作为‘台湾与中国合作对抗日本’的印象”，“不要让国际感觉台湾跟中国同步，与中国配合”，主张美国“能够纳入对话”。尤其是，苏在访日时甚至公然向日本提议筹组“民主同盟”以对抗大陆。更令人无法理解的是，对湖南电视台的《我是歌手》节目在台受到热捧，苏批抨是“入岛、入户、入脑”的统战手段，指称“台湾有些电视报纸整天褒扬大陆、唱衰台湾，台湾要警惕”。

可以看出，苏贞昌主导下的民进党两岸政策基本放弃了“和中”和积极进行互动的务实性，相反却由于其顽固坚持“台独”立场，主张在维护“台湾主权和利益”的基础上有条件地推动两岸交流与对话，使近一年来的民进党两岸政策思维呈现出鲜明的“宁左勿右”的保守性。对此，东吴大学副教授郭正亮在“美丽岛电子报”撰文就做出了比较客观的结论，即：民进党仍是以“宁左勿右、安全挂帅、全面说不”的保守路线为基调，不管是针对大陆扩大渔产品采购、专家核准金门大桥、松绑陆生“三限六不”、陆资来台、陆资投入公共工程、“一国两区”、参加海峡论坛、“一个中华民国两个地区”等，全部采取“态度不开放、方法不灵活、向国共说不”的一贯立场，几乎未提出任何另类的正面主张。[①] 台《中国时报》社论也认为，民进党在苏贞昌的领导下“其中国政策仍然活在过去的时空里，把中国的一切妖魔化，反对两岸接近、交流，想用隔绝中国影响力来保持台湾的主体性”，但“两岸完全隔绝的时代已经一去不返”，“民进党上下都应该放下仇恨与恐惧，好好正视两岸现况”。[②]

二、苏贞昌领导下民进党两岸政策趋向保守的深层原因

2012“大选”败选后民进党顺利完成权力交接、两岸政策上原地踏步甚至趋于保守和退缩，是有其深刻的背景和原因的。

首先，从党内竞争环境来看，稳固“基本教义派”的支持，扩大党内结盟，争取党主席连任是苏贞昌面临的首要课题。从党主席选举全过程看，民进党并未因为败选而摆脱派系斗争的窠臼。苏参选党主席的主要着眼点就是 2016 年代表民进党角逐“大选”。尽管苏贞昌据有党主席之位掌握了民进党权力核心，更拥有了 2014 年地方“七合一”选举的提名权，政治实力水涨船高，对其争取党内 2016“大选”提名相对有利。但现实是，迄今党内多数人认为蔡英文仍然是民进党 2016 最具实力与国民党一较高下的人选。苏深知，苏蔡之争将是其争取 2016 必须逾越的门槛，而且苏蔡竞争夹杂着派系矛盾，是未来民进党内派系合纵连横的枢纽。在苏蔡之争与派系竞合的双重压力下，要想在苏蔡之争中维持领先优势，唯一的出路就是稳固“基本教义派”的支持，维系党内团结并扩大同盟，打赢 2014 年“七合一”选举以巩固党内权力地位。因此，苏在接任党主席后首要的任务就是在政治资源和利益分配上兼顾派系平衡，通过缓和与谢长廷的恩怨、积极化解与游锡堃和“独派”的关系，初步实现党内派系整合和团结，并借“派系共治”压缩了蔡英文的党内权力核心的影响。另一方面，由于“基本教义派”是民进党的核心支持者，至今把持着党内政策的话语

① 郭正亮：《苏贞昌谨小慎微　马可能咸鱼翻身》，台湾“美丽岛电子报”2012 年 8 月 3 日。

② 《连〈我是歌手〉都怕　苏贞昌还活在过去》，台湾《中国时报》2013 年 4 月 16 日社论。

权，无法逾越“基本教义派”的牵制，是苏在“反马反中”上向“独派”百般示好，对谢长廷等开明派的政策主张漠视甚至消极批评，两岸政策日趋保守的主要原因。

其次，从朝野竞争态势看，马英九当局深陷执政困境，民进党近期调整两岸政策明显缺乏动能。虽然基于政党政治竞争的需要，民进党在败选后理应做出改变，包括两岸路线等一些急迫的转型工程应该尽快完成，对陈水扁等历史的遗产和包袱也应该做出清晰的定位。舆论也多认为，苏接任党主席最主要的任务就是带领民进党进行改革和两岸政策路线的转型。但从近一年来的情况看，苏在2014年“七合一”选举之前推动民进党两岸政策调整并没有时间上的急迫性。这是因为：1. 从过去的经验来看，民进党历次败选检讨在“台独”“基本教义派”牵制和基本盘蓝大于绿的现实政治压力下，从来没有进行过路线调整，只是进行过某种策略上的修正。尤其是，民进党在社会基础坚实且保持上升的情况下，更是鲜有调整两岸路线的先例。2. 现在至2014年“七合一”选举，两岸议题不是那么迫切，相反内政议题对打赢地方选举更为重要，因此，民进党内有人认为，在整体民意氛围有利于民进党的情况下，调整两岸路线不仅不会得到好处，反而可能引发强烈的社会震动而为马的困境解套。3. 美国和日本并不鼓励民进党调整两岸政策，与国民党变得一样。美国基于亚太再平衡战略需要，更希望民进党能发挥坚定的制衡作用，牵制马当局两岸政策走得太快、太远。4. 更重要的是，马英九当局很难在短期内走出执政困境。马连任胜选以来，受国际整体经济形势不景气影响，加上“美牛案”“油电双涨”复征“证所税”等重大政策决策引发争议，导致马当局施政成效不佳、个人政治声望空前低迷，连任就职以来民意支持度徘徊在两成左右。马当局施政不佳明显拖累了国民党的形象，使民进党在包括宜兰县礁溪镇等数个乡镇市长补选中以绝对优势获胜。由于马英九第一任期以来不满马的民意在未来一段时间将会继续存在，加上国民党内接班梯队为求自保、狼烟四起，民进党只要持续地诉诸马英九执政无能，并借全球化和金融危机造成的贫富分化辅以“公平正义”策略，就可能立于不败之地。今年春节后，苏贞昌明确宣示“2013年是关键整备年”，民进党将全力以赴争取重返执政目的。台湾战略学会理事长王崑义就称，民进党如何定调“中国政策”并不在苏贞昌的范围内，[①] 这是苏贞昌等民进党高层在两岸政策路

① 王崑义：《苏贞昌访日之行所为何事》，香港《中国评论》2013年3月号。

线调整上逡巡不前的现实原因。

三、未来民进党两岸政策调整的可能方向

从政党以执政为目的的角度观察，民进党两岸政策路线势必调整才能迈过“最后一哩路”。而且，谢长廷、许信良、苏焕智等党内重要人士近期相继对民进党两岸政策提出批评质疑，这无疑对苏造成一定压力。但由于苏是党主席，对两岸政策调整具有掌控权，是否要调整、何时调整、调整幅度多大，都将与苏对岛内“朝野”政党竞争态势的评估密切相关，也因此会产生迥异的前景。

第一种情况，如果马英九当局大陆政策继续在消极和积极之间拉锯，并始终无法扭转执政状况不佳、声望低迷的困境，不论是从苏个人党内竞争还是与国民党的政党斗争策略来看，苏都不可能主导民进党进行两岸路线的实质调整。所谓民进党的两岸路线主要是指民进党“台独”的基本立场。也就是说，民进党要在短期达成“修改台独党纲”“向国民党靠拢”接受“九二共识、一中各表”等激进式跳跃的可能性为零，至多只是在参与两岸事务和两岸政策论述上进行某种策略性的修正。苏贞昌过去的所谓“苏修”路线和恢复“中国事务部”、设立“中国事务委员会”都是这一脉络下的产物。

第二种情况，则涉及 2016 年“朝野”竞争的攻守进退消长。一是民进党内的苏蔡之争；二是民进党与国民党的攻守。从目前的情势来看，至少在 2014 年“七合一”选举之前，苏贞昌保守的两岸政策基调应该不会变，而蔡因被排斥在民进党权力核心之外，势必要在某些议题上取得话语权，从苏蔡二人对谢登陆的反应就可以看出，两岸政策议题将可能成为苏蔡攻守易势的绳扣。因为从蔡英文阵营的思维来看，马当局执政不佳、大陆政策保守，正是民进党亟思突破跨过“最后一哩路”的绝佳机会。而国民党马英九方面，现在的大陆政策思维其前提当然是设定在民进党被“基本教义派”绑住根本不可能进行路线调整之上的，但是马当局施政不佳，国、民两党竞争气势的此消彼长，当然会对期望延续国民党执政地位和追求个人历史定位的马英九增加压力，不排除在 2016 年“大选”前在大陆政策上放手一搏的可能。这两种攻守态势都将会促使苏贞昌思考调整民进党两岸路线，其幅度和速度则与这两种攻守态势中苏被压迫的强度正相关。

综合民进党2012“大选”败选以来的内部检讨和苏贞昌等党内高层的两岸政策论述，我们可以大致勾勒出民进党未来两岸政策路线调整的可能方向：

1. 继续固守两岸“一边一国”的“台独”基本立场。前“立委”、“台独理论大师”林浊水主张民进党不可以放弃既有的价值，但可以此为基础推行“稳健台独路线”，即坚持“台湾主权”优势，维持主权与安全的整体平衡，强化ECFA等政策论述一贯性。

2. 废除“台独党纲”，向国民党靠拢的中间路线，即以“中华民国宪法”为架构定位两岸关系，坚持“不统不独不武”。

3. 积极摸索代替“九二共识”的民共互动的基础。谢长廷的“宪法共识、宪法各表”；前海基会董事长洪奇昌提出所谓“创造性模糊”，即“应凝聚出‘现况维系’的共识，在中华民国拥有事实主权的基础上与中共在不预设未来走向的前提下维持和平发展并增加互信”，都是较有代表性的观点。

4. 延续“台湾前途决议文”思路，但进行策略调整。比较有代表性的主张包括：蔡英文、苏贞昌的“台湾共识”，即“中华民国是台湾，台湾就是中华民国”；前民进党党秘书长邱义仁的“不叫台独的台独路线”。

第一种和第四种方向在经过民进党8年执政及4年“在野”的作为，已经被证明是走不通了。第二种方向势必会引起党内的极大分歧和争议，甚至可能引发党的分裂，在当前总体实力仍弱于国民党的情况下，任何一个民进党领导人都很难毅然决绝地迈出这一步。第三种方向基本上是在冻结“台独党纲”的前提下，是苏贞昌主导下民进党较为积极而可能的调整路向。民进党“中国事务部”主任洪财隆日前曾表示：“两岸不见得要用‘××共识’之类的旧思维才得以进行交往。民进党未来应有更强的议题设定能力，透过法律层面务实规范两岸社会互动。”① 洪的说法应可视为苏贞昌主导下的民进党政策思维，民进党两岸政策调整是否真循此方向调整，值得进一步观察。

（原载于《海峡经纬》2013年第1期）

① 中评社台北2012年11月12日电。

民进党两岸政策转型的影响因素与走势探析

陈桂清

近年来，随着大陆综合实力的稳定提升、两岸关系的不断深化以及国际战略格局的新变化，民进党两岸政策的“台独困境”日益凸显。民进党两岸政策究竟会否再次转型，若转型又会在何时转、朝哪个方向转、程度与策略如何，这些关键问题已引起各界高度关注。笔者认为，受党内外诸多因素制约，尤其是党内权力纷争激烈，当前及今后一段时期内，民进党仍将推行以“台湾前途决议文”为基调的“温和台独”路线，不可能实现以放弃“台独”路线为标志的两岸政策再转型。

一、制约民进党两岸政策调整、转型的主要因素

民进党从1986年成立至今，在两岸政策上历经多次调整。1991年，民进党通过“台独党纲”，确定“台独”路线。1999年，为适应新的形势，民进党又抛出淡化“台独”色彩、有条件承认“中华民国”的“台湾前途决议文”，完成了一次并不彻底的两岸政策转型。① 然而，民进党在2007年通过“正常国家决议文”，公开谋求“法理台独”。经历2008、2012两次“大选”失利，民进党的两岸政策再次到了转折的重要关口。根据美国学者罗伯特·哈莫尔和肯尼斯·琼达构建的政党变革理论，政党变革在大多数情况下是外部刺激和内部因素共同作用的结果。② 民进党两岸

① 外界一般将“台湾前途决议文”的出台作为民进党完成首次两岸政策转型的主要标志。但笔者认为，转型是指价值观念等发生改变，而“台湾前途决议文”虽然显示民进党的价值观念有所变化，但并未放弃“台独”理念，因此只能算是一场并不彻底的转型。

② ［美］罗伯特·哈默尔、肯尼斯·琼达：《一种政党理论：政党目标和政党变革的整合》，转引自荣敬本：《政党比较研究资料》，中央编译出版社2002年版，第244页。

政策调整、转型进程同样受到诸多因素制约。

（一）两岸形势发展变化是促进民进党两岸政策调整、转型的关键因素

随着大陆综合实力的不断提升，两岸关系和平发展理念及大陆对台政策逐步得到岛内主流民意普遍支持。民进党以“台湾前途决议文”为基调的两岸政策保守性、负面性日益凸显，受到的外界质疑也越来越多。“台湾前途决议文”虽承认台湾的名字叫“中华民国”，不再追求建立“台湾共和国”，但声称“台湾是一个主权独立的国家”。民进党声称“新法优于旧法”，“台湾前途决议文”取代“台独党纲”作为其两岸政策新的“基本方案”，但“台独党纲”至今未被废除，更重要的是，要论“新法”，“正常国家决议文”才是该党最新的纲领。这种被“台独”意识形态笼罩的两岸政策在新的两岸形势面前显得越来越不合时宜。一方面，民进党无法与共产党展开对话，无法展现稳定两岸关系的能力，让民进党自外于两岸党际交流和两岸和平发展的时代潮流，也让不少绿营支持者丧失享受两岸和平红利的机会；另一方面，它也无法确保两岸关系和平发展，无法维系台海和平，也就无法令大多数期盼两岸和平稳定的岛内民众放心。因此，民进党两岸政策若不及时调整、转型，不仅无法适应新的两岸发展形势，还将被渴望两岸和平发展的岛内主流民意所抛弃。

（二）美国等势力是影响民进党两岸政策调整、转型的主要外部力量

作为干预岛内政治发展重要外部力量的美国，对民进党的政策走向具有重要影响。长期以来，美国的对华政策以及与民进党交往的态度均具有极强的“两面性”。一方面，随着近年来中美实力的消长，中美战略互相需求的增多，美国不愿看到民进党“法理台独”将其卷入两岸战火，破坏其台海地区的利益，因而公开批评“法理台独”，要求民进党确保两岸关系和平发展，推动与大陆交流。2012 年“大选”期间，美国虽公开表态“不选边站”，但因对民进党候选人蔡英文的“台湾共识”存有疑虑，对民进党重返执政不放心，最终通过宣布给予台湾“免签证”待遇、公开肯定“九二共识”等方式，发出力挺马英九的关键信号。2013 年苏贞昌赴美活动时，美国知名学者葛莱仪明确透露，“如果民进党没有提出一个北京能接受的‘九二共识’替代方案，美国为了确保两岸关系稳定，不可能在

2016年台湾‘总统’大选中保持沉默”。[①] 另一方面，为确保台海和平稳定处于“可控制的不稳定状态”，尤其是出于“亚太再平衡”战略需要，美国仍扶持、利用民进党等“台独”势力，牵制国民党，阻挠两岸关系深入发展。可以预期，美国反对“法理台独”、纵容“渐进式台独”、要求两岸和缓的策略将对民进党两岸政策调整、转型的方向、深度产生重大影响。

（三）岛内政党竞争环境是影响民进党两岸政策调整、转型不可忽视的因素

根据政党变革研究学者威尔逊的研究：“某种外部因素，尤其是竞争环境和影响环境的因素的变化，为政党变革开辟了道路。”[②] 从这一角度而言，民进党两岸政策转型还与岛内政党竞争环境的变化以及竞争对手的发展状况有关。

在政党竞争体制下，“政党实现自己目标的绩效越差，政党变革的压力就越大”。[③] 民进党之所以在2008年、2012年两次“大选”中败北，“台独”施政、贪腐形象显然是两大重要因素，而以“台独”为指导的两岸政策更是“票房毒药”。民进党执政时期，频频制造两岸紧张，失去大多数选民信任，最终丢失执政权。2012年“大选”同样如此，“未来事件交易所”民调显示，约有70万中间经济性选民在投票前，对民进党两岸政策不放心，5.75%原本喜欢蔡英文的中间经济性选民因担心民进党上台影响两岸关系而改投马英九。[④] 选后，岛内民调显示，49.6%的民众认同民进党应该废除“台独党纲”，另有高达66%的受访者认为民进党不应排斥跟大陆交往。[⑤] 可见岛内多数民众期待民进党进行“台独”路线转型，尤其是期待民进党与大陆改善关系、开展交流。

主要竞争对手国民党的执政状况变化、两岸政策走向也对民进党两岸政策调整产生联动效应。若国民党继续得到多数民意支持，保持强劲上升

---

① 《美国专家葛来仪：美国对两岸的喜与忧》，中国评论新闻网2013年5月3日。

② 转引自王勇兵：《国外关于政党变革与转型的研究》，《学习时报》第252期。

③ ［美］罗伯特·哈默尔、肯尼斯·琼达：《一种政党理论：政党目标和政党变革的整合》，转引自荣敬本：《政党比较研究资料》，中央编译出版社2002年版，第244页。

④ 两项民调数据分别引自《谢系张丰藤：民进党两岸政策没让人民放心》，中国评论新闻网2013年4月20日；《郭正亮：民进党不面对两岸局势永远是受害者》，中国评论新闻网2013年4月29日。

⑤ 台湾《新新闻》2013年3月29日。

势头，尤其若在两岸政策上迈出更大步伐，取得更多政绩，民进党调整两岸政策的压力就会越大。反之，若马当局执政陷入困境，两岸政策又没有太多进步，民进党调整两岸政策的压力就会越小，转型的动力就会不足，该党一部分人甚至幻想依靠马当局执政低迷，在不调整两岸政策的情况下重返执政。

（四）党内权力核心的变化、群众基础的构成是民进党两岸政策调整、转型的决定性因素

政党变革理论认为，政党领导者是政党变革的最关键推动力量。根据肯尼斯·琼达的研究："选举失利并不能够构成变革的必要或者充分条件，还必须结合考察组织行动者的因素，无论是环境的还是内部的冲击都可能产生重要的变革刺激，但是决定突变最终会否发生，还取决于政党的行动者是否允许或促成他们这样。"[①] 从这个角度分析，民进党两岸政策转型能否实现，关键取决于政党领袖或主导联盟是否允许或促成。若党主席或者主流派系都认为两岸政策改变有利于巩固和保护自己的权力，有助于民进党夺取政权，其两岸政策调整与转型的步伐就会加快。若党主席或主流派系认为调整与转型没有必要，或者认为调整与转型"收益低于成本"，就会抵制调整与转型的发生。当前，"倾独"支持者占民进党支持者50%左右，"台独基本教义派"对民进党权力结构和政策调整仍具重要影响。民调显示，"蔡苏配"支持者认同调整"台独党纲"的仅有36.2%，[②] 这是民进党领导人必须顾虑的政治现实。

二、当前民进党内对两岸政策调整与转型的主要看法

民进党的两岸政策主要包括如何处理与大陆在"主权"、安全、发展等层面上的问题。2012年"大选"失利后，民进党内围绕两岸政策是否需要调整，如何处理"中华民国宪法""九二共识"以及"台独党纲"等核心问题展开激烈讨论，党内各种观点交织，派系意见分歧明显，"保守派"与"务实派"的交锋尤为激烈。

---

① 转引自王勇兵：《国外关于政党变革与转型的研究》，《学习时报》第252期。

② 台湾《新新闻》2013年3月29日。

（一）对是否需要调整两岸政策仍有不少杂音

2012年“大选”失利后，民进党内掀起一股检讨两岸政策的声浪，要求正视大陆崛起、调整两岸政策、与大陆展开交流的声音较之以往任何时候都要大。党内主流意见认为，“民进党两岸政策有必要调整，否则难以重返执政”。但民进党内仍有部分势力不承认两岸政策是其“大选”失利的主因，认为没有调整两岸政策的必要。辜宽敏、蔡同荣、吴荣义等党内“极独”势力认为，民进党2012年“大选”不是败在两岸政策，没有调整路线的必要。前“立委”罗文嘉称，民进党不是要改变两岸政策立场，而是要突破与社会对话的方式。

（二）对如何处理“中华民国宪法”、寻找“九二共识”替代方案认识不一

民进党两岸政策最核心的问题是如何看待“主权”与“国家定位”层面的“中华民国宪法”问题，这攸关民进党对两岸关系性质、发展基础、前途的认识。20多年来，民进党对“中华民国宪法”的态度几经变化，从最初声称“消灭中华民国宪法”，1997年间接承认“中华民国”，2002年提出“台湾中国，一边一国”，2004年提出“公投制宪”，到2007年主张“彻底摆脱‘中华民国’体制的后遗症”。民进党自始至终没有正式承认“中华民国宪法”，也没有将“法理台独”内容从政党价值中剔除。民进党高层对“中华民国宪法”虽有不同看法，如谢长廷主张“宪法各表”，“‘中华民国宪法’治理台湾”，苏贞昌强调“台湾是一个主权独立国家，国号是中华民国”，蔡英文宣称“台湾就是‘中华民国’，‘中华民国’就是台湾”，前“陆委会主委”陈明通主张“宪法一台”，但都不愿正视“中华民国宪法”中最为关键的“一中内涵”，其实质均是“一边一国”的翻版。

对于两岸关系发展基础的认识，民进党至今不愿承认“九二共识”这一两岸关系和平发展的政治基础。在岛内民众强烈要求其与大陆展开互动的情况下，民进党不得不试图寻找“九二共识”的替代方案，蔡英文、苏贞昌主张以所谓的“台湾共识”寻求与大陆的互动，谢长廷主张以“宪法各表”“宪法共识”为基础与大陆互动，“立委”蔡煌瑯、游盈隆、洪智坤主张以“九二精神”或“九二香港会谈精神”取代“九二共识”，前“陆委会主委”陈明通主张以“宪法一台”作为与大陆交流的前提，陈其迈等中生代“立委”拟出“台海人权决议文”作为民、共交流的基础。

2013 年 11 月 14 日，民进党“中国事务委员会”达成两岸政治定位初步共识，主张以所谓“宪政共识”作为两岸互动基础。这些主张回避“废除‘台独党纲’”等核心问题，不愿承认“九二共识”“一中框架”，目的都是为了欺骗两岸民众。

（三）对如何处理“台独党纲”等三个纲领性文件存在严重分歧

“政党的政治纲领即党纲是一个政党政策主张和指导方针的具体体现。”民进党两岸政策最为核心的内容涵盖于“台独党纲”“台湾前途决议文”“正常国家决议文”三大党纲性质的文件当中。从民进党检讨 2012 年“大选”失利原因、举办“中国事务委员会”及“华山会议”的情况看，党内“务实派”陆续提出修改“台独党纲”、处理“台湾前途决议文”与“正常国家决议文”的主张，甚至建议通过“‘中华民国’决议文”或其他新的决议文作为党的最新行动纲领。其中，谢长廷主张“党纲要改”，“如果不修改党纲，未来空间有限”；前党主席许信良认为，“正常国家决议文”必须处理；前“陆委会副主委”童振源则建议通过“‘中华民国’决议文”，落实“台湾就是‘中华民国’，‘中华民国’是台湾”的“台湾共识”内涵，不再将“法理台独”作为民进党的政党目标。

但“务实派”的主张不但没有成为党内共识，反而遭到“保守派”的抵制与围剿。前党主席、“独派”大老姚嘉文声称，民进党不能放弃“台独党纲”，“否则民进党就垮掉了”。曾负责起草“台独党纲”的林浊水表示，“台独是民进党的资产而非票房毒药”，现在还没到要修改“台独党纲”的程度。经过多次党内会议讨论，民进党于 2013 年 11 月 14 日达成两岸政策初步共识，虽表示“民进党的对中政策必须与时俱进，用相对应的政策来因应新生议题”，但强调“台湾前途决议文”的基本立场与核心价值无须改变”。

从“务实派”与“保守派”的激烈交锋看，民进党的两岸政策出现了一些变化的迹象，如开始正视大陆崛起、不再一味抵制两岸交流，但“保守派”仍在党内占据上风，民进党对两岸关系的定位仍未脱“一边一国”的性质，对两岸关系前途未接受“两岸同属一中”的安排，对废除“台独党纲”“正常国家决议文”继续回避。

三、对民进党两岸政策转型走势的两点观察

由于民进党内“务实派”与“保守派”对是否转型等问题的看法存在严重分歧，该党两岸路线转型的前景至今仍不明朗。从制约该党路线转型的因素看，民进党调整两岸政策的压力将不断增大，但现阶段尚未到一定要放弃“台独”路线的临界点。现阶段民进党的两岸政策及策略会有所调整，不过实现以放弃“台独”价值为标志的两岸政策转型可能性不大。

（一）现阶段民进党仍将继续奉行以“台湾前途决议文”为基调的“温和台独”路线

有“台独理论大师”之称的林浊水曾指出，民进党谈转型谈了十几年，其状态可用“一个转型，各自表述”来概括，而“各自表述”大体可分为三个方向，一是以吴荣义为代表的转为更加“台独化”方向，一是以郭正亮为代表的废除“台独党纲”方向，一是以他为代表的介于两者之间的“妥协”方向。①

从目前态势看，吴荣义所代表的追求“法理台独”的“极独”路线固然有部分支持者，但在历史发展的潮流面前已然落伍，难成主流。而以郭正亮为代表的“弃独”主张具有前瞻性，理应是民进党两岸政策转型的终极方向，但如同当年许信良“大胆西进”观点的遭遇一样，暂时难被多数民进党人接受。大多数民进党人可能选择介于追求“法理台独”与废除“台独”之间的、以林浊水为代表的“温和台独”路线。这种选择主要是基于以下四个方面的考虑：

一是大陆崛起的趋势难以逆转，大陆对台影响将不断加深。民进党要与大陆打交道，必须对“台独”论述，尤其是“法理台独”进行某种程度的策略调整。二是在美国反对“法理台独”与纵容“渐进式台独”之间，民进党误认为“联美制中”仍有较大空间。三是两岸和平发展成为岛内主流民意，但“台独”在岛内仍有一定市场。民进党担心放弃“台独”将动摇现有群众基础，失去10%左右“台独基本教义派”的支持。尤其是，出于争取2014年党主席选举胜选、2016年党内初选出线的考虑，苏贞昌、蔡英文都不敢得罪“台独基本教义派”。四是一些民进党人误认为马当局

① 《林浊水：民进党转型　一个转型各自表述》，中国评论新闻网2012年6月27日。

民意支持度持续走低，2016 年不用实质调整两岸政策，民进党也能夺回政权。

从民进党“中国事务委员会”举行的多次会议上党内各派系领袖的意见看，民进党可能按照“原则不变，策略可灵活”的既定调子，多方讨好。一方面，继续鼓吹所谓“台湾主权独立”，宣扬“捍卫台湾主体性”，强调“台湾的前途由 2300 万台湾人民决定”，讨好“台独基本教义派”，巩固绿营基本盘。另一方面，以“让台湾民众支持、美国接受、大陆忍受”为目标，在一定限度内调整两岸政策，放宽与大陆交流的限制，端出所谓“宪政共识”作为两岸对话的基础，甚至可能形成所谓“‘中华民国（台湾）’决议文”作为其新的政策纲领，制造该党调整两岸政策、具有稳定两岸关系能力的假象，骗取中间选民支持，消除美国对民进党两岸政策的疑虑。

（二）未来民进党修改、放弃“台独”路线是历史发展的必然趋势

由于内外环境的不断变化，任何政党的政策都不可能一成不变。从两岸关系和国际格局发展趋势看，民进党两岸政策完成“台独”路线转型将是历史必然。

一是大陆综合实力的增强将不断压缩“台独”的空间。众所周知，民进党“台独”意识形态的形成有其特殊的历史根源与时代背景，尤其是在上世纪国际社会“共产主义终将灭亡”论调盛行之际，“台独”势力更是对其理想成真充满幻想。然而，随着大陆稳定发展，对台政策逐渐得到岛内主流民意支持，尤其是在决定台湾问题最终走向的“中美综合实力对比”上，大陆与美国的差距正在不断缩小，使得大陆在反对“台独”上更有底气与信心。一旦大陆的综合实力赶上甚至超过美国，使美国极大降低或丧失操弄“台独”的意愿，减少对“台独”势力的支持，民进党“台独”路线的国际生存空间也大大缩减，直至消失。

二是岛内期待两岸和平发展的主流民意决定民进党必将“弃独”。在政党竞争体制下，政党的调整与变革往往与选举利益需要及民意基础直接相关。罗伯特·哈莫尔和肯尼斯·琼达的政党变革理论认为，“对于谋求选票的政党来说，它们在选举中的失败越明显，变革的可能性越大”。[①] 近

① ［美］罗伯特·哈默尔、肯尼斯·琼达：《一种政党理论：政党目标和政党变革的整合》，转引自荣敬本：《政党比较研究资料》，中央编译出版社 2002 年版，第 244 页。

两次岛内“大选”结果显示，民进党的得票率基本维持在45%上下，跨过50%的门槛尚需争取更多中间选民支持，而实现两岸政策转型便成为关键。因此，当越来越多的岛内民众要求民进党放弃“台独党纲”，回到两岸关系和平发展的正确轨道上来，尤其是当大多数“倾独”支持者都不愿民进党再死守“台独”立场之时，民进党“台独”转型的临界点将出现。

三是民进党内部发展演变预示“台独”转型势所必然。民进党长期奉“台独”为“神主牌”，但在政治现实面前，民进党人并非死心塌地地坚持“台独”理念，大多数民进党人对“台独”无法实现心知肚明。被视为“台独教父”的李登辉公开表示“‘台独’是个假议题”，陈水扁也承认“‘台独’做不到就是做不到”，现任党主席苏贞昌也强调“台湾不必回头搞独立”。既然大多数民进党人未将“台独”理念视为政党追求的首要目标，而是将其作为政治斗争、煽动民意、骗取选票的重要工具，那么随着内外环境的变化，“台独”作为骗取选票工具价值的不断减弱，甚至成为负面因素，尤其是经历多次“大选”的失败，民进党的“台独”理念将不可避免地逐步松动。民意、选票重重压力之下，抵制转型的“保守派”逐步退出历史舞台，而能认清历史发展规律、顺应民意的新政治势力或许有机会在民进党内占据主导地位，成为民进党内新的主导派系或推举出新的政党领袖。届时，民进党或许将痛下决心放弃“台独”。

（原载于《台湾研究》2013年第6期）

马英九当局“双重提升”战略及其影响

张　华

引　　子

在台湾问题的发展过程中，大陆、台湾和美国是最主要的互动方，因此台湾对外战略最主要的关注点就是处理与大陆和美国的关系。台湾当局的对美政策和大陆政策之间并非是割裂的关系，而是存在着重要联系。从台湾惯常的逻辑思维来看，大陆对台政策的目标是实现两岸统一，而且统一的进程中并未承诺放弃使用武力，因此两岸关系应是敌对关系，台湾不应该也不可能与大陆开展全方位的交流。同时，长期来美国是台湾最大的外部依赖，而且中国大陆与美国关系发展存在相当的不确定性，台湾作为美国制衡中国大陆棋子的价值一直存在，因此台湾应该全方位地倒向美国，借助美国的力量与大陆展开对抗。也就是说，台湾当局的对外政策是“依美仇陆”。在以上战略逻辑中，台湾的大陆政策和对美政策目标是完全是相悖的，两岸关系和台美关系发展在某种程度上是零和的。台湾当局试图提升台美关系的政策必定引发大陆的强烈反对，因而伤及两岸关系发展；两岸关系发展陷入停顿将引发台湾关于安全问题的忧虑，因此进一步倒向美国，从而使两岸关系和台美关系陷入恶性循环之中。二战后两岸关系和台美关系发展的历史也证明，二者之间的关系确实难以协调。1949 年以后，败退台湾的蒋介石当局妄图“反攻大陆”，1955 年与美国签订“共同防御条约”，双方建立“军事同盟”关系，共同“抵御大陆的进攻”。台美“军事同盟”引发大陆的强烈反对，造成一波波台海危机。1979 年台美“断交”后，台美关系经历重大挫折，然在台湾当局的努力下，台美仍依靠所谓的“与台湾关系法”，继续维持包括美国对台军售在内的全方位联系，这成为影响两岸关系发展最为重要的外部因素，两岸不断地为此而进行较量。20世纪八九十年代，台湾当局虽开放两岸民众交流，两岸关系发展初露曙光，然克林顿政府的“对台政策审议”和李登辉窜访美国的行为，再次使两岸关系陷入紧张状态。2000年陈水扁执政后，其对外政策更是赤裸裸地挑衅大陆，全方位发展台美关系，使两岸关系发展屡次经历严峻考验。

当前，马英九当局因为处理台湾地区经济、社会和民生问题不力，招致岛内舆论和民众的诸多批评，执政满意度迭创新低。马英九执政似乎一无是处，批评马英九已经成为岛内的“政治正确”，人人可以“得而诛之”。但是，如果全面检视马英九当局的内外政策，我们就会发现事实似乎并非如此，至少目前看来其两岸和对外政策是“成功的”。因此，本文拟研究马英九当局的大陆政策和对美政策，分析其提出背景和实质，并预测未来的发展方向。

一、“双重提升”战略的基本内涵

2008年马英九上台后，对台湾涉外政策进行全面检讨，提出了一系列新主张，其中最为重要的便是“亲美、友日、和陆”。长期以来，台湾当局的对日政策依附于对美政策，因此其对外战略的核心是“亲美、和陆”。具体表现为：

在大陆政策方面，在“九二共识”基础上，启动与大陆的事务性协商谈判，使两岸关系迈入和平发展阶段。其一，政治基础方面，马英九当局坚持“一个中国、各自表述”的“九二共识”，不支持“台独”分裂活动，与大陆建立政治互信；提出“不统、不独、不武”的“三不”原则以维持两岸现状，但同时声言“台湾前途由2300万台湾人决定”。其二，在发展内容方面，马英九当局主张本着“先易后难、先经后政、先急后缓”的次序进行两岸协商，在其任内主要解决经济社会民生领域的议题，对两岸政治对话及签署和平协议设置诸多障碍，甚至声言“不会进行两岸政治议题的谈判”。其三，在协商原则方面，马英九当局坚持“以台湾为主、对人民有利”，不会“出卖台湾主权”，甚至同意台“立法部门”审议通过部分与大陆签署的协议。其四，在目的方面，马英九当局旨在通过与大陆和解降低台湾的安全风险，并分享大陆崛起的经济红利，同时借两岸关系改善促进台湾与其他国家和地区及国际组织的关系。

在对美政策方面，强调“低调、零意外”的“亲美”政策，恢复台美高层互信，大幅提升台美“实质关系”。一是改变陈水扁执政时期对美“意外”不断的政策，在各政策层面尤其是两岸关系发展方面强化对美沟通与协调，坚持在涉及美国利益问题上对美“零意外”。二是积极寻求提升台美“实质关系”。不断重申对美军购，消除美国对两岸关系缓和后台湾不重视“国防”的忧虑；对美国关心的“美牛议题”，即使冒岛内政治风险，仍然坚持满足美国的要求。① 三是与美国就两岸协商谈判进行全面、及时、顺畅的沟通。强化对美沟通协调，不仅积极邀请美国部长级官员及国会议员访台，而且不断派“内阁”官员访美，以使美国对两岸协商有及时、全面、准确的了解。

在大陆政策和对美政策二者关系上，马英九当局认为二者可以“相辅相成”，形成“良性循环”。也就是说，两岸关系的发展有助于台美关系的提升，反之亦然。马英九当局认为，美国其实并不希望看到两岸关系长期处于对峙状态，而是希望两岸关系能够实现对话和解，维持台海地区的和平稳定，这也就是在陈水扁执政后期出现“中美共管台独”局面的原因。同时，大陆虽然反对台湾提升与美国的关系，尤其是美国对台军售问题，但是在目前形势下，大陆深知难以短时间内割断台美所有的联系。对最为敏感的美国对台军售问题，大陆反对的对象也是美国，很少对台湾当局公开直接施加压力。而且马英九当局坚信，在推行两岸关系和平发展方面，大陆虽不满意，但难以短时期内有其他的选择，尤其是在经历了民进党执政带来的痛苦经历以后。

通过分析马英九当局的大陆和对美政策以及二者之间的关系，我们发现马英九当局抛弃了过去“依美仇陆”的基本策略，而是采取在强化对美安全依赖的同时缓和改善两岸关系的战略，作者将其称之为“双重提升”战略（Dual-improvement Strategy）。

二、“双重提升”战略的实质分析

再评估美国和大陆的对台战略，维系台湾的战略主动。台湾前“国安

① 如“美牛”问题，长期以来就是影响台美经贸关系的重要议题，马英九先是与美国秘密签订协定，允许美牛进口台湾，在引起岛内各界强烈反应之后，再次通过利用国民党在“立法院”的多数席位强行通过法律修正案，最终放行美牛进口台湾。

会秘书长”苏起认为，虽然台湾的实力是大陆、美国和台湾三方中最小的一方，但在三方互动中，台湾一直占有战略主动权，意即往往是台湾抛议题，大陆和美国被动应付，“同时牵动两个大国”。① 李登辉和陈水扁基于对战略形势的误判，采取“冲突求主动”的战略，不断制造两岸关系紧张，以期拉近台美关系制衡大陆，然而结果往往是美国和大陆联手遏制“台独”。相较而言，马英九当局对美国和大陆的对台政策更为了解。马英九当局认为，台美关系和两岸关系之间确实存在着冲突，但也并非没有交集。寻求和维护台海地区和平稳定符合美国、大陆和台湾三方利益，因此与大陆和解、维系和平稳定的两岸关系，同时强化与美互动、及时化解美国疑虑，意即同时实现关乎台湾生存与安全的两大关系的提升是可能的。“双重提升”战略便是再评估美国和大陆对台政策的结果，具有一定的战略高度，在某种程度上维持了台湾的主动权。

西方现实主义理论认为，行为体之间最为经典的互动模式是均势，即相关各方力量大体均衡的状态最能维持和平稳定，最符合各方的利益。美国的现实主义大师布热津斯基更是将其扩展为离岸平衡战略，也就是让相关各方力量维持均势状态，而美国作为域外大国扮演平衡者的角色。马英九当局的“双重提升”战略与此有异曲同工之妙。台湾同时发展与美国和大陆的关系，而且让二者相互博弈以实现某种程度的平衡，最大限度实现台湾的利益。一方面，以两岸关系的改善制衡美国在发展台美关系时对台湾的过高要价。过去，因为台湾对美国有所求，美国依赖台湾的地方少，因此台美关系的主动权完全掌控在美国手中，美国可以为了自己的利益而对台湾予取予求。然而，当前两岸关系的发展虽不能说已经成为台湾处理对美关系时的“一张牌”，但台湾时常利用美国不希望两岸走得过快过近的顾虑，在处理台美关系时对美国施加一定的压力。如在两岸签订 ECFA 之后，台湾便以此为杠杆要求尽快恢复台美 TIFA 商谈，甚至要求美国支持台湾参与 TPP；另一方面，台湾以台美关系的不断提升为资本，要挟大陆释放更多的利多。马英九当局深知，大陆迫切希望台湾当局开放陆客、

---

① 苏起认为，国际关系一向都是“小的听大的”，尤其不会“两个大的听一个小的”；但过去20年来，台湾同时撼动美国和大陆，影响了北京、华盛顿的政策，当然台湾也受到他们的限制，但这在国际政治非常罕见。见《苏起：台湾出招　大陆接招》，台湾《中国时报》2012年2月8日；《苏起：美中新局面　台准备不够》，台湾《中国时报》2012年11月6日；《苏起：台湾新的机会之窗》，台湾《联合报》2012年3月1日。

陆资等入台，以形塑在台湾的利益和影响力，因此不断以台美关系的提升对大陆进行要价。如马英九当局不断声称，对美军购的重要原因之一就是增加台湾在与大陆对话时的信心，使台湾在与大陆谈判时有所依靠。

政经分开的投机主义。中国崛起是21世纪最重要的国际事件。面对中国经济实力的增强，中国周边国家和地区采取的应对策略大体相同，即强化与中国的经贸往来，分享中国经济高速发展的成果，但同时对中国军力增长和地区影响力上升抱持高度疑虑的态度，甚至拉美国作为后盾与中国进行较量。① 马英九当局的“双重提升”战略同这些国家和地区的策略基本一致，其实质是盲目的政经分离政策，意即经济上分享大陆发展的成果，安全上继续依靠美国的支持。② 一方面，分享大陆经济高速发展的成果，受惠于大陆的诸多惠台措施。马英九当局选择和解而非挑战性的大陆政策，受到大陆的高度肯定和欢迎，因此在两岸协商过程中向台湾方面做出了诸多的让步，并单方面出台了多项惠台措施，台湾从中获取了大量的经济利益。另一方面，马英九当局继续在安全问题上向美靠拢，不仅持续向美采购大批武器装备，而且全方位强化与美国的政治互信和军事联系；同时，在两岸政治谈判问题上扭捏作态，找出各种理由和借口加以推脱，甚至连两岸二轨对话及退役军人的交流都抱持警惕的态度，致使两岸政治谈判至今尚未展开。

两岸关系与台美关系孰轻孰重之辩。辩证法认为，任何事物之间都是矛盾的，同时还应区分矛盾的主要方面和次要方面。毫无疑问，两岸关系和台美关系是密不可分、相互影响的，但战略界对于二者孰轻孰重、孰先孰后却一直存在争辩。有人认为，两岸关系的位阶高于台美关系，因为美国在处理对台政策时不光看台湾的对美政策做出了何种姿态，更看台湾当局如何处理两岸关系，因此只有处理好了两岸关系，台美关系才有可能提升。也有人认为，在大陆仍旧追求两岸统一、并未承诺放弃对台使用武力的背景下，美国仍然是台湾最大的安全保障，基于生存权大于发展权的考虑，发展台美关系应优先于两岸关系。马英九当局的主张时左时右，或言模糊不清。在战略层面，马英九个人的认识和定位也不清晰，一方面称维护台湾安全的“第一道防线”是两岸关系的改善，“第三道防线”才是与

---

① Gideon Rachman, *China or US? Make Your Choice*, Financial Times, Oct. 3, 2011.

② 徐青：《从马英九两岸及对外关系政策目标看其相关新人事安排》，《中国评论》2012 年第 11 期，第 47 页。

美国“建立起信用和信任”，“整合台美之间的国防与外交”；① 另一方面又认为“在两岸关系持续发展的时候，台湾需要美国的协助以站稳脚跟”，② 台美关系是“维持台湾海峡‘不统、不独、不武’的现状的重要支柱”。③ 在操作层面，2008年曾有国民党前高级涉外官员公开称“两岸关系的位阶高于台美关系”，但在2010年却又发生了“陆委会副主委”赵建民称“台美关系优于两岸关系”的事件。

三、“双重提升”战略的背景因素

国际战略理论认为，影响行为体战略决策的因素非常多，包括国际战略环境、对自身战略目标和实力地位的认知、领导集体的政治文化以及领导人政治性格等等。台湾当局推行“双重提升”战略，也离不开以上因素的制约。

其一，国际和地区环境的变化。当前，国际格局正面临大发展、大变革、大调整的新局面，其中最为突出的特征是西方传统强国的相对衰弱和新兴国家的群体性崛起，国际权力正呈现分散化的趋向。其中，影响马英九当局制定对外战略最为重要的因素是大陆的崛起使中美和两岸实力对比发生巨大变化。21世纪以来，大陆对台湾的经济、军事优势迅速扩大，而与美国的差距在稳步缩小。2000年，大陆GDP是台湾的近4倍、美国的1/8，军费是台湾的3倍，美国的1/11；至2008年，大陆GDP增长为台湾的10倍多、美国的3/10，军费是台湾的10倍，美国的1/6；2011年，大陆GDP为台湾的15倍、接近美国的一半，军费是台湾的14倍、美国的1/5。展望未来，诸多权威国际机构预测，中国经济总量将在未来数年内赶超美国。④ 美国、大陆和台湾三方实力对比的变化使台湾当局不得不调整

① 《狂牛症、TPP与台美关系》，台湾《中国时报》2012年4月30日。

② 《马英九与美国战略与国际研究中心视讯会议讲话》，台湾“总统府网站”2011年5月12日新闻稿。上网时间：2012年8月10日。

③ 《接见美国在台协会主席薄瑞光讲话》，台湾“总统府网站”2012年2月1日新闻稿。上网时间：2012年8月10日。

④ 国际货币基金组织2011年4月发布的《世界经济展望》和国际经济合作组织2012年11月发布的《展望2060：远期增长的全球视野》都认为，按照购买力平价计算，中国经济规模将在2016年超美；2011年4月中国社科院发布的《新兴经济体蓝皮书》预估，中国将在2020年超过美国，成为全球最大经济体；2012年12月美国国家情报委员会发布的《2030年全球趋势：变换中的世界》认为，中国经济总量将在2030年超过美国。

以往"亲美仇陆"的战略，改而与大陆也维持良好关系。此外，美国战略重心东移使美国和中国大陆关系变得日益复杂，这一关系既存在一定的战略互信，也存在巨大的"战略互疑"，为台湾当局实施平衡战略提供了一定的空间。

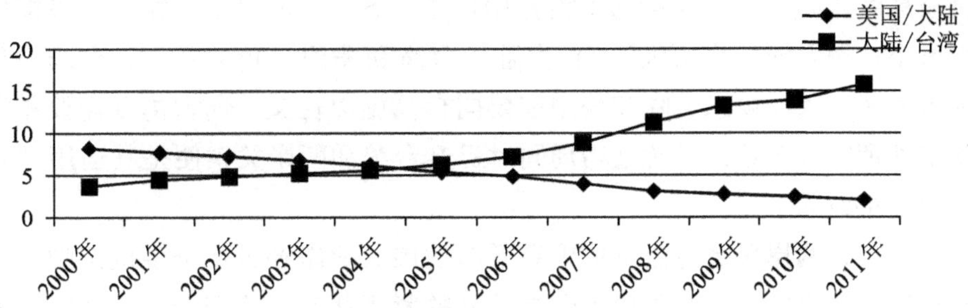

图 1　大陆和台湾、大陆和美国的 GDP 比值

资料来源：根据世界经济合作发展组织及世界银行相关数据整理而来

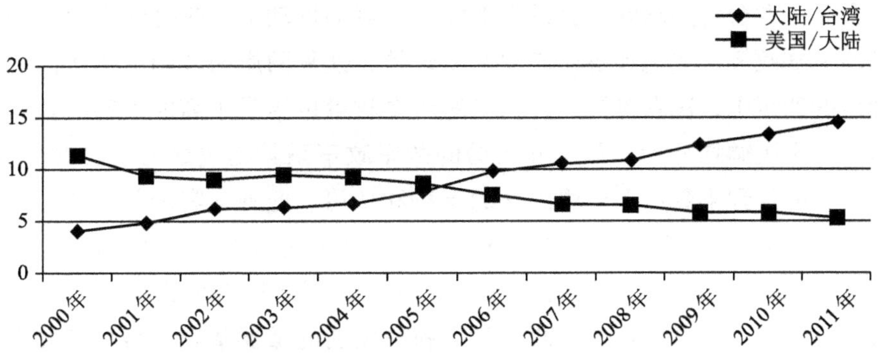

图 2　大陆和台湾、美国和大陆的军费比值

资料来源：笔者根据斯德哥尔摩国际和平研究所相关数据整理而来

第二，台湾历史与政治文化的交织。影响决策者制定对外战略的一个重要方面就是该地区的历史传统和政治文化。台湾的历史传统有两个分析维度。第一个维度认为，两岸应该统一。无论是政治上、历史上还是血缘上台湾都是中国的一部分，因此实现中国的统一是天经地义的事情。第二个维度则认为，台美享有共同的价值观。台湾虽然在法理上还是中国的一部分，然而两岸处于长期的对立状态，台湾民众对大陆的认知和感情逐渐疏远；与此同时，由于美国向台湾提供了全方位的政经和军事援助，加之由此带来的文化人员交流，台湾民众对美国产生了某种特殊的情感，甚至岛内具有某种亲美的社会心态。2009 年 12 月台湾《远见》杂志民调显示，

高达46.1%的台湾民众信任美国总统奥巴马，高于台湾政治人物马英九（38.6%）和蔡英文（35.4%），同时52.3%的台湾民众认为美国能维护台湾整体利益。① 这两个分析维度决定了台湾战略决策的基本方向和内容。在政治文化方面，台湾具有“大小相处之道”的普遍认知。马英九当局和民众高度认同《孟子·梁惠王篇》中孟子与齐宣王的对话，即“仁者能以大事小，智者能以小事大”。在大陆、台湾和美国三角关系中，台湾力量最为薄弱，因此要求大陆和美国都要向台湾施以仁义，而台湾则需要靠智慧来处理三方关系，马英九当局同时提升台美和两岸关系便是其运用“巧实力”的结果。

第三，两岸民意主流系追求和平与发展。两岸经过半个多世纪的斗争和对抗，两岸民众已经厌烦了两岸关系的紧张状态，迫切需要和平稳定的发展环境。2005年国民党主席连战访问大陆，并与大陆确立反对“台独”、坚持“九二共识”以来，两岸民众尤其是岛内民众给予高度期待。马英九上台后，在台湾追求两岸关系和平发展民意的推动下，改变陈水扁时期挑衅的大陆政策，实施和解交流的两岸政策，恢复两岸两会制度化协商。在此后的四年中，民众对马英九当局的两岸政策也给予了高度肯定。台湾进行的历次民调均显示，马英九当局的两岸政策系其施政最为成功的部分，始终能够得到半数以上台湾民众的支持和认可。此外，舆论普遍认为，马英九能够赢得2012年台湾“总统”选举，其中最为重要的原因是台湾民众肯定马英九追求两岸关系和平发展的政策，对蔡英文的两岸政策不放心。可以说，台湾民意成为两岸关系和平发展的重要基础，给马英九当局的“双重提升”战略提供了动力。

第四，马英九个人的政治性格。根据台湾相关制度安排，台湾的大陆和对外政策系由最高领导人负责，因此马英九的政治性格不可避免地成为影响台湾对外战略的重要因素。一般认为，马英九的政治性格由两部分组成。一是其“大中国意识”浓厚。马英九作为台湾的外省人，受过较为系统和全面的中国传统文化教育，但同时也被灌输了反共的意识形态，因此马英九认同中华民族的同时也持较强的反共意识。二是受到美式思维的强烈熏陶。马英九曾在美留学，自由主义思想和法律人的政治倾向较为突

① “美国与两岸领导人主要政党信任度、马英九满意度”民调（2009年12月），《远见》杂志民调中心网站：http：//www.gvm.com.tw/gvsrc/index.asp，访问日期：2011年5月20日。

出，因此对美国具有价值观的认同。马英九这两方面的政治性格，决定了其既不可能像李登辉、陈水扁一样“仇中”，也不会完全认同大陆，放弃与美国的传统关系。

此外，李登辉和陈水扁执政时期两岸和对外战略失败的教训，以及大陆和美国对其改变台湾当局以往政策的鼓励和支持，也是马英九当局决定抛弃台湾传统战略思维，进而寻求“双重提升”战略的重要原因。

四、“双重提升”战略的影响评估

短期来看，马的“双重提升”战略取得了预期效果，台湾经济社会发展、两岸和平稳定及美国的亚太利益都得到了一定程度的兼顾，得到了各方的一致支持。然而长期而言，两岸关系和台美关系的冲突面将逐步显现，大陆、台湾和美国三方互动中，最弱小的台湾很难驾驭二者的矛盾。

第一，台湾在东亚变局中站稳了脚跟。长期以来，台湾被视为亚太地区最为易爆的着火点，然而在此轮东亚变局中，台湾海峡维持了较稳定的状态，台湾也获得了相对进退自如的战略态势。马英九当局和解的两岸政策，使两岸爆发战争的可能性大为降低，两岸关系迈入和平发展新阶段。台湾与周边国家的关系没有因为地区“领土”和“领海”争端而受到重大影响，反而呈现稳步提升的态势，甚至如马英九当局所宣扬的“台美关系是30年来最佳”，“台日关系处于40年来最好的状态”。同时，台湾在与大陆签署经济合作框架协议的基础上，与新加坡、新西兰等国家洽签经贸协定，使台湾经济开始摆脱“被边缘化”的风险。此外，在大陆的默许下，台湾甚至参与了世界卫生大会、政府采购协定等国际组织，使台湾的“国际空间”得到进一步的拓展。

第二，两岸关系和平稳定发展迈入正轨。虽然马对两岸关系发展的思路与大陆的想法并非完全一致，其不断发展台美关系的做法对两岸关系发展也非完全是正面作为，但是其主张两岸在坚持“九二共识”、反对“台独”共同政治基础上发展两岸关系的做法，在某种程度上确保了两岸能够不断建立累积政治互信，促使两岸关系沿着和平发展的道路前进。两岸虽未进行政治性议题的商谈，但双方领导人初步建立了某种程度的政治互信；两岸迄今共进行了9次制度化会谈，签署了包括经济合作框架协议在内的 19 项协议；实现了两岸直接全面双向“三通”，两岸经济、文化、人员往来方面的交流逐步走向常态化。

第三，美国在台湾的影响力持续上升。美国在台湾一直有巨大的政经影响力，马英九当局“亲美”的政策使这种影响力进一步上升。与一般政治体排斥外部干涉不同，台湾蓝绿阵营都积极拉拢美国介入到台湾政治当中。2012 年台湾“大选”前，蔡英文亲自出马率团访美，马英九也派其“分身”金溥聪同期赴美活动，国、民两党形成了竞相赴美争宠的状况。美国在仔细评估衡量的基础上，最后决定支持马英九。因此，在蔡尚未离开美国之前，美国高官便发言批评蔡的两岸政策，美国政府还采取了批准美国高官访台以及台湾民众赴美免签等对马利好的动作，影响台湾选举结果。对此，台湾社会未见任何的反对意见，而民进党也仅仅是抗议了事。由于历史原因和价值观的趋同，台湾社会和政党均看重美国，而马英九当局实施更为“亲美”的政策，使美国在台湾的影响力进一步提升。

第四，岛内民意正在发生量变。马英九当局的“双重提升”战略，是台湾民意推动的结果，同时也不断地在塑造台湾的民意。岛内的民调显示，2008 年以来，台湾民众在对待台湾政治前途和大陆的态度上并没有发生重大变化。岛内民众主张两岸统一（尽快统一约占 1.5% 和维持现状后统一约占 8%）的比例并没有明显的上升，主张“独立”（尽快宣布“独立”约占 6% 和维持现状后“独立”约占 16%）的民众也没有明显的减少。同时，台湾民众认为大陆对其“不友善”的比例也没有因为大陆的大幅让利而有所松动，一直占 40% 以上。但是，由于两岸大规模人员往来交流，台湾民众对大陆崛起的认知却明显强化，对台湾的前途的思考方向开始发生改变。2012 年“日本交流协会”委托尼尔森营销研究顾问公司进行的民调显示，虽然当前台湾民众对大陆的喜好度不高，但也认为台湾未来最应该亲近的国家和地区是中国大陆。①

过去四年的历史发展证明，马英九的“双重提升”战略符合台湾利益，大致契合当前两岸关系发展的基本情况，也有利于美国维护台海和平的愿望。如果站在台湾的角度来看，“双重提升”战略的实施是成功的。

① 《日本研究：台湾人哈日　但认为最该亲近中国》，台湾《中时电子报》2012 年 6 月 22 日。

然而，在台海地区的战略环境或将发生重大变化，尤其是美国再平衡战略持续发力和大陆希望推动两岸政治谈判的背景下，“双重提升”战略未来能否维系将面临诸多考验，甚至可能如“刀尖上舞蹈”一样的危险。①

（原载于《台湾研究》2013年第4期）

① 岛内学者对马当局当前的对外战略也提出了批评。苏起认为，面对亚太新形势和美中关系新局面，台湾明显准备不足，反而整天陷入内斗之中，台湾应该凝聚共识，形塑新的对外战略；台湾淡江大学陈一新建议台湾与大陆和美国进行等距离外交，将“亲美、友日、和中”调整为“和中、稳日、友美”；台湾《中国时报》社论认为，马“亲美友日和中”的平衡策略有可能从美中逢源的高招沦为进退两难的境地；台湾“中央研究院”欧美所副研究员黄伟峰也认为，目前马当局想要两边讨好。经济靠大陆，安全靠美国，反可能遭到两者发挥国家实力夹杀。

从台湾反核四社会运动探析政党政治与社会运动之关系

王鸿志

2013 年 5 月 20 日，马英九第二任期届满周年，岛内各家民调均显示国民党的施政满意度在谷底徘徊，马英九似乎落入难以摆脱的执政泥淖。造成国民党面临执政困境的原因有多方面，其中自 2011 年日本福岛核电站严重泄漏事故发生后就再度发酵，2012 年底以来又被炒作扩大的反核四（台湾第四核能发电厂，简称核四）社会运动，对马英九当局形成了超出预期的冲击效应，甚至一度演变为当前岛内政党攻防的焦点。本文将结合反核四社会运动的发展历程，尝试探究台湾国、民两党与反核四社会运动之间的关系。

一、台湾的社会运动与反核运动

社会运动是政治、经济、社会条件发展到一定阶段的产物，台湾于 20 世纪 80 年代开启的政治转型为社会运动兴起提供了空间。随着政治环境日渐宽松，民众环境保护意识增强，加之国际上了发生了几起严重的核泄漏事故，导致反核运动在台湾出现并成为社会运动的重要组成部分。

（一）反核运动是台湾社会运动的一部分

人类社会产生后，随着社会结构的变迁及阶级阶层的出现，人们为求生存而组织进行集体抗争的活动就贯穿人类文明发展史，由此出现了最早的社会运动。马威尔（Marwell）在考察 16 种关于社会运动的定义后，提出了社会运动的两大要点，一是社会运动与公共目标有关。二是社会运动的定义常暗示有规模、范围及重要性的意义。[①] 据此可认定，社会运动本

---

① 张茂桂：《社会运动与政治转化》，台湾业强出版社 1994 年版，第 4—5 页。

质上必须与促进社会变迁有关，其目标是“公共性”的，其方式是集体行动。还有学者认为，社会运动是指“由多个个体参与、有一定组织和领导，在主观动机或在客观后果上使社会和政治现状沿自由、平等、公正、和平和民主的方向发生改变的制度外群体政治行为”。① 综合来看，社会运动大致可定义为：由利益或信念一致的人群发起的共同行动，这些参与者一般采取非体制内的途径推动或抵制某一种社会变迁的趋势，并以影响公共政策制定而非获取政治权力为目的。社会运动的兴起至少应包括三要素，一是有效的动员能力，二是明确的诉求与论述，三是较专业的组织化形式。②

西方早期著名社会运动可追溯至1763年英国议员约翰·威克斯和他的支持群众在伦敦街头对抗国王的行动，以及1773年美国的“波士顿倾茶事件”。③ 随后，社会运动逐步向欧美以外扩散。1945年台湾光复前，岛内出现过大大小小的抗争行动，但这些抗争多为以武力暴动的方式反对荷兰及日本殖民者，且缺乏公开的集会游行行动，因此还不属于现代意义上的社会运动。第一次世界大战后，随着全球民族解放运动的兴起，台湾民族资产阶级成立的台湾文化协会及“议会设置请愿运动”，可视为台湾早期社会运动的萌芽。但很快因日本殖民当局推动侵略扩张政策，在台湾施行战时动员体制，强力扼杀了岛内的社会运动。

1949年国民党败退台湾，在岛内进行了长达30多年的高压统治，国民党当局视社会运动为破坏社会秩序的行为严加防范，直到20世纪60年代岛内并未出现明显的社会运动。随着20世纪70—80年代台湾经济起飞与社会阶级结构的两极分化，以及都市化的快速发展，过去潜藏或被压制的各种经济社会矛盾不断爆发，“自力救济”的街头示威、“保钓运动”“党外运动”突破禁锢而出现。20世纪80年代，蒋经国解除戒严、开放党禁，推动台湾政治转型，对岛内社会的控制程度逐步放松，台湾社会运动逐渐呈风起云涌之势。④ 这一时期出现的社会运动包括消费者运动、劳工

---

① 李文、赵自勇等著：《东亚社会运动》，社会科学文献出版社2009年版，第3页。

② 何明修、萧新煌主编：《台湾全志·卷九·社会志社会运动篇》，“国史馆”台湾文献馆2006年12月，第34—37页。

③ 何明修、萧新煌主编：《台湾全志·卷九·社会志社会运动篇》，“国史馆”台湾文献馆2006年12月，第37页。

④ 陈孔立主编：《台湾历史纲要》，九州出版社2006年版，250—253页。

运动、妇女运动、校园民主运动、“原住民”运动、老兵返乡运动、政治受刑人人权运动以及环境保护运动等。[①] 其中环境保护运动中的部分学者，除倡议保护大自然外，还呼吁要关注核能发电对人类及环境的危害。[②] 本文论述的反核四社会运动，就是这一时期开始的台湾社会运动的一部分。

（二）反核四社会运动的兴起历程

国民党退台后，从军事及经济角度皆坚持发展核电事业，并于 1979 年完成核一厂商业运转，到 1986 年也就是切尔诺贝利核电站发生事故的当年，台湾已建成三座核电站。由于此前国民党严控社会运动、限制言论自由，因此一般民众接受的关于岛内发展核电事业的报道都是正面宣传，对发展核电带来的危险性认识不足，一些学者等民间反核力量很难推动反核运动。这种情况在 20 世纪 80 年代出现了改变。

1983 年，台“立法院”通过兴建台湾第四核能发电厂的征地案，次年“经济部”拟定了总额高达 1870 亿元（新台币，下同）的投资预算，并预定于 1994 年完工，这也是当时岛内规模最大的投资案，平均每位台湾民众就要分担 1 万元的成本。1985 年 3 月，台湾清华大学教授黄提源动员“立委”王清连提出质询案，要求暂缓兴建核四厂，当时就有 55 位国民党“立委”及 6 位党外“立委”表示赞同。随后，台湾主要电视媒体联合消费者文教基金会（消基会）举办“消费者大众看核四厂”座谈会，成功透过大众媒体使核能安全问题延伸至普通百姓，这就为反核四社会运动打下了群众基础。1985 年 5 月，“行政院”在各界压力下决定“在疑虑未澄清前不必急于动工”，暂时搁置兴建核四厂计划。该阶段反核四行为主要停留在自发层面，尚未形成有组织的社会运动。

1986 年民进党成立，1987 年 7 月 15 日，国民党宣布正式解除戒严，岛内民众享有了自由集会、结社等权利，社会运动迎来了“久违的春天”，本已蓄势待发的“反核四运动”在民进党鼓动下迅速发展壮大。特别是 1986 年苏联发生的切尔诺贝利核电站事故，为民进党大打反核牌赢得了口实。1987 年 11 月，台湾环境保护联盟在民进党推动下成立，民进党鼓吹“台湾社会运动必须政治化”的主张。次年，“反核四运动”的在地化组织——“贡寮反核自救会”成立，并获得当地派系、宗亲势力、宗教团体及

① 陈孔立主编：《台湾历史纲要》，九州出版社 2006 年版，250 页。

② 何明修、萧新煌主编：《台湾全志 · 卷九 · 社会志社会运动篇》，“国史馆”台湾文献馆 2006 年 12 月，第 60 页。

利益相关企业的支持，“反核四运动”开始从“理念型”向“行动型”转变。在民进党及台湾环境保护联盟运作下，截至1989年底，“反核四运动”已经从贡寮当地的反核自救会，扩大为当地组织与核一至核三厂相邻乡镇共同抵制核四厂的联合体，迈出了“反核四运动”全台化的重要一步。核四议题在民进党操弄下一度成为继“统独牌”之后的又一“神主牌”。

随后，民进党又将核四议题与“公投”相捆绑，使核四议题的政治性、敏感性大幅提高。1991年，民进党前主席林义雄创立“核四公投促进会”，1994年在台北县贡寮乡发动“核四公投”；1996年台北市政府发起核四市民投票，并与“大选”合并举行；1998年宜兰县发起“核四公投”，并与地方选举合并举行；2000年民进党上台后，陈水扁于5月20日指示“行政院长”唐飞缓建核四，从而引发严重的政治危机，岛内蓝绿对抗的格局由此形成。2001年，民进党当局在政经压力下，又宣布核四复工续建。2003年，陈水扁当局宣布通过“公投”解决核四争议，研拟制定“公投法”，国民党被迫跟进，导致“公投法”获得通过，为岛内“台独”势力借“公投”之名制造统“独”族群对立留下了隐患。

二、反核四社会运动与国、民两党的互动关系

国、民两党围绕核四兴建与否的争斗延烧了30多年，两党与反核社运力量的博弈也一直延续至今，透过相互间互动，可一窥岛内政党与反核四社会运动之间的竞合关系。

（一）与民进党的关系

一是依附阶段。在国民党威权统治下出现的反核四运动及新生的民进党都有合作对抗国民党、联合壮大力量的需求，因此民进党成立之初就将“反核”列入党纲，并试图掌握反核运动主导权。在“反核四运动”孕育过程中，“台湾环保联盟”与民进党发挥了重要作用。贡寮当地的“反核自救会”又是在地运动的主力，它们草根性强、冲劲足，敢于以激烈的抗争手段吸引舆论关注，让反核运动掀起巨大的政治影响力，但不足之处是缺乏政党奥援与斗争策略，因而他们也很乐意与民进党结盟。于是在社会运动与反对党各取所需的情况下，早期的反核四运动与民进党建立了相互依附的关系。

这种相互依附关系对社会运动而言利弊参半，“利”在于可迅速壮大实力，有效参与政治进程，“弊”则导致社会运动严重依赖于政党而丧失主体性。民进党则是这种结盟关系的受益者，1989 年民进党候选人尤清能够拿下反核四运动策源地台北县县长宝座，很大程度上可归功于民进党成功将选举动员与反核四社会运动相结合。民进党胜选又使双方依附关系进一步密切，反核四运动开始由草根组织抗争升级为有更大“靠山”的“中央与地方之争”。双方的依附与结合并未仅停留在地方层级，随着 1992 年第 2 届“立委”选举民进党的大胜及次年“行政院长”郝柏村下台，再加上新党成立并挺进“立院”，反核四运动又借助民进党、新党的力量而将施压重心移向“中央”层级的“立法院”。至此，双方的策略结盟与依附关系达至顶峰。

二是渐趋疏离阶段。反核四运动本寄望于通过进军“立法院”的体制内抗争来实现重启核四环境评估、阻挠核四预算案等目的，但受政党实力“国强民弱”等结构性因素限制，最终皆以失败告终。这些挫败使社运人士认识到，民进党出于迈向执政的考虑，视社会运动为与国民党讨价还价的筹码，与民进党进行体制内合作虽有利于推动相关法案尽早排入“国会”的议事日程，但也让社会运动失去主体性与应有的批判性，甚至如同扮演民进党“次级团体”的角色，并加速了社运人才的流失。

在此后一系列运动中，反核四社运团体对民进党的失望进一步加剧，尤其 1996 年的“废核案复议案”中，民进党出于政党分赃、利益交换的需要，以“领票但不投票”的消极方式妥协，使国民党的复议案获得通过。事后，台湾反核行动联盟等反核组织开始重新检讨与民进党的合作路线，指责民进党是故意放水以换取国民党做出有利于民进党的“修宪”让步，并发表“告别议会，就地抗争”的宣言，指出“核四复议案是在野党与国民党和解套招，对国会游说可达成反核的路线应该觉醒”，“不应将反核的希望与积累的社会力都放在政治层面上，变成政治人物的筹码”。随着民进党在民主化过程中的质变与选举挂帅总路线的确立，反核四运动中的部分领导者与民进党“因了解而分离”，开始重新寻求自身的主体地位。

2000 年政党轮替后，初尝胜果的民进党摆出对反核四运动知恩图报的姿态，宣布了“停建核四”的行政决定，但很快又在“朝野”压力下表示，“为了政局稳定及经济发展，核四复工”，反核四运动对民进党执政后一举实现多年来诉求的期待落空。但大多数社运团体在 2004 年“大选”

中仍抱有对民进党的一丝幻想，帮助民进党延续执政权，孰料民进党第二任期内“为政能力不升反降”，“更不幸的是，第一家庭弊案接连被踢爆，社会运动主力失望不满之情上扬”，[①] 包括反核团体在内的社会运动与民进党之间关系的热度明显下降。

三是再次谋求策略性结盟阶段。民进党 2012 年选举失败后，党内浮现“要赢回北台湾，应该积极推动停建核四的公投”的声音。同年 6 月，新北市议会通过“公民投票自治条例”，吕秀莲随即发动“公投挡核四”连署，希望 2013 年能达到 10 万份连署并正式提案，在 2014 年“七合一选举”时合并举行“反核四公投”。随着岛内反核四民意氛围不断升高，民进党内部倾向于 2014 年“七合一选举”中若能操作“选举绑公投”，势必对民进党选情产生加分效果，进而有利于 2016 年重夺政权。2013 年 3 月 9 日，岛内“绿盟”等公民团体发起了据称有 20 万人参加、横跨台湾北中南的“309 反核游行”，尽管主办单位谢绝政治人物上台讲话，但民进党主席苏贞昌及党内实力派人物蔡英文、谢长廷、游锡堃、陈菊、赖清德、吕秀莲等全程参加，暴露了民进党策略性结盟、企图利用反核四社会运动达到政治目的的意图。

（二）与国民党的关系

一是紧张对抗时期。台湾社会运动靠反国民党起家，因此在 2000 年之前，双方关系较为紧张，不时出现对抗行为。尤其国民党对反核四运动采取压制态度，郝柏村“行政院长”任内甚至对反核运动厉行高压政策。

二是策略合作时期。2000 年下野后，国民党对反核四运动的态度出现了策略性改变。一是由于民进党上台对社运的态度转趋保守，大片政治空间被释放出来而待填补，国民党若想从原属民进党的社运领地获取支持，就必须向社运人士示好，软化过去较强硬的对社运的态度；二是国民党判断，台湾社会主要分歧在于国家认同，因此即使在某些社会议题上采取激进策略，也不会过度冲击自身的社会基础，反有利于争取其他社会力量的支持。基于此种机会主义的考虑，国民党下台后对反核四运动的态度出现转变，在核四复建一年后，当兰屿少数民族抗议核废料未能按照承诺迁出时，国民党一改拥核立场，支持反核主张并要求民进党“经济部长”为此下台。但由于社运人士亲民进党的情结要远强于同国民党的交情，因此反

① 萧新煌，顾忠华主编：《台湾社会运动再出发》，台湾巨流图书公司 2010 年版，第 4 页。

核四运动的参与者多认为，“国民党的政策调整是出于机会主义与利益考量，双方的政治联盟并未形成”。[①] 台湾环保联盟理事长徐光蓉认为，“过去我们与民进党有过密切的合作，但其执政8年而渐行渐远也是事实”，未来“反核四运动”仍将在两党之间寻求发挥作用的空间。

三是博弈再升级时期。为防止民进党将“核四公投”与2014年“七合一选举”捆绑并行，同时解决长期困扰国民党的核四是否续建争议，2013年2月，国民党当局在江宜桦出任“行政院长”后，主动抛出“核四公投案”，并拟在今年底完成。国民党当局一方面正面肯定反核游行，主动与反核社运团体沟通。3月31日，马英九率“内阁”团队与反核团体“妈妈监督核电厂联盟”会面，力争化解其对核电安全的担忧。另一方，马英九当局通过晓以利害的方式，向岛内民众宣导台湾需要核电，应“稳健减核”的立场。同时策略性地从“公投主文”设定等方面，希望化解核四续建争议。根据2月份TVBS民调显示，58%的受访民众反对核四，27%支持续建。3月份《财讯》民调，70%的受访民众表示会去投票，若投票则有77%反对核四，17%表示赞成。截至4月初，岛内反核四的民意氛围并未显著下降，国民党与反核四社运团体的博弈仍将持续。

三、几点思考

透过反核四社会运动的起伏变迁，可以发现社会运动在岛内政治现代化进程中扮演了重要角色，同时其成员结构也不断优化，知识水平不断提高，政治影响力亦不容小觑。但由于台湾独有的蓝绿二元对立结构始终难解，导致社会运动的发展空间与作用仍受到较大限制。

（一）社会运动内部持续蜕变，理性平和特征进一步突显

在威权统治时期，岛内言论、结社自由都受到严格限制，社会运动被控制在政治的角落。随着20世纪80年代台湾政治自由化进程加快，社会运动取得了突飞猛进的发展。当时的党外势力以及后来成立的民进党，都将社会运动作为抗争国民党的重要力量，许多参加社会运动的成员抱有对执政党发泄不满的目的，社会运动一定程度上成了政治斗争的工具。从当

① 何明修、萧新煌主编：《台湾全志·卷九·社会志社会运动篇》，“国史馆”台湾文献馆2006年12月，第222页。

时社运参与者的构成看，也多具有浓厚的草根气息，早期反核四运动的参与者中，在地的农民、渔民、少数民族占据相当比例。

随着台湾政治经济发展程度的不断提高，社会结构发生深刻变化，城乡差别大幅缩小，整体教育水平与社会保障能力明显提升，岛内阶级结构开始呈现两头小中间大的橄榄型，中产阶级成型。这部分规模庞大的中产阶级与受过良好教育的年轻群体，逐步取代过去的草根、弱势群体，成为当今台湾社会运动的主力。本次的反核四运动的主力，就包括了许多大学教授、高校学生、军公教人员，以及演艺界人士等社会名流。社会运动的目的也由早期纯粹为了反对执政党，逐渐向诉求更加理性平和的方向转变，议题也更加真正关注民生，其在民众中的认同度与感召力进一步加强。

（二）蓝绿二元对立下的社会结构，压缩了社会运动发挥作用的空间，不利于建构成熟稳定的公民社会

台湾以蓝绿二元对立结构为特征的政治环境，主要是指从2000年民进党执政以来，由相互对立的“朝野”政党，通过意识形态切割和政治符号识别形成的基本政治生态。形塑蓝绿二元政治的结构性因素包括：政治上的统“独”认知与国家认同差异，民间的社会族群与省籍分野，以及体现在南北地域、文化层次及社会地位、阶级等方面的差别。其中统“独”认同、国家认同上的差别是引发蓝绿二元对立的最重要因素。2008年国民党重新执政后，岛内外多方寄望于马英九，希望其能够拨乱反正，导正台湾民众在国家认同上日益偏“独”的倾向。但从目前情况看，岛内已被撕裂的统“独”、国族认同短期内难以弥合。这种非蓝即绿的二元对立结构下，使得民众在选举，特别是重大选举中常被迫依照统“独”立场选边，客观上造成对社会运动所关注的环保等民生议题的忽视。这种局面既不利于维护岛内民众的切身福祉，也与当今时代提倡建构公民社会，关注民生议题的潮流不符，更使得台湾社会运动长期无法摆脱政党政治的桎梏。

（三）反核四社会运动在2014年“七合一选举”及下届“大选”中的作用值得关注

尽管台湾二元对立的政治环境限制了社会运动在重大选举中的作用，但目前岛内的民意氛围与政治现实又为反核四社会运动发挥影响力提供了空间。一是2011年日本“3·11”大海啸所引发的福岛核电站泄漏事故已造成“严重的健康影响与环境后果”，该事件在核电站自然及技术条件相似的台湾造成一定的心理恐慌，强化了反核运动的民意基础。二是2012年“大选”后，民进党内有势力认为其僵化保守的两岸政策是败选关键，过度操弄统“独”议题易引发中间及理性选民反感。但随之启动的民进党两岸路线转型却因多种原因仅停留在讨论阶段。面对即将到来的2014年地方选举及2016年“大选”，民进党除主打马英九当局“拼经济不力、执政无能”外，也开始关注拥有较强民意基础的反核四议题，企图借热炒核四议题，利用社会运动的力量，塑造民进党“为民请命”、国民党为了大财团利益而罔顾民众健康的形象，进而冲高投票率，在选举中扩大战果。目前，国民党已动用执政资源对核四议题进行危机处理，民进党也很难按其意愿主导议题的发展方向。未来选举中，两党在此议题上的博弈仍将继续，不能排除随着选情加温，该议题最终对选举结果产生一定影响。

（原载于《台湾研究》2013年第3期）

试论“台湾主体意识”的形成、特性及与“台湾意识”之异同

王建民

“台湾主体意识”与“台湾意识”有所不同，是一种“自上而下”的人为建构的一种更强调“台湾主体性”、台湾价值、台湾利益、台湾优先的一种社会政治意识，也是具有某种程度的“台湾国家化意识”。其对当今台湾社会的主流价值的深刻影响所及，直接牵动着台湾岛内政治与两岸关系发展。

一、“台湾主体意识”的概念与形成

“台湾意识”是自发生产的，是历史演变过程自然形成的，但“台湾主体意识”则不完全如此，在很大程度上是人为建构的，是从执政当局强调要坚持台湾的主体性及走“台湾主体意识路线”后，逐渐演变为台湾社会的一种主流意识即“台湾主体意识”。

对于“台湾主体意识”的起源，有不同观点。有学者认为台湾早就有主体意识，可以追溯到抵抗荷兰人的郭怀一事件，抵抗日本人的莫纳鲁道、林爽文事件甚至还有抵抗日本割地成立的台湾民主国。① 只是这种认知与观点无法获得普遍认同，当时的抵抗运动不能称为“台湾主体意识”。有更多学者认为最早提出“台湾主体意识”概念的是台湾历史学家戴国煇教授。② 戴教授的本意是鼓励台湾人在精神上、思想上不但要摆脱日本殖民帝国主义的枷锁，同时也要摆脱国民党的意识形态，做一个真正独立思考的自由人，但民进党把主体意识、台湾意识无限上纲，极度窄化，变成

① 杨艾俐：《选择永远维持现状之因》，台湾《旺报》2012 年 2 月 6 日，C7 版。

② 戴国煇教授所提出台湾人该保持的主体性，并非当前所讨论的“台湾主体意识”的概念。

狭义的“台独”意识。[①] 戴教授的概念只是讲台湾人的“主体性”，尚没有使用“台湾主体意识”的概念。1999年出版的《台湾意识与中国意识》一书中，郭正亮发表了“台湾主体性的辩证”，仍没有使用“台湾主体意识”概念。2004年，台湾大学王晓波教授发表的《中国是台湾人民不可剥夺的权利——台湾人民主体性的统一论》，提出“台湾主体性的统一理论”由三部分组成，主要是批判“台独论述”，从台湾人民的角度建构两岸的统一论述，其中也没有提到“台湾主体意识”。[②]

“台湾主体意识”不仅已成为今天台湾社会重要的价值取向，而且成为学术界研究的热点问题之一。许多学者追根溯源，探讨“台湾主体意识”的起源与来由，但常常将“台湾主体意识”和“台湾意识”的起源与两者的概念混为一谈，无法准确把握“台湾主体意识”的真正要意。事实上，今天我们讲的“台湾主体意识”不是理论上的学术概念或理论探讨，而是有特定内涵的，是在特定复杂社会历史条件下出现与形成的，既有客观孕育的社会基础，也是特定人士、特定政党竭力推动建构的社会思潮的产物。

“台湾主体意识”核心其实就是认同台湾为一个现状“独立的主权国家”。其出现与形成以及受到广泛关注与讨论，始于民进党执政之后，即新世纪初开始形成。“台湾主体意识”是在以李登辉为首的“台独”分裂势力倡导与主导下，由一批“台独”学者人为建构，再通过民进党执政当局的宣扬与政策推动逐步形成的。

依目前所掌握的资料，“台湾主体意识”概念是主张“台独”的李登辉首先提出的。台湾的苏嘉宏教授撰文指出，“李登辉开始公开提出‘台湾主体意识’”。[③] 2003年10月，李登辉表示，台湾长期遭受外来政权统治，接受殖民化教育，一直未能建立主体性的意识。他进一步表示，解严后虽然逐步建立民主自由政治、社会体制，也由人民直接选出台湾地区领导人，但教育、文化仍然未脱离“大中国思想宰制”，也有不少人仍抱持

① 武之璋：《台湾主体意识——台湾意识评议》，台湾“联合新闻网”博客，blog. udn. com/jasonwu0211/1326313，2007年10月26日。

② 王晓波：《中国是台湾人民不可剥夺的权利——台湾人民主体性的统一论》，第13届海峡两岸关系研讨会学术论文，2004年8月。

③ 苏嘉宏：《台湾应有超越“台湾主体意识”的积极论述》，香港《中国评论》月刊2007年7月。

强烈的“大中国意识”，导致台湾意识形态对立，政党恶斗不断，政局动荡不安。因此，未来必须透过“台湾正名”，让国际认清“中国是中国”，“台湾是台湾”，久而久之，台湾才有机会在世界舞台，并透过教育、文化，培养人民“台湾主体意意识”，才能迈向“正常国家”。[①] 可见，“台湾主体意识”是针对“大中国意识”而提出的，目标是通过“台湾正名”实现台湾的“法理独立”（即建立所谓的“正常国家”）。同年11月，李登辉进一步表示，“现在更重要的是要让台湾主体意识深入人心，也是未来必须努力的目标”。2004年，李登辉组织“台独”学者编纂《愿景·台湾》系列丛书，宗旨就是“提升台湾的主体意识，确立对台湾国家的认同”。其中一本书就是《台湾主体性的建构》，由李永炽、李乔、庄万春、郭生玉等“台独”学者撰写，提出台湾“切离中国，独自走自己的主体之路”，强调“台湾意识逐渐取代中国意识，成为台湾民意的主流”，“台湾要主体化、一体化，必须‘去外来化’”。同时该书认为1990年后，台湾经过政权的“本土化”、制度的“民主化”，逐渐形成有别于大陆的新制度与新政权，人民有了新的生活方式，带来了新的价值观，“台湾主体意识”就是这时候萌芽起来的。[②]

2004年初，陈水扁在“大选”中成功连任后，绿营势力将这次胜选视为“台湾主体意识”的胜利。民进党竞选主要负责人邱义仁在选后当晚就表示，陈水扁胜选的关键原因是，陈水扁在选举过程中抓住“台湾主体意识”的主轴，选举结果也证明，“台湾主体意识”已成为台湾主流价值。2004年，台湾亲绿学者施正锋发表的《台湾主体意识的发展》一文是较早讨论“台湾主体意识”的论文。

2005年前后，“台独”势力开始大力宣扬“台湾主体意识”，陈水扁公开强调“台湾主体意识路线是我们必须坚持的路线”。陈水扁在2006年“元旦文告”与“春节讲话”中提出：“以台湾为中心的主体意识摆脱了历史的窠臼与政治的教条，发源于2300万人民的对自我的认同、土地的情感，以及命运与共的体验……台湾是我们的国家，土地面积3万6千平方公里，台湾的主体属于2300万人民，并不隶属于中华人民共和国，台湾的

① 杨毅州、韩晨：《台湾“总统”选后社会新思潮研究》，全国台湾研究会（编）《两岸关系研究报告（2004—2005）》，九州出版社2006年版，第74—75页。

② 章念驰：《“台湾主体意识”辨析与构建新型的两岸关系》，香港《中国评论》2006年第6期。

前途只有2300万台湾人民才有权决定。”2007年4月13日，陈水扁表示：“党内没有路线的问题，台湾主体意识的路线仍是全党同志一致服膺的路线。”①

维基百科对“台湾主体意识”的解释是：“台湾主体意识是台湾一种政治及文化论述，希望透过台湾民族主义的力量，突破中国主义的文化霸权，来建立台湾自身的国家与文化认同。台湾主体性的支持者，如李登辉与民进党，希望由支持台湾本土化运动，形成以台湾为中心的主体意识，来发展出台湾自身的文化。”

民进党执政八年，采取的诸多政策尤其是“去中国化”“去中华民国化”“去蒋化”与“台湾正名”等，都是在建构“台湾主体意识”下推动的“台湾独立”活动。但“台独”人士仍认为陈水扁当局八年做得不够：“2000—2008年时，（民进党）政府要津职务，台湾主体意识者可以上台亮相，但表现平平，没有勇敢直冲，（没有）快速的扩张台湾意识力道，着实可惜。”② 但事实上，民进党执政八年，将“台湾主体意识”置于重要的政治地位，达到一个新的发展高度。

不过，由于台湾社会政治的多元化，台湾学术界与不同政治派别，对“台湾主体意识”的讨论与分析，则存在不同的观点与主张。绿营与“台独”人士认为“台湾主体意识”，就是一种“独立”意识，确认“台湾是一个主权独立的国家”，“大陆是另一个国家”。泛蓝阵营认同“台湾主体意识”，但不否定“中华意识”，不认为“台湾主体意识”就是“台独意识”。台湾学界则有不同的观点与看法，没有定论。其中，台湾夏潮基金会董事长宋东文认为，“台湾主体意识”就是“国家认同，在土地上是台澎金马，或台湾加澎湖，人口2300万人，视中国大陆为另一有特殊历史、文化、血缘渊源，与台湾有重要关系的地区/国家，‘外国’或‘敌国’”。他同时认为“台湾主体意识”不等于“台独意识”，但是“台独意识”的重要基础，只是可接受“中华民国”为“国号”。③ 可见，“台湾主体意

① 苏嘉宏：《台湾应有超越“台湾主体意识”的积极论述》，香港《中国评论》月刊2007年7月。

② 林玉体：《台湾主体意识的延续与发展》，台湾《新世纪智库论坛》第44期，2008年12月30日。

③ 宋东文：《“台湾主体意识”对两岸关系的制约影响与预测》，全国台联于2005年3月在安徽省举办的“第十二次台湾问题论坛”论文。

识”与“台湾意识”一样，在岛内出现“一个概念，各自解读”的现象。但不可否认，“台湾主体意识”有多样性与多元性，但核心是强调“台湾主体”与“台湾主权独立”。

二、“台湾主体意识”是“台湾意识”的集中表现

尽管“台湾主体意识”与“台湾意识”有所差异与不同，但不可否认的是“台湾主体意识”是“台湾意识”在新的历史条件下的发展与强化，是“台湾意识”的集中表现，但在文化上、政治上、经济上较“台湾意识”更明确、更直接，更强调“自我”“自主”“独立”与排他性、“排中国性”。

“台湾主体意识”较“台湾意识”更具有强烈的“台湾文化主体性”。“台湾意识”的起源与台湾乡土文化、乡土文学的兴起发展有密切关系，最早的争议焦点就是台湾乡土文学是不同于中国文学的台湾独特的文学还是中国文学的一部分。“台湾意识”虽然强调台湾的乡土文化与台湾文化，但还没有上升到“台湾文化主体性”层面。“台湾主体意识”在文化上则强调台湾文化的主体性、独特性、多元性、融合性以及与中国文化的差异性。尤其是作为“台湾主体意识”建构的“台独”分裂势力，在文化教育上强化“台湾主体意识”，主要表现在从历史、文化、教育、语言等方面，全方位推动“文化台独”，力图切断台湾与大陆的文化脐带与联系，弱化岛内民众对中国、中国文化与中国历史的认同，建构“台湾国家史观认同”。在民进党执政八年内，陈水扁在延续李登辉执政后期“独台”文化教育政策的基础上，更全面推动“本土化教育”与“去中国化”的政策。

“台湾主体意识”较“台湾意识”更强调“台湾政治的主体性”与“政治上的独立性”，即强调台湾的政治“自主”与“独立”，强调台湾的“主权独立”，强调台湾与大陆“互不隶属”及“相互独立”。当今的“台湾意识”虽然政治性增强，在某些情况下与“台独意识”“台湾主体意识”接近，尤其是民进党与绿营学者将三者视为同一概念，但在一般民众的认知中，“台湾意识”较中性，较有弹性，政治性并不强，只是解读上有很大差异。为此胡锦涛总书记明确表示“台湾意识”不等于“台独意识”。“台湾主体意识”尽管是“台湾意识”基础上发展起来的，也有不同的认知或解读，但它的形成、发展与台湾主政者的政策推动密切相关，

更强调它的政治性与台湾“主权的独立性”。

李登辉于1999年首次明确提出两岸是“特殊的国与国关系”后，开始强调“中华民国台湾化”与“台湾主体意识”。陈水扁上台执政后，在政治上极力宣扬“台湾主体意识”，强调台湾“主权独立”，主张两岸“一边一国”，在政策上全面推动“去中国化”与“台湾正名”运动，均旨在推进“台湾主体意识”的建构与台湾“主权独立化”的政治进程。

陈水扁极力推动的“制宪”或“新宪”活动，就是要破除所谓的“大中国意识”与“一中”框架，确立“主权属于台湾人民”的“新主权论述”，让台湾脱离“一中宪法”，在法政体制上成为“一个主权独立、自由民主的正常国家”。为实现这一目标，陈水扁当局全面消除带有“中国”“统一”标志或象征符号，以“台湾”取而代之，于是拆除“总统府”大楼“三民主义统一中国”标语牌，废除“国统会”与“国统纲领”，废止带有“中国版图”图样的“中华民国国旗”标志的台湾“新闻局”局徽，将军队刊物中《“中国”海军》、《“中国”空军》等刊名中的“中国”两字改掉，将“中国国际商业银行”改为“兆丰国际商业银行”，将军人为“中华民国”生存而战改为“为台湾生存发展而战”，将居民身份证上“中华民国”的“领土”水印更换为“台湾地图”等等，均是要“突出台湾主体性”，“确保台湾主体性”。可以说，在民进党执政时期，“台湾主体意识”已完全政治化、政策化，甚至“独台化”。

过去“台湾意识”至多是强调与“中国意识”的不同与差异，不过后来“台湾意识”的核心则逐渐变为“台湾主权独立”。而“台湾主体意识”则明确台湾的“主权对等”“地位对等”。因此，“台湾主体意识”逐渐成为绿营政治势力的政治信仰与政治主张。

“台湾主体意识”较“台湾意识”更为强调“台湾经济主体性”，即强调台湾经济的独立性与自主性。“台湾意识”初期主要是一种社会意识、文化意识，后来政治意识逐渐成为主流意识，但没有明显的台湾经济独立自主意识。但“台湾主体意识”不同，在强化台湾“文化主体性”与“政治主体性”的同时，也特别强调台湾经济的主体性，即为避免两岸经济的相互依存与依赖，使台湾经济发展受制于大陆而更强调台湾经济上的自主性、独立性。

民进党执政时期，在两岸经济关系发展问题上一直坚持“台湾经济主体性”的原则与政策，导致两岸经贸关系无法获得重大突破，一直无法实现直接“三通”。两岸“三通”本来是一个不涉及政治问题的经济或商业往来活动，但陈水扁当局坚持“无法接受一中原则下的两岸直航”，强调两岸直航，台湾“不能被矮化、边缘化和地方化”，其实就是要彰显台湾“经济主权独立”，不能在经济上将台湾视为地方政权（不能地方化），而是要与大陆“平起平坐与对等”（不被“矮化”）。陈水扁甚至提出，在两岸直航问题上“主权绝不退让”“公权力运作不受任何侵蚀”“政府充分主导”等协商条件，核心就是要维护所谓的台湾“经济主权”。2004 年 2 月，陈水扁强调，台湾在确保“经济主体性”的前提下，将“中国市场看作台湾经济全球布局的一部分”。陈水扁在 2007 年元旦讲话中进一步明确提出，目前台湾的两岸经贸政策只有“台湾优先”与“台湾主体意识”路线。两岸经贸关系发展中的“台湾经济主体性”意识与思想，也成为蔡英文出任民进党主席后处理两岸经贸关系发展的主要思维与原则。蔡英文在“十年政纲”中提出：“如果只想倚赖无常的善意，把自家祸福系在他人的喜怒当中，势必失去开拓新天地的动能与承担挑战的勇气，更失去宝贵的经济自主性。”① 这一论述主要是批评马英九当局的两岸经贸政策过度依赖大陆的善意与支持，从而可能失去台湾经济的自主性。因此，“提升台湾的经济自主性”就成为蔡英文两岸经贸政策主张的核心，并作为“十年政纲”两岸经贸的主轴思维之一，提出“台湾应加强产业结构、强化企业管理与产品研发能力，永续台湾的经济自主性。台湾须在全球分工体系中掌握关键性地位，继续保持技术领先，并以此为基础，与中国建立互惠而非让利、和平而非冲突、对等而非主从的经贸关系”。可见，坚持台湾经济的自主性、主体性与对等性，是蔡英文与民进党的两岸经贸政策的核心思想。另一方面，民进党不断攻击马英九当局的两岸政策尤其是两岸经济合作政策是“倾中卖台”，或“让台湾主权流失”，或“掏空台湾主权”，均是民进党“台湾主体意识”在经济领域的充分表现。

从上述的分析可以发现，“台湾主体意识”是一种防御性的社会意识与政治意识，是针对两岸关系发展尤其是两岸经贸关系发展可能对台湾产生重大冲击而提出的一种维持台湾“自主性”与“主体性”的自我保护与防范意识。20 世纪 90 年代以后，两岸经贸交流与发展迅速，台湾经济对大陆市场的依赖性增强，台湾当局或“台独”分裂势力担心台湾融入中国

① “十年政纲”，蔡英文竞选办公室，www. dpp. org. tw。

经济体系，担心所谓“台湾向中国倾斜”，担心台湾与大陆的和平统一，为此提出要坚持台湾的“主体性”“自主性”“独立性”，要与大陆完全“对等”，就是要强调台湾作为一个“主权独立”的“国家”“主体性”，以对抗中国作为国家的主体性与台湾作为中国一部分的地方性。

三、“台湾主体意识”与“台湾意识”的差异性

“台湾主体意识”与“台湾意识”有何差异或不同，是需要回答的重要问题。“台湾主体意识”与“台湾意识”有相同或相似之处，均强调以“台湾为核心”“以台湾为中心”，强调“台湾利益至上”“台湾优先”，但两者又是不同的，是有区别的，是有差异的。

首先从时间点上看，“台湾意识”产生的历史较早，主要从20世纪70年代末开始，经过岛内三次学术论战逐步形成的。第一次是1977年前后的台湾乡土文学大论战，争论的重点是台湾乡土文学是否属于中国文学的一部分，是“台湾意识”与“中国意识”关系争论的开端。被称为统派文学家与学者的吕正惠教授曾撰文指出，在同一营垒中战斗的不少作家，称“乡土文学”的“乡土”不是指“中国”，而是特指“台湾”，或者认为“小乡土”台湾才是真实存在的，“大乡土”的大陆只是“虚幻符号”。①有学者认为，台湾岛内“独派”学者将“乡愁文学”归于“中华民族主义”，却将“乡土文学”与“中华民族主义”或中华文化割裂开来，是本土的“台湾民族主义”。第二次是20世纪80年代初期开始的“台湾意识”大论战，也是在讨论“台湾意识”与“中国意识”的关系问题，以及“台湾意识”与“台独意识”的关系问题，其实已变为统“独”之争。国民党本土化政策的推动，“台湾意识”与“本土意识”开始合二为一，排他性上升，政治性增加。第三次是20世纪90年代中期开始的“认识台湾”历史教课书引起的“台湾史”与“中国史”关系问题的讨论，逐渐形成“独派”历史观与统派历史观的大论战，即“中国作为国家主体性”与“台湾作为国家主体性”的斗争。② 三次论战的核心或主轴是“台湾意

① 古远清：《略述岛内统派文学家的“中国意识”》，《台湾周刊》2008年第7期。

② 1997年6月，新党“立法委员”李庆华首先发表《我对“国中”认识台湾教科书的质疑》一文，逐步在台湾学界与政界展开关于认识台湾历史教科书的大辩论。李理：《“去中国化”的台湾中学历史教科书编纂》《台湾研究集刊》2008年第2期。

识”与“中国意识”关系问题或台湾与大陆关系的定位问题。

“台湾主体意识”则出现较晚，始于20世纪90年代中期，逐渐受到关注并广泛讨论则是新世纪以来的事情，是民进党上台执政后大力宣传与培育的结果。“台湾主体意识”是在“台湾意识”基础上建立与发展起来的，而且逐渐取代了“台湾意识”。目前海峡两岸学术界主要讨论与争论的是“台湾主体意识”而不是“台湾意识”。台湾岛内已普遍认为“台湾主体意识”已成为当今台湾社会的主流意识，而不再讲“台湾意识”成为台湾社会的主流意识。

其次，“台湾意识”的内涵较“台湾主体意识”更广、更宽；“台湾主体意识”的内涵则较“台湾意识”更明确、更具体。“台湾意识”的直接含义或初始含义是一种地方意识，初期具有明确的台湾乡土情结与乡土意识。尽管后来，“台湾意识”的发展出现变化，尤其是不同政治势力或学者解读出现差异，绿营强烈强调它的“独立意识”，蓝营则强调“台湾意识”与“中国意识”的差异，大陆则强调它的地方意识与文化意识，但是事实上，“台湾意识”的形成过程中融合了包括复杂的乡土意识、省籍意识、悲情意识、反抗意识、出头天意识（当家做主意识）、认同意识、政治意识等，而“台湾主体意识”则更强调台湾的“主体性”“自主性”“独立性”，更具针对性，政治意识更明确，更强烈。

再次，“台湾意识”与“台湾主体意识”的形成与发展过程是不同的。“台湾意识”是历史发展中自然形成的，是大陆与台湾关系或海峡两岸关系历史发展演变的结果，是“自下而上”形成的，即先有民间的“台湾意识”，再有当局的“台湾意识”政策。“台湾主体意识”尽管也有台湾社会历史发展背景，但更重要的是李登辉、陈水扁执政时积极推动倡导相关政策的结果，是在特定历史条件下（两岸关系对立与紧张，“台独”活动高涨，甚至“台独”势力掌权与执政）人为建构的，具有很大的主观成分，更多地体现出政党或政治人物意识形态色彩，是“自上而下”建立起来的，具有明确的政治目标与意图。尤其是台湾当局将“台湾主体意识”作为执政的重要战略目标，采取一系列的文化、教育、经济、政治等措施，强化“台湾主体意识”，进而让“台湾主体意识”成为一种普遍性的民众意识或社会意识。

最后，“台湾主体意识”在台湾社会政治意识观念上更易被台湾民众接受与认同。“台湾主体意识”较“台湾意识”在政治含义上更直接，更明确，更强调与维护台湾的自主性或主体性；相对政治目标更明确的“台独意识”，“台湾主体意识”则更有柔性与软性，没有“台独意识”那样张扬与激烈，因此更易获得台湾民众接受与认同。在这种情况下，“台湾主体意识”也更具迷惑性，更具欺骗性，进一步阻碍了台湾内部“中国意识”与“中国认同”的存在与发展。要特别强调的是，在当今台湾社会政治认同上，“台湾主体意识”与“台湾意识”“台独意识”的内涵逐渐趋于一致，没有本质的差异，只有概念上的不同与学者解读的不同，这是需要进一步深入研究与分析的重大课题。

（原载于《台湾研究》2013年第3期）

"台湾主体意识"的社会政治影响分析

王建民

"台湾主体意识"已成为台湾社会的主流意识，甚至某种程度上的"台湾共识"，对台湾政治与台湾当局的两岸政策以及两岸关系发展的影响越来越大。

"台湾主体意识"逐渐成为台湾社会的主流意识

台湾岛内的社会意识众多，从不同角度或面向分析与观察，就有不同的社会意识。社会主流意识也不是唯一的，而是多元的。有大陆学者将台湾主要社会意识归纳为八类，即"祖国意识""台湾意识""和平意识""发展意识""民主意识""皇民意识""反共意识""台独意识"等。① 当然，我们还可以提出更多的台湾社会意识，如"岛屿意识""反中意识""忧患意识""边缘化意识"与"危机意识"等。就与台湾社会、政治尤其是与两岸关系方面而言，当今台湾最主要的社会意识就是"台湾主体意识"（"台湾意识"）。

我们可以这样归纳：就两岸关系政策的开放与管制而言，开放意识是主流意识，管制是非主流意识；就和平与敌对、战争而言，和平是岛内的主流意识，敌对、冲突是非主流意识；就岛内政治、社会的和解与对抗而言，和解是主流意识，对抗是非主流意识；就台湾与大陆的关系发展而言，"台湾意识"（"台湾主体意识"）是主流意识，"中国意识"是非主流意识。

"台湾主体意识"对台湾的政治认同较"台湾意识"更进一步，更倾

① 刘红、郭明，《台湾主要社会意识与现实的关系分析》，《台湾研究》2006 年第 1 期。

向于维持台湾现状或“独台”，实质就是“独台意识”，但因没有明确的“台湾独立”概念，而是强调台湾“主体性”，强调“以台湾为主”，强调“台湾价值”，强调“台湾利益”，强调“台湾优先”，因此在岛内已获得普遍接受与认同。不论是哪个政党或团体，今天在台湾内部已没有人否定“台湾主体意识”，而是认同“台湾主体意识”或“台湾主体性”。可以说，“台湾主体意识”已成为台湾社会的主流意识。2006年，台湾某机构发布的一项民意调查显示，认同“台湾前途应由台湾2300万人民来决定”的“台湾主体意识”的支持率或认同度达81%。① 这种“台湾主体意识”的形成与发展，不利两岸关系的发展，更不利两岸的和平统一。

坚持台湾“主体性”与“台湾主体意识”成为岛内共识或“台湾共识”。民进党前主席蔡英文曾表示，“台湾主体意识已经成为这个社会的共识”，可以用包容性的本土观与主权联结，在包容性的本土观下，台湾是一个生命共同体，“这个生命共同体的主权是我们自己的”。② 台湾《旺报》一篇关于“香港之死”的短评指出，“两岸已进入稳定的和平发展关系（阶段），融合过程中如何维持台湾的主体性，非常重要。在大陆‘大而不美’的经济体笼罩下，只有坚持主体性，台湾才有存在价值”。③ 一位在大陆生活的台湾学者在《旺报》发表文章，呼吁大陆正视台湾的“主体意识”。《旺报》被认为是“亲陆”媒体，甚至是认同统一的媒体，尚有这样的言论与主张，何况其他媒体！可见，在两岸关系发展中，维护“台湾主体性”已成为岛内共识，也是“台湾共识”。

但由于台湾社会政治的多元性，各政治势力从对自己有利的角度解读与使用“台湾主体意识”，呈现“一个概念，各自解读”的现象。尽管解读不同，但不可否认“台湾主体意识”已取代过去的“台湾意识”，成为当今台湾社会的主流意识，其社会政治影响力越来越大。

“台湾主体意识”导致蓝绿政治主张有趋同之势

“台湾主体意识”日益高涨，成为台湾岛内主流民意，已影响到蓝绿或国、民两党的政治主张或两岸政策主张。不可否认，尽管国民党与民进

① 台湾《中央日报》2006年3月6日。

② 蔡英文，《以新本土观捍卫台湾》，台湾《中国时报》2009年3月22日。

③ 短评：《香港之死》，台湾《旺报》2012年2月6日。

党的两岸政策尤其是法理意义上的一个中国政策主张上存在差异，但趋同之势越来越明显，已无太多本质区别，只有名称、概念与策略之差异，“国民党台湾化与民进党化”已是不可否认的事实，中国和平统一面临更为严峻的挑战。

“中华民国空洞化”与“中华民国台湾化”认知趋于一致：是否承认或认同“中华民国”，意味着是否承认“宪法一中”或“两岸一中”，这是国、民两党两岸政策主张差异的关键所在。中国国民党是“中华民国宪法”的缔造者，也是“中华民国”的坚定维护者。民进党虽然生活在台湾的“中华民国”之下，参与“中华民国”的政治生活，参加所谓的“中华民国”公职选举，公职人员也领“中华民国”的薪水，但民进党却一直回避“中华民国”，不承认“中华民国”。民进党的“台独党纲”就是要推翻“中华民国”，建立“台湾共和国”，已成为典型的“违宪”政党，却未受到任何处置，还能在“中华民国”“国度”下生存与发展。不过，“台独纲领”还是造成民进党发展的障碍，在随后进行多次重要选举中无法有新的突破，于是才会有1999年的“台湾前途决议文”出台，开始被动的接受“中华民国”，但仍坚持“台湾是一个主权独立的国家，现在的名字叫中华民国”。

民进党的政治领袖不论是否执政，在文告与表述中很少讲“中华民国”，均以“台湾”取而代之，从而将“台湾”与“中华民国”等同，即公开强调“台湾是中华民国”，“中华民国是台湾”，这同样是“违宪”行为，但民进党人士从没有受到处置。特别是蔡英文等民进党人还表示“中华民国是一个流亡政府”。这就是今天台湾的政治现实。

显然，国民党与民进党对“中华民国”的态度是不同的，表达与认知是有区别的，但本质差异在缩小，有明显的趋同之势。国民党及政治领袖除了正式场所讲一点“中华民国”之外，在更多场所或日常生活中也将“中华民国”与台湾混同或等同。一方面讲，“中华民国是一个主权独立国家”，另一方面又强调“台湾前途由2300万台湾人民决定”，形成新的“宪政”矛盾与“中华民国台湾化”的趋势。马英九当局也没有修改陈水扁“去中国化”教科书的相关内容，仍延续“一九四九年以来的中华民国不属于中国史、而属于台湾史”，就是典型的“台独”史观。

从国民党与民进党对“中华民国”、中国、台湾相互关系的认定虽有差异，但这种差异在缩小，在趋同，即“中华民国”逐步“空洞化”“去中国化”与“台湾化”。国、民两党这种对“中华民国”与台湾关系的认知趋同之势，对两岸关系和平发展是非常不利的，对和平统一更是严峻的挑战。

在“台湾主体意识”高涨的形势下，岛内蓝绿两大政治阵营均强烈反对“台湾是中国的一部分”。一个中国原则的最初表述的核心是，“台湾是中华人民共和国的一部分”，后来改为“台湾是中国的一部分”，进而演变为“两岸同属一个中国”，这既是一个法律问题，也是一个政治问题。在蒋氏父子治理台湾时期也坚持，“台湾是中国的一部分”，当然是指台湾是“中华民国”的一部分，因为“中华民国”曾经代表中国，是中国的简称。在今天台湾的“中华民国宪法”框架下，台湾仍是“中华民国”的一部分，也可简称为台湾是中国的一部分。强烈主张台湾是一个“主权独立国家”与否定“中华民国”的民进党，当然反对“台湾是中国的一部分”的主张。

但最令人费解的是，国民党的立场发生了重大转变，不仅不再强调与主张“台湾是中国的一部分”，反而强烈反对国际社会对“台湾是中国的一部分”的称谓与表述。马当局与国民党对国民党退休将领表示“共军、国军都是中国军”的说法进行强烈批判，认为这种行为是“背叛台湾人民”。日本教科书有关“台湾是中国一部分”的提法，马当局立即表示强烈抗议。世界卫生组织内部相关文件认定“台湾是中国的一部分”，不仅民进党攻击，国民党当局也强烈反对与抗议。可见，国民党与民进党在反对“台湾是中国的一部分”这一问题上立场与态度已完全趋同。

“住民自决论”已成国、民两党共识。民进党主张“台湾独立”的立论之一是依据“旧金山和约”认定“台湾主权未定论”，从而在党外时期就提出台湾“住民自决论”，即“由台湾人民自己决定台湾的前途与命运”，这一思想一直延续到民进党诞生之后，成为民进党的重要“台独”思想之一，即逐步形成“台湾前途由台湾人民决定”的“台独”论调。民进党于1999年公布的“台湾前途决议文”表述是，“台湾是一个主权独立的国家。——台湾固然依目前宪法称为中华民国，但与中华人民共和国互不利属，任何有关独立现状的更动，都必须经台湾全体住民以公民投票方式决定”，这也被认为民进党从“台独公投”转为“统一公投”，其核心就是“台湾人决定台湾前途”。国民党过去是反对民进党这一“台独”主张的，认为这一主张违背了“中华民国宪法”。但在民进党“民粹”政治动员与强化“台湾主体意识”的步步紧逼下，国民党逐步改变立场，滥用民主原则，近年来开始明确公开强调“台湾前途由2300万台湾人民决定”。马英九当局尽管一方面坚持“中华民国”体制，另一方面又强调“台湾前途由2300万台湾人民决定”，步上了民进党一贯主张的“台湾住民自决论”的立场。这是国民党“民进党化”与“台独化”的典型表现。台湾前途不是由包括海峡两岸中国人的“中华民国国民”共同决定，而是仅由台湾人民决定，是严重的“违宪”行为，是“台湾主体意识”高涨与普及化的必然结果。

“台湾主体意识”逐渐成马英九当局新的政治思维与施政原则

在“台湾主体意识”高涨下，国民党政治主张向本土化位移，向“台湾化”方向转化，不再有两岸政治上的统一思维与主张。

2012年初，马英九在选举中获胜之后发表的当选感言，充分揭示了国民党当局在“台湾主体意识”影响下政治主张的“台湾化”“本土化”与“去统化”倾向。

马英九参选的是在台湾的“中华民国总统”，也是第十三任“中华民国总统”。可是，马英九在当选感言中完全以“台湾”概念为核心论述，仅仅只提到一句“中华民国”，而且是“我会用生命来捍卫中华民国的主权”，这不符合马英九一贯坚持与强调的“中华民国”的法统与体制。整个当选感言，充满着强烈的“台湾路线”“台湾人民”“台湾新历史”“台湾梦”与“为台湾奋斗”等以“台湾主体”与“台湾价值”为核心的台湾观念与主张，完全架空了法理上的“中华民国”，将包含“两岸一中”与终极统一的“中华民国”抛到九霄云外。

马英九在当选感言一开始就表示，这场选举不是马英九个人的胜利，而是“台湾人民的胜利”，“是我们一条追求清廉、繁荣与和平的台湾路线的胜利”。马英九第一次明确提出“台湾路线”概念，已受到岛内主流媒体的关注与认同，显然“台湾路线”成为马当局的重要施政理念，成为新的台湾论述。“台湾路线”的提出，将进一步强化“台湾主体意识”与台湾的政治（国家）认同，逐步演化为“新独台意识”，而不利“两岸共同意识”或“两岸共同体意识”或“中华民族意识”的培养与发展。

在当选感言中，马英九认为台湾人民给了他明确的使命，他要尽力完成创造“台湾新历史的任务”。这个任务是什么？马英九没有明确回答，但从他的整个论述与选后在媒体刊登的“谢票广告”中可以看出端倪：“未来会用生命捍卫中华民国主权、台湾的安全跟台湾人民的尊严，生生世世为台湾奋斗到底，这是对台湾最庄严的承诺。”可见，马英九在某种程度上有明显的“民进党化”趋势，赋予台湾崇高的政治价值，将台湾“神化”，要为“台湾奋斗到底”，这已不仅仅是“台湾政治偏安”的问题，完全失去了对“中华民国”终极目标两岸统一的坚持，回避了对中华民族与中华复兴的任何期待，甚至连“中华民族”的一字半语都没有，完全消失在他的感言之中。台湾绿营学者与文学家陈芳明给予马英九的“台湾路线”高度肯定，认为马英九所表达的台湾关怀，“已经与民进党无分轩轾”，“他再三强调‘台湾新历史’与‘台湾主体’，鲜明指出海岛（台湾）未来的发展主轴”①。

马英九这次胜选的原因很多，其中民众对马英九执政最肯定的是他务实、开放的两岸政策与两岸路线以及两岸合作取得的重大成就。但在马英九的当选感言中，有关两岸关系论述的内容十分有限，仅有两句话，而且缺乏实质性论述，仅强调“未来四年两岸关系会更和谐会更有互信、冲突的机会会更小”，没有提出任何两岸关系发展的新理念与目标。特别是马英九没有提到让他当选的关键性因素“九二共识”概念。

在谈到两岸经济、文化交流时，马英九不是强调海峡两岸的经贸往来与文化交流，而是“希望加强跟全世界的文化交流、跟经贸往来，让台湾在世界经济及文化的版图上能够昂然竖立，成为推动文化交流及经济发展重要的力量”。这一论述显示了马英九急于拓展国际空间以及在国际社会彰显台湾政治地位的政治企图与愿望，但却没有明确提出如何促进两岸经贸往来与文化交流的主张。显然，这是马英九“从大陆走向世界”路线受到蔡英文、民进党“从世界走向中国”路线的挤压，逼迫做出的两岸路线与国际路线调和与修正，是一种退步。显然，马英九在经济议题上也在强调维护台湾经济的主体性与多元性，避免两岸经济的融合与一体化发展，是“台湾主体意识”在马英九两岸经贸发展思想上的重要体现与发展。可以预期，“台湾主体意识”已成为马当局施政与两岸关系政策的重要决定

① 陈芳明，《台湾路线与历史评价》，台湾《联合报》2012年2月8日。

因素。

"台湾主体意识"高涨不利两岸社会融合与两岸和平统一

"台湾主体意识"的形成与高涨对台湾社会、政治尤其是两岸关系发展的影响是非常显著与深远的，不利两岸政治融合与和平统一。

"台湾主体意识"被完全政治化与工具化之后，台湾政治人物尤其是泛绿阵营将台湾"神化"与"国家化"，"台湾"两字已神圣不可侵犯，不容挑战，一切思维"以台湾为优先"，一切行动"以台湾为主"。"爱台湾""守护台湾""天佑台湾"之类的政治口号，是台湾被"神化"的典型描述。"台湾被神化"是"台湾意识"与"台湾主体意识"质变的标志与典型。这种意识与思维不利两岸关系的长远发展与和平统一。

岛内将"台湾主体意识"高度政治化，并赋予极高的政治价值，结果让台湾陷于严重的政治冲突之中，让台湾岛内对国际化与全球化有一种抵抗与排斥心理，对大陆有一种敌视态度，陷在狭隘的岛屿思维，形成锁岛心态，影响两岸关系持续和平发展。尽管马英九上台后，具有开放性的两岸思维，积极发展与大陆的关系，但仍极力强调台湾的"主体性"，将"以台湾为主，对人民有利"作为处理两岸关系互动与合作的最高原则。这一思想也是"台湾主体意识"的集中表现与"台湾主体意识"在政策上的体现。

可以说，"台湾主体意识"已成为岛内主要政党政治主张与政策思维的重要基础，影响其两岸关系发展政策走向。也就是说，今天岛内的两岸政策思维与政策走向已在很大程度上受到岛内"台湾主体意识"的影响与制约。

"台湾主体意识"与"九二共识"的矛盾越来越突出。"九二共识"是两岸关系发展的重要政治基础，是两岸两会恢复会谈的基础。"九二共识"的核心是体现"两岸同属一个中国"的原则与立场，甚至是谋求两岸和平统一的政治基础。国民党与马英九当局承认"九二共识"，尽管更强调"一个中国，各自表述"，与大陆只讲"九二共识"有很大不同，显示国民党在"坚持九二共识"与"维护台湾主体意识"问题上在搞平衡，但并不否定存在巨大模糊空间的"九二共识"在两岸关系发展中的重大价值，而且马英九在日前举行的“辜汪会谈”20周年纪念研讨会上，再次重申了“九二共识”的重要性，“希望未来在九二共识、一中各表的基础上，继续推动两岸和平与繁荣”，[①] 这是国民党与民进党的重大区别。

不过，严格追究起来，国民党今天讲的“九二共识”与当初两岸认定的“九二共识”是有区别的，因为国民党已将“中华民国”与台湾等同，认定“中华民国是一个主权独立国家”，实际上与民进党主张的“台湾是一个主权独立的国家、现在名字叫中华民国”没有本质区别，即国民党讲的“中华民国”已不是“中华民国宪法”意义上的“中华民国”，也不是真正意义包括台湾与大陆在内的一个中国，而只是台湾，这就是“中华民国”的空洞化。从这个意义上讲，国民党承认的“九二共识”只有名义上的价值与意义，已偏离了两岸同属一个中国的思想。这是值得高度警惕的现象，更需要进一步明确强化“九二共识”的“一中”内涵。

民进党则不承认“九二共识”，否定“九二共识”，认为这只是国共两党的共识（是一种曲解，两岸达成的共识，就是两岸共识），否定的关键原因在于“九二共识”包含了“一个中国”的概念与思想，与民进党的“台独”主张不符，因此坚决反对。于是民进党积极努力寻找新的共识，希望成为两岸的新共识，如吕秀莲提出“九六共识”、谢长廷提出“宪法共识”（如今又改为“宪法各表”，有所倒退）、苏贞昌提出“台湾共识”等。蔡英文在“十年政纲”中正式提出“台湾共识”（强调民主机制，以维护台湾现状为核心），作为与大陆协商新的共识，在岛内引起极大争议，大陆也坚决反对，强调否定“九二共识”将会给两岸关系和平发展造成严重伤害。可见，民进党的两岸政策论述，不论用何种共识表述，核心均是坚持“台湾主体意识”与“台湾主体性”。

“台湾主体意识”的高涨以及台湾当局以“台湾主体意识”作为处理两岸关系发展的基本原则，导致岛内普遍出现将“台湾”与“中国”等同与并列的“台湾国家化”认知趋势，严重影响台湾民众对两岸同属一个中国与两岸关系的认知。

台湾与大陆之关系的不同称谓反映出不同的政治立场与主张，是一个两岸同属一个国家还是两岸“一边一国”或“两个国家”的重大问题。大陆一直反对“台湾与中国”并列，核心就是要维护台湾是中国的一部分或

① 程嘉文：《辜汪会谈20年，马提两岸关系三不推》。台湾《联合报》2013年4月30日。

两岸同属一个中国，不能造成两岸"一中一台""两个中国"或"一边一国"的误解。早期，国民党以"大陆""共匪"等称呼对岸，不会有"台湾与中国"的并列说法，甚至在法律上"台湾地区与大陆地区人民关系条例"本身也是以"台湾地区"与"大陆地区"定位两岸关系，以维护两岸同属一个中国的"宪法"精神。民进党执政后，大力推动"去中国化"与"台独"政策，视台湾为"一个国家"，将两岸关系明确定位为"一边一国"关系，不再讲"台湾与大陆"的关系，而是讲"台湾与中国"的关系，政治人物言必中国，不再称大陆，以示两岸是"国与国"的关系。民进党这一"台独"政策的推动非常成功，造成今天台湾社会普遍将两岸关系视为"台湾与中国"的关系，甚至坚持捍卫"中华民国宪法"的国民党人也逐渐发生变化，接受了民进党的政治立场，已言必称"台湾与中国"，而很少再讲"台湾与大陆"，这是非常严重的问题，需要改变。

马英九执政后，尽管对两岸关系定位与表述有明确的指示，强调两岸关系是台湾地区与大陆地区的关系，是一种特殊的关系，但不是国与国的关系，甚至在2011年初公开要求政府部门在公文中称对岸为"大陆"，而不要再称"中国"，在某种程度上是一种拨乱反正的政策。在这一点上，国民党与民进党是有区别的，是不同的。但由于现实问题，由于民进党"台湾与中国"定位的成功推动与普遍化，在今天的台湾社会，不论蓝绿，不论官民，在我们的交往中，在台湾的各个媒体中，均普遍称"台湾与中国"，已很少有人称"台湾与大陆"，可以说国民党与民进党在这一问题上也有趋同之势，已不是马英九个人对两岸称谓的法律定位与纠正所能改变的。尽管这种称谓是语言表述的变化，但却是两岸政治定位的重大变化，是性质的变化，已表明在台湾内部已彻底将"台湾国家化"，对未来两岸和平统一是非常不利的。

"台湾主体意识"的发展与普及，让台湾的"事实台独"成为新的发展趋势，不利两岸和和平统一。众所周知，民进党是一个"台独"政党，长远目标是建立"台湾共和国"，只是民进党内部有"激进台独"与"温和台独"之分，"冒险台独"与"务实台独"之分。那么国民党在台湾前途问题上有何主张？是主张统一还是主张"台独"或者"不统不独"？则有不同的答案。依国民党对"中华民国宪法"的坚持，国民党理应在法理上不排除两岸的终极统一，似乎可称之为统一政党，这也是"台独"势力将国民党视为"统派政党"或"亲中卖台"的重要原因。马英九则提出任内“不统、不独、不武”的“三不”主张，已成为国民党最重要的两岸政策主张。这“三不”政策，反映了国民党高层与马英九当局两岸关系发展的基本政治立场，就此立场判断国民党是一个“不统不独政党”，国民党也可称之为“维持现状党”。

不过，从国民党对两岸关系发展与对台湾前途主张的总体政策观察，国民党实际上已放弃了对两岸统一的追求与主张，已非统派，他们不再讲两岸统一，还反对党内人士讲统一，因此已没有人会认为今天的国民党还是一个主张统一的政党。国民党已开始主张台湾前途由台湾2300万台湾人民决定，而不是由包括海峡两岸中国人的“中华民国国民”决定，不仅“违宪”，而且是一种放弃两岸统一的“独台”主张，在这一点上，是抄袭了民进党的台湾前途“住民自决论”，是非常危险的。国民党公开反对在两岸关系中或相关协议中写入一个中国原则，反对“台湾是中国的一部分”的表述与主张，与民进党已没有本质区别。国民党高层不敢公开承认自己是中国人。

在“台湾主体意识”的主导下，蓝绿均主张“台湾优先”与“台湾中心主义”。在处理两岸关系问题上，在两岸交流与合作中，不论是国民党与民进党，在维护台湾利益与所谓“台湾主体性”问题上的立场则是高度一致。马英九上台后，提出处理两岸交流与合作的一个基本原则即“以台湾为主，对人民有利”，就是台湾利益至上，台湾优先等“台湾主体意识”的集中表现。民进党也是如此。蔡英文在“十年政纲”中也提出同样的主张。蔡英文在“十年政纲”中主张：“面对中国经济崛起，民进党对两岸经贸政策则坚持‘台湾优先’，同时坚持‘台湾整体长期性的利益’。”这是蔡英文两岸经贸政策主张唯一与马英九当局较为一致的一点。就是说在当今两岸经贸互动与往来中，在台湾内部，不论是国民党，还是民进党，都是典型的“台湾中心主义”与“台湾利益至上主义”，是“台湾主体意识”的集中体现。可见，国民党与民进党的共同之处在于，在强大的“台湾主体意识”这一主流民意之下，均将台湾利益与台湾优先放在第一位，均主张对大陆采取一定的歧视性或不公平待遇政策，如对大陆农产品进口与劳务输入均严格限制，对大陆学生在台就读处处设限等。但民进党仍不断攻击马当局采取开放的两岸政策，指责马英九“倾中卖台”，造成台湾经济对大陆的高度依赖，造成“台湾主权流失”。

“台湾主体意识”已普及化，大众化，要化解“台湾主体意识”中的

“台湾主体性”与“台湾独立”思想，增进“中国意识”或增进祖国意识，追求未来两岸的和平统一，是非常困难的。要化解“台湾主体意识”持续高涨，增强台湾民众的“中国意识”，最重要的还是推进两岸经济关系的发展，努力建构两岸经济共同体，实现两岸经济的一体化，增进双方的共同利益，打破“以台湾为中心”与“台湾至上主义”的“台湾主体意识”思维，解构“台湾命运共同体”，构建“两岸命运共同体”的价值。另外，两岸应加强两岸文化交流与合作，马英九当局应彻底改变民进党过去推动的“去中国化”政策，共同弘扬中华文化，复兴两岸共有的中华文明，重构台湾的中华意识与中国意识。

（原载于《中国评论》2013 年 8 月号）

台湾地区经济形势分析与展望（2013～2014年）

张冠华　熊俊莉

2013年，台湾地区对外贸易和民间消费增长缓慢，民间投资先扬后抑，使总体经济增长延续去年以来的疲弱态势，台湾地区统计部门预计年内经济增长率为2.31%，但由于第3季表现低于预期，全年保住2%变得艰难。年内台湾当局积极推动经济改革，建立“自由经济示范区”推动以“三业四化”（传统产业加值化、制度业服务业、服务业国际化与科技化）为主的产业升级策略，但岛内外复杂环境使其经济转型举步维艰。展望2014年，以出口为导向的台湾地区经济在美国计划调整货币量化宽松政策、新兴经济体结构调整压力增大等因素影响下，预计难以实现快速复苏。

一、2013年经济现状

2013年，受内外多重因素影响与制约，台湾地区经济呈现低速增长态势。

1. 经济增长

2013年台湾经济表现仍低于预期，全年经济增长率预测值从年初的3.59%下调至8月底的2.31%。前两个季度GDP增长率分别为1.62%和2.49%，下半年在美国货币政策紧缩、新兴市场（印度、印尼等）金融动荡等因素影响下，台湾经济预计仍将维持低增长。但第3季台湾经济增长率大幅滑落至1.58%，远低于原预估的2.47%，全年连保住2%也变得十分艰难。

从台湾有关部门发布的景气对策灯号指标看，截至今年5月已连续19个月处于经济低迷的蓝灯或蓝黄灯，6月相对乐观调整为绿灯，但7～9月又转回蓝黄灯，显示台湾经济尚无明显复苏趋势。

台湾地区经济增长主要依靠外部需求拉动，但年内外需对经济增长的贡献有限。在原台湾主计部门预估的2013年2.31%的经济增长率中，出口和进口分别贡献3.39个百分点和2.61个百分点，合计外部需求占0.78个百分点。尽管上年基数较低（2012年出口和进口分别衰退2.3%和3.9%），但受欧美经济复苏缓慢、新兴经济体增长放缓等因素影响，预计年内台湾对外贸易仅维持低增速：全年预估商品出口和进口将分别增长2.3%和1.85%，外贸总额预计约5836亿美元，低于2011年水平。

从内部需求看，2013年民间消费和“政府消费”对GDP增长的贡献预估分别为0.85和0.01个百分点，固定资产投资占0.65个百分点，存货变动占0.02个百分点，合计内部需求在经济增长率中的贡献为1.53个百分点。今年台湾当局为应对“闷”经济加大力度刺激内需，出台以扩大消费支出、吸引投资等为主的刺激景气方案。但目前来看，这些政策效果十分有限。2013年上半年民间消费实质增长0.99%，远低于过去的3%～5%，其中还有相当比重来自股票、基金交易形成的“无感消费”。“政府消费”持续紧缩，前两个季度分别同比下降6.76%和9.31%。上半年民间投资增长6.91%，但主要是半导体产业以及非实体经济的股市与房地产投资拉动，其他产业多为衰退。第3季，台湾民间消费增长仅1.56%，固定资产投资仅增长1.04%，出口增长1.68%，均大大低于预估目标。目前，投资增长缓慢已成为台湾内需动力不足的重要因素。从投资规模上看，最近几年（除2010年外）岛内固定资产投资均呈衰退，至今未恢复2008年国际金融危机前的水平；从地区分布上看，新增的固定资产投资主要集中于“五都”，特别是台南、高雄等南部县市的房地产市场，实体经济投资仍然低迷。

2. 对外贸易与投资

年内台湾对外贸易在“欧美冷、亚洲温”背景下实现小幅增长。1～9月台湾地区累计出口2266.4亿美元，同比增长1.3%；进口2019.2亿美元，同比减少0.9%；贸易顺差247.2亿美元，同比增长23.7%。

从进出口商品结构看，前9个月出口比重最大的产品包括电子产品（28.5%）、基本金属及制品（9.1%）、塑橡胶制品（8.1%）、矿产品（7.8%）及光学仪器（7.1%）。值得注意的是，近年来台湾矿产品出口增速很快，2009～2012年平均增长率达23.6%，今年前9个月同比增长

12.8%，出口额已超过化工、机械、通讯等跃居第4位。进口方面，前9个月台湾农工原料进口同比下降2.8%，资本设备和消费品分别增长4%和8.1%。但7~8月资本设备进口转为衰退，显示下半年岛内投资增速可能趋缓。

从对外贸易的地区看，前9个月台湾对美国出口减少1.7%，进口增长4.9%；对日本出口增长2.2%，进口减少9.9%；对香港出口增长2.2%，进口减少29.5%；对东盟（6国）出口增长4.5%，进口减少0%；对欧盟出口减少4.9%，进口增长4.6%。祖国大陆仍是台湾地区最大的贸易伙伴，但由于两岸贸易中加工贸易比例较高，受大陆地区外贸增速放缓影响前9个月两岸贸易也仅实现小幅增长。据台湾地区贸易主管部门统计，台湾对大陆出口和进口分别增长1.4%和2.5%，出口（含香港）比重由2010年的42.4%下降至39.3%。年内台湾地区对美、欧等地出口比重均出现衰退，1~9月台湾对美国和欧盟的出口比重下降至10.7%和8.2%。亚洲地区成为台湾“稳出口”的关键，特别是台湾与东盟贸易关系持续快速发展。1~9月台湾对东盟出口约占总量的19%，比2008年提升了4.2个百分点。其中，台湾与新加坡、菲律宾双边贸易发展最迅速，2008~2012年出口年平均增长率分别为14.5%和16.7%。

年内台湾对外投资大幅缩减，投资重点继续向东盟地区转移。1~8月台湾主管部门批准对外直接投资金额为30.3亿美元（不含大陆，下同），同比下降55.1%。除大陆以外的前5大投资地区为越南（13.2亿美元，占43.5%）、澳大利亚（2.7亿美元，占9.0%）、香港（2.7亿美元，占8.8%）、日本（1.5亿美元，占5.1%）及新加坡（1.4亿美元，占4.6%）。前8个月台湾对新加坡、越南、马来西亚、泰国、菲律宾和印尼等东盟6国投资比重高达55%（16.4亿美元），累计投资比重则由2009年的20.7%快速提升至2012年的27%。值得重视的是，年内台湾对外投资制造业的比重明显回升，前8个月对外投资基本金属、化学材料、电子信息等制造业的比重合计接近60%，对外投资服务业比重则由去年的70%下降至38%，主要是金融保险业投资大幅缩减（85%）。

今年1~8月台湾吸引外商直接投资31.6亿美元，小幅增长2.4%。但总体看，台吸引外资仍未走出金融危机的阴影。2012年台湾吸引外资55.6亿美元，与2008年（82.4亿美元）相比仍缩减近四成。从外部因素看，台吸引外资以美、欧等发达地区为主，但欧洲仍深陷债务危机，美、日等积极推出再工业化战略，重视在地投资和发展实体经济，对外投资有所缩减。从内部因素看，审查过严、境外人才及其家属流动不便利、税制改革等问题成为掣肘台湾吸引投资的重要原因。台北美国商会曾在“2013 年台湾经济白皮书”中指出，“民粹主义”和“保护主义”的政策法规导致南山人寿、凯擘、中嘉等外商投资案以失败告终，很大程度影响了外商投资意愿。目前，每年台湾吸引 FDI 金额仅为韩国的 1/3 左右，私募基金规模在 17 个亚洲国家及地区中排名只略高于巴基斯坦，在 IMD 全球竞争力评比中吸引外人投资指标排名 50 多位。种种迹象显示，台湾吸引投资前景不甚乐观。年内德国、马来西亚、香港等地对台投资快速增长，而日本、荷兰等地对台投资大幅减少。外商投资台湾重点继续转向服务业。据台“投审会”统计，前 8 个月外商投资服务业比重提升至 67.4%，岛内不动产业、文化娱乐业成为外商投资热点。

另据台湾地区“央行”公布的数据，2013 年前两季除直接投资的资金净流出 53.9 亿美元外，在证券投资方面，台湾居民投资海外证券 151.8 亿美元，同比下降 4%；海外资金投资岛内证券 1.3 亿美元，同比下降 0.2%；总计净流出 204 亿美元。加计岛内民间汇回海外投资收益、存款及银行部门承做衍生性金融商品交易收益，台湾金融账逆差持续扩大，净流出 190.7 亿美元，比去年同期增长了 65.4%。岛内可投资的金融商品有限，资金找不到可投资的标的是台金融账逆差的重要原因之一。明年美国调整 QE 政策预期增强，还可能挤出流入台湾等新兴市场股、债市的热钱，使台湾金融账逆差进一步扩大。

3. 产业状况

2013 年上半年，台湾地区三级产业均呈小幅增长态势，服务业比重有所降低。第二季度台湾农业、工业、服务业占 GDP 比重分别为 2%、29.69%（其中制造业为 24.81%）、68.31%。

前两个季度农业生产附加值分别增长 1.05% 和 2.26%。9 月受台风影响，台湾中南部重要的农业县市云林县、嘉义县、台南市受灾严重，全台农业损失预估达 5 亿元新台币。1～7 月台湾农产品出口和进口分别为 29.8 亿美元和 86.6 亿美元，逆差 56.8 亿美元。过去 3 年两岸经济合作协议（ECFA）早收清单逐步实施，大陆对台湾地区 30 多项农产品进口降至零关税，大幅拉动台湾地区农产品对大陆出口。2011 年和 2012 年台湾出口大陆地区农产品分别增长 25% 和 18%，祖国大陆已成为台湾地区农产品外销仅次于日本（21%）的第二大市场（16%）。年内台湾农业主管部门以“黄金十年——乐活农业”为施政主轴，提出从“生产性农业”发展为“新价值链农业”，强调通过云端、环控科技与文创产业等跨域合作，开发农业经营新模式，以发展“大而优、小而美”农业。7月台湾与新西兰签署经济合作协定（ANZTEC），新西兰是台湾重要的农产品进口地区，2012年台湾对新西兰农产品贸易逆差高达6亿美元，双方大幅开放农产品市场及减免关税预计将对岛内农业造成一定冲击。为此，台湾“农委会”对受影响的产业及农民提供“农产品受进口损害救助基金”，并积极为农民扩大对新西兰出口农产品提供公共服务。

工业生产实现小幅增长。1～8月工业生产指数同比增长0.4%，其中制造业生产指数同比增长0.3%。制造业按四大类产业划分，前8个月金属机械工业、信息电子工业、民生工业和化学工业增长率分别为-1.8%、2.2%、0%和-0.7%。近年来台湾制造业面临空前的转型升级压力，以代工生产和加工出口为主的经济发展方式增长动力下降，无论传统制造业还是电子资讯业、太阳能等新兴产业均发展困难。台湾当局虽积极推动产业升级，重点发展六大新兴产业，但迄今未形成新的明星支柱产业以支撑经济成长。1～8月台湾外销订单减少1.2%，其中来自日本和欧洲的订单分别缩减了14%和2.9%，东盟和大陆地区（含香港）的订单虽增长4%和1.2%，但与过去相比增速明显下滑。主要接单产品包括信息通讯产品占25.1%、电子产品占23.5%、精密仪器占8.1%、基本金属占6.4%。第3季度以来台湾接单有所回暖，但全年来看难以实现正增长。

2013年上半年服务业维持低增速，前两个季度增幅分别为1.26%和1.34%。受岛内生产活动减少、消费信心低迷等因素影响，1～7月批发、零售业营业额同比下降0.1%和0.5%。服务业中增速最快的是不动产业，前两个季度分别增长了4.48%和2.45%。自2011年台湾当局开征“特种货物与劳务销售税”（俗称“奢侈税”）以来，未能阻止房价上升势头，南部的台南市、高雄市涨幅高达50%左右。金融服务业首季下滑0.93%，但第2季度在股市交易大幅回升带动下增长1.3%。值得注意的是，近10多年来台湾金融业不仅年均增长率低于总体经济增速，占GDP比重也从2000年的8.3%下滑至2012年的6.5%，在亚洲“四小龙”中竞争力相对落后，金融业已很难发挥带动台湾服务业发展的作用，岛内要求开启新一轮金融改革的呼声高涨。为推动服务业转型升级特别是增加服务业出口，台湾经济主管部门规划在“自由经济示范区”以发展现代服务业为主，首批被列入的包括物流业、国际医疗业及金融业。

4. 金融与财政

2013年台湾地区货币政策仍维持“适度宽松”基调。上半年货币供应增速有所提升，M1B和M2分别增长6.1%和3.9%，高于2012年同期水平。截至8月底，主要金融机构贷款额增长2.9%，对民营企业、“政府机关”、公营事业及个人（含社保）贷款分别增长2.4%、4.1%、-5.4%和3.8%。制造业普遍缩减资本支出，公民营企业电子零组件和电脑电子制造业贷款分别下降10.1%和5.4%，但不动产贷款增加6.2%。自2011年9月以来，台湾“央行”连续第8个季度维持利率不变，目前重贴现率、担保放款融通利率及短期融通利率分别为1.875%、2.25%和4.125%。总体来看，台湾地区的利率在国际上仍属较低水平，亚洲地区除日本外，大陆、韩国、印度等均高出台湾地区1～2个百分点左右。台湾货币主管部门表示，即使美国取消量化宽松货币政策，台湾也不会立即调整利率紧缩货币，除非岛内物价涨幅超出控制。

在汇率方面，上半年由于美联储暗示将逐步取消QE政策导致国际游资退出新兴市场，以及岛内货币主管部门加强管控汇市，抑制新台币汇率升值以维持出口竞争力等影响，前两个季度新台币兑美元分别贬值2.5%和0.8%，6月底1美元兑换新台币贬至30.12元。第3季度受叙利亚和埃及政局动荡、国际油价走高影响，加上岛内调涨电价、台风灾害等造成物价不稳定等因素，台币兑美元出现一定程度升值。10月12日升至1美元兑29.49元新台币，创8个半月来最高纪录。

台湾股市年内总体呈上升态势。上半年美国经济复苏趋势明显，带动国际股市上扬，加上两岸金融合作进展顺利，岛内外投资人信心不断提升，台股指数由年初的7700点涨至5月底的8255点，涨幅达7.2%。但5月以来受欧洲经济复苏乏力、美国计划调整QE政策等因素影响，加上台“主计处”下调经济增长率预测值、“核四公投”、重修证券交易所得税案等，对股市造成冲击。7月底台股平均指数小幅下跌至8108点，但与去年同期相比仍上涨11.5%。从股市成交量看，2012年台湾当局开征证券交易所得税的消极影响仍未消除。1～8月台股总成交值13万亿元，比去年同期减少约10%，比2011年同期减少32%。企业上市意愿低落，前8个月岛内IPO募资金额仅68亿元，同比下降49%。9月以来，台“金管会”

出台振兴股市三大措施（开放现股先买后卖当日冲销交易、全面开放平盘下放空标的及放宽证券自营商以涨跌停板申报买卖股票），加上欧盟经济有所回暖，美国债限危机暂时得到化解等因素的带动，台股再度掉头上涨，10 月 18 日已升至 8441 点。8 月底外资持股市值占台股总市值的 32.4%，加上外资持有的债券、台币存款等，共计 2253 亿美元，占台外汇储备的 55%。

2013 年 8 月底台湾地区外汇储备为 4094 亿美元，在全球排名居第 4 位，仅次于大陆及日本、俄罗斯。

财政方面，2011 年以来台湾当局推动的财政改革面临诸多困难，先后开征的“奢侈税”、证券交易所得税等，无论在财政增收或推动公平正义等方面效果均不如预期。今年受经济低迷影响全年税收比预算短缺约 800 亿元，台湾财政赤字可能进一步扩大。前 9 个月，台湾税收共计 1.4 万亿元，主要来源于所得税（占 42.9%）、营业税（占 17.5%）、货物税（占 8.4%）、土地税（占 5.4%）、关税（4.9%）和证券交易税（占 3.7%）。其中，营利事业所得税和证券交易税分别同比减少 8.4% 和 6.3%，但在房价上涨的带动下土地增值税和房屋税分别增长 28.4% 和 2.1%。财政支出方面，庞大的社会福利支出（23%）、“国防”支出（16%）、“行政”支出（9.4%）等是台湾财政支出的主体，而投入经济建设的比重仅占 13.6%。为扭转“闷”经济局面，台湾行政部门策略性地调整明年财政预算，预计财政收入减少 0.1% 而支出增加 1.7%，其中经济建设支出增长 8.7%（227 亿元），公共建设投资增长 10%（175 亿元），并罕见地下调社会福利支出。按该预算，明年台湾财政仍旧“入不敷出”，预计 2014 年举债规模将达 2739 亿元，使债务累计达 5.4 亿元，占前 3 年平均 GDP 的 38.7%，逼近 40% 的举例比例上限。按台湾现行举债标准，“中央政府”可能在 2016 年到达举债上限，面临与美欧等类似的债限危机。在地方财政方面，年内台湾“立法机关”修订了“公共债务法”，总举债规模维持不变，但调整了各县市的举债上限比例：台湾各级“政府”可举债上限合计超过 7 万亿元，“五都”及桃园县除台北市外可举债上限都有所扩大。但台湾各县市的债务也愈来愈严重，苗栗县、宜兰县、新竹县债务已超过举债上限，而“五都”中高雄市负债最高，已达上限的 76%。

5. 物价与就业

年内岛内物价呈逐步紧缩态势。消费者物价指数（CPI）由第 1 季度上涨1.8%紧缩至第2季度的0.8%。8月虽然遭遇台风，但相对去年台风受灾的影响程度较轻，蔬菜、蛋类和水果价格指数分别下跌23.8%、8.7%和12.8%，医药保健中的中药材价格也下跌9.8%，但居住类价格有所上升，特别是天然气价格上涨10.2%，8月CPI总指数下跌0.79%。1～8月批发物价指数（WPI）同比下跌2.95%，主要原因是国际油价、农产品、化学材料、基本金属等原材料价格下跌，加上日元贬值压低进口机械价格，导致进口产品和岛内生产内销产品物价指数分别下跌5.13%和1.09%；出口产品跌幅也达2.64%。值得注意的是，台湾地区不计入物价指数的房价节节升高，近年来台湾行政部门出台征收“奢侈税”、控制房贷等一系列“打房”举措，但均无力抑制炒房之风，更促成大都市及中南部某些地区房价的报复式上涨。

上半年失业情况有所好转。5月台湾地区失业率4.06%，已降至2008年国际金融危机前水平。8月受应届毕业生大量进入求职市场影响，失业率微幅上升至4.25%。总体看，目前岛内失业率已为近年来较低水平，但与香港3.3%、韩国3.2%和新加坡2.1%相比，仍为“四小龙”中最高。岛内青年人就业问题仍然突出，8月青年（20—24岁）失业率升至14.05%，而2000年仅7%左右。

尽管受到经济景气及企业反对等不利因素影响，近年来台湾行政部门仍积极推动基本工资调升，2011年和2012年分别调整薪资（包括月薪和时薪）3.5%和5%，今年1月和4月再次将时薪和月薪分别调高5.8%和1.4%。但由于经济不景气，受雇员工的津贴（奖金）、红利、年终、加班费等非经常性薪资持续减少，使上半年实质平均薪资（4.76万元）同比下降1.9%，创2008年以来最低纪录。

岛内贫富差距逐渐扩大。根据最新的所得分配统计，目前台湾地区最高20%家庭的可支配收入184.6万元，是最低20%家庭所得（30.1万元）的6.13倍。若加计股票、房地产等财产收益，收入差距将更明显。据台湾相关部门估计，通过税收政策向高所得者征重税，以及通过扩大财政支出对低所得者发放社会福利补助等，已使收入差距缩小了1.58倍，一定程度上缓解了贫富差距的扩大。

6. 两岸经济关系

2013年两岸继续积极落实经济合作框架协议（ECFA），加速推动两岸经济合作。一是1月1日两岸“早期收获计划”全面实施，大陆对台湾

539项和台湾对大陆267项全部降为零关税，对提升厂商竞争力和促进两岸贸易发挥了明显作用。1~6月，台湾企业与大陆企业享受关税优惠分别为3.14亿美元和2963万美元，分别同比增长25.6%和13.4%。二是两岸经济合作委员会积极推动ECFA后续专项协议的商谈，取得了重大成果。6月21日海协会与海基会第九次会谈，签署了《海峡两岸服务贸易协议》，大陆对台湾开放80项服务业，幅度均高于WTO承诺，体现了对台湾同胞的善意与诚意；台湾对大陆开放64项服务，在部分产业上取消了对陆资的歧视性待遇，对过去“陆资低于外资”的总体格局有一定突破。两会还就尽快协商并签署《货物贸易协议》《两岸争端解决机制协议》等达成共识。三是两岸经贸团体互设办事处取得了实质进展，截至目前台湾贸易中心已先后在上海、北京和广州设立经贸办事机构。

年内两岸双方还致力于促进双向旅游、推动金融合作及产业合作，并取得积极成果。6月开放第三批大陆居民赴台个人游，试点城市增加至26个。台湾方面，4月将陆客团队游客平均每天配额由4000人次提升至5000人次，个人游由每天1000人次提升至2000人次，8月将大陆赴台个人游签注改为“一年多签”。同时扩大“三通”以便利两岸民众及贸易往来。自今年8月起，两岸空中客运直航班次由每周616个增加至670个，货运直航由每周56个增加至68个。在金融合作方面，年内批准筹设了首家台湾地区银行大陆子行；新批准1家，累计共批准11家台湾地区银行设立大陆分行，其中6家已获准扩展人民币业务服务对象范围；新增1家，累计3家两岸合资基金管理公司获准设立；新增7家，累计24家台湾金融机构获得大陆地区合格境外机构投资者（QFII）资格；4月1日起开放在大陆居住和生活的台湾同胞投资A股，等等。两岸贸易去年第四季度企稳复苏，今年上半年呈现快速回升态势。按照商务部统计，1~8月两岸贸易额为1332.1亿美元，同比上升27.4%。其中，大陆对台出口273.8亿美元，同比上升22.8%；自台湾进口1058.2亿美元，同比上升28.7%。值得注意的是，近年来台湾自大陆（含香港）进口占台总体进口额比重有所上升，从2008年的13.7%增加至2012年的16.1%，仅次于日本17.6%，主要原因是日本大地震与核灾后对台出口增长放缓，而在ECFA及后续协议实施的推动下两岸经贸合作全面展开。另一方面，由于台湾产业结构升级缓慢，产品竞争力下滑，近年来台湾在祖国大陆地区市场占有率呈下滑趋势，今年上半年已落至第7位。

受到祖国大陆经济增速调低、投资成本上升等因素影响，台商赴大陆投资有所缩减。按照商务部统计，1—8月大陆实际使用台资金额15.4亿美元，同比下降23.9%。截至2013年8月底，大陆累计批准台资项目89328个，实际利用台资金额585.9亿美元。按实际使用外资统计，台资在祖国大陆累计吸收境外投资比重为4.3%。

2013年陆资赴台投资规模大幅增长。1—8月大陆企业赴台投资项目94个，金额3.2亿美元，同比增长136.3%。截至8月底，累计投资8.2亿美元，涵盖物流、餐饮、通讯、旅游、金融等多个行业，雇佣岛内员工约7000人。但总体看，陆资入岛规模仍然很小，与大陆企业海外投资规模不成比例，主要原因是台湾当局对陆资仍采取一系列条件限制，如开放三阶段以来仍延续“正面表列”方式（仅开放列入表单的投资项目），近50%的服务业和公共建设项目仍禁止投资，而“严审”陆资也很大程度上影响大陆企业赴台投资的意愿。据台统计，开放陆资5年多来经审查后通过和驳回的投资项目分别为400多件和260多件，近四成陆资投资申请未获批准，远高于外资的10%左右。今年尽管台湾当局提出“自由经济示范区规划方案”，计划在区内放宽对陆资投资部分产业（仓储物流、农业生技等）及持股比重等限制，有利于吸引陆资赴台，但第四批开放陆资投资项目计划一再延迟，以及两岸服务贸易协议在岛内的批准程序受到拖延，将对推动大陆企业赴台投资造成消极影响。

自2008年开放大陆居民赴台旅游以来，截至目前赴台人数年平均增长高达105%。年内大陆居民赴台旅游人数维持增长态势。按台湾统计，前7个月大陆赴台总人数约166.6万人次，同比增长11%，占赴台旅客总数比重由去年的35.7%提升至37.5%。大陆赴台个人游热情高涨，按大陆统计，截至7月个人游总人数达21万人次，加上赴台团体游，大陆赴台总人数超过600万人。大陆居民赴台旅游规模的迅速扩大，带动台湾航空、观光、餐饮、住宿等产业发展，据台湾方面估计，大陆游客日均消费265美元，仅次于日本游客，迄今已为台湾创造了超过2000亿元新台币的收入。

二、2014年经济展望

综合分析，2013年上半年台湾地区经济持续低迷，既有外部因素影响，也有内部结构性问题的制约。从外部因素看，尽管欧洲经济尚无明显复苏迹象，但美国生产、就业等指标有所好转，美联储（FED）削减并逐渐取消量化宽松政策预期增强，对全球特别是新兴经济体影响很大。以印尼为例，5—9月股市暴跌24%，印尼盾兑美元汇率暴贬18%。OECD经济学家J. Elmeskov指出，第2季新兴经济体工业生产增长率为0，同时还面临外汇储备流失、巨额贸易赤字、资本外流、货币贬值、通货膨胀、股市动荡等一系列复杂问题。在此背景下，台湾因外贸顺差较大金融面受冲击程度相对较轻，但在工业生产、出口、资本外流等方面也受一定波及。但台湾经济低迷的根本原因是内部结构性问题：经济结构与产业结构需要转变和调整，但转型升级找不到明确的方向和出路。长期以来，台湾经济过于依赖出口，市场过于集中于欧美，产业过于依赖制造业，生产方式过于集中于代工生产与设计（OEM/OEM）。2008年以来，尽管台湾当局推动一系列以拉动消费和投资、促进服务业发展为主轴的财经改革，但受岛内政局、选举等复杂因素影响，改革进程举步维艰，台湾经济结构转型升级的成效不明显。9月份美国暂缓取消量化宽松计划，暂时平息了市场对资金大幅减少的担忧，一定程度稳定了下半年国际经济走势。但9月台湾出口增长仍低于预期，加上消费、投资动能提升乏力，全年GDP增长率保2%也很艰难。

展望2014年，台湾经济仍将面临较多不确定因素的挑战，台湾统计部门预计明年将缓慢复苏至3.37%的中低速增长。

从全球经济因素看，今明两年美国调整QE政策的可能性较大，将对全球经济特别是新兴市场造成明显冲击。近年来受美、日等国实施再工业战略的影响，加上发达国家与发展中地区工资差距大幅缩减，全球制造业已呈现向发达经济体回流的趋势。美国缩减QE政策可能导致新兴经济体的资金外流，使其面临生产萎缩、资产价格快速滑落等挑战，并进而影响金融市场和经济增长的稳定。IMF在10月发布的预测，将今、明两年全球经济增长率分别下调至2.9%和3.6%。全球经济增长乏力，对台湾地区出口复苏和提升经济增长动力十分不利。

从两岸因素看，大陆作为台湾最大的贸易、投资伙伴，两岸经济合作步伐加快仍将是推动台湾经济发展的重要因素。特别是两岸经济合作由制造业逐渐向服务业领域延伸，大陆经济快速发展和转变经济增长方式也为台湾经济转型发展提供了重大契机。但两岸经贸合作已进入“深水区”，两岸服务贸易协议尚未生效，以及台湾当局原计划年初推出的第四批陆资投资开放项目未能出台等，都显示深化两岸经济合作难度增大，对台湾经济影响不确定性增强。当然，若 2014 年 ECFA 后续主要协议如期完成并实施，对于提振 2014 年岛内经济信心与拉动台湾经济增长将发挥重要积极作用。

从台湾内部因素看，台湾经济增长持续放缓除了因出口不振导致的投资低迷外，也与岛内实质薪资下滑、民众财富缩水影响消费意愿密切相关。第 3 季台湾地区的出口转为负增长，在国际经济环境未得到明显改善的背景下，预计难以快速复苏。明年台湾经济增长能否实现“主计处”预估的 3.37%，一定程度要看岛内拉动投资和消费的效果。此外，若台湾“自由经济示范区”、与新西兰自由贸易协定（FTA）等落实，预计将对提升岛内经济动力有一定的促进作用。据 IMF10 月初的预测，明年台湾地区经济将呈现 2.2% 的低速增长。

附表1　台湾地区重要经济指标（2011～2013）

项目		2011 年	2012 年	2013 年
经济	1. 经济增长率（%）	4.03	1.32	2.31（预测）
	2. 人均 GNP（美元）	20690	21042	21254（预测）
	3. 产业结构（GDP）（%）	100.0	100.0	100.0（第二季度）
	农业	1.75	1.90	2.00
	工业	29.49	28.95	29.69
	服务业	68.76	69.15	68.31
物价	1. 消费者物价年增长率（%）	1.42	1.93	0.87（1～8 月）
	2. 批发物价年增长率（%）	4.32	-1.16	-2.95（1～8 月）
工业生产	1. 工业生产年增长率（%）	4.34	-0.25	0.4（1～8 月）
	2. 制造业生产年增长率（%）	4.86	-0.32	0.3（1～8 月）
消费与投资	1. 民间消费年增长率（%）	2.97	1.47	1.59（预测）
	2. 民间投资年增长率（%）	-2.47	-2.11	5.91（预测）
贸易	1. 进口金额（亿美元）	2814.4	2704.7	2019.2（1～9 月）
	年增长率（%）	12.0	-3.9	-0.9
	2. 出口金额（亿美元）	3082.6	3011.8	2266.4（1～9 月）
	年增长率（%）	12.3	-2.3	1.3
	3. 出（入）超（亿美元）	268.2	307.1	247.2（1～9 月）
	4. 汇率（1 美元兑台币）（平均）	30.29	14.5	（7 月）
金融	1. 外汇储备（亿美元）（期底）	3855.5	3482.0	4094（8 月）
	2. 重贴现率（%）	1.88	1.875	1.875（9 月）
	3. 集中市场加权股价指数（平均）	7072	7700	8022（8 月）
劳动	1. 就业人数（万人）	1070.9	1086.0	1094.8（8 月）
	2. 失业人数（万人）	49.1	48.1	47.7（8 月）
	3. 失业率（%）	4.39	4.24	4.18（1～8 月）
两岸贸易（中国海关统计）	1. 两岸贸易额（亿美元）	1600	1689.6	1332.1（1～8 月）
	增长率（%）	10.1	5.6	27.4
	2. 对台出口（亿美元）	351.1	367.8	273.8（1～8 月）
	增长率（%）	18.3	4.8	22.8
	3. 自台进口（亿美元）	1249.2	1321.8	1058.2（1～8 月）
	增长率（%）	7.9	5.8	28.7
	4. 对台贸易逆差（亿美元）	898.1	954	784.4（1～8 月）

续表

项目		2011年	2012年	2013年
台商对大陆投资（商务部统计）	1. 台商对大陆投资项目（项）	2639	2229	1327（1～8月）
	增长率（%）	-14.1	-15.5	-7.9
	2. 大陆实际利用台资额（亿美元）	21.8	28.5	15.4（1～8月）
	增长率（%）	-11.8	30.4	-23.9
陆商对台湾投资（台湾地区统计）	1. 陆商对台湾投资项目（项）	102	138	103（1～9月）
	增长率（%）	29.1	35.3	4.0
	2. 陆商对台湾投资金额（亿美元）	43.7	3.3	3.3（1～9月）
	增长率（%）	-53.7	750.1	137.3

（原载于《2014经济蓝皮书》）

2013 年两岸经贸关系综述

王　敏

2013 年两岸经贸合作继续保持稳中有进的势头。在欧美经济持续疲软、全球经济深刻变革的大背景下，两岸克服重重阻力，加快经济合作步伐，在制度与市场两大层面上均取得重要进展。两岸签订 ECFA 后续 4 大协议之一的服务贸易协议，两岸贸易与大陆对台投资额平稳增长，两岸新型产业合作也取得新进展。但与此同时，随着两岸经贸合作步入“深水区”，两岸经贸关系发展进程中的固有分歧与矛盾不断凸显。两岸签订服务贸易协议引发岛内强烈争议，未能如期生效，显示两岸经贸合作日益受到两岸政治互信不足等深层次因素的制约。2014 年，两岸经贸合作有望持续深化发展，但也将面临岛内“七合一”选举等更多不确定因素的挑战。

一、两岸经贸关系制度化与机制化稳步推进

2013 年两岸继续在坚持“九二共识”、反对“台独”的共同政治基础上推进经济合作。年内两岸在一个中国原则问题上形成更为清晰的共同认知，为加快经济合作、推动经贸关系制度化与机制化营造了良好氛围。

（一）两岸签订 ECFA 后续 4 大协议之一的服务贸易协议

6 月 21 日，两岸两会在上海举行第 9 次会谈，正式签订《海峡两岸服务贸易协议》（以下简称“两岸服贸协议”）。两岸服贸协议包括序言、4 章 24 条和 2 个附件，具有开放水平高，涵盖面广等特点。[①] 大陆在服贸协议谈判中考虑岛内实际情况，再次对台大幅让利，充分体现大陆诚意与善意。双方共承诺开放 144 条，涉及 100 多个服务业行业，其中大陆对台湾承诺开放 80 条（非金融领域 65 条、金融领域 15 条），全部超过对 WTO

① 商务部台港澳司负责人解读《海峡两岸服务贸易协议》，商务部网站，http：//www. mofcom. gov. cn/article/ag/201306/20130600174961. shtml，访问时间：2014 年 1 月 20 日。

的承诺，这在大陆对外签订的类似经贸协议中是不多见的；台湾对大陆承诺开放 64 条（非金融领域 55 条、金融领域 9 条），其中 27 条为现行已对陆资开放项目，新增或扩大开放项目包括非金融业 28 条及金融业 9 条，均未超出台湾对外资开放待遇。台湾海基会副董事长高孔廉公开表示，两岸服贸协议约 83% 的开放项目优于或等于大陆与香港签署的 CEPA，金融部分项目开放的比率更超过 90%。[①] 两岸签订具有重要里程碑意义的服贸协议，将为台湾服务业转型升级提供广阔空间，为台湾经济发展注入新的动力。岛内多家研究机构的评估结果均显示，两岸服贸协议将对台湾经济及就业等产生积极影响。“中华经济研究院”评估称，台湾服务业产值有望增加 4 亿美元（增长 0.11%），就业增加约 1.2 万人（增长 0.16%），总体可使台湾实质 GDP 增长 0.025%—0.034%。台湾商业研究院的评估显示，短中期可使台湾 GDP 增长 0.08%，是“中华经济研究院”评估值的 3 倍以上。[②] 更为重要的是，两岸签订服贸协议，为两岸深化服务业合作提供了重要平台，将有助于加快两岸服务业融合，共同提升两岸服务业的国际竞争力，为两岸最终实现服务贸易自由化奠定基础。此外，年内两岸投资保障协议、海关合作协议生效实施，两岸货物贸易和争端解决等协议的协商也取得新进展。

（二）两岸货币清算机制正式启动运行

自 2012 年 8 月两岸签订“海峡两岸货币清算合作备忘录”后，两岸货币清算逐步迈入落实阶段。2013 年 1 月 25 日，中国人民银行与中国银行台北分行签订业务清算协议，中国银行台北分行正式成为台湾人民币业务的清算行。2 月 6 日，台湾首批 46 家金融机构开办包括人民币存款、贷款、汇款、贸易结算和理财产品等在内的人民币业务，标志着两岸货币清算机制正式启动运行。据台湾“中央银行”统计（见图 1），台湾人民币结算额逐月快速增长，2013 年 11 月岛内全体银行通过中国银行台北分行办理的人民币结算额达 3319 亿元，创单月新高，较 2 至 3 月的 342 亿元大幅增长近 10 倍，全年累计结算额高达约 1.55 万亿元。[③] 岛内人民币存款额也迅猛增长，截至 2013 年底，台湾外汇指定银行及国际金融业务分行的

① 《高孔廉：两岸服贸协议　优于 CEPA》，台湾《联合报》2013 年 6 月 19 日。

② 《服贸潜在效益　远大于“国内”评估》，台湾《中国时报》2013 年 9 月 21 日。

③ 台湾“中央银行”：2013 年 12 月银行办理人民币业务概况，详见 http：//www.cbc.gov.tw，访问时间：2014 年 1 月 21 日。

人民币存款额达 1826 亿元，创历史新高。① 两岸货币清算机制的启动，标志着两岸货币“直航”时代正式来临，不仅改变过去两岸必须经美元等媒介换算的局面，为两岸业者节省一大笔汇兑费用，促进两岸贸易与投资便利化，也大大拓展岛内企业和民众的投资领域，为岛内金融业发展提供新的空间。台湾当局已提出建设“人民币离岸中心”的目标，而两岸货币清算机制的启动，无疑将为这一目标的实现奠定坚实基础，并为两岸更深层次的经济融合创造有利条件。

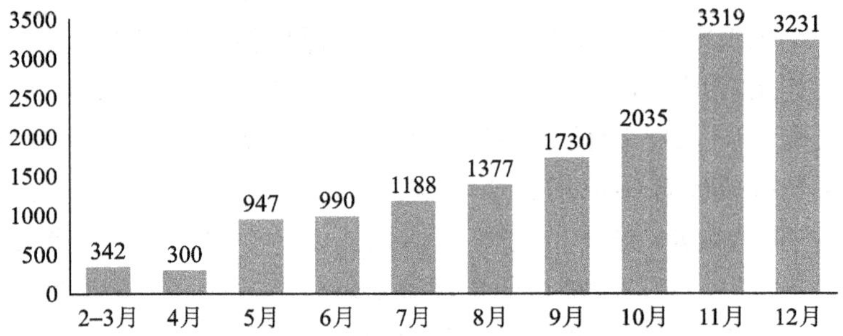

资料来源：作者根据台湾“中央银行”两岸货币清算的相关资料整理而成。

（三）两岸经贸社团互设办事处取得实质进展

经过两岸积极协商和推动，两岸首批经贸社团互设办事处取得重要进展，对两岸相关行业交流合作发挥了积极作用。2013 年 1 月 30 日大陆机电商会在台北设立办事处。继 2012 年底先后在上海、北京设立办事处后，台湾贸易中心在广州、青岛等城市新增设立 2 个办事处，截止 2013 年底已在大陆设立 4 个办事处。两岸还公开提出 2014 年将推动大陆海峡两岸经贸交流协会与台湾区电机电子工业同业公会互设办事处。此外，两岸还就两会互设办事处展开协商，并在部分议题上取得共识。

（四）两岸经贸交流合作平台与机制平稳运行与升级

年内两岸关系和平发展势头不断增进，两岸经贸交流合作平台与机制继续顺利运行。两岸两会在各自完成领导人换届后继续展开协商，12 月 10 日两岸经济合作委员会举行第 5 次例会，总结了两岸经济合作取得的进展，评估了 ECFA 早期收获实施成效，并就共同关心的议题交换意见。6 月两岸举办第 5 届海峡论坛，大陆公布 31 项促进两岸经贸交流新措施，涵盖人

①《台湾人民币存款突破 1800 亿元》，《人民日报·海外版》2014 年 1 月 17 日。

员往来、台商融资等多个领域。10 月两岸举办第 9 届两岸经贸文化论坛，提出 19 条深化两岸经济交流合作的共同建议。11 月升级后的两岸企业家紫金山峰会在南京举办，双方分别成立了“两岸企业家峰会”社团，组建 7 个产业合作推进小组，并提出深化两岸经济合作的 8 项共同倡议。

二、两岸贸易投资与产业合作呈现出新的发展特点

2013 年，全球经济步入深度变革期，欧美经济趋于回升，但总体依然疲软，对两岸经贸关系影响程度进一步加深。大陆经济增速有所回落，经济转型升级步伐日益加快，台湾经济也持续低迷，台湾当局也加快推动经济自由化与国际化。总体看，两岸经贸关系传统发展方式正加快转型升级，年内两岸贸易、投资与产业合作呈现出新的发展态势与特点。

（一）两岸货物贸易平稳增长，服务贸易成为新亮点

根据安排，自 2013 年 1 月 1 日起，ECFA 早期收获清单全面实施零关税，使两岸相关业者明显受惠。根据台湾“经济部”统计，[①] 前 11 个月台湾对大陆出口早收清单产品货值 186.41 亿美元，同比增长 10.03%，为台企减免关税 6.42 亿美元，同比增长 24.2%，截至 11 月底台企已累计获减免关税 13.3 亿美元。台湾自大陆进口早收清单优惠产品货值约 45.39 亿美元，同比增长 1.09%，为大陆企业节约关税 0.58 亿美元，同比增长 16%，截至 11 月底大陆企业累计获减免关税 1.35 亿美元。在此带动下，尽管欧美经济形势不佳，但两岸货物贸易依然保持平稳发展势头。据海关总署统计，[②] 2013 年两岸货物贸易额达 1972.81 亿美元，同比增长 16.7%，其中大陆对台湾出口 406.43 亿美元，同比增长 10.5%；大陆自台湾进口 1566.37 亿美元，同比增长 18.5%。但值得注意的是，台湾当局对两岸贸易的统计值与大陆方面的统计值差距较大。据台湾海关统计，[③] 2013 年两岸贸易额（含香港）约 1647.23 亿美元，同比仅增长 1.5%，其中台湾对

① 台湾“经济部”：海峡两岸经济合作架构协议（ECFA）执行情况（2014/01/14），详见 www.ecfa.org.tw，访问时间：2014 年 1 月 21 日。

② 海关总署两岸贸易统计，详见 http://www.customs.gov.cn/tabid/49666/default.aspx，访问时间：2014 年 1 月 23 日。

③ 台湾“财政部”：2013 年 12 月海关进出口贸易统计速报，详见 http://mof.gov.tw，访问时间：2014 年 1 月 10 日。

大陆出口1204.71亿美元，同比增长1.5%；台湾自大陆进口442.52亿美元，同比增长1.6%。两岸统计数据差额较大，既有两岸统计口径不同的背景，也可能与两岸间存在套利等多元贸易方式息息相关，这一现象应引起两岸相关部门的高度重视。① 从台湾当局统计看，② 2013年台湾对大陆出口增速（1.5%）要高于其对外出口平均增速（0.7%），也高于台湾对欧盟（-3.8%）、日本（-0.3%）及美国（-1.5%）的出口增速，但低于其对东盟6国（新加坡、马来西亚、泰国、菲律宾、印尼、越南）的出口增速（2.2%）。但台湾自美国（6.8%）、欧盟（6.1%）进口大幅增长，远高于台湾全年进口平均增速（-0.1%），相对而言台湾自大陆（1.6%）、东盟（3.4%）的进口增速较低，自日本进口更同比大幅衰退9.2%，使得年内大陆（含香港）首度超过日本成为台湾最大进口来源地。受此影响，2013年大陆在台湾对外出口市场中的比重由上年的39.4%增至39.7%，在台湾进口市场中的比重也由上年的16.1%上升至16.4%。

与此同时，随着两岸服务贸易早收清单加快落实，两岸服务贸易快速发展，成为两岸贸易发展的新亮点。在非金融服务业领域，据台湾当局统计，③ 前11月ECFA服务业早收非金融服务业项目下（见表1），台湾核准对大陆投资112件，金额约1.81亿美元，同比增长38.76%，截至11月底累计核准对大陆投资374件，金额5.17亿美元；核准大陆对台投资32件，金额1.06亿美元，同比增长366.13%，截至11月底已核准陆资97件，金额1.45亿美元。据大陆统计，截至10月底ECFA服务贸易早收项目共使216家台企受惠，合同投资额9.53亿美元，9家台湾会计事务所获得有效期1年的“临时执行审计业务许可证”，14家台湾影片上映。在金融服务业领域，截至11月底，台湾当局已核准13家岛内银行赴大陆设立分行，其中11家已开业，5家银行设有办事处；核准5家投资信托企业赴大陆参股设立基金管理公司，其中3家营业，并有11家券商赴大陆设立24个办事处，2家投资信托企业设立办事处。其中14家获得大陆证券监理机构资格，11家获得投资额合计15.2亿美元。10家台湾保险业向大陆设立申请

① 《两岸贸易双方数据悬殊应予厘清》，台湾《中国时报》2013年5月19日。

② 台湾“财政部”：2013年12月海关进出口贸易统计速报，详见http：//mof.gov.tw，访问时间：2014年1月10日。

③ 台湾“财政部”：2013年12月海关进出口贸易统计速报，详见http：//mof.gov.tw，访问时间：2014年1月10日。

QFII 资格，获得大陆核准资格并获得投资额 17 亿美元。台湾当局也核准 9 家保险企业赴大陆投资，其中 6 家营业，并设有 14 个办事处，并有 1 家保险经纪公司赴大陆参股投资。台湾也先后核准大陆成立 3 家银行分行及 1 家办事处。

表 1　ECFA 服务业早期收获计划项目两岸相互投资概况（非金融业）

单位：万美元，件

项目	台湾对大陆投资			大陆对台湾投资		
年份	核准件数	核准金额	增长率（%）	核准件数	核准金额	增长率（%）
2011	120	20276.8	—	31	1466.4	—
2012	142	13351.7	-34.15	34	2397.1	63.47
2013.1-11 月	112	18061.5	38.76	32	10597.3	366.13
累计投资	374	51690	—	97	14460.8	—

资料来源：台湾"经济部"：海峡两岸经济合作架构协议（ECFA）执行情况（2014/01/14），www.ecfa.org.tw

（二）台商对大陆投资额衰退，陆资入岛额大幅增长

受全球经济低迷及大陆经济增速放缓等影响，台商对大陆投资出现衰退。据商务部统计，[①] 前 11 月大陆共批准台资项目 1804 个，同比下降 9.3%，实际使用台资金额 18.9 亿美元，同比下降 26.3%。台湾"投审会"的统计也显示，2013 年台湾当局核准对大陆投资 440 件，同比减少 3.08%，金额约 86.85 亿美元，同比减少 20.5%，台湾对大陆投资已连续 2 年出现衰退。[②] 在产业布局上，由于欧美经济低迷，台商对大陆制造业投资明显衰退，但在大陆服务业快速发展及两岸加强金融等服务业合作带动下，台商对大陆投资进一步向服务业转移。在台湾对大陆投资的前 5 大行业中（见表 2），金融保险、批发零售分别跃升为年内台商对大陆投资的第 1、3 大行业，而同期台商对电脑电子产品及光学制品制造、电子零部件制造等传统热门制造业投资额均出现大幅衰退。在区域布局方面，年内长三角、珠三角依然为台商对大陆投资的最主要目的地，两者合计约占台商对大陆总投资额的 72%。在台商对大陆投资的前 5 大省市中（见表 3），上

① 商务部台港澳司两岸贸易与投资统计，详见 http://tga.mofcom.gov.cn/article/d/201401/20140100449689.shtml，访问时间：2014 年 1 月 15 日。

② 台湾"投审会"2013 年 12 月投资月报，详见 http://www.moeaic.gov.tw。

海跃升为最大目的地，2013年台商对上海投资额同比增长11.41%，占台商对大陆总投资额的26.04%，而台商对江苏、浙江等省的投资却出现大幅衰退。此外，台商对河南、湖北、吉林、内蒙古等省区投资额分别大幅增长48.74%、67.48%、115.46%及35.94%，显示台商对大陆投资区域更趋多元化，且“西进北上”的趋势日益明显。

表2　2013年台商对大陆投资前5大行业概况

单位：亿美元,%

行业	件数	金额	比重	2012年金额	增长率
金融保险	20	19	20.68	17.26	10.15
电脑电子产品及光学制品制造	18	11.75	12.78	15.22	-22.84
批发零售	151	10.36	11.27	12.72	-18.54
电子零部件制造	45	10.27	11.17	19.48	-47.29
电力设备制造	31	4.6	5.01	4.38	5.16
合计	265	55.98	64.45	69.06	-6.7

资料来源：台湾“投审会”2013年12月投资月报。

表3　2013年台商对大陆投资前5大省市概况

单位：亿美元,%

省市	件数	金额	比重	2012年金额	增长率
上海	97	23.93	26.04	21.48	11.41
江苏	125	23.11	25.15	34.56	-33.13
广东	126	14.79	16.09	14.14	4.54
福建	42	5.74	6.24	11.06	-48.13
浙江	46	4.26	4.63	10.04	-57.59

资料来源：台湾“投审会”2013年12月投资月报。

与台商对大陆投资出现衰退形成鲜明对比的是，2013年在多件大宗投资项目的带动下，大陆对台湾投资大幅增长。据台湾“投审会”统计，[①]前10月核大陆对台投资金额3.42亿美元，同比大幅增长118.43%，但11及12月大陆对台投资明显衰退，衰退额分别高达36%、96%。全年共核

① 台湾“投审会”2013年12月投资月报，详见http：//www.moeaic.gov.tw。

准陆资 141 件，同比仅增长 2%，但金额达 3.61 亿美元，同比增长 10%。自 2009 年 6 月台湾当局开放陆资入岛以来，大陆对台投资稳步增长，截至到 2013 年底已累计核准陆资 483 件，金额约 8.65 亿美元。在地区分布上，以台北市为中心的大台北都会区为大陆对台投资的主要目的地；在产业分布上，大陆对台湾投资与侨外资对台湾投资基本相似，服务业占绝对主导地位。截止 2013 年底，大陆对台湾投资的前 5 大行业依次为批发零售业（约 1.55 亿美元，约占 17.88%）、港埠业（约 1.39 亿美元，约占 16.09%）、银行业（约 1.38 亿美元，约占 16%）、电子零部件制造（约 1.12 亿美元，约占 13.01%）及住宿服务业（约 0.65 亿美元，约占 7.51%）。

（三）两岸人员往来持续扩大，大陆居民赴台个人游快速增长

2013 年两岸各类形式的交流活动日趋热络，两岸交流的品质与效益也不断提升。一方面，两岸“三通”呈现新亮点，自 2013 年 8 月起两岸空中客运直航班次由每周 616 个增加到 670 个，货运直航班次由每周 56 个增加到 68 个。[①] 两岸还启动大陆向金门供水具体方案的协商，“厦金海缆”“福淡海缆”投入营运。另一方面，广西、贵州、湖北、内蒙古等省区领导先后率团赴台交流，推动务实合作，增进相互了解，取得良好的社会效果。同时，两岸举办海峡青年节、台胞千人夏令营、两岸青年联欢节、两岸客家高峰论坛等成为两岸大交流的一道道亮丽风景线。

更重要的是，两岸人员往来日益密切，大陆居民赴台旅游人数尤其是个人游人数迅猛增长。年内大陆新增开放 13 个城市开展赴台个人游，使大陆开放赴台个人游的城市达到 26 个。10 月份大陆颁布“新旅游法”后，大陆赴台团队游人数虽有所减少，但个人游人数快速增长。12 月台湾当局将大陆赴台个人游每日配额由 2000 人调升至 3000 人，进一步推动大陆居民赴台个人游。据台旅会统计，[②] 2013 年大陆居民赴台总人数达 287.47 万人次，同比增长 11.15%，旅游人数达 218.94 万人次，其中团队游 166.64 万人次，同比下降 6.52%，个人游 52.29 万人次，同比大幅增长 173.57%。大陆继续遥遥领先日本成为台湾最大客源地。但同时，虽然大

① 国台办：《2013 年两岸经济合作取得七方面丰硕成果》，详见国台办网站 2014 年 1 月 15 日新闻发布会，http：//www. gwytb. gov. cn。

② 台旅会，详见其官方网站 http：//www. tsta-bj. org/article. aspx？ sNo = 02000053&uid = 03001191，访问时间 2014 年 1 月 25 日。

陆依然是台湾民众出境游的最主要目的地，但年内赴大陆的台湾民众人数有所减少。据国家旅游局统计，[①] 2013 年台湾民众赴大陆 516.25 万人次，同比减少 3.33%。

（四）两岸产业合作持续深化，在金融、产业合作试点等领域取得新进展

2013 年两岸继续推进新型产业合作，为两岸经贸关系注入新的动力。其一，11 月 28 日两岸举办第 3 届两岸产业合作论坛，双方在两岸产业合作试点、两岸园区合作及减缓产业竞争等多项议题上达成共识。此外，两岸还先后举办第十届两岸信息产业和技术标准论坛、首届两岸现代农业产业项目交流对接会等。其二，两岸金融合作步伐加快。年内两岸举办第 3 次“两岸银行监理合作平台高峰会”及分别举办首次保险、证券监理合作会议，搭建与完善两岸金融业交流合作平台。同时两岸还在金融机构相互参股、大陆企业在岛内发行宝岛债等方面实现新突破，大陆还于 4 月 1 日起开放在大陆生活、工作的台胞投资 A 股。其三，两岸产业合作试点取得重要进展。两岸在此前选定的 5 个合作项目基础上，成立纺织分组。LED 照明分组上两岸将推进共通技术规范及接口标准合作，探讨制定 MOCVD、荧光粉合作模式与方案；无线城市项目推动成都、宁波及福州（含平潭）试点与 TD－LTE 合作，加强 4G/TD－LTE 技术标准，汽车产业落实杭州为试点示范城市等。其四，两岸积极探索经济合作新模式。[②] 年内海峡西岸经济区、平潭综合实验区、昆山深化两岸经济合作试验区等顺利推进，上海自由贸易试验区建立，台湾也大力推动自由经济示范区建设，两岸开始探索经贸园区合作与对接，有助于创新两岸经济合作新方式。

三、两岸经贸关系面临的挑战不断增多

2013 年，尽管两岸经贸合作稳中有进，但不容忽视的是，当前两岸经贸关系已经步入“深水区”，两岸经贸关系发展进程中的一些深层次矛盾日益浮现。这些问题既包括两岸经济合作长期以来所面临的两岸政治互信

① 国家旅游局，详见其官方网站 http：//www. cnta. gov. cn/html/2014 －1/2014 －1 －16 －15 －52 －71196. html，访问时间 2014 年 1 月 22 日。

② 国台办：《2013 年两岸经济合作取得七方面丰硕成果》，详见国台办网站 2014 年 1 月 15 日新闻发布会，http：//www. gwytb. gov. cn。

不足等结构性问题，也涵盖近年来所出现的一些新问题。年内随着两岸经济合作深化发展，这些问题对两岸经贸关系影响程度明显增强，两岸经贸关系面临更大挑战。

首先，国际经济形势深刻变化对两岸经贸关系的复杂影响程度不断加深。当前，全球正处于后国际金融危机时期，世界经济正处于深刻变革期。这固然可为两岸经济合作带来契机，如两岸通过加强合作可抢占新一轮科技革命的制高点，但年内欧美需求疲软，加之欧美经济结构加快调整，使两岸经济合作面临的外部环境日趋复杂。值得注意的是，2013 年 9 月后欧美经济回暖势头日益明显，但台湾出口及两岸贸易并未像过去那样同步受惠。有经济学家就指出当前美国经济复苏并非如过去那样主要建立在消费回升的基础上，而更多地是由较低能源价格所驱动的。[①] 欧美经济正步入深度转型期，过去以台湾产业依次向大陆转移、台商主要从事加工出口业出口欧美市场的两岸传统经济合作方式面临严峻挑战。与此同时，大陆内需市场对两岸贸易与投资拉动效果有限，尚不能弥补欧美需求疲软所带来的缺口，从而导致两岸贸易与投资的增长动力趋于减弱。

其次，两岸服务贸易协议未能如期生效，显示绿营掣肘及部分民众保守心态对两岸经贸合作的干扰进一步增强。2013 年台湾经济出人意料地表现低迷，由最初的“保 4”下滑至“保 2”，全年经济增长率仅约为 1.74%。岛内民众心态开始发生微妙变化，对大陆开放心态趋于保守。这一方面为民进党操作提供了更大空间，增强了民进党的反对效果，另一方面，也给马英九当局开放两岸经贸政策较大压力，使年内马英九当局开放两岸经贸政策步伐趋缓。尽管年内两岸签订了具有重要里程碑意义的服务贸易协议，但由于马英九当局对外沟通与宣导不力，加之民进党等“台独”势力的不实宣传，两岸签订服务贸易协议引发岛内部分群体的强烈反弹。台湾“立法院”也做出“审查”的决议，要求在岛内举办公听会，使得两岸服贸协议未能如期生效，严重阻碍 ECFA 后续谈判进程及两岸经贸关系的发展。

再次，两岸部分产业竞争性趋于增强，给两岸经济合作带来新的挑战。过去 30 多年间，两岸经贸关系快速发展，是经济全球化大背景下两岸

---

① 《亚洲出口贸易前景不容乐观》，《金融时报》（英国），http：//www. ftchinese. com/story/00/054094，访问时间 2014 年 1 月 21 日。

经济要素互补性得以充分结合的结果。总体而言，大陆劳动力、土地等生产要素价格低廉，而台湾资金、技术等优势明显，双方加强经济合作可最大程度地发挥各自比较优势，促进两岸经济共同发展。但近年来由于两岸经济发展差距不断缩小，两岸产业政策等存在较大差异，加之过去两岸长期处于严重政治对立，两岸并未建立起有效的产业合作机制与平台，导致两岸经济在总体保持互补性的同时部分产业竞争性有所增强。2013 年这一态势日益明显，由于外部需求疲软，两岸特别是大陆部分产业产能过剩现象较为突出，两岸 LED、太阳光伏等产业竞争有所加剧。这引发台湾当局及岛内部分人士的担忧，台湾前副领导人萧万长更在两岸企业家紫金山峰会上公开宣称“两岸产业分工已从‘互补大于竞争’逐渐转变为‘竞争大于互补’，造成重复投资及资源浪费等问题”。① 平心而论，两岸产业间展开适度良性的竞争对两岸产业发展具有积极意义，但若两岸进行重复建设和恶性竞争，不仅浪费大量资源，也会严重挫伤两岸业者的积极性，对两岸经贸关系乃至两岸关系和平发展均将产生不利影响。

此外，两岸政治互信不足、利益分配机制不健全等因素也日益制约两岸经贸关系发展。2008 年以来，两岸秉持“先经后政、先易后难”的思路推进两岸关系发展，这一策略总体符合两岸关系发展现实，减少了两岸摩擦，为两岸深化经济合作创造了良好条件。但不容忽视的是，随着两岸经贸关系持续深化发展，两岸政治互信不足对两岸经济合作的影响日益增大。由于政治互信不够，两岸经济互信也较薄弱，使得台湾方面常担忧“自己会被大陆吃掉”，因而采取高度防范的策略，在开放两岸经贸政策方面始终难以做到“大开大阖”，从而影响两岸经济合作的广度与深度。2013 年 7 月爆发的太平洋 SOGO 百货成都春熙店被陆资合作方无预警地强制封店，主因在于双方对租金分配存有较大分歧，② 这凸显未来深化两岸服务业合作需建立健全利益分配机制。

四、2014 年展望

展望 2014 年，两岸经贸关系发展将受一系列因素的深刻影响。从外部

① 《企业家峰会　萧万长：两岸竞争抵销力量》，台湾《中国时报》2013 年 11 月 5 日。

② 《从成都太百事件看台商服务业处境》，台湾《中国时报》2013 年 7 月 28 日。

经济形势看，2014 年全球经济在继 2013 年陷入低速增长后将提速。据国际货币基金组织（IMF）2014 年 1 月 21 日发布《世界经济展望》预测，①全球经济增长将由 2013 年的3%增至2014 年的3.7%，2015 年将进一步升至3.9%。欧美等发达经济体增长回升将更为强劲，美国经济增长预计由2013 年的1.9%上升到2014 年的2.8%。这意味着2014 年两岸经贸关系发展的外部经济环境总体向好。从两岸各自情况来看，大陆将进一步加快推动经济改革与发展，经济已进入“换挡期”，力图通过适当减缓经济增速换取经济转型升级，而台湾当局也将 2014 年确定为“经济突破年”，推动实施一系列财经改革政策，并提出将积极参与亚太区域经济一体化进程。②两岸经贸合作有望继续保持稳中有进的态势，在制度化、机制化建设等方面将取得新进展。若 2014 年两岸服贸协议通过台“立法院”审查，两岸货物贸易协议也能排除种种障碍签订，两岸经贸关系将步入全新的发展阶段。

不容忽视的是，全球经济增长依然面临下行风险，世界经济形势依然复杂多变。已步入“深水区”的两岸经贸关系将面临越来越多深层次因素的制约，需要两岸建构更高的目标和架构推进两岸经贸关系持续健康发展，统筹好两岸经贸合作与两岸政治、文化、社会等其他领域的交流与合作。同时，2014 年岛内将全面展开“七合一”选举，马英九当局势必将大量资源和精力投入其中，加之民进党为谋求选举利益，势必将进一步操弄两岸议题，在服务贸易协议审查、ECFA 后续谈判等方面制造新的障碍，这将对两岸经贸关系发展形成更多挑战。③

（原载于《台湾 2013》，全国台湾研究会编）

① 《世界经济展望》，国际货币基金组织（IMF），http：//www. imf. org/external/chinese/pubs/ft/survey/so/2014/re2012114ac. pdf，访问时间 2014 年 1 月 22 日。

② 马英九 2014 年元旦祝词《朝野合作　全民团结拼经济》，详见台湾“总统府”网站新闻公报，http：//www. president. gov. tw，访问时间 2014 年 1 月 3 日。

③ 王敏：《2013 年两岸经贸关系回顾与展望》，《台湾周刊》2014 年第 3 期。

当前台湾经济形势分析

胡石青

2012年台湾经济在内外形势同时恶化的叠加影响下，出现了5年来第2次的低速增长，其下降幅度与速度都远大于当局年初的预期，虽然到当年第4季开始出现企稳态势，但2013年后能否恢复中速增长，仍有相当大的变数，而要维持经济稳定增长，则还需要岛内进行更深刻的经济变革。

一、台湾经济形势恶化的主要表现

（一）经济增长持续走低，第4季才开始有所企稳

台湾经济自2011年第4季开始持续下滑，“主计总处”先后9次下调对经济增长的预期值。2012年第2季经济更出现负增长，总计2012年前3季经济实际增速仅为0.5%，全年经济增长率将仅为1.1%，这将是近5年来台湾经济继2008年0.7%、2009年－1.8%后的第3次大减速。

作为综合反映台湾经济发展情况的指标，景气对策信号自2011年11月起亮起代表衰退的蓝灯，此后蓝灯持续时间长达10个月，被称为“十连蓝”，持续时间超过了2008年金融海啸时期。虽然从2012年9月后已转为代表回暖的黄蓝灯，但从其中的资本设备进口、就业与产业情况等主要参数走势判断，台湾经济形势复苏力道“仍微弱”。①

（二）进出口出现负增长，主要出口市场同步萎缩

台湾外贸2012年上半年各月表现不佳，直到9月才出现回稳迹象，总计前11个月台湾对外出口2750.1亿美元，同比下降3.3%；进口2487.6亿美元，减少4.3%，这也是台湾外贸5年来的第2次减速。主要出口品除矿产品外，均呈下滑趋势，前11个月出口下滑幅度最大的信息与通讯产

---

① 台湾“经建会经济研究处”：《2012年10月景气新闻稿》，www. cepd. gov. tw。

品，下跌了23.7%。主要出口市场中，对大陆与香港及美国、欧洲的出口额都有不同程度的下降，对美国出口更是下降了10%；只有对东盟国家出口仍然维持了增长势头，增幅为9.3%，东盟国家因此超过香港成为仅次于大陆的台湾第二大出口市场。进口品方面，前10个月只有消费品增长了2.3%，资本设备进口额衰退了8.8%；进口市场部分则呈全面衰退，其中以自日本进口衰退9.5%最多。①

（三）投资大幅下滑，消费不振

作为影响经济增长的主要因素之一的岛内民间投资，自2011年第3季起连续4个季度呈现衰退，其中2012年第1、2季分别较上年同期衰退了9.1%与5.7%，第3季也仅增长了2%，2012年全年将衰退1.4%。2012年投资率仅为19.7%，是2009年以来首次跌破20%。民间消费2012年前3季的年增率也从1.9%、1.6%逐季下降到了0.9%。对台湾经济雪上加霜的是，“政府投资”对经济增长的负面影响更为严重，全年衰退幅度达两位数，为10.8%。② 民众对经济增长的信心也在持续走低，台湾中央大学公布的全台消费者信心指数自2012年4月即开始下降，10月跌到了2010年2月以来的最低点。岛内消费市场趋冷的现象非常明显，而岛内低薪化现象日益加剧也非常不利于岛内消费市场的振作。扣除物价上涨因素，2012年1到9月岛内工业与服务业雇员的平均实质薪资仅为43103元（新台币，下同），是1998年以来的最低水平。③

（四）制造业生产出现较大波动，全年仅能维持小幅增长

岛内工业生产自2012年上半年持续下滑，7月份以后才开始缓步回升，2012年前10个月工业生产较前一年同期下降0.9%，其中制造业下滑1.1%。四大制造业门类中，只有信息电子产业微增0.7%，其余金属机械工业、化学工业与民生工业都出现了不同程度的衰退，以金属与机械工业衰退5.6%最大。制造业销售额则从2011年第4季开始连续4季度呈下降趋势，2012年前3季销售额为95740亿元，同比下降4.8%，其中只有电子零组件业销售情况从2012年第3季开始有所回稳，其他产业仍在不断下

① 台湾“财政部”网站数据，www. mof. gov. tw。

② 台湾“主计总处”：《国民所得统计及“国”内经济情势展望》（2012年11月），见www. dgbas. gov. tw。

③ 刘俐珊：《“主计总处”：上班族月薪　倒退回14年前》，台湾《联合报》2012年10月23日。

降。从工业生产整体走势看，全年可实现小幅增长，但这种回升并未改变其产品滞销，利润下降的困境。台湾“经济部”7 月做的调查显示，岛内企业预期 2012 年获利较上年增长的只占 25.7%，远低于预期减少的比例（44%）。①

（五）金融活力减弱，股市连续走低

受经济不景气影响，岛内货币供给额年增率不断下降，不论是 M1B 还是 M2，年增率从 2011 年下半年即开始持续探底，2012 年 9 月两者的年增率均较一年前下降了 2 个百分点左右，金融机构放款与投资余额年增率也从 7.9% 降到了 4.5%。与此同时，先是受到当局计划开征证券交易所得税的消息打压，后是在基本面不利的影响下，岛内股价指数从 3 月下旬的 8000 点以上一路下滑，到 6 月初跌破 7000 点大关，此后在 10 月初一度回到 7700 点以上，但维持不久即又开始新一轮下跌，11 月中旬曾跌破 7200 点。股市交易情况也趋冷，下半年日成交量不足 600 亿元的低量反复出现。11 月底在当局大力施放利好政策的拉抬下，股市交易才逐渐回温。

（六）物价上涨压力增大，就业形势恶化

岛内消费者物价指数（CPI）年增率近几年一直保持较低水平，但受到当局实施“油电双涨”方案等的冲击，2012 年 7 月后连续突破当局 2% 的控制目标，其中 8 月高达 3.4%，当局一度面临物价失控的危机。10 月以后物价形势才有所好转，2012 年 1—11 月台湾 CPI 年增率为 2%，预计全年增幅可回降到 2% 以内。岛内就业情况更为严重，失业率 2012 年前 10 月为 4.24%，较日本及其他亚洲四小龙都高，而且其中因裁员或企业倒闭而失业的人数不断增加，到 10 月已增加到 14.1 万人，占失业总人数 49.3 万的比例超过四分之一，达 28.6%。

二、台湾经济形势恶化的主要原因

台湾经济在 2010 年曾经创造出年增长 10.7% 的高速度，却在 2011 年后出现了连续 6 个季度增长率下滑的局面，其原因是多方面的。

（一）外部经济环境恶化，冲击台湾出口

国际金融危机爆发后台湾对外贸易起伏波动明显加剧，后危机时期的

---

① 台湾“经济部统计处”网站数据，www.2k3dmz2.moea.gov.tw。

国际经济环境对台湾经济发展更加不利。这是因为欧美发达国家财政金融危机频发，对台湾出口导向型经济产生了较大冲击。欧债危机在2012年非但未能遏制，反而更趋扩大化，欧元区经济自2011年第4季开始持续4个季度衰退，对外需求不断缩减。而美国联邦储备委员会2012年下半年开始实施所谓第3次量化宽松政策，虽然对促进美国经济稳定复苏发挥了一定作用，却使得美元汇率表现更为弱势，压缩了台湾用货币贬值的方法刺激出口的空间。日本经济2012年也呈现逐季下滑的态势，2012年第3季甚至出现了衰退。欧美日市场的同步萎缩，对台湾出口造成了极为深刻的影响。与此同时，新兴经济体的表现也不尽如人意。发达国家的经济灾难首先危及的是国际贸易市场，印度、巴西等国近年的兴起主要还是建立在境内所拥有的人力与矿产资源优势，自身不仅没有形成完整的产业创新体系，更不具备与经济发展水平相配套的成熟消费市场，不仅不足以取代欧美市场的作用，自身都因欧美市场的波动而大幅放缓。至于台湾在世界其他地区市场的份额虽有一定增长，也都远不足以抵消欧美市场缩减对台湾出口的影响。

欧美市场的萎缩也直接导致了两岸贸易增长放慢。两岸经贸关系是以台商对大陆投资为基础发展起来，加工贸易占有极高比重，主要依赖于欧美市场不断增长的消费需求，以2011年为例，一般贸易在两岸贸易中占比不到31%，其余几乎全部属于各种形式的加工贸易与转口贸易，大陆实际上只是台湾出口产品的中间加工地。① 两岸贸易在2012年上半年出现持续下降，台湾“海关”统计数字也表明，1至11月台湾向大陆（及香港）出口1081.9亿美元，同比下降5.5%，占台出口总金额的39.3%（其中台湾对大陆直接出口737亿美元，下降5.2%，占台出口总金额的26.8%），进口金额为397.8亿美元，同比减少5.1%。② 两岸贸易下降直接影响到台湾外贸增长。

国际市场萎缩对岛内主要出口品造成了直接冲击。台湾机械及电机设备出口额即占其全部出口额的45%左右，而电子及信息通信产品出口又占了其中的一半以上，即电子及信息通信产品出口约占台全部出口的四分之一。出口产品过于集中，是台湾外贸易受世界经济形势变化影响的一大原

① 根据中国海关相关统计数据计算。

② 台湾“财政部”网站数据，www.mof.gov.tw。

因。在日益激烈的国际市场竞争中，台湾电子与通讯产业的国际竞争力不断下滑，2011年台湾电子产品出口增速已出现大幅放缓，2012年台湾机械电机设备产品全面衰退，信息通讯产品衰退幅度更高达20%以上，造成台湾出口彻底丧失了增长动能。

表1　台湾出口集中度与近年表现

年份	2007	2008	2009	2010	2011	2012*
机械及电机设备出口额（亿美元）	1180.3	1142.5	952.2	1312.8	1443.1	1166.5
占出口总额比例（%）	47.8	44.7	46.7	47.8	46.8	46.6
年增率（%）	5.8	-3.2	-16.7	37.9	9.9	-19.2
电子产品出口年增率（%）	4.3	-3.2	-10.7	36.4	8.5	-2.1
信息通讯产品出口年增率（%）	-3.4	6.4	-9.6	53.3	40.5	-24.5

资料来源：台湾“财政部”网站，www. mof. gov. tw。*2012年为前10个月数据。

（二）岛内投资动能缺失，消费不足，难以支撑经济增长

台湾经济面临的另一大难题是内需不足。以近5年台湾经济表现看，岛内市场占台湾GDP的比重超过90%，但较外销市场波动性更大，其中有2年出现了衰退，对每年GDP增长率的贡献有4年低于外需的贡献（见表2）。

表2　台湾内需与外需占GDP的比重

年份	2007	2008	2009	2010	2011	2012*
内需占GDP的比重（%）	92.0	95.1	91.4	92.9	93.1	93
净外需占GDP的比重（%）	8.0	4.9	8.6	7.1	6.9	7
GDP增长率（%）	6.0	0.7	-1.8	10.7	4.0	1.1
内需对GDP增长率的贡献（%）	1.3	-2.1	-3.2	8.3	0.3	0.2
净外需对GDP增长率的贡献（%）	4.6	2.8	1.4	2.4	3.8	0.9

注：净外需指出口减进口。*台湾“主计总处”11月中预计数。

资料来源：台湾“主计总处”网站，www. dgbas. gov. tw。

岛内市场的高波动性与投资表现不佳、消费增长缓慢是密不可分的，后者的变化有其各自的深刻原因。

岛内投资动能缺失与岛内产业结构密切相关。从岛内经济总体看，台湾虽早已进入后工业化社会，服务业居于主干地位，服务业产值比工业生

产规模大1倍以上（2011年服务业与工业产值分别占台湾GDP的比重为68.4%与29.8%），但服务业面向内需市场，服务贸易发展迟缓，到2011年服务贸易占台湾商品及服务贸易总额的比例也仅为12.7%。① 近8年来岛内工业生产增速有6年高于服务业，工业扮演了引领经济发展的角色，特别是少数主力制造业的大规模投资扩张发挥了带动经济增长的作用。但也因为少数主力产业的发展耗用了过多的经济资源，其增长快慢，转型升级进程是否顺畅，都直接影响着岛内投资表现，从而对台湾经济增长有着举足轻重的影响。而台湾产业主要依循代工模式发展道路，依附于跨国企业技术与品牌，即使拥有自有品牌的企业，也缺少原创技术，只能通过不断追加投资扩大规模从而降低生产成本以扩大市场占有率，当国际相关产业发展受阻，岛内投资就会跟着下降。信息电子与通讯产业作为台湾近30年来的主力产业，10年来占台湾GDP比重基本维持在12%左右，最高不到14%，其投资占全体产业投资的比重却从21%上升到了31%（见表3）。正是这一主力产业在最近4年中有3年投资降幅达到了两位数（其中2012年降幅将为12.3%），直接造成了台湾投资动能的急剧流失。

表3　近5年台湾信息电子与通讯产业在经济发展中的各项比重

年份	2007	2008	2009	2010	2011
产值占GDP比重（%）	13.5	13.4	12.6	13.3	12.8
固定资本形成占全体产业比重（%）	31.1	27.1	22.4	29.8	26.5
固定资本形成增长率（%）	6.0	-18.3	-27.0	63.5	-12.3

资料来源：台湾“主计总处”网站，www.dgbas.gov.tw。

宏达电子公司近两年的发展变化可说是岛内企业投资起伏变化的一个缩影。宏达电子在2010年成功崛起，成为与苹果、三星并列的世界三大智能手机厂商，成功促使通讯设备制造业在2011年迅速成长为引领岛内产业投资的主要力量。但2011年7月后宏达电子公司开始面临苹果公司对其发起的专利侵权诉讼，产品外销受阻，后续产品开发也难以推动，面对全球智能手机市场随即开始出现趋于饱和的压力，与主要竞争对手韩国三星的差距不断拉大。2012年上半年该公司营业收入大幅衰退20%以上，股价一

① 台湾“主计总处”：《“国民”所得统计及“国”内经济情势展望》（2012年11月），见www.dgbas.gov.tw。

年间从最高的1300元跌到了250元。① 虽然2012年11月宏达电子利用苹果与三星的竞争关系成功与苹果公司达成专利合作协议，但被迫一再收缩后续投资扩产的规模，成为岛内通讯产业2012年投资与生产同时萎缩的重要原因。

岛内消费市场维持低速增长的局面，主要受到了两方面因素的影响。一方面，近几年岛内经济表现波动加剧，影响了民众对未来收入的预期，特别是2012年全球经济形势不断恶化，抑制了社会扩张消费的心理，迫使民众储蓄倾向维持高位运行。以岛内储蓄率（储蓄毛额占GNP的比例）为例，近几年虽有所下降，2012年仍有28.8%。另一方面，岛内企事业经营表现波动扩大与“无薪假”风潮再起都直接压低了企事业员工对收入的合理预期，削弱了民众消费的热情。

对台湾经济发展更加不利的是，当局可用以拉动经济的财政资源日益枯竭。经过20多年大幅扩大社会福利支出规模后，当局财政连年赤字，背负了沉重的债务负担，到2011年底，台湾当局的债务余额已高达47685.7亿元，占前3年岛内GNP平均数的35.9%，逼近40%的法定上限。② 财政困难一方面使当局无法通过大幅扩张财政支出直接拉动经济增长，另一方面当局通过减税间接刺激经济的空间也日益缩小。马英九自2008年上台后，为拉动经济增长已经先后大幅调低了遗产税等资本税率，虽然促使台湾经济在2010年实现了两位数增长，但相关的政策弹性也因此被提前释放，减少了应对再次经济恶化形势的政策工具。

（三）非经济因素影响不断加深

岛内政治与社会等非经济因素影响持续上升，对经济发展的干扰日益加剧。

一方面，非经济因素加剧了当局可用于经济发展的财政资源紧张，降低了决策效率与政策效果。为争取更多选票，蓝绿政治人物不断以各种名义增加社会福利支出，并为选区发展争取超前建设项目，不仅使当局财政支出日益庞大，也对经济发展支出产生了强烈的排挤效应。台湾当局财政支出决算数中，经济发展支出从2002年的2911.7亿元缩减到2011年的2070.7亿元，10年中减少了28.9%，最低的2007年仅为1932.9亿元。而

---

① 傅启伦：《宏达电再起？2大机会点》，台湾《卓越》2012年9月号。

② 台湾“财政部”编：《财政统计月报》（2012年7月），www.mof.gov.tw。

同期社会福利支出却从2622.4亿元增长到3485.2亿元，增幅达32.9%，而且除2008年外均呈逐年增长趋势。[1] 非经济因素还一再给当局经济发展的指导思想与政策手段制造混乱，降低了当局决策效率与政策效果。以开征证券交易所得税方案为例，作为促进社会分配公平的政策，一度曾是获得岛内各界共识度较高的财政改革方案之一，但2012年2月台湾财政部门正式立案推动后，却不断遭到各方干扰与阻挠，岛内股市交易出现持续价跌量缩的局面，3到7月下跌了近1200点，跌幅约17%，市值减少了近3万亿元。在各方压力下，台湾当局被迫更换了财政部门负责人，设立了股价指数8500点以上作为起征点，开征证所税方案的政策意义受到了极大削弱。尽管如此，岛内仍不断有利益集团倡言为刺激股市交易推迟开征时间，连一向鼓吹社会正义的民进党也表态支持。当局其他经济改革措施，如自由经济示范区、减少市场保护等也都面临着如何克服非经济因素掣肘的难题。

另一方面，环保等限制因素也在很大程度上制约了岛内实现经济增长的手段。自20世纪80年代后岛内环保运动开始兴起，开发与环保间的矛盾便逐渐成为岛内经济发展的一大制约因素。2000年民进党执政后，环保运动更为高涨，环保审议程序更加完备，相关审查条件更加严格。2006年以大型钢铁与石化业为主的滨南工业区开发案被台主管部门否决，岛内大型产业投资案实际上就宣告终止。2008年国民党的马英九上台后，仍无法跳脱此一限制。2011年基于各种复杂因素的考虑，马英九决定取消国光石化彰化兴建案，使岛内石化业的发展再次遭遇重大挫折。非经济因素还加剧了岛内土地、劳动力等要素资源供应不足的压力，导致对投资的额外限制不断增多，岛内人才、资金等资源外流趋势进一步扩大。

三、台湾经济发展前景展望

受到美国经济好转的影响，2012年第4季开始岛内经济基本已止跌回稳，具体表现包括外贸回温；在当局积极引导下，台商回流的趋势与效果明显增强，投资重新出现起色；工业生产在有效消化产品库存后，从下半年开始稳步增长等。所有迹象显示，台湾经济已经渡过2012年上半年的低

---

① 台湾"主计总处"编：《"中华民国"年鉴》(2011年)，第292页。

谷，2013 年第 1 季度有望基本摆脱衰退的阴影。但台湾经济回升的基础并不稳固。2012 年 11 月底经合组织（OECD）再次调低了对 2013、2014 年全球经济增长率的预测值，美国经济复苏仍存在着沉重的政府财政包袱等阴影的威胁，美国联邦储备委员会已加大第 3 次量化宽松货币的实施力度；欧债危机尚存在很大的变数，对欧洲乃至全球经济的影响仍会持续，2013 年欧元区经济将继续衰退，世界市场对台湾经济的拉动作用依旧不足。与此同时，台湾产业结构性问题短期内仍无法解决，其信息电子与通讯业经营状况在 2013 年出现根本好转的可能性不大。因此，总起来看，2013 年台湾经济的复苏将更多地以触底反弹的形式出现，其持续性与强度都将受到很大限制。

（原载于《台湾研究》2013 年第 1 期）

台湾“闷经济”的特点、原因及前景

熊俊莉

近年来台湾经济下滑趋势明显，并呈现“闷经济”特征：低增长、出口疲弱、消费投资低迷、民生困顿，当局虽采取多项经济举措，但缺乏方向感，无力摆脱困境。造成这种“闷经济”局面的主要原因是岛内经济与产业结构转型升级滞后于经济发展。受外部环境、政党斗争、制度建设等因素制约，台湾经济短期内难以走出困境，但加快两岸经济合作是有助于台湾“脱闷”的重要有利条件。

一、台湾“闷经济”的主要特点

2012 年以来，台湾经济各项指标持续疲弱，台湾当局采取的一系列刺激经济举措均无明显成效。这种状态被台湾“行政院长”江宜桦称之为“闷经济”。①

（一）台湾经济表现持续低迷

在过去 20 年内，台湾经济由年均 10% 以上的高增长跌至 3% 左右，人均 GNP 跌至亚洲“四小龙”末位，产业竞争中与韩国等地的差距逐渐拉大，种种迹象显示，台湾经济正走下坡路。2009 年国际金融危机爆发后，台湾经济出现短暂复苏，但去年以来表现疲弱，各项经济指标均低于预期，其困境堪比危机时期。

1. 经济增速不断下滑

GDP 增长率是反映一个地区经济现状的重要指标之一。全球范围内来看，处于经济起飞阶段的经济体 GDP 增长率一般在 10% 左右，如中国、越南等；处于稳定发展阶段的经济体一般维持 5%—6%，如新加坡、韩国

① 中国新闻网：《台湾行政负责人谈经济：一个字形容就是“闷”》，2013 年 4 月 16 日。

等；处于低速发展阶段的经济体一般在 2% 左右，主要是欧美等发达国家。近十年来，台湾地区经济增速由过去的中高速快速下滑，2000—2012 年间 GDP 年平均增长率仅 3.7%。特别是 2012 年以来，台湾经济走弱的态势更加明显。2012 年台湾“主计总处”连续 9 次下调全年经济增长率预估值，由最初的 4% 以上逐渐下修至 1% 左右，最终仅实现 1.32% 的增长率。① 今年第 1 季度台湾经济增长 1.67%，仅预测值 3.26% 的一半左右。预计下半年仍难有明显好转，台湾“经建会”的景气信号已连续 19 个月显示经济低迷的蓝灯或蓝黄灯。② 虽然台湾“主计总处”预测全年经济增长率为 2.4%，但民间担忧可能难以“保 2”。

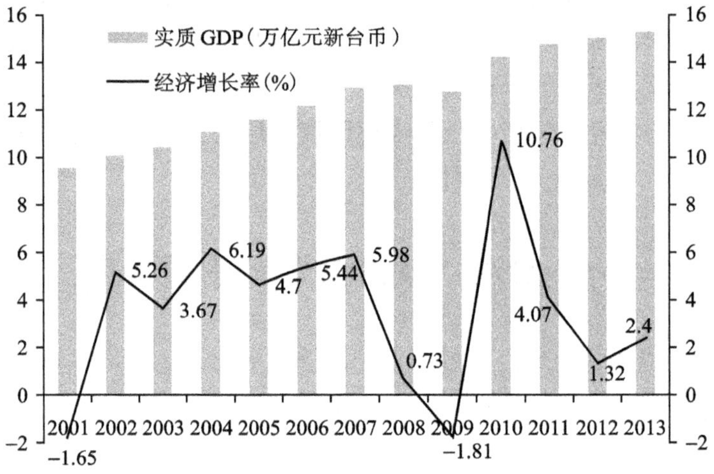

图 1　2001—2013 台湾经济增长率变化图

注：2013 年为预测值

资料来源：根据 2013 年 5 月 24 日台湾“主计处”“国民所得统计及国内经济情势展望”绘制。

2. 对主要市场出口衰退

对外贸易及出口是台湾经济最主要的动力。由于出口主导型经济容易受国际经济波动的影响，近年来欧美等国经济持续低迷及新兴经济体发展放缓等都对台湾贸易出口造成一定程度冲击，进而成为台湾经济成长的不确定因素。特别是去年以来，台湾进出口贸易都呈现衰退态势。2012 年台湾出口与进口金额分别减少了 2.3% 和 3.9%。今年首季台出口

① 台湾“主计处”：《“国民”所得统计及“国内”经济情势展望》，2013 年 5 月 24 日。

② 台湾“经建会”：《2013 年 5 月景气概况新闻稿》，http：//www.cepd.gov.tw.

增长率仅2.8%，远低于预估值6.2%。4月出口比上年同比衰退1.3%。[①] 按地区看，台湾对美国、欧洲等最终市场的出口持续减少，今年1—4月分别减少1.2%和12%；对大陆地区、东盟等主要市场出口增速下滑，今年1—4月分别为3.5%和4.7%，[②] 远低于过去的10%左右。按产品看，台重要的外销产品工具机、手机等在国际市场竞争力下滑，出口大幅减少。前4个月工具机出口比去年同期下降了19.6%，4月手机对欧洲出口衰退近50%。[③]

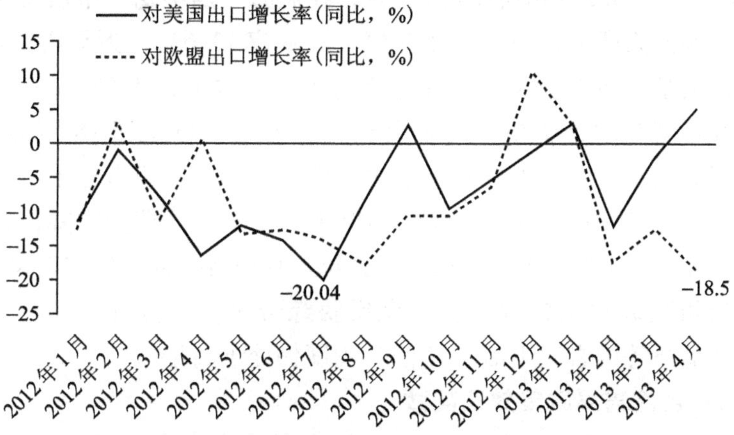

图2　2012—2013台湾对美欧出口变化图

资料来源：根据台湾“国贸局”统计数据绘制。

3. 民间消费与投资增长缓慢

消费是经济增长的重要动力之一，特别是在全球经济不景气、出口扩张动力不强背景下，促进消费增长对拉动经济就具有更显著的作用。台湾民间消费占GDP比重接近六成。近10年来，台湾民间消费增速虽不如20世纪八九十年代经济快速发展时期，但基本维持3%—5%的中速增长。然而，去年以来台湾经济持续不景气，岛内民众消费也趋于保守。2012年台湾民间消费增长率仅1.47%，今年首季更降至0.35%，创近15季以来新低，难以拉动岛内经济成长。6月台“中央大学”消费者信心指数报告显示，民众对“家庭经济状况”和“岛内经济景气”的态度持续悲观，指数

① 台湾“主计处”：“国情统计通报”第083号，2013年5月7日。

② 台湾“国贸局”统计数据查询系统，http：//cweb. trade. gov. tw.

③ 台湾“主计处”：“国情统计通报”第090号，2013年5月16日。

比去年同期分别下降约7个点和5个点。

在投资方面，尽管今年民间投资增长率预计从去年的-2.1%提升至7.2%，但主要是半导体产业投资拉动，其他产业大多仍在减少。特别是“政府”投资预计仍将减少6.4%，难以通过公共支出拉动经济。

4. 民生水平呈下降态势

经济不景气使台湾民生面临更多难题。其一，失业率高。4月台湾失业率4.1%，[①] 虽然比2009年金融危机时期的6.9%大幅降低，但仍高于香港3.5%、韩国3.2%和新加坡1.9%，在亚洲“四小龙”中居首位。结构性失业问题尤为严重，20—24岁年轻人失业率13.6%，为平均失业率的3倍以上；大学学历以上求职者失业率高于平均水平，达5%。其二，收入减少。今年第1季台实质平均薪资衰退3.39%，倒退回16年前的水平。其三，财富缩水。岛内维持低利率的货币宽松政策，股市也十分低迷，由于存款利率低于物价上涨率（实质负利率）以及实质薪资下降，台湾民众财富“缩水”。其四，痛苦指数高。去年8月台湾痛苦指数创7.8%最高纪录，其后指数表现虽转好，但民众反映综合物价、房价、收入、工作机会、生活品质等因素，生活“痛苦”程度仍处于高位。

（二）台湾当局政策效果甚微

为摆脱经济困境，2012年以来台湾当局出台了“经济动能推升方案”[②]“加强推动台商回台投资方案”[③] 等一系列经济举措，主要目的是通过财经改革推动经济转型，并促进经济长期持续成长。

1. 调整经济结构，促进投资和消费

针对台湾经济对出口依赖较大、消费与投资贡献不足的问题，台湾当局积极转变经济增长方式，发展内、外需“双引擎”，特别是促进投资与消费以增加“内需”。主要举措包括：第一，在投资方面，扩大公共建设投资，并吸引民间资本参与投资；加速岛内经贸自由化，推动台商回流和吸引外商投资。第二，在消费方面，扩大开放大陆地区“个人游”，吸引游客在台消费；提供节能补助（家电、马达）以拉动岛内民众消费等。

2. 推动产业结构升级，重点发展服务业

针对台湾产业结构中代工制造业为主要动力、服务业增长动能弱等问

① 台湾“主计处”：“国情统计通报”第094号，2013年5月22日。

② 台湾“经建会”：“经济动能推升方案”，2012年9月11日。

③ 台湾“经建会”：“加强推动台商回台投资方案”，2012年11月1日。

题，台湾当局提出鼓励制造业升级，促进服务业转型，提升产业附加价值。主要举措包括：第一，提出制造业服务化、服务业科技化与国际化、传统产业特色化的“三业四化”产业发展策略；第二，推动国际医疗、国际物流、音乐及数字内容、会展、美食国际化、都市更新、WiMAX、华文电子商务、教育、高科技与创新事业筹资（原名金融服务）等10大重点服务业发展；第三，推动产业技术创新，发展绿色、高附加价值产业；第四，扩大服务业出口，使服务业由内需为主转为拓展外需；第五，转变OEM代工制造方式，发展自主品牌，鼓励自主创新，等等。

3. 积极改善民生，推动财政改革和区域平衡

针对岛内贫富、南北差距逐渐扩大的问题，台湾当局积极推动财政改革和区域平衡策略。第一，近两年来，台湾当局以“公平正义”“量能课税”为口号，冲破重重阻碍出台了“奢侈税”、证券交易所得税等，这也是历届台湾当局少见的增税措施。第二，为改善南部经济发展明显落后于北部的现况，台湾当局在“五都”合并时支持南部台南、高雄县市合并；推动“产业有家、家有产业”，规划并支持各县市的支柱产业发展；修改“地方财政统筹规划法”，增加“中央”对中南部县市的财政补助，等等。

4. 扩大经济自由化，积极参与区域经济整合

在经济全球化加速背景下，为提升国际竞争力，台湾当局提出展开新一轮“经济自由化”。[①] 一是积极筹划“自由经济示范区”，修正相关“法规”，放宽对外资投资、境外人员往来的限制；二是加快与大陆地区商签ECFA后续协议，6月两岸成功签署“服务贸易协议”，货物贸易协议、租税协议等均被列入后续商谈重点；三是推动对外洽签FTA，已与新西兰签署经济合作协议，与新加坡等地的协议也取得实质进展；四是积极谋划加入跨太平洋伙伴关系协定（TPP）、区域全面伙伴关系协定（RCEP）等。

但迄今为止，台湾当局一系列经济举措的成效并不明显，“闷”经济仍是困扰台湾社会及当局施政的重要难题。

---

① 前三次经济自由化大致为：20世纪60年代推动“十九点财经改革方案”，建立现代化金融市场；20世纪80年代推动经济“自由化、国际化、制度化”，推动公营事业民营化，开放外资；20世纪90年代推动服务业自由化，2002年加入WTO。

二、“闷经济”现象产生的主要原因

台湾经济发展低迷受到内外多重因素的影响，但根本原因是旧的经济结构和产业结构无法适宜经济发展的要求，而岛内推进财经改革和经济转型较为缓慢。

（一）国际经济环境存在诸多不确定因素

2008 年全球爆发金融危机以来，虽然各国经济都得到一定程度复苏，但总体看世界经济成长尚未回到危机前水平，欧美债务危机仍然深重，加上中国、巴西、俄罗斯等新兴发展中国家经济增速放缓等因素，都使全球经济面临较大的不确定性。6 月世界银行（WB）最新的“全球经济展望报告”，分别下调今、明年全球经济增长率为 2.2% 与 3%，并指“全球经济正迈入后危机时期的‘新常态’，经济复苏的脚步很缓慢”。世界经济与产业结构正处于调整期，主要表现在：一是需求结构变化，欧美等发达国家消费需求萎缩，对全球贸易将产生结构性影响；二是资本结构变化，发展中地区对外投资所占比重逐渐提升，特别是中国已成为仅次于美国的全球第二大对外投资国，全球资本流动发生结构性改变；三是产业结构变化，随着发展中国家经济的发展，在多项制造业产业链的制造环节发挥更加重要的作用。在这种背景下，高度依赖出口的台湾经济面临“两头挤压”的窘境，不仅欧、美最终市场的需求减少，来自韩国、大陆、东盟等地的竞争压力也逐渐增强。

（二）台湾经济与产业结构面临转型调整

在全球金融危机后，台湾经济曾有短暂复苏，但随后又陷入低迷，暴露其经济与产业结构已不适应经济发展要求的问题。台湾正积极进行结构调整，但迄今来看，扩大内需没有突破口、出口市场难以分散、代工生产方式难以转变、缺少支柱和明星产业是台湾经济转型面临的四大难题。

出口、投资、消费是经济增长的三驾“马车”，但台湾经济对出口过度依赖（据估计，出口对台湾经济贡献高达七成），内需（投资与消费）也很大程度受出口影响，这使其受国际经济波动的影响十分明显。台湾当局虽然提出扩大内需，但在岛内实质薪资减少、股市萎靡不振的背景下，刺激消费找不到突破口，资金充裕但缺少吸引投资的产业与项目。

台湾出口市场集中于美欧等国，向东南亚、大陆等新兴市场分散程度仍有限。表面上看，台湾商品约40%出口至大陆地区，出口东盟比重也已超过欧美。但以出口大陆为例，其中约43%为加工出口，[①] 加上直接出口欧美（约占20%）以及通过东盟或其他新兴市场间接出口欧美的部分，欧美作为台湾最终出口市场比重仍高达四成。因此，欧美需求减弱直接导致台湾出口衰退，并严重影响其经济成长。

台湾正逐步向服务型社会转型，但尽管服务业在经济中比重提升至68%（接近发达国家水平），相应的工业增加值比重降至30%以下，服务业却并未成为台湾经济成长的主要动力。主要表现在：一是服务业增速近10年来一直在3%左右，低于工业及总体经济增速；二是服务业投资增长不明显，岛内民间投资、外资多进入制造业领域；三是服务业就业明显不足，产值约占七成的服务业解决岛内就业不到60%。制造业仍是决定当前台湾经济走势的关键，但由于其以代工生产（OEM）方式为主，厂商竞争力弱、附加价值低等问题日益突出。尤其应注意，代工生产方式逐渐在新兴产业，特别是一些制造与服务相结合的产业中也得到复制，如文化创意产业、电影产业、生物科技产业等。代工方式难以转变也意味着岛内厂商向自主品牌、自主创新的转型十分艰难，这对台湾产业结构调整十分不利。

除制造业、服务业外，台湾产业升级也缺少方向感。过去台湾大约每十年产生新的明星或支柱产业，如六七十年代的纺织业，八十年代的计算机及电子产业，九十年代的半导体产业，以及2000年以来的光电产业等。但近年来台湾重点发展的六大新兴产业、四大智慧型产业及十大重点服务业，都未形成新的明星产业以支撑经济成长。

（三）岛内政治斗争阻碍财经改革

台湾经济结构的矛盾明显而突出，历届执政当局都认同财经改革的必要性和迫切性，在转变经济增长方式、调整产业结构的大方向上也保持一致。但特殊的民主政治生态背景下，激烈的政党斗争成为经济改革的重要绊脚石。2011年台湾当局制定了“黄金十年”愿景，规划了包括总体经济、产业、财政、区域、两岸、对外等全面经济改革的目标及策略，但改革过程举步维艰。台湾当局推动的各项政策，包括油电涨价、复征证所税、退休年金改革等，都受到在野的民进党处处掣肘，再加上马英九当局

① 海关总署两岸贸易数据（2012年）。

信心不足、易于妥协，改革结果明显低于预期：部分“政策”有名无实，如油电涨价政策，迫于压力不断“冻涨”；部分“政策”反复回调，如复征证所税政策，还未开征就“被迫重修”；部分“政策”拖延无期，如退休年金改革，至今未取得共识，仍处于相互角力和妥协阶段。在台湾政党政治的现实条件下，扫除意识形态造成的障碍，凝聚改革共识是摆脱“闷”经济的前提条件。

（四）经济可持续增长的制度环境建设滞后

制度因素是经济增长的重要因素，制度竞争已成为当今世界有限资源流动的重要机制。实施“包容性制度”的地方会吸引不同的要素资源逐渐朝这个地方聚集，从而也更有利于长期经济发展。反之，经济增长就不可持续。台湾经济持续低迷也存在制度环境建设滞后的问题。一是岛内制度建设推进缓慢。在“奖励投资条例”和“促进产业升级条例”到期后，台湾虽于2010年出台“产业创新条例”，但总体来看，货币政策缺乏调控的动力和空间，财政政策又受到债务问题制约，可用于吸引投资刺激经济的手段十分有限。瑞士洛桑管理学院（IMD）在5月30日发布的“全球竞争力报告”最新排名中，将台湾总体竞争力名次由第7位调降至第11位，其中“政府”效能、企业效能等指标均明显下滑，境外投资指标排名甚至为倒数第6位。二是经济自由化推进缓慢。自2002年加入WTO以来，台湾经济自由化进程就陷入停滞状态，对外资特别是服务业领域还存在诸多限制。两岸政策上，虽然2008年以来加速开放，但限制仍远高于外资，尚未完全实现经济关系正常化。

三、台湾经济“脱闷”的难点与出路

“闷经济”困扰台湾数年之久，岛内各界献策献力，但受到内、外多方面因素的制约，难以在短期内有所改善。两岸经济合作深化发展，对台湾经济的正面效应愈来愈明显，未来可能在帮助台湾摆脱“闷经济”上发挥更关键的作用。

（一）台湾短期内难以摆脱“闷经济”

目前来看，虽然台湾当局制定了一系列长、中、短期经济举措，推动财经改革促进经济转型，但短期内摆脱“闷”经济仍面临诸多挑战。

第一，台湾经济短期与长期问题并存，其根本原因是经济与产业结构转型速度滞后于经济发展速度。但转变经济结构是一个长期复杂的过程，台湾过去各个时期由进口替代向出口导向转型，以及支柱产业的替代升级都至少需要10年以上时间，短期难有根本改变。

第二，受台湾自身条件限制，主要是土地、劳动力供应有限，消费、服务业需求饱和，以及环保意识高涨等因素，都不利于发展经济。以吸引台商回台投资为例，土地紧张、外劳限制、电力供应等成为其是否“回流”的关键，但台湾当局解决这些矛盾面临较大困难。

第三，财政与货币政策是刺激经济发展的重要手段，但台湾当局面临严重的财政与债务问题，很难通过扩大财政支出引导民间消费、投资和创新。台财政债务每年增长约3000亿元，已接近40%上限，影响财政在经济建设和社会福利上的调节功能。

第四，受意识形态和利益分配不均等因素影响，在野的民进党和某些特殊利益团体还将继续对台湾当局财经改革制造阻力。

第五，台湾当局同时面对刺激经济和推动经济转型两个难题，经济转型符合台湾经济长期发展要求，但部分举措造成经济发展的“阵痛”，台湾当局缺乏化解矛盾的魄力，常在压力下调整改革方向，使经济转型效果减弱。

第六，经济发展很大程度取决于民众信心，但当前台湾民众对当局经济施政缺乏信心，间接影响其对经济前景的信心，不利台湾经济摆脱困境。

（二）加快推动两岸经济合作有利于台湾摆脱“闷经济”

随着两岸经济关系的快速发展，两岸经济合作将对拉动台湾经济做出更大贡献，加快推动两岸经济合作是台湾经济“脱闷”的重要有利条件。

1. 扩大大陆市场有利于台湾“稳出口”

国际金融危机后世界经济结构发生深刻变革，中国大陆、东盟等新兴经济体在世界经济中的比重增大，这些新兴市场也逐渐成为全球需求增长的重心。在台湾对外贸易中，大陆和东盟已经成为排名前两位的贸易伙伴，特别是两岸贸易占台对外贸易比重约28%，其中出口比重高达40%。虽然其中部分属于三角贸易，即通过台湾接单—大陆生产—出口欧美的方式，间接出口到欧美地区。但大陆民众消费能力和内需市场快速增长，正在成为全球厂商关注的重点。据大陆海关统计，2012年大陆地区对外贸易

38668亿美元，[①] 其中进口18178亿美元，与2007年相比年平均增长率高达13.7%。推动两岸经济合作，包括尽快商签商品贸易协议，促进商品贸易降税；巩固两岸产业链和建立新型产业合作关系；尽快落实服务贸易协议，促进服务业市场自由化等，都将有利于台湾稳定并扩大出口。

2. 吸引大陆游客有利于台湾“拼消费”

随着大陆地区经济实力的增长，大陆居民出境旅游人数以超过15%的增长 率快速增长。2012年大陆地区出境旅游总人数达8318万人次，超过德、美成为全球最大的出境旅游市场。大陆居民赴外旅游为目的地国家和地区创造重要消费力。据估计，2012年大陆地区居民境外消费额达1020亿美元。[②] 两岸实现“三通”后，大陆居民赴台旅游人数快速增长，特别是2011年6月开放的“个人游”，迄今每日赴台人数已超过1000人，带动岛内住宿、餐饮、零售等服务性行业迅速发展。但目前，台湾方面仍对大陆居民赴台维持一定的限制，如数量限制、身份审核等，两岸人员往来仍处于相对不平衡状态，2012年台湾赴大陆约314万人次，大陆赴台259万人次。[③] 两岸继续推动人员往来正常化，对促进岛内消费，提升经济增长动能将有很大帮助。

3. 推动陆资入岛有利于台湾“增投资”

随着大陆经济实力的增长，企业加快“走出去”步伐，国际化的程度大幅提升。据统计，2012年大陆对外投资772亿美元，比2007年增长了近2倍。[④] 目前，大陆对外投资的重点主要是香港、东盟、欧盟、澳大利亚和美国。2011年两岸实现了资金双向流动，但台湾开放陆资3年多来仅吸引6.4亿美元，主要原因是台湾当局及社会对陆资入岛仍持保守和防备的心态，陆资在台湾仍受部分歧视性政策限制。在岛内投资环境竞争力下滑的背景下，吸引陆资是增加岛内投资的重要机会。当前，大陆地区对外投资也面临一些困难，如受发达国家不公正待遇等，台湾当局若加快开放陆资步伐，将可能吸引一些陆资企业将台湾作为全球投资布局的中心。

4. 利用大陆调整经济结构的时机“促转型”

大陆“十二五”时期提出加快推动经济发展方式的转变，特别是大力

---

① 商务部对外贸易数据（2012年）。

② 交通部统计数据（2012年）。

③ 台湾“观光局”统计数据（2012），http：//www. motc. gov. tw.

④ 商务部外资司统计数据（2012年）。

发展服务业以及推动技术创新等为重点。为推动新兴产业和技术创新，大陆地区提出“七大战略性产业”；为推动服务业发展，积极在全国试点营业税改增值税；为转变经济增长方式，积极扩大内需，拉动消费。这也为台湾促进转型提供了机会。台湾方面若积极利用两岸经济合作，加入大陆内需市场、服务业市场、新兴产业试点合作、技术创新合作的发展进程，对加快岛内经济和产业转型发展也十分有利。

（原载于《台湾研究》2013 年第 4 期）

两岸产业合作的回顾与前瞻

张冠华

两岸产业合作，是两岸经济合作框架协议（ECFA）的重要内容之一，也是ECFA两岸特色的重要体现。过去几年来，两岸产业合作在推动制度化、机制化方面取得实质性进展，但产业合作的方向、模式、路径仍在探索之中。

一、两岸产业合作的缘起

两岸产业交流与合作是与两岸贸易、投资相伴随而生的。自20世纪70年代末特别是80年中期至今，两岸贸易、投资总体上保持快速增长势头，目前两岸已成为彼此最重要贸易、投资伙伴之一。由两岸贸易投资带动的两岸产业交流与合作，也同步发展，并在两岸贸易与投资中有所体现。但总体观察，在2008年之前，两岸产业交流与合作更多体现在两岸台商之间，两岸各自产业之间的合作无论是市场化水平还是制度化建设均不足。

综观2008年之前的两岸产业交流与合作，呈现以下几个特点：

1. 两岸产业交流与合作主要发生在两岸台商之间。即移向大陆的中下游台商与岛内中上游台商之间，以及台商在两岸不同生产阶段、不同层次产品以及工序之间的交流与合作，并形成不同形式的产业分工关系。这种关系可以从两岸贸易的主要承担者得到验证。按照中国海关统计，外商独资企业（主要为台商）一直为两岸贸易主体，2011年外商独资企业（主要为台商）从事两岸贸易额达981.56亿美元，占61.34%；其中大陆对台湾出口196.07亿美元，占大陆对台出口值的55.84%；自台湾进口785.49亿美元，占大陆自台总进口的62.88%。2011年外商独资企业在两岸贸易中的份额已连续出现下降，但仍占主导地位，说明台商在两岸贸易中的主体地位仍未发生实质改变。

2. 台商与大陆当地产业体系和市场关联度不高，以独资经营为主，形同“飞地”。这主要表现在大陆台商中从事加工出口业比重较高，其原料、设备取得及产品出口最终市场的重心不在大陆。从台湾历年发布的《制造业对外投资实况调查报告》观察，20 世纪 90 年代初期大陆台商原材料和半成品 80% 左右来自台湾和当地台商，90 年代末期下降至 70% 左右。2000 年后，大陆台商当地采购比重持续增加，到 2010 年从台湾采购比重降至 28%，在大陆当地采购则上升至 62%。[①] 但大陆台商当地采购比例的提高，更多发生于台商之间的采购。从台商产品销售的地区结构看，20 世纪 90 年代初销售海外及回销台湾的比重在 65% 左右，20 世纪 90 年代末下降至 55% 左右，2008 年全球金融危机后欧美市场需求减弱，台商大陆市场内销比重快速上升，2010 年当地销售比重已超过 60%。需要指出的是，虽然 1990 年以后台商在大陆当地销售比重有不断升高的趋势，但其中相当部分属于“间接外销”，[②] 这部分厂商是跟随大型组装厂一起赴大陆的配套厂商，其产品主要销售大陆台商。这种“间接外销”在长三角、珠三角的台商产业集群地区是普遍现象。同时，台商在大陆投资多年以来一直以独资为主，目前大陆台商独资形态比重占七成以上，合资比重占二成多，而且合资多半与外商合资。

3. 加工贸易方式成为两岸产业交流的主要形态。两岸贸易方式是两岸产业分工的直接表现形式，过去两岸产业分工的特点决定了两岸贸易中加工贸易比重偏高。长期以来，以来料加工和进料加工为主的加工贸易，在两岸贸易中占有相当高的比重。据中国海关统计，2010 年，大陆对台来料加工和进料加工贸易出口为 150.02 亿美元，占对台总出口的 50.55%；自台湾的相应进口额为 700.38 亿美元，占自台总出口的 60.52%。值得关注的是，2010 年无论是加工贸易出口还是进口，所占比重均较 2009 年下降 4 个百分点左右。说明在国际金融危机后大陆扩大内需政策在两岸贸易中产生效应，两岸一般贸易比重开始上升。但是，对照 2010 年大陆对外贸易总额中来料加工装配贸易、进料加工贸易两项的比重为 36.7%，其中出口比重 45.45%，进口比重为 27.11%，显然两岸贸易中加工贸易比重过高，而一般贸易比重偏低。

---

① 台“经济部”历年《制造业对外投资实况调查报告》。

② 陈添枝、顾莹华，《全球化下台商对大陆投资策略》，载陈德升主编《经济全球化与台商大陆投资》，台湾晶典文化事业出版社，2005 年版。

4. 两岸间产业链成为亚太地区生产网络的重要组成部分。过去两岸产业交流大至形成了台湾接单—日本进口—大陆生产—海外销售的四角关系，从根本上看是美日主导的亚太地区生产网络建构过程中，梯次将中下游产业、产业的中下游生产阶段以及产品的不同生产流程和工序向外转移、扩散和外包形成的。随着20世纪90年代中后期国际跨国公司采用供应链管理模式，其下游的库存、供货和服务也开始外包和转移，从而使亚太地区尤其是东亚地区生产网络持续升级和扩散。美日跨国公司始终占据此一分工体系的主导地位，掌握标准、品牌与核心技术；而最终市场也以欧美市场为导向。

2008年以后，随着台湾马英九与国民党重新执政，两岸关系开启和平发展新局面。在“九二共识“基础上，两岸本着先经后政、先易后难的步骤，先后实现“三通”、大陆居民赴台旅游、大陆资金入台投资等一系列实质性突破。同时，全球金融危机后世界经济也正在发生一系列深刻变革，全球需求结构的变化、发达国家特别是美国的“再工业化”以及全球产业正在酝酿的新一轮技术革命，对于两岸产业交流与合作提供了新的环境条件，提出更多迫切需求。通过两岸产业交流与合作，共同提高两岸产业的国际竞争力，促进两岸经济的转型升级，成为两岸的共同要求。

2008年8月，台湾“经济部”提出“一年交流、二年洽商、三年合作”的两岸产业“搭桥专案”，并选定中草药、太阳光电等15项产业为重点内容，以“一产业一平台”等方式建立两岸产业合作新模式，① 并于2008年12月正式启动。“搭桥专案”得到大陆积极响应与配合，2009年两岸设立相应平台，并分别成立产业合作研究咨询小组和工作小组，研究和促成两岸产业合作事宜，提出产业合作试点项目并相应设立试点项目工作小组。国台办主任王毅2009年10月在成都举办的两岸关系研讨会上，将这种新的合作方式定义为“有规划指导、有政策支持、有产学研一起参与”的新型产业合作。2010年两岸签署两岸经济合作框架协议（ECFA），明确将“研究双方产业合作布局和重点领域，推动双方重大项目合作，协调解决双方产业合作中出现的问题”列为经济合作的重点内容之一。2011年初，按照ECFA有关条文成立的两岸经济合作委员会，专门成立产业合作工作小组，使两岸产业合作机制上升至产业部门间的协商与互动阶段，

① 台湾“经济部技术处”网站，http：//doit. moea. gov. tw/Policy/100 – specialproject. aspx。

开启了两岸产业合作的制度化、机制化进程。2011 年海协会与海基会举办第七次商谈，达成关于加强两岸产业合作的共同意见，选择 LED 照明、无线城市、冷链物流、TFT-LCD 和电动汽车作为试点合作项目。2011 年 10 月在昆山召开由两岸产学研参与的第一届产业合作论坛，2012 年 11 月第二届产业合作论坛在台湾新竹举办，标志着两岸新型产业合作的制度化、机制化初步形成。

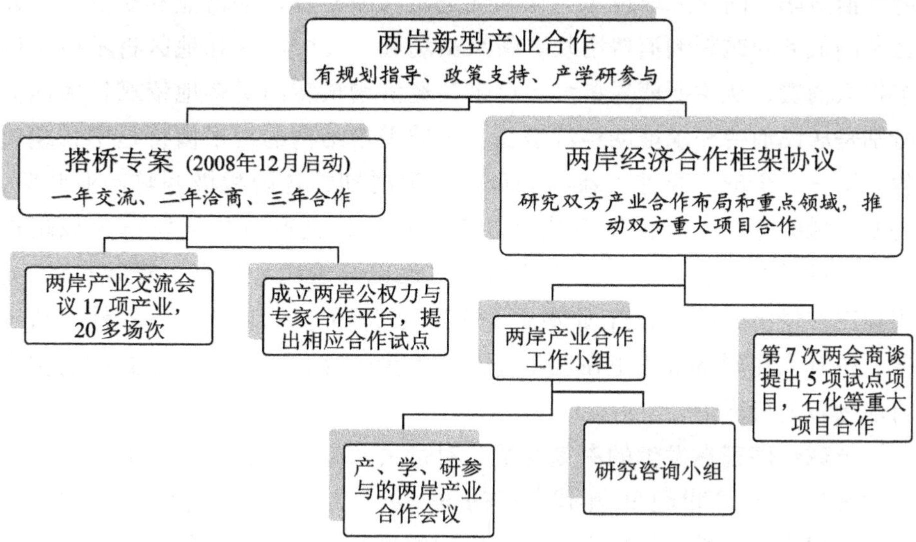

图　两岸产业合作制度化架构

二、两岸产业合作面临的形势与问题

两岸产业合作是 ECFA 的重要内容，也是 ECFA 两岸特色的重要体现。两岸产业合作的主要目的与方向，在于通过两岸产业的合理布局、重大项目合作，充分发挥双方各自产业、资源、要素优势，在全球经济与产业发生重大和深刻变革的形势下，促进两岸产业的转型升级，提高国际竞争力，在全球产业分工中占据更有利的位置。从两岸经济交流与合作角度看，两岸产业合作具有重大意义。

1. 两岸产业合作是全球经济变局下推动两岸经济关系转型升级的重要策略

全球金融危机后，世界经济形势发生的一系列深刻变革，对过去两岸经济关系发展方式产生深远影响。第一，国际金融危机后欧美日等发达经济体复苏缓慢，并受到债务危机等问题的困扰与冲击，影响到全球及两岸经济增长，IMF在2012年10月的世界经济展望报告中指出，2013年先进经济体的增长率从2.0%调低到1.5%，新兴市场和发展中经济体的增长率从6.0%调低到5.6%。2012年两岸经济均出现下行态势。第二，全球需求结构再平衡的调整正在深化。美国等发达国家鼓励居民增加储蓄和适当降低消费率，同时采取再工业化和促进出口战略以拉动就业和投资。欧元区则因债务问题影响消费增长。新兴市场和发展中国家和地区将不得不谋求扩大消费，从主要依靠扩大出口带动经济增长转向更多地依靠扩大内需特别是居民消费需求推动经济增长。全球需求结构的再平衡将是中长期过程。第三，全球产业进入新的变革与调整时期，各国积极调整产业政策，将发展低碳经济、积极培育战略性新兴产业、进行科技创新作为战略重点。而世界上关于第三次工业革命的讨论也开始成为热点，有观点认为，当前正在经历的第三次工业革命，其核心是数字化制造，新软件、新工艺、机器人和网络服务正在逐步普及，大量个性化生产、分散式就近生产将成为重要特征。①

全球经济正在发生的深刻变革，对过去两岸经济关系发展方式将产生重大影响。自20世纪80年代以来的30多年间，台湾制造业向大陆进行产业转移促成台商赴大陆投资、投资拉动贸易的发展方式面临空前挑战。全球需求结构的变革，使过去台湾接单—日本进口—大陆生产—出口欧美的两岸投资贸易格局难以持续。全球产业发展的新趋势，也对两岸制造业能否摆脱过去以OEM/ODM为主的方式转向品牌、服务升级，并在全球新兴产业发展中取得重要一席之地提出新的挑战。未来两岸经济关系的转型升级方向，重点是要顺应全球需求结构再平衡过程，充分运用两岸及新兴市场扩大内需趋势，将两岸特别是大陆内需市场作为带动两岸贸易投资增长的新动力甚至是主动力。这种转变将是个艰巨的综合性工程，不仅要求两岸加快市场开放，也意味着企业的生产经营方式、产业发展方向、品牌与渠道的建立等都需要有新的重大调整。而两岸产业间如果能够深化合作，形成密切的产业链、供应链、价值链，将对促进两岸经济关系的转型升级产生积极影响。

---

① 冯飞、王忠宏，《第三次工业革命的挑战》，《21世纪经济报道》2012年12月24日。

2. 两岸产业合作是促进两岸经济整合的重要载体

随着ECFA早期收获清单的实施与后续主要协议协商进程的加快，两岸经济关系正从正常化、制度化、机制化逐步向自由化方向发展。尤其如果服务贸易与货物贸易在未来一二年内能够完成协商并开始实施，将大大促进两岸的市场开放与准入，推动两岸贸易、投资的自由化进程。在ECFA的落实、推动进程中，两岸产业合作与服务、货物贸易等领域的自由化进程是相辅相成的。如果说未来服务贸易与货物贸易协议的达成是打开了两岸市场大门，那么两岸产业合作有助于进一步减少两岸存在的非关税壁垒与制度、政策障碍，打开一个个可能存在的阻碍市场开放的小门。两岸产业合作的根本是要在市场力量主导下两岸产业与企业的共同参与，但在当前两岸关系现实情况下，如果没有两岸公权力的参与和政策支持，两岸产业合作客观上面临着许多制约。如两岸市场化程度并不一致，两岸产业交流与合作仍存在许多政策与制度性障碍。通过两岸产业合作，可以根据不同产业在交流与合作中出现的问题，有针对性地化解阻碍性因素。同时，两岸如果能够实现产业合作的规划指导和政策支持，还可以促进两岸相关制度、政策的协调、对接，从而促进两岸更深度开放与整合。

3. 有助于实现两岸产业合理分工与布局，避免恶性竞争

总体来看，当前两岸经济发展水平仍处于不同的发展阶段，两岸经济结构与产业结构具有很强的互补性。从经济发展阶段上看，大陆仍处于工业化加速发展的中后期，而台湾自20世纪80年代中期开始从工业化社会逐步进入服务业社会，两岸产业结构上总体呈现高度互补性。但同时也要看到，随着大陆经济的持续高速增长与工业化水平的快速提高，两岸在部分产业领域已呈现一定的竞争性。尤其两岸经济发展特征有所不同，大陆是大经济体，随着经济规模的扩大与市场化水平的提高，产业体系日益完整；而台湾作为以外向经济为主的较小经济体，更注重培育在某一领域竞争力强的产业，如IT产业。近30多年来，随着台湾产业的梯次外移尤其是向大陆转移，以及大陆相关产业的快速发展与崛起，台湾优势产业与大陆同类产业间的技术差异不断减少，呈现出一定的竞争性。同时，在新兴产业领域，两岸几乎同步切入发展的产业领域也在增多。如大陆的“十二五规划”重点推动的七大战略性新兴产业，与台湾提出的“六大新兴产业”就有很多重合之处。如果两岸难以通过产业合作形成合理分工与布局，未来两岸部分产业的竞争性增强是可预见的。事实上，过去两岸曾有

过产业由互补走向竞合的实例。如面板产业，台湾面板有很强的制造能力但缺乏下游品牌电视机厂的支撑，大陆众多的品牌电视机厂商有渠道、品牌，但在面板供应、价格上受制于人，两岸有着很好的互补与合作基础。但因各种因素，两岸面板产业合作失去黄金机会，大陆面板厂的产能迅速扩张，两岸将进入新的竞合时期。也鉴于此，近来两岸呼吁加强产业合作、避免重复投资、恶性竞争的声音日益强烈，并成为 2012 年第二届产业合作论坛的讨论热点之一。

两岸新兴产业发展策略

大陆		台湾	
产业项目	发展策略	产业项目	发展策略
节能环保产业	重点发展高效节能、先进环保、资源循环利用关键技术装备、产品和服务。	生物科技	强化产业化研发，成立相关机构、基金，带动民间资金投入。
新一代信息技术	重点发展新一代移动通信、下一代互联网、三网融合、物联网、云计算、集成电路、新型显示、高端软件、高端服务器和信息服务。	绿色能源	以技术、投资、环境塑造、内需扩大及出口拓销等策略，协助太阳光电、LED 照明、风力发电、氢能及燃料电池、生质燃料、能源资通讯及电动车辆等产业发展。
生物产业	重点发展生物医药、生物医学工程产品、生物农业、生物制造。	精致农业	开发农业生物技术，推动休闲农业新经营模式；拓展老年、节庆与礼品等新市场。
高端装备制造产业	重点发展航空装备、卫星及应用、轨道交通装备、智能制造装备。	观光旅游	打造国际观光魅力据点，加强服务；改善观光产业经营体质，培养国际观光人才；深耕客源市场及开拓新兴市场，推动旅行业交易安全及质量查核等评鉴。
新能源产业	重点发展新一代核能、太阳能热利用和光伏光热发电、风电技术装备、智能电网、生物质能。	医疗照护	提升核心技术，扩充医疗服务体系，打造台湾医疗服务品牌，带动相关产业发展。
新材料产业	重点发展新型功能材料、先进结构材料、高性能纤维及其复合材料、共性基础材料。	文化创意	以华文市场为目标，加强创意产业集聚效应、扩展内外消费市场等策略，推动电视、电影、流行音乐、数字内容、设计及工艺等六大旗舰产业。

续表

大陆		台湾	
产业项目	发展策略	产业项目	发展策略
新能源汽车	重点发展插电式混合动力汽车、纯电动汽车和燃料电池汽车技术。		

资料来源：作者整理。

当前全球经济及两岸经济步入新的转型升级时期，两岸产业合作的重要意义越来越被两岸所认识到，两岸加快推动产业合作的共识在不断增强。但同时也看到，产业合作是两岸经济交流与合作中的新领域，无先例可循，合作的目标、模式、路径等有个探索的过程。虽然当前两岸产业合作在制度化、机制化建设上取得明显进展，但仍有一些问题有待进一步探索和推动。

第一，当前两岸产业合作仍处于开启阶段，合作水平不高。从市场角度看，两岸产业合作基本上处于开展试点项目的探索阶段，除了试点项目外，两岸产业交流与合作的主体仍在台外商之间，两岸企业间的合作更多体现在采购、贸易环节，在共同投资、经营、开发、研发、品牌等方面的合作很不够。从制度化、机制化建设来看，两岸产业合作的平台已基本建立，但两岸还没有形成产业合作的共同规划，在顶层设计上不到位。由于缺乏规划指导，政策支持力度也不够，两岸产业合作尚未被有效纳入双方的产业政策体系，因此出现在试点项目中需要“借政策”的困境。

第二，推动两岸产业实现合理布局、重大项目合作尚未取得实质性进展。通过两岸产业合作实现两岸产业的合理分工与布局，是避免两岸出现重复投资、恶性竞争局面，加强两岸产业整合的重要凭借。但当前两岸产业合作的制度化、机制化水平与此目标仍有相当差距。两岸缺乏在产业发展规划、推动策略与政策上进行相互协调的机制与平台。而从全局角度看，实现两岸产业的合理布局与重大项目合作，还有一个与两岸关系发展水平相适应的问题。某种程度上，要实现两岸产业的合理分工与布局，需要较高程度的政经互信，尤其是一些新兴战略性产业关系到双方宏观经济走向与经济安全，如果缺乏互信基础，要建构相互依存的合理分工与布局关系就存在较大阻力。同时，两岸对产业合理布局的相关研究也不足，究竟哪些行业、产业存在重复投资、竞争加剧现象？竞争程度到底如何？是正常的良性竞争还是恶性竞争？两岸哪些产业需要进行合理分工与布局？以及如何分工？等等，目前一些呼吁两岸产业竞争性加强的声音更多来自感性认知，还缺乏更深入的调研与实际数据支撑。

第三，两岸产业合作的方式、模式、路径等有待在试点项目基础上进一步探索。当前，两岸产业合作的 5 项试点项目已取得不同程度的进展，面板合作将运用双向投资机制共建两岸创新显示产业链；无线城市项目已在成都、宁波、福州展开，并将继续加强包括 TD－LTE 产业合作在内的后续推动；LED 照明在广州项目基础上又推动哈尔滨寒带照明试点与山西试点，并进一步建构两岸 LED 产业良好的交流平台；低温物流试点已在天津展开，未来进一步完善和研究创新试点模式，推动试点合作；在汽车及电动车上，将加强落实推动合资企业电动汽车产品示范运行。① 此外，在第二届两岸产业合作论坛中，许多专家与业者也呼吁增加两岸文化创意产业等的试点合作项目。上述试点项目的开展，有成功的经验，也出现一些新的问题。如部分试点项目合作过程中，台商更注重当地市场的取得，更关注能否通过试点项目将产品卖给当地市场；而大陆地方政府则仍有招商引资思维，期待通过试点项目吸引台商的投资。在这种惯性思维下，试点项目想达到预期目标就有一定困难。此外，试点项目还缺乏综合性试点，双方为试点提供的政策、资金支持由于未能纳入双方产业政策的大篮子中，支持力度也不足。但总体来看，试点项目的积极意义是明显的，将为确立未来两岸产业合作的方式、模式、路径提供有益的参考。

第四，两岸产业合作的理念、共识有待提高和加强。一是当前对两岸产业合作认识高度还不够，共同应对全球经济与产业变局、以互利双赢促进两岸产业与经济转型的视野仍待加强。二是两岸产业合作涉及的广度不足，项目试点主要在制造业领域，结合农业与服务业产业合作布局不够。三是两岸对产业合作的认识深度不足，尚未完全摆脱单纯拓展市场或招商引资的惯性思维，以优势互补、建构两岸产业链和价值链、共创中华品牌和全球标准为努力方向的理念有待增强。四是产业合作的互信基础仍然薄弱，双方在增进经济互信，建立并加强相互尊重、相互体谅、共担风险、共享利益的理念与机制不足。如产业合作必涉及双向投资，两岸双向投资虽然已取得实质突破与进展，但大陆资金赴台仍受到诸多限制。

---

① 两岸经济合作委员会第四次例会，海基会 2012 年第 066 号新闻稿，海基会网站。

三、前瞻与建议

从两岸产业合作的发展趋势看，一方面两岸产业合作存在许多重要机遇，如两岸加快产业合作的共识与信心增强，ECFA 的实施提供了更好的市场环境，两岸产业与经济转型为产业合作提供了更大空间等等；另一方面也面临一些挑战，如双方利益的调适、非经济因素的影响与干扰等，但总体上机遇远大于挑战。未来两岸产业合作，应充分把握机遇，加强顶层设计，确立共同愿景和相应规划，提出相应的支持政策，逐步推动两岸产业形成既有合理分工布局，又通过产业链、供应链、价值链实现彼此密切整合，共建品牌与标准，共同提高国际竞争力。

1. 推动两岸产业发展形成合理分工与整合布局

未来两岸产业合作的重要方向，应充分利用大陆经济发展方式转变与扩大内需的机遇，逐步改变过去以两岸台商为主、以“台湾接单、日本进口、大陆生产、海外销售”为主的产业交流方式，向“两岸合作、共同创造、全球销售”的新方式转变。要实现这种转变，首先需要两岸从宏观视角上本着两岸各自优势与需求进行合理分工，在各自产业发展策略上进行相互定位，彼此协调各自重点发展的优势产业与项目，避免重复建设与恶性竞争，在产业布局上将对方产业作为自己产业体系的重要延伸或组成，形成相互支撑、充分发挥各自比较优势的总体格局。然后在合理分工的基础，通过两岸产业合作的相应机制、平台与政策支持，推动两岸在行业和企业层次上进行产业链与价值链的深度整合，在重大项目上进行合作，以共同提高国际竞争力和在全球产业链、价值链中的地位。

2. 继续完善两岸产业合作的平台与机制

两岸产业合作目前已形成两岸经济合作委员会下的产业合作小组、两岸专家咨询小组、两岸产业合作论坛等相应的机制与平台，初步实现了产业合作的制度化与机制化。但这还只是搭建起了产业合作初步架构，更多制度化建设有待加强和完善。未来两岸产业合作的制度化建设应朝以下几个方面努力：

一是建构两岸产业合作的共同愿景与规划。建构总体性、前瞻性的共同愿景与产业合作规划，对于推动两岸产业发展的合理布局意义重大。两岸产业合作愿景或规划应包括合作的目标、机制与优先产业或领域等，在内容上应包括两岸产业发展布局、重大项目合作、产业技术合作研发、技术创新与成果分享、合作建立品牌、建立产业技术标准、加强人力资源合作、实现信息共享、合作开发国际市场等内容。时机成熟时，两岸可以上述内容为重点签署两岸产业合作协议。

二是有机结合 ECFA 后续协商进程，逐步建立两岸产业政策的互动与协调机制。对两岸产业合作涉及的相关贸易、投资领域，可在未来 ECFA 贸易、投资的相关协议中优先安排与实施，扩大与两岸产业合作相关的市场准入空间。在两岸产业合作规划或共同愿景确立后，两岸应将相应内容纳入各自的产业政策体系，形成两岸有关产业政策的互动与协调机制。

三是逐步建立和加强两岸产业互信机制。由于两岸关系的复杂性，建立两岸互信将是个渐进的过程。在当前两岸关系形势下，两岸产业互信应着重从制度面、利益层面等逐步建立。在制度层次，应由两岸产业合作工作小组等达成公权力层次的相应安排，两岸产业部门加强互动与累积互信。在市场层面，双方应建立并逐步扩大共同利益的分享与风险共担机制，开放并鼓励两岸企业以策略联盟、重大项目的共同开发、合资合作、相互参股等方式进行多元合作，通过增进两岸产业共同利益增强两岸产业互信。

3. 以新兴产业作为两岸产业合作的重点领域

加强两岸新兴产业合作，已正式纳入大陆“十二五规划纲要”。两岸选择发展的战略性新兴产业有颇多共同领域，而且两岸新兴产业均处于起步阶段，合作潜力与空间大，更有利于两岸进行产业合理布局。未来两岸产业合作应继续以新兴产业为重点，采取共同合作研究、共同制订产业标准、推动示范与试点计划、产业分工整合、人才交流与共创品牌等策略，以提升两岸新兴产业在新一轮全球产业变革中的话语权与地位。

4. 以 ECFA 平台与机制加快两岸服务业合作

从提高两岸经济的全球竞争力角度考虑，两岸服务业合作有助于打破过去形成的两岸制造、欧美日等发达经济体提供服务的格局，使两岸产业向微笑曲线两端移动。从产业升级角度看，只有两岸加强在研发创新、品牌建立、通路开发和金融支持，以及相应的现代物流业等方面的合作，才能为制造业转型升级提供强力的支持。但我们也要看到，服务业合作与过去的制造业合作无论在形式还是内容等方面都有很大不同，服务业合作更多是与双方的人文、政治、法律、政策等内容密切关联。因此，两岸服务业合作不仅是市场准入问题，还有在市场准入后两岸各自相应的政策、人文、法律等环境的调适问题。能否实现ECFA后续服务贸易协议与两岸各自政策环境的接轨是其中关键。而这种接轨过程，也是两岸服务市场深度开放的重要方式。

5. 探索创新两岸产业合作的模式与路径

探索两岸产业合作的模式与路径，可以采取“自下而上”与“自上而下”相结合的方式。所谓“自下而上”，就是通过总结现在试点项目的经验与不足，选择成功合作模式加以推广和示范。所谓“自上而下”，就是确立两岸产业合作的规划与相应政策，营造合理布局、重大项目合作的政策环境。

两岸产业合作可根据不同产业、不同地区合作的特点，以多元化方式进行。如两岸中小企业的合作，可更多依托两岸相关园区间的合作加以推动。随着ECFA的推动与落实，尤其随着两岸市场的开放，两岸可以展开策略联盟、双向投资、股权合作等多元市场化合作方式。两岸还可以开展各种类型的经济特区合作，如大陆的海关特殊监管区域、保税区等与台湾的自由贸易港区、即将实施的“自由经济示范区”等开展合作。

[原载于《北京联合大学学报（人文社会科学版）》2013年2期]

关于开展两岸产业合作合理分工与布局的内涵探讨

张冠华

近年来，在全球经济发生深刻变革、两岸经济步入新的转型升级期形势下，两岸经济关系也在发生着一场重大变革。一方面，在两岸关系和平发展背景下两岸经济关系基本实现了正常化、制度化、机制化，正逐步向自由化推进；另一方面，两岸经济发展水平缩小，两岸继续保持互补互利总体格局的同时，部分产业发展出现一定的趋同性、竞争性。于是，近年来台湾岛内关于推动两岸产业分工，避免重复投资与恶性竞争的呼声日益增大，在两岸产业合作中推动产业的合理分工布局问题逐步提上两岸议事日程。但两岸产业合作的合理分工布局的概念与内涵为何，目前两岸及各界对其认知并不尽一致，本文试就此进行探讨。

一、背景与缘起

关于两岸产业分工问题，其来已久。早在20世纪70年代末两岸投资、贸易恢复以来，两岸产业分工即相应产生。不过，基本上在2008年以前，两岸产业分工并没有作为问题提出来，两岸所谓重复投资与建设问题也并不突出。

2008年之前，尽管两岸经济关系处于“间接、单向”的不正常状态，但在国际产业分工、大陆改革开放及两岸经济转型等背景下，台湾产业发生三次向大陆的规模性转移，带动两岸贸易增长，推动了两岸的产业交流与合作。在2008年之前，两岸产业交流与合作大体呈现以下几个特点：一是两岸产业交流与合作的主体，主要发生在移向大陆的中下游台商与岛内中上游台商之间。二是台商特别是IT企业主要以加工出口为主，与大陆当地产业体系和市场关联度不高，以独资经营为主，形同“飞地”。加工贸易长期占两岸贸易七成左右。三是形成了台湾接单—日本进口—大陆生产—海外销售的四角关系，从根本上看是美日主导的亚太地区生产网络建构过程中，梯次将中下游产业、产业的中下游生产阶段、以及产品的不同生产流程和工序向外转移、扩散和外包形成的。美日跨国公司始终占据此一分工体系的主导地位，掌握标准、品牌与核心技术；而最终市场也以欧美市场为导向。①

由上可知，过去两岸产业分工的形态，主要是台商在两岸产业布局的结果。同时，过去两岸无论从总体产业结构、制造业结构、生产要素等方面都是高度互补的，两岸竞争性问题并不突出。但从 2008 年以后，两岸经济关系发展的大环境发生重大变化，两岸通过产业合理分工布局以避免重复投资的问题开始产生。

一是国际金融危机后全球经济发生深刻变革，对两岸经济关系发展方式产生重大影响。特别是欧美市场需求减弱、新兴市场扩大内需的全球需求结构再平衡过程，使过去台湾接单—日本进口—大陆生产—海外销售的四角关系难以持续。两岸尤其是台商大陆生产的产品，开始注重销售大陆内地市场。2008 年到 2012 年，两岸加工贸易比重从 63% 迅速下降至 50.1%，一般贸易比重从 24.4% 上升至 30.4%，其中一般贸易进口从 19.3% 增长到 27.3%。② 如果说过去两岸企业存在的竞争或替代性更多发生于国际市场间，今后两岸企业围绕拓展大陆内需市场产生的竞争将会有所加强。

二是两岸经济步入新的转型升级期，部分产业领域发展趋同性增强。当前，两岸经济正在分别进入一个新的转型升级期。台湾已处于服务业社会但增长潜力不足，大陆开始由工业化加速时期向服务业社会转变。在制造业结构上，两岸总体上仍互补但局部出现一定竞争性，表现在大陆工业升级速度快、产业体系日益完整，而台湾产业升级与创新速度减缓、制造业传统优势相对趋降。如面板业是台湾的支柱产业，但主要专注于面板的专业化生产，岛内缺乏下游产业需求的支撑；而大陆过去众多电视机品牌的面板需求量巨大但主要依赖进口。面板业曾是两岸典型的高度互补产业，2008 年台湾面板出口大陆的比重高达 70% 以上。有专家认为，由于台

① 张冠华：《两岸产业合作的回顾与前瞻》，第 137 页，载童振源、曹小衡主编：《两岸经贸关系的机遇与挑战》，（台湾）新锐文创 2013 年版。

② 中国海关统计数据，2008—2012。

湾方面犯了几项严重的错误，[①] 如对于大陆的面板产业政策未及时采取因应措施、未能针对台湾面板产业的特性采取“以市场培养技术”的策略，以及决策过程以政治考虑为主，导致两岸面板业过去并没有形成稳定密切的产业链。大陆近年来也大力发展面板产业，按照大陆的相关发展规划，到2015年大陆平面电视机面板自给率可望达80%，两岸面板业出现一定竞争难以避免。同时，两岸在战略性新兴产业领域的选择也有所趋同。如大陆“十二五规划”重点推动的七大战略性新兴产业，与台湾提出的“六大新兴产业”有很多重叠。这种态势，是过去30多年间两岸经济交流所少见的。在2013年11月举办的紫金山峰会上，萧万长先生提出，两岸产业分工从过去互补大于竞争，逐渐转变为竞争大于互补，造成了重复投资和资源浪费等问题。[②] 虽然两岸总体上互补性仍大于竞争性，但局部领域的竞争更多出现在台湾的优势产业方面，使台湾方面的感受更为明显。

三是两岸新型产业合作机制形成，增加了推动两岸产业合作合理分工与布局的必要性。2008年以后，两岸关系开启和平发展新局面，年底台湾方面提出两岸产业“搭桥专案”，欲以“一产业一平台”建立两岸产业合作新模式。[③]“搭桥专案”得到大陆积极响应与配合，两岸成立相应平台进行对接。2009年10月，时任国台办主任王毅将此方式定义为“有规划指导、有政策支持、有产学研一起参与”的新型产业合作。[④] 2010年两岸签署ECFA，将产业合作列为重要内容，包括“研究双方产业合作布局和重点领域，推动双方重大项目合作，协调解决双方产业合作中出现的问题”。随后，在两岸经济合作委员会中专设产业合作工作小组。2011年两岸两会领导人第七次商谈，达成关于加强两岸产业合作的共同意见，并选择LED照明等5项作为试点合作项目。2011年10月和2013年11月，两岸分别在昆山和新竹召开了三届产业合作论坛，两岸新型产业合作的制度化、机制化初步形成。2013年第九届两岸经贸文化论坛上，俞正声进一步提出要“促进产业规划的对接和产业政策的协调，提高两岸经济发展整合的效益”，这是大陆领导人首次提出此一主张，其政策指向在于从更高的制度化层次推动两岸产业整合，而产业整合与合理分工布局是一体两面。

---

① 尹启铭：《救面板，“政府”不能一错再错》，（台）《中国时报》2013年12月4日。

② 中国新闻网，2013年11月4日。

③ （台）“经济部技术处”网站，http://doit.moea.gov.tw/Policy/100-specialproject.aspx

④ 《王毅在2009两岸关系研讨会开幕式上的讲话》，中国台湾网，2009年10月26日。

四是随着两岸经济关系深化发展，推动两岸产业合理分工也是协调双方利益关系、促进两岸经济整合的重要途径。两岸经济关系正常化、制度化以及正在推动的自由化进程，在迅速增进两岸共同利益的同时，局部领域产生的利益分配问题也趋于多元化与复杂化。如两岸经济产生的利益在岛内不同地区、不同阶层的分配并不一致。两岸不同的产业政策，对两岸同类产业的影响也产生不同效果。近年来全球金融危机后国际需求结构的深刻变化，使大陆一些产业领域出现产能过剩，对台湾同类产业也产生了一定影响和冲击。[①] 在未来两岸互降关税、扩大市场准入的 ECFA 后续协议推动进程中，两岸同质性产业、企业因利益不同会做出不同的反应。如果两岸互补性强，分工水平高，彼此利益就会协调，推进两岸经济整合的阻力就小，整合的效益也更大。反之，若两岸产业趋同性高、竞争性强，推动两岸经济一体化的利益阻碍就大。因此，从推进两岸经济整合的角度看，推动两岸产业合理合作的分工与布局也有重要意义。

五是岛内部分民意对两岸经济关系的态度发生微妙变化，推动两岸产业合作的合理分工与布局有其政经双重意义。两岸经贸交流与合作一直是两岸关系中最活跃、最积极的因素，在岛内民意认同度最高，2008 年以后更成为推动两岸关系和平发展、构建两岸关系和平框架的经济基础与动力。这是因为，过去两岸经贸交流与合作一直是建立在高度互补的基础上，给台湾经济与民众带来重大利益。但今后若两岸经济竞争性增强，可能会影响两岸民意特别是岛内民意对两岸关系的态度与看法。2012 年台湾《联合报》的相关调查显示，38% 岛内民众认为台湾与大陆呈现竞争状态，29% 认为两岸既竞争又互利，25% 认为两岸经济关系互利居多。[②] 此民调的警讯值得注意，若岛内主流民意对两岸经贸交流与合作的看法发生变化，其对两岸关系和平发展产生的复杂不容低估。

总体上，近年来两岸经济关系发展大环境的改变，使推动两岸产业合作的合理分工与布局问题提上两岸议事日程。今后两岸产业合作应将推动合理分工布局作为重要内容。这样不仅有利于增加两岸经济关系新的发展动力与着力点，促进两岸产业转型升级和经济整合，也有助于从宏观层次协调两岸产业和经济利益关系，避免重复建设、恶性竞争带来的不利政经

① 林铭贵：《两岸产业合作的合理分工与布局》，台湾 IEK，2013 年 7 月 31 日。

② 《联合报》2012 年 9 月 23 日。

后果，为巩固和深化两岸关系和平发展提供更好的经济基础与动力。而从当前两岸关系发展环境看，两岸互信的逐步累积、两岸经济转型与扩大开放的方向、ECFA后续推动等，也使两岸制度化推动两岸产业合作的合理分工与布局具备了较好的条件。

二、产业合理分工布局的内涵探讨

推动两岸产业合作的合理分工与布局，需要两岸共同加强研究探讨，达成共识，确立共同愿景与目标，进行顶层设计，共同加以推动。总体观察，未来推动的两岸产业合作的合理分工与布局，性质上属于不同关税领域间的区域产业分工，以两岸产业和企业为参与主体，是在ECFA推动的两岸贸易、投资逐步正常化、自由化，以及在有规划指导、政策支持、产学研共同参与的两岸新型产业合作机制基础上进行的，属于高水平的区域产业分工形式。

1. 以深化产业合作为目标，以两岸产业与企业为共同参与主体

一般而言，产业分工是专业化生产的表现，专业化生产须以合作为前提，产业分工与合作是一体两面，互为因果。因此，两岸产业合作的合理分工布局，不是单纯的避免竞争，因为合理竞争本来就是市场经济的主要内容，单纯避免竞争不仅现实中做不到，也不符合市场法则。两岸产业合作的合理分工与布局也不是简单的避免重复投资，或者是一方已存的优势产业另一方就不再发展，这也不符合增加共同利益。两岸产业合作的合理分工与布局，应以深化两岸产业合作为目的，即海峡两岸为更充分发挥两岸要素禀赋与比较优势，通过合理布局加强专业化生产和经营，然后再进行产业整合的高水平合作方式，这不仅能够有效避免重复投资或恶性竞争，更能发挥1+1>2的效果，共同提高两岸产业的国际竞争力。

未来推动两岸产业的合理分工与布局，应该区别于过去主要发生在两岸台商间的分工，而是以两岸产业、企业为参与主体。总体上两岸产业结构与企业特点仍以互补性为主，进行合理分工与布局有助于更充分发挥两岸互补优势。同时，两岸局部产业领域出现的趋同性与竞争性，也主要发生在两岸产业和企业之间。从推动两岸企业特别是台商转型升级的角度看，以两岸产业共同参与的产业分工，有利于改变过去台商在大陆形同“飞地”的经营形态，促进台商通过同大陆本土企业分工合作，转变加工

贸易为主的形态，尽快切入大陆市场与生产体系。

2. 市场机制发挥主导作用，政策机制发挥引导作用

两岸产业合作的合理分工与布局，应发挥市场的决定性作用。所谓“合理分工”体现的是市场机制，所谓“布局”则体现的是政策机制。以两岸生产要素比较利益和各自产业优势互补为导向的市场机制，在两岸产业合理分工与布局中应该发挥主导作用。但同时我们也要看到，从当前及未来相当一段时期看，两岸仍然分属不同的市场和关税领域。虽然两岸签署ECFA，后续主要协议也在加紧协商之中，但两岸要实现生产要素的自由流动、形成共同市场仍需要很长的时间。同时，两岸各自产业政策、宏观经济政策，对两岸各自产业发挥的影响也仍然很大，对两岸产业竞合也仍然有着重要影响。因此，两岸产业合作的合理分工与布局，政策因素与机制仍然要发挥引导作用，在特定时期和特定领域甚至要发挥主导作用。这是因为：其一，要真正发挥市场主导作用，需要两岸政策机制与公权力互动来减少和消除阻碍因素，如相互关税减让、市场准入扩大与贸易投资壁垒的消除等。其二，两岸经济体制、宏观经济政策、产业政策在相当一段时期内仍有较大差异，甚至在部分领域有一定的竞争性，也需要两岸产业政策、产业规划的协调与沟通。其三，从促进两岸整合和共同提高全球竞争力角度，两岸公权力应超越企业间自发合作的形式，着眼于全局利益和整体产业发展，以规划引导和政策支持，鼓励两岸产业开展分工合作。

3. 具有制度化、自由化特征，是区域产业分工的高端形式

推动两岸产业合作的合理分工与布局，不同于一般市场条件下自然发生的区域产业分工，而是在ECFA基础上推动的高水平区域产业分工。这是因为：一是两岸互为最重要贸易与投资伙伴，两岸产业进行合理分工与布局已有着坚实的市场基础。2012年，两岸贸易额为1689.6亿美元（占大陆对外贸易总额的4.4%），其中大陆对台湾出口为367.8亿美元，自台湾进口为1321.8亿美元。大陆累计批准台资项目88001个，实际利用台资570.5亿美元，占大陆累计吸收境外投资的4.5%。两岸贸易、投资已广布于两岸主要产业领域。当然，大陆资金与商品入岛虽然自2009年起实现了历史性突破，但仍受到许多歧视，大陆资金入岛还处于起步期的低水平，这仍是制约两岸产业分工布局的重要市场因素。二是随着两岸经济合作框架协议（ECFA）后续主要协议的签订与落实，两岸贸易、投资的自由化、便利化进程将加快。两岸产业的合理分工与布局，未来将建立在贸易自由

化、便利化的基础之上，这在市场机制上已是高端水平。三是两岸产业合理分工与布局是两岸 ECFA 的重要内容，两岸新型产业合作已初步建立起产学研共同参与的制度化、机制化平台，因此具有制度化、机制化的重要特征。从形式上看，两岸产业分工与合理布局的基础条件与政策环境，已超出一般市场主导型的区域产业合作，较之国际上许多双边或多边 FTA 也独具政策优势。目前除了欧盟曾有煤钢共同体的产业一体化政策外，其余双边或多边 FTA 较少有产业合作的政策内容。当然，从总体看两岸产业合作的制度化平台已初步形成，但总体水平仍然较低，其运行主要仍停留在试点项目阶段。

4. 彼此进行角色、功能定位，以产业链合作促进两岸整合

两岸产业的合理分工与布局，在两岸未实现自由贸易区、共同市场等经济一体化形式前，属于不同市场、不同关税领域间的产业分工与合作。这种性质决定了，两岸产业的合理分工与布局不会像单一市场内部那样形成高度专业化分工又高度整合的体系，而是参与分工的产业间彼此相对独立又密切关联。两岸产业合作的合理分工与布局的长远目标，应从构建中华民族经济体的宏观视野进行布局。

在总体上，两岸应结合全球及亚太区域产业发展趋势，从共同提高国际竞争力着眼，在发挥两岸各自产业优势基础上相互定位彼此的地位、功能与角色，共同确立愿景、规划，指导两岸具体产业领域、重大项目的分工与合作。

在具体合作方式上，两岸应以产业链整合作为两岸产业合作的合理分工与布局的重要内容。产业链合作包含价值链、供需链、企业链、空间链等内容的合作，是依据特定的技术、经济和时空布局关系形成的链条式关联。产业链合作主要是基于不同地区的差异与区域比较优势，通过区域市场、制度与政策机制等协调地区间的专业化分工，以产业合作作为实现形式与区域合作载体。两岸以产业链合作为主要方向，既可以保持两岸产业体系的相对独立运行，又能够实现两岸产业发展的密切合作与良性互动。

5. 创新两岸产业合理分工与布局的模式与机制

从前述研究与一般观察，两岸经济发展水平仍处于不同阶段，产业发展整体上互补性大于竞争性。但随着大陆产业体系的趋于完整与不断追赶，与已步入成熟阶段的台湾经济逐步从高度互补走向一定程度的竞争

性，也是趋势所向。从台湾方面的感受而言，当前两岸的重复投资与竞争主要集中在制造业领域，而制造业领域又集中在台湾过去一直相对较有优势、面临大陆相关产业追赶的产业，如液晶面板、LED、太阳光电、石化产业，未来IC设计和工具机（机床）也面临重复投资冲击。两岸部分制造业领域出现竞争性的原因，大致有几个方面：一是两岸产业发展分属不同关税领域和产业体系，属于不同市场，加上两岸政治、政策因素的阻碍，在许多产业的贸易与投资领域尚未实现正常化，使得两岸产业在发展方向趋同形势下，无法通过市场机制合理有效配置资源来避免重复投资。如液晶面板产业即是典型案例，如果早期台湾方面能够开放大陆下游品牌电视机厂商等参股岛内面板企业，大陆企业可以与岛内面板厂结成稳定的产业供应链和利益共享机制，就会有效避免或减少重复投资问题。二是两岸经济发展水平拉近，出现一定程度的竞争性难以避免。随着大陆经济的高速增长和快速追赶，虽然两岸经济发展水平总体上仍有一定差距，但在产业发展水平上已是互有优势，大陆一些东部沿海地区城市和省份经济发展水平已与台湾相当，许多产业发展水平和创新程度甚至超过台湾相关产业。三是两岸产业政策互不交集、缺乏协调导致。随着全球化发展与两岸贸易投资相互依赖加深，两岸宏观经济政策与产业政策都会对对方经济与产业产生越来越直接影响。但迄今两岸产业政策、规划互不交集，两岸公权力都是从自身发展角度制定相应的产业政策与规划，没有考虑对方，当双方产业政策出现趋同性、竞争性时，也会导致两岸产业发展的竞争性。

在这种形势下，两岸产业合作的合理分工与布局的模式，应超越过去台湾经济与产业发展水平领先大陆情况下，以产业转移和加工贸易方式为主形成的两岸产业交流与合作方式，培养和创新合理分工布局的新模式：一是要加快推动和落实ECFA后续主要协议，尽快实现两岸经济关系的正常化、制度化、自由化，以促进两岸形成共同市场、充分发挥市场的主导作用作为实现两岸产业合理分工与布局的长期目标。二是在分工形式上要改变传统思维。两岸双方在产业合作中要走出单纯拓展市场和招商引资为主的思路与方式，以加强双方分工整合的方式深化产业合作。同时，随着大陆产业发展水平的快速提高，正呈现出一批新的世界级产业与企业，一些产业领域的创新能力、经营模式已处于领先水平，加上大陆的市场优势，两岸在产业价值链中的位置与角色正在发生新的转换。有台湾专家呼吁，两岸产业价值链的改变已是大势所趋，台湾需要思考在两岸产业价值链中重新找寻自己的核心定位，融入大陆产业价值链。[①] 因此，在两岸产业分工形式上，过去以台湾为领先的垂直分工模式难以为继，水平分工甚至是大陆为领先的垂直分工也将成为常态。三是两岸产业分工的市场机制多元化，除了贸易机制外，应该促进两岸双向投资、金融与资本合作等，两岸的人力资源、技术与信息等生产要素也是两岸产业合理分工与布局的重要组成，今后应特别加强两岸相互投资与技术合作，以合资合作、相互参股、并购等作为推动两岸产业合理分工布局的重要形式。而加强两岸产业合作的资本运作，两岸特别是台湾方面应进一步开放双向投资的领域、范围与方式。四是两岸产业政策的协调与沟通。双方在规划产业发展方向、制订相关产业政策时，应将对方产业发展、两岸产业合作因素置于政策考虑中，除了避免重复投资外，更应以产业政策的互补性引导、推动两岸产业的合理分工布局。五是应以两岸新兴产业合作的合理分工布局为主导。由于传统产业在两岸基本已形成既有发展格局，进行合理分工布局涉及的利益问题更为复杂，推动难度较大。而新兴产业处于起步和成长期，是双方政策大力支持发展的产业，无论从相互需求、政策支持还是利益分配等角度，都有更大合作空间。

6. 照顾双方合理需求，建立产业合作的互信机制

两岸产业合作的合理分工与布局具有非对称性，要照顾彼此合理需求。从产业发展体系看，大陆产业尤其是工业体系完整，而台湾优势产业相对集中于信息电子等产业，台湾优势产业与大陆相关产业发展趋同，对大陆而言只涉及某一产业领域，对台湾而言则可能是全局性的，双方有些类似于点与面、局部与整体的关系。从产业规模上看，两岸总体产业规模差距较大，但在某些产业领域台湾无论从规模和水平上都占有优势。对于产业的趋同发展与竞争性问题，两岸企业和产业的感受与认知也有所不同。这种非对称性，决定了两岸产业合作的合理分工与布局可以在理念上平等互利，但在产业分工的相对规模与领域上是难以对等的，双方要彼此关切和照顾对方的合理需求。

同时，两岸产业合作的合理分工与布局，是高水平的区域产业合作形式，互信是其重要甚至是关键基础。首先，两岸产业合作的合理分工与布局，制度安排和政策机制在其中发挥重要作用，政策机制的形成与实施过

① 张大为：《唯一选择：融入大陆产业价值链》，《旺报》2013年10月24日。

程，将深受两岸互信程度的影响。其次，两岸产业合作的合理分工与布局，将促进两岸产业的深度整合，相成一种相互依存关系，如果互信基础不足，两岸高位阶、深层次的分工布局就难以形成。两岸产业合理分工与布局的互信基础，既涉及两岸政治层面上的互信，也涉及两岸复杂的利益分配问题。增进两岸政治互信，是两岸实现深层次产业分工与布局的基础。而增加两岸经济互信与产业互信，也是有效解决两岸产业分工涉及复杂利益问题的重要条件。增加产业互信，更重要的是运用经济手段与策略，如相互参股、合资、并购、策略联盟等，将两岸企业的利益密切结合在一起，形成共同发展、利益共享的产业互信机制。

三、结　语

在全球及两岸经济发生深刻变革、两岸关系和平发展进入巩固和深化时期等大背景下，两岸经济关系也步入深水区，两岸经济合作面临一些新问题、新挑战，这些新问题、新挑战出现的本身也蕴含着深化两岸经济合作的重大机遇。近年来，两岸产业交流出现由过去的高度互补转为局部趋同与竞争的现象，这是新问题。但问题出现的本身，也产生了推动两岸产业合作的合理分工布局的新要求、新动力。当然，如何处理和解决两岸局部领域的趋同性和竞争性问题，在两岸仍需要取得共同的认知。如果单纯从避免重复投资和竞争角度来推动产业分工，即一方已有或有优势的产业，另一方就减少或不再投资建设，这不符合市场法则，现实中也是难以做到的。但如果能够从战略高度和更大的视野，将两岸产业合理分工的目标定位于通过加强双方产业整合、共同提高全球竞争力，则不仅符合全球产业发展趋势和两岸产业优势互补的市场法则，也符合双方共同利益。在当前形势下，无论从两岸关系和平发展的大环境，还是两岸经济转型升级提供的市场动力，以及 ECFA 推进提供的制度化、机制化基础，都已具备推动两岸产业合作的合理分工与布局的良好条件。如果以促进产业整合和共同提高国际竞争力为目标的两岸产业分工取得实质进展，将是深化两岸经济合作的重要进步，突破两岸经济合作所谓“深水区”的重要途径。

推动两岸产业合作的合理分工与布局，应将其作为今后创新两岸经济合作模式、推动两岸经济关系转型升级的重要举措。从宏观层次看，两岸应通过共同研究，取得以合理分工与布局深化两岸产业合作与整合的共同认知，达成共同愿景和规划，制订相应政策加以支持，条件成熟时签订两岸产业合作协议。从市场机制看，要充分发挥市场的主导作用，两岸加快ECFA后续主要协议的协商与落实，通过两岸贸易、投资的自由化、便利化，推动两岸市场的整合和共同市场的形成，以较完善的市场机制引导两岸产业资源的合理配置与布局。从政策机制看，两岸应该建构相应的机制与平台，推动两岸产业政策、产业规划的协调，并将两岸产业合作的相关内容纳入各自产业发展规划与策略之中。在分工形式和模式上，两岸应加强创新，改变传统的单纯招商引资或拓展市场的单向思维，促进两岸产业链合作与整合，双方产业与企业在产业链中的位置与角色由市场主导。加强开放双向投资，加强两岸企业参股、并购等资本运作形式创新产业链合作模式。促进两岸“经济特区对特区”的产业合作整合试点，发挥先导和示范作用。此外，两岸还应不断累积和增进互信，建立两岸经济与互信机制，加强在国际产业竞合上的互动与合作，共同营造和改善促进两岸产业合理分工的良好环境。

（原载于《台湾研究》2013年第6期）

两岸金融合作新进展与前瞻

朱　磊

近年来，两岸金融合作在两岸经济合作不断深化、中国大陆在全球经济发展中的地位日益增强、人民币跨境使用势头强劲的背景下得到较快速发展，进入2013年更是取得一系列令人瞩目的进展。两岸金融合作步伐加快，既是两岸金融主管部门共同努力沟通协商的结果，也符合台湾方面金融发展的总体战略目标，有利于台湾建设以人民币离岸中心为重要内容的区域性金融中心。

一、两岸金融合作新进展

截至2013年第一季度，两岸金融合作的进展已经呈现出以下五大亮点：

（一）两岸货币清算机制正式启动

该机制从签署备忘录到开始实质运作经历了5个多月的时间，标志着两岸货币合作步入新的发展阶段，两岸金融合作取得重要进展，也对促进两岸投资贸易便利化、推动两岸经济关系深入发展有正面影响。

2012年8月31日，两岸货币管理机构签署了《海峡两岸货币清算合作备忘录》，标志着两岸货币清算的基本框架已经建立起来。台湾于9月17日选定了台湾银行上海分行为台湾在大陆地区的货币清算行。大陆于12月11日选定中国银行台北分行为大陆在台湾地区的人民币清算行。随后，台湾“金管会”发函台湾银行公会，通知各银行在两岸货币清算机制启动之日起，本地外汇指定银行（DBU）就可以办理人民币业务（台湾的境外银行机构OBU人民币业务已于2011年7月底开放）。

2013年1月25日，中国人民银行与中国银行台北分行签署“人民币业务清算协议”。当天台湾“金管会”发布新闻稿，声明依“台湾地区与大陆地区人民关系条例”第38条第3项规定，两岸货币清算机制建立完成后，人民币在台湾地区的管理，准用管理外汇条例有关规定。28日中国银行台北分行依据台湾修正后的“银行业办理外汇业务管理办法”中有关人民币业务的规定，向台湾“中央银行”申请为人民币清算行，30日中国银行台北分行与台湾有关银行在台北共同举办有关人民币业务的法规及清算说明会。

2月6日，台湾岛内首批46家金融机构正式开办人民币业务，包括人民币存款、放款、汇款、贸易结算和理财产品，两岸货币清算业务正式开展。在大陆的台湾金融机构也在两岸货币清算机制的框架下积极布局人民币业务。2010年两岸签署的ECFA早收清单中，大陆承诺台湾金融机构：台湾地区银行在大陆设办事处满一年可升分行；分行满1年且获利可经营台商人民币业务；分行满2年且获利可经营人民币业务。目前台湾地区银行在大陆共设立了10家分行和6家代表处，各项业务发展稳定，不少分行陆续开始具备全方位经营人民币业务的资格，近期内获批并开展业务后，有利于台湾金融机构拓展在大陆的业务和市场，也为当地企业提供融资便利。

两岸货币清算业务正式开展，为两岸民众货币兑换带来“有感”的便利性。2013年2月6日，台湾银行将2500万元新台币新钞运抵上海，这是史上首次无需经第三地银行而“直航登陆”的合法新台币现钞。4月2日，台湾银行上海分行柜台正式开启现钞兑换，大陆居民持身份证可以无需预约随到随兑，每人每天的上限是6万元新台币，约1.2万余元人民币。

（二）两岸货币互换协议进入磋商

两岸进行货币互换主要是为了避免在两岸建立货币清算机制后可能出现的短期流动性问题，在国际金融危机造成世界金融市场动荡后，运用该方式有助维护两岸金融体系稳定。对岛内民众和企业而言，两岸实施货币互换，台湾“中央银行”通过货币互换将得到的人民币注入台湾金融体系，岛内商业机构可以在台借到人民币，用于支付从大陆进口的商品，可以有效规避汇率风险、降低汇兑费用。

货币互换可以是民间的，也可以是官方的。最早是在20世纪七八十年代出现了公司间的货币互换协议，后来不同经济体的金融主管部门之间也开始签署这种协议。我们这里所说的货币互换协议，就是两个经济体的金融主管部门签订一个协议，约定在某个时间内，以某种汇率换取多少数量的货币，目的是降低筹资成本，防止汇率变动风险造成的损失。例如两岸货币互换协议可直接使用人民币与新台币，避免通过美元转换的风险和损失。中国大陆早在2001年和2002年就与泰国和日本签署过货币互换协议，2008年后与更多经济体密集签署货币互换协议，目前合同期内的签约伙伴约有20个左右的国家或地区，金额约2万亿元人民币。2013年3月两岸货币主管部门分别表示已就两岸进行货币互换进行初步协商。①

（三）两岸银行市场准入大幅放宽

这不仅为大陆投资者的资金有序进入台湾金融市场开辟了渠道，也有利于促进台湾地区金融市场的深化发展。

自2011年建立合作对话机制以来，两岸银行业监管机构已分别在台北和北京成功举行三次高层磋商以及多次操作层会谈。2013年4月1日，第三次两岸银行业监管磋商会议在台北成功举行，标志着两岸银行业监管合作已进入互信互利、巩固深化的阶段，两岸银行业机构良性互动的局面已经基本形成。在第三次高层磋商会议中，两岸银行业监管机构除签署了《关于大陆商业银行从事代客境外理财业务监督管理合作谅解备忘录》外，双方同意下列两岸银行业的市场准入相关开放项目纳入ECFA服务贸易协议：

台湾地区银行进入大陆市场方面：（1）申请设立机构案件。对于台湾当局批准的台湾地区银行在大陆地区申请设立同城支行，大陆方面将会加快受理审核，并支持经评估达到监管要求的台湾地区银行申请增设分行。（2）子银行及股权投资。台湾地区银行在大陆设立子银行后，可以申请办理相关业务。在符合相关法规的前提下，大陆方面支持两岸银行业开展股权合作。（3）“台资企业”定义范围。同意按照大陆方面最新发布的有关规定，对通过第三地到大陆投资的台资企业进行认定。（4）开放台湾地区银行在大陆地区设立村镇银行。（5）省区异地支行。同意选定特定区域，允许台湾地区银行在当地的分行可以申请设立省区异地支行。大陆方面支持台湾地区银行在大陆特定区域设立机构，并给予审批便利及优惠。（6）积极支持台资银行到大陆东北及中西部设立分支机构及开展业务。（7）推动人民币清算机制的落实，积极研究台湾人民币回流问题。

大陆地区银行进入台湾市场方面：（1）尽速取消大陆地区银行赴台设

① 《两岸货币互换协议“央行”盼年底签》，台湾《联合报》2013年3月19日。

立分支机构及参股投资的 OECD 条件。(2) 已在台湾地区设有分行的大陆银行符合条件可申请增设分行（含 OBU）。目前大陆地区的中国银行、交通银行台北分行相继开业，建设银行设立台北分行的相关申请也取得了积极进展。(3) 参股投资。单一大陆地区银行可申请投资台湾上市（柜）银行、金控公司的持股比率提高至 10%（如加计 QDII 为 15%）；投资未上市（柜）银行、金控公司的持股比率提高至 15%；参股投资金控公司子银行的持股比率可达 20%；参股投资金控公司或其子银行，维持现行的二选一规定。在该项放宽政策公布后，台湾的永丰金控 4 月 2 日宣布：大陆工商银行将参股子公司永丰银行 20% 股权，估计投资金额逼近新台币 200 亿元，这是陆资银行赴台参股的第一例。(4) 在"两岸金融往来办法"中纳入银联公司可以申请赴台设立分支机构的规定。

（四）两岸非银行金融业务取得积极进展

这是两岸证券期货业与保险业交流与合作的新成绩，为促进台湾相关金融机构在大陆的布局与业务经营提供方便，对两岸金融服务业发展均有助益。2013 年 1 月 29 日，两岸证券期货业监管机构在台北召开"两岸证券期货监管合作平台会议"首次例会，确认了双方监管合作平台的具体内容和运作机制，初步同意在 ECFA 下扩大对台湾相关金融业务的开放。包括：台资企业以在大陆设立合资证券投资咨询公司与合资期货经纪公司，放宽投资大陆基金管理公司持股比例可达 50% 以上，放宽申请大陆 QFII 资格的资产规模计算标准，及台资证券机构可在大陆特定地区设立合资全牌照证券公司，持股比例可达 51% 等。此外，保险业方面，早在 2011 年 8 月 19 日大陆方面的中国保险行业协会与台湾方面的财团法人保险犯罪防制中心签署了《海峡两岸共同防范保险欺诈犯罪合作谅解备忘录》，推动了两岸防范保险犯罪的合作。两岸保险业监管机构也在积极沟通协商，共同推动建立两岸保险监管合作平台，为台湾保险业以相对于外国保险业更有利的竞争优势进入大陆市场创造条件。

（五）大陆资本市场向台湾同胞全面开放

台湾的全体货币机构总存款约 7400 亿元人民币，其中人民币存款约为 400 亿元人民币，向台湾同胞全面开放，有利于活跃大陆资本市场，为台湾同胞带来商机和分红的机会，也为两岸资本市场开放与合作立下新的里程碑。台湾同胞原本就可购买采用外币计价的大陆 B 股，但 B 股上市公司少，交易热度远不如以人民币计价的大陆 A 股市场。2013 年 4 月 1 日，大陆开放台湾同胞直接投资大陆A股，台湾同胞只要持身份证、台胞证与境外人员临时住宿登记表三种证件，利用赴大陆旅游等时机就可开户，进行网络电子交易。

二、两岸金融合作的政策背景

台湾当局视金融体系的可持续发展为经济发展的关键，不但将其列入2011年9—10月出台的“黄金十年”社会经济长期发展规划中的10大重点服务业，并在2012年9月专门制定了《发展具两岸特色之金融业务计划》，还于2013年2月密集出台了《金融服务业发展方向及计划》与《股市提振方案》，为台湾金融业发展勾勒出较为清晰的方向与目标，即：健全金融机构业务，维持金融稳定，促进金融市场发展，积极推动金融创新发展，打造前瞻稳健的金融体系，鼓励金融服务业充分满足多元金融需求，全面提升金融消费者的权益保障。[①]

台湾发展金融业的基本思路是推动金融业国际化、特色化与科技化。国际化方面，在台湾“黄金十年”金融发展施政主轴中明确提出“推动金融市场与国际接轨”，[②] 努力与国际接轨的金融法制环境，通过国际交流与合作，协助金融业发展，鼓励金融机构发展多元化国际外币业务。特色化方面，台湾以高科技产业为主的制造业已成为全球供应链中的重要一环，台湾资本市场也是以提供高科技产业筹资服务为重点，因此台湾当局推动发展“高科技及创新事业筹资平台”，以带动相关产业发展，同时推动“发展具两岸特色之金融业务计划”，协助岛内金融机构充分发挥在两岸设有据点的特色，扩大台湾金融业的经营范畴，提升金融业竞争力。科技化方面，鼓励金融业利用信息通讯技术发展，创新经营模式，使金融服务体系更加方便与安全。

为推动实现台湾金融业的“三化”，台湾当局提出具体落实的8大执行策略：扩大经营范畴，发展以台湾为主的理财平台；强化金融监管，确保金融稳定；循序推动两岸金融往来，发展具两岸特色金融业务；鼓励金融机构国际化布局，推动金融市场与国际接轨；充分满足多元金融需求；

① 《发展具两岸特色之金融业务计划（核定本）》《金融服务业发展方向及计划（核定本）》《股市提振方案（核定本）》，台湾“金融监督管理委员会”网站：http：//www. fsc. gov. tw/。

② 《黄金十年愿景（核定本）》，2012年7月，台湾“行政院”网站：http：//www. ey. gov. tw。

积极推动具特色产业筹资平台；强化金融消费者权益；强化保险业清偿能力，推动商业保险补强社会安全网等。

其中与两岸金融合作密切相关的策略内容主要是“循序推动两岸金融往来，发展具两岸特色金融业务”，亦即落实2012年9月出台的《发展具两岸特色之金融业务计划》，具体有10个方面内容。按照台湾金融主管部门的规划：

（一）计划将于2013年上半年完成的内容包括： 1. 协助金融机构大陆布点服务台商。协助银行、金融控股公司、保险公司、证券商及所属相关机构投资大陆地区金融服务事业，扩大金融机构在大陆地区布点，提供台商在大陆地区全方位的金融服务。2. 开放岛内公开发行公司发行人民币计价债券及其他筹资工具。开放岛内公开发行公司在境外发行人民币债券及建立相关配套措施，并带动岛内金融机构的商机。两岸货币清算机制建立后，规划岛内外发行人在境内发行人民币债券。

（二）计划将于2013年下半年完成的内容包括： 1. 一卡两岸通。目前已开放大陆地区发行的银联卡在台提款及刷卡消费。促使岛内银行发行的提款卡及转账卡在大陆地区提款及消费使用，提高民众便利性。2. 开放台商背景的优质企业回台上市（柜）。对台商背景企业取消现行“大陆注册企业及陆资持有30%以上的外国企业不得申请第一上市（柜）”的限制，并建立相关风险管理配套措施。

（三）计划将于2014年上半年完成的内容包括： 1. 全面启动DBU人民币业务。DBU全面启动人民币业务（包括贸易金融、企业金融、消费金融、财富管理业务等）；配合企业金融的资金需求及调度，发展人民币衍生性金融商品，作为活络市场及避险工具。2. 两岸现代化金流平台。建立境内银行人民币跨行通汇系统；建立大中华区跨境中文汇款平台：两岸共同合作建立中文汇款平台，提升两岸汇款效率；配合两岸货币清算机制推动。3. 发展大中华区资产管理及理财业务。鼓励金融机构开发人民币计价商品；放宽岛内基金及全权委托投资资产投资大陆上市有价证券的比例限制；开放岛内证券商的受托、自行买卖大中华地区有价证券；放宽大陆地区的来台从事证券投资或期货交易之对象及研议适度放宽大陆QDII投资额度的限制，以促进资产管理及全权委托业务发展；推展银行代客境外理财业务；争取大陆地区QFII额度，扩大资产管理市场及理财服务；争取岛内证券投资信托业发行类RQFII商品。4. 扩大保险相关业务及服务；因应大陆地区人民申请来台从事个人旅游者应投保旅游相关保险的规定，鼓励岛内保险业在大陆地区所设据点，或其参股之公司加强销售旅行平安保险，并建议“交通部观光局”提高保险额度并增订医疗保险限额；扩大岛内保险业协助办理大陆地区保险业保户来台理赔服务。5. 排除监管合作障碍，争取有利条件进入大陆市场；银行方面，通过两岸银行监管合作平台，协助岛内银行在大陆地区增设分支机构，并为其业务经营争取更佳条件；证券方面，推动建立两岸证券期货监管合作平台，解决市场开放障碍，扩大岛内金融业者在大陆布局机会；保险方面，通过两岸保险监管合作平台等协商渠道，为岛内保险业者在大陆地区设立据点及业务范围等各方面争取更有利的经营条件。6. 两岸电子商务金流业务。鼓励银行与大陆地区网络交易代收代付服务业者合作，发展对境内网络商店的金流服务。

除以上 10 个方面内容外，在“发展以台湾为主的理财平台”方面，台湾当局也对两岸金融合作的进展寄予厚望，规划 2014 年底前完成，但有些已提前实现。主要内容包括：1. 银行业方面，开放岛内银行 DBU 办理人民币存款、汇兑及外汇等业务，促使人民币业务快速发展；2. 保险业方面，开放办理人民币计价的保单，有助保险商品的多样化，满足岛内民众多币种资产配置选择；3. 证券业方面，在岛内即可取得相关金融商品服务，例如大陆市场的有价证券，以引导台湾资金回流，提供岛内民众多样投资标的，提升台湾证券商竞争力。

在推动金融业“三化”的同时，台湾当局大力加强资本市场建设，目标是扩大股市规模及提升国际地位，这方面内容同样离不开两岸金融的开放与合作。在《股市提振方案》的四大推动策略中，与大陆有关的措施包括：1. 充实多元优质金融商品。推动陆资持有 30% 以上的优质企业申请赴台上市（柜）；推动大陆注册台商（T 股）赴台上市（柜）。2. 提升股市动能，活络交易市场，协助企业筹资。主要包括视大陆放宽申请 QFII 的进展，推动开放大陆资金赴台从事证券投资或期货交易的对象及额度限制。3. 扩大资本市场版图。开放岛内发行人民币债券，协助企业发展人民币理财商品；积极争取开放投资信托公司取得 RQFII 额度，以利投信募集发行人民币计价基金；建立人民币计价债券交易平台，吸引台湾企业境外发行债券回台挂牌，增进次级市场流动性。

台湾方面在上述金融业发展总体规划及两岸金融业务计划的指导下，积极与大陆方面共同寻求加大两岸金融合作力度的新举措与新领域，可以预见在近两年内两岸金融合作还会不断有新的进展和突破。

三、两岸金融合作对台湾金融发展影响

台湾方面近年来提出的金融发展总体战略中有个值得注意的现象，就是没有再提建设“金融中心”的目标，这对台湾金融业未来发展有重要影响，也关系到两岸金融合作的发展方向。早在1995年，台湾当局出台的“亚太营运中心”计划中，就提出过推动台湾发展成为包括“亚太金融中心”在内的6大专业中心，当时引起各界高度关注，但后来无疾而终。2008年马英九上台后，两岸关系和平发展取得突破性进展，也为台湾重启“金融中心”建设提供了有利条件。2008年6月台湾行政部门提出：台湾当局将推动以“亚太金融中心”计划为重点的“第三次金融改革”。当年8月台湾当局通过的“亚太金融中心推动计划”中，确定了“亚太资产管理中心”“亚太筹资中心”及“亚太金融服务中心”三大目标方向，具体包括短期、中期、长期计划共217个。2009年4月台湾副领导人萧万长受访时还提到台湾要提升金融业的国际竞争力要靠“第三次金改”。由于2008年9月美国雷曼兄弟破产，美国次贷危机引发全球金融危机，台湾当局也开始对“三次金改”持谨慎态度，对“三次金改”以及建设“金融中心”的目标不再提及。

2013年3月18日，台湾《经济日报》以“启动三次金改刻不容缓”为题，要求岛内金融业加速整并和结构调整，与国际全面接轨。其背景是：随着两岸金融交流与合作的迅速发展，台湾金融业界有越来越多的人提出将台湾建设成为“人民币离岸中心”的主张，并得到岛内各界的积极而广泛的响应。不少人认为台湾可以抓住大陆经济迅猛发展及人民币跨境使用急剧扩大的有利契机，推动台湾建设成为期待已久的“亚太金融中心”。

不过，对于台湾是否应该继续努力打造成为“金融中心”，台湾当局内部是存在严重分歧的。一种是对此持消极态度的主张，以台湾“中央银行”为代表。2013年4月1日台湾“中央银行”专门发布《塞普勒斯（作者注：塞浦路斯）纾困案之评析与启示》，提出金融业规模不是越大越好，塞浦路斯爆发金融危机的主要原因就是因为过度发展银行业，其规模高达GDP的7倍，此前爆发危机的冰岛和爱尔兰该比重更高达10倍。台

湾“央行总裁”彭淮南因此认为：较小经济体发展金融中心的经济模式存在极高风险，虽然短期内扩大金融体系规模确实有助提振经济，但会付出大幅波动的代价，如果出现美国那种“大到不能倒”的问题，就会发生“银行绑架政府”的现象，造成金融不稳定。因此台湾金融业的发展目标，应是强化金融中介融资功能，而不是打造大型金融中心。①

另一种是对台湾建设“金融中心”持积极态度的看法。他们认为银行业规模过大并非塞浦路斯金融危机的主因，新加坡银行业资产占 GDP 比重高达 7. 7 倍也未出现危机，台湾该比重仅为 2. 84 倍，且岛内几乎没有大银行，却在担心金融业规模过大是不妥当的。台湾前“行政院长”陈冲、前证券交易所董事长薛琦、金融研训院董事长许嘉栋、“国策基金会”财金组召集人林建甫等人及富邦金控等机构都认为台湾金融业不必只是“追求平淡”，而应“追求精彩”，面向“国际金融中心”，把握两岸金融开放往来契机，通过整并创造有领头效果的大型金融机构，使台湾“金融产业健全发展并提高竞争力”。“金融整并非做不可，现在也是推动整并的最好时机”，台湾还远没到需要预防过度开放的阶段，而是开放水平远远不够。②

两种意见由于出发点不同，得出的结论必然不一致。不过台湾如果建设成为继香港之后的人民币离岸中心，自然可以成为区域性金融中心，并像香港发展人民币离岸市场一样，为当地金融机构带来庞大商机。曾任台湾“金管会主委”的“中央研究院院士”胡胜正也认为：“在台湾发展人民币相关业务的雄厚基本盘与两岸政策的加持下，台湾有潜力发展成为一个具有竞争力的人民币离岸中心。”③

目前香港是唯一的人民币离岸交易中心。对第二个人民币离岸交易中心，有多个地区具备基本条件和竞争力，如伦敦、新加坡、悉尼、迪拜、东京等。中国人民银行副行长、国家外汇管理局局长易纲在两会期间指出，一个地方是否成为离岸中心，主要取决于市场力量，如重要的贸易结算伙伴、金融机构需求集中等，将来全世界会有一些重要的金融中心成为人民币离岸中心，但这主要还是看当地的需求和市场竞争的结果。台湾争

① 《塞国启示：金融业不是越大越好》，台湾《自由时报》2013 年 4 月 1 日。

② 《发展金融中心：台湾还差得远》，台湾《经济日报》2013 年 4 月 1 日；《台湾金融离大还很远》，台湾《中时电子报》2013 年 4 月 1 日；《台湾可做国际金融中心》，台湾《中央日报网络报》2013 年 3 月 7 日。

③ 胡胜正：《后两岸货币清算时期》，台湾《台湾银行家》2013 年 4 月号，第 6 页。

取成为人民币离岸中心有以下优势：

第一，台湾可以形成规模可观的人民币资金池。香港的银行2012年年底人民币存款近7000亿元，这个人民币资金池相当于台湾金融机构总存款（33万亿元新台币，[①] 约7万亿元人民币）的1/10，从人民币在台湾的受欢迎程度看，台湾可以达到这一水平。截至2013年3月底，台湾外汇指定银行（DBU）人民币存款有185亿元，国际金融业务分行（OBU）有人民币298亿元，合计近500亿元人民币；人民币资产合计近800亿元。距离7000亿元人民币的资金池目标还较远，但台湾人民币存款增长速度惊人，在人民币存款业务开放第一天就高达10亿元人民币，只一个月的时间就达到伦敦建设了一年的资金池规模，今年底预计过千亿，潜力巨大。值得一提的是，两岸货币互换协议对台湾实现第二大人民币离岸交易中心大有帮助。目前中国大陆签署的双边货币互换协议中，规模居前三位的分别为香港（4000亿元人民币）、韩国（3600亿元人民币）和新加坡（3000亿元人民币），未来两岸货币互换协议规模可能不会低于韩国，仅次于香港。

第二，台湾具备发展人民币相关业务的贸易和投资利基。目前两岸贸易规模已经达到1700亿美元，大陆累计吸收台湾直接投资近600亿美元，占大陆吸收境外投资的近5%，排第5位。这样庞大的贸易与投资往来必然对人民币的相关业务产生强劲需求。此外，台湾扎实的制造业基础也为发展人民币业务提供利基。与香港不同，台湾有一大批在国际生产价值链中有重要地位的高科技产业企业，只要政策允许，这些企业有能力在台湾发行人民币相关的债券或股票。这些制造业企业本身所产生的庞大人民币需求，就足以成为拉动台湾金融业向人民币离岸中心发展的强大动力。

第三，台湾在开发人民币计价金融商品和人民币回流方面有优势。虽然2012年国际上以人民币进行交易的数额骤增近3倍，选择人民币作为收付工具俨然成为国际潮流，但目前人民币在区域内和国际上还没有被普遍接受，一个重要原因是其投资渠道有限，离岸市场规模不大，在岸市场则处于基本封闭状态，资本项目管制。因此，大陆一面努力建立人民币离岸市场，2012年跨境贸易人民币结算业务累计为2.94万亿元人民币，较上年增长了41.3%；同时资本项目的开放正在以前所未有的方式进行，包括人民币外商直接投资（RFDI），人民币境外合格机构投资者（RQFII），人

① 台湾“中央银行经济研究处”编：《金融统计月报》2013年第1期，第3页。

民币计价交易所买卖基金（ETF）拓宽了人民币的回流机制，而资本项目流出的渠道则包括人民币对外直接投资（RODI）和人民币合格境内机构投资（RQDII）等，如果顺利，人民币资本项目可兑换有望在2016年之前实现。顺应大陆的政策需要，台湾可以在人民币离岸市场建设与人民币回流方面扮演独特角色。作为重要的人民币回流渠道的RQFII，香港是2011年才开放，目前累积额度为2700亿元，而2013年台湾一次就获得1000亿元的仅次于香港的高额度。有了这个额度，台湾的人民币存款就能通过股票、债券、基金等多种渠道回流大陆，台湾金融机构可借此创造出更多的人民币金融商品。从香港的情况看，现阶段境外人民币资产还比较缺乏吸引力，台湾如能切入这一领域，发挥人民币计价金融商品的研发优势，将有助于台湾建成人民币离岸中心。

（原载于《台湾研究》2013年第3期）

初析两岸文化创意产业的发展与合作

熊俊莉

近十年来世界各国或地区争相发展文化产业，我国大陆和台湾地区也分别出台相关政策法规，以规范和辅助文化产业发展。目前，两岸在规模发展、文化贸易、产业聚落建设等方面已各具特色，相互交流与合作也呈现增长势头，但不可忽视双方在创新能力、国际竞争以及微观的企业发展上出现的问题。未来两岸将加快服务业合作，以服务为核心的文化产业势必成为两岸经济和产业合作的新亮点。本文将对两岸文化产业的起源、发展及合作现况进行梳理，为未来推动两岸进一步合作提供参考。

一、引　　言

文化产业既指文化服务业也包含文化产品的生产和销售，是制造业与服务业的跨领域发展。全球经济发生结构性变化，单纯的发展制造业或服务业都面临瓶颈，跨产业界合作成为新的发展方向。在这种思路下，文化创意产业成为各国发展的重点。

联合国教科文组织将文化产业（Culture Industry）定义为“按照工业标准生产、再生产、储存以及分配文化产品和服务的一系列文化活动”。但各国（地区）推动发展的文化产业各有侧重。美国将文化产业定义为“可商品化的信息内容产品业”，即“版权产业”。1997 年芬兰在《文化产业最终报告》中定义其为“基于意义内容的生产活动”，即“内容产业”，强调文化内容而不是工业标准。相比于美欧，日韩对中国大陆及台湾地区的辐射明显大得多。日本文化市场规模仅次于美国居世界第二位。韩国近年来也成为世界公认的文化出口大国，无论音乐、电影、网络游戏等领域都快速崛起并走向世界。

我国在 2000 年“十五”规划中首次提出“文化产业”。“十六大”报告指出，“发展文化产业是市场经济条件下繁荣社会主义文化、满足人民群众精神文化需求的重要途径”。可见当时关注的重点是文化层面。2004年国家统计局及相关部门首次对文化产业作具体定义和分类，包括9大类、24中类和80小类。一是核心层，包括新闻服务、出版发行和版权服务、广播电视电影服务、文化艺术服务等4类；二是外围层，包括网络文化服务、文化休闲娱乐服务、其他文化服务等三类；三是相关层，包括文化用品、设备及相关文化产品的生产，文化用品、设备及相关文化产品的销售等2类。此后，大陆地区文化产业规模不断扩大，走上了快速发展的道路。2009年，“十七大”提出大力发展文化产业，国务院通过了《文化产业振兴规划》，提出“推动文化产业发展成为经济发展新的增长点”，文化产业在我国内地经济发展中获得更突出的地位。2011年，“十二五”规划明确提出推动文化产业成为国民经济支柱性产业，中央及各省市地方也陆续出台相应的综合性政策，发展文化产业成为我国经济发展的重要战略目标。2012年，国家统计局根据新情况重新界定了文化及相关产业的分类标准，共计10大类50中类120小类，大类行业包括新闻出版发行服务、广播电视电影服务、文化艺术服务、文化信息传输服务、文化创意和设计服务、文化休闲娱乐服务、工艺美术品的生产、文化产品生产的辅助生产、文化用品的生产、文化专用设备的生产等。[①] 文化部也于2012年底出台《“十二五”文化科技发展规划》，提出推动文化科技创新，使科技成为文化产业发展内生动力。

台湾文化产业发展最早起源于20世纪90年代的“地方”重建运动。1995年时任台“文建会”副主委的陈其南提出“文化产业化、产业文化化”的地方发展策略。1999年，台“文建会”推动“振兴地方文化产业，活化社区产业生命力计划”，强调以地方文化社会为基础，发展具有地方特色的文化产业。这一时期，在电脑电子、半导体等制造业的带动下，岛内经济仍处于平均8%左右的中高速增长阶段，台湾相对更强调文化产业的“文化性”和“地方性”。2000年以后，文化创意产业在英国、美国、日本、韩国四地蓬勃发展，加上受经济增长下滑，产业转型升级压力增大等因素影响，台当局逐渐重视文创产业的发展。2002年台“经建会”出台

① 殷国俊：《我国文化及相关产业分类新标准颁布实施》，《中国文化产业发展报告2012—2013》。

"挑战2008：'国家'发展重点计划"，首次将文化创意产业列为重点项目之一。随后台经济主管部门根据就业人数多、产值大、产业关联性大、成长潜力大、创新性高、附加价值高等原则，确定了工艺、出版、设计等13项文化创意产业。[①] 2008年国民党在台湾重新执政后，强调经济结构转型与产业升级，因而也更重视推动文创产业发展。2009年台当局将文化创意产业列为六大新兴产业之一，并成立"行政院文化创意产业推动小组"，提出"创意台湾—文化创意产业发展方案"作为主要推动策略。2010年台"立法院"通过"文化创意产业发展法"，将文创产业定义为"源自创意或文化积累，运用知识产权，能创造财富与就业机会、促进全民美学素质并使民众生活环境提升的产业"，重新划分为4大领域共15项具体产业，分别是艺文类（视觉艺术产业、音乐及表演艺术产业、文化资产应用及展演设施产业、工艺产业）、媒体类（电影产业、广播电视产业、出版产业、广告产业、流行音乐及文化内容产业）、设计类（产品设计产业、视觉传达设计产业、设计品牌时尚产业、建筑设计产业、创意生活产业）、数位内容类（数位内容产业），[②] 并出台相关的资金补助、人才培育、租税优惠等政策，为文创产业发展提供法制保障。2012年台当局在"行政院"下设立"文化部"，进一步整合资源以促进文创产业发展。

表1　大陆和台湾地区文化（创意）产业分类

大陆地区文化产业分类	台湾地区文化创意产业分类	
广播电视电影服务	媒体类	广播电视产业
新闻出版发行服务		电影产业
文化艺术服务		出版产业
工艺美术品的生产		广告产业
文化产品生产的辅助生产		流行音乐及文化内容产业
文化用品的生产	艺文类	视觉艺术产业
文化专用设备的生产		音乐及表演艺术产业
文化创意和设计服务		文化资产应用及展演设施产业
文化休闲娱乐服务		工艺产业

① 台湾"文化部"：《2010年台湾文化创意产业发展年报》，http：//www. moc. gov. tw。

② 台湾"文化部"：《2012年台湾文化创意产业发展年报》，http：//www. moc. gov. tw。

续表

大陆地区文化产业分类	台湾地区文化创意产业分类	
文化信息传输服务	设计类	产品设计产业
		视觉传达设计产业
		设计品牌时尚产业
		建筑设计产业
		创意生活产业
	数位内容	数位内容产业

资料来源：作者整理绘制。

二、大陆文化产业发展现状及特点

经过10年左右的发展，大陆文化产业已初具规模。具体特点如下：

（一）总体呈高速增长态势，艺术品和数字内容产业市场规模较大

2004—2011年，我国内地文化产业增加值由3440亿元增加至13479亿元，[①] 年平均增长率达21.5%，远高于同期GDP增速。根据《文化部"十二五"时期文化产业倍增计划》提出的发展目标，即文化产业占GDP比重由目前的3%增加到5%，意味着2020年文化产业增加值将超过5.5万亿元，未来七年增长速度仍应保持在20%左右。2011年，主要文化产业部门基本实现了高增长，网络游戏增长最快达34.2%，动漫和数字出版分别增长32%和31%，音像制品和电影均增长29%，但应注意的是，传统的期刊产业增长8%，电子出版物衰退16%。

按市场规模看，艺术品和数字出版业（含网络游戏）规模最大，2011年营业额分别为1959亿元和1378亿元；其次是出版业和动漫产业，报纸与图书营业额分别为819亿元和664亿元，动漫业营业额622亿元；媒体类规模相对较小，网络音乐、演艺、电影业营业额分别为309亿元、233亿元和131亿元，音像制品和电子出版物分别为26亿元和6亿元。

（二）对外文化贸易快速增长，对新兴市场出口增速最快

近年来大陆地区对外文化贸易蓬勃发展：一是文化产品出口日益增

① 张晓明等：《转变发展方式，迎接新的发展周期》，《中国文化产业发展报告2012—2013》。

加。据海关总署统计，2012年我国文化产品出口额217.3亿美元，同比增长16.3%。主要出口产品包括：视觉艺术品142.1亿美元（占65.4%）、印刷品28.5亿美元、视听媒介产品28.4亿美元、乐器14.9亿美元。二是主要出口美国和欧盟，占我国文化产品出口合计超过50%。三是对拉丁美洲、东盟、非洲等新兴市场出口增长较快，出口额分别为17.2亿美元（增长72.2%）、15.4亿美元（增长120%）和13.6亿美元（增长120%）。[①] 四是文化产品贸易总体上处于顺差。2011年核心文化产品进出口总额达199亿美元，同比增长21.4%，其中出口186.9亿美元（22.2%），进口12亿美元（10.4%），顺差174亿美元。但作为文化产业核心的文化服务进出口总额仅为77.6亿美元，同比增长了36%。

表2　2011年大陆地区主要文化产业市场规模　　单位：亿元

行业名称	细分行业	市场规模
图书、期刊、报纸	图书	664.4
	期刊	162.6
	报纸	818.9
音像制品和电子出版物	音像制品	26.1
	电子出版物	6.2
数字出版		1377.9
电影		131.2
动漫		621.7
网络音乐		309.0
网络游戏		468.5
演艺		233.0
艺术品		1959.0

资料来源：中国文化产业发展报告（2012—2013）。

（三）文化产业园区发展面临诸多问题

自2005年起，我国各地文化产业园区如雨后春笋般出现，大致可以划分为六大产业集群：以北京为中心的首都创意产业集群，以上海为主辐射南京、杭州、苏州等地的长三角创意产业集群，以广州深圳为中心的珠三

① 《海关总署统计显示：去年文化产品出口增长16.3%》，中国网，2013年2月3日。

角创意产业集群，以昆明、大理、丽江为主的滇海创意产业集群，以西安、重庆、成都为主的川陕创意产业集群，以及以长沙为核心的中部创意产业集群。截至2011年，文化部共命名了6家国家级文化产业示范园区、4家国家级文化产业试验园区和204家国家文化产业示范基地。但我国的文化产业园区存在诸多问题：一是不少地区的文化产业园都是“撮合型”的，缺少资源整合和产业链的形成，普遍存在产业集聚度低的问题。二是许多园区发展类型相似、政策趋同，产生了一批不关心原创、不研究市场、只关注政策的“候鸟式”文化企业，专门研究各个园区的优惠政策，哪里政策好就迁到哪里，一旦政策优惠期结束就换个地方。[①] 三是许多园区是“政府导向”的结果，盲目跟风建设，功能和定位不清晰，重复建设严重。[②]

（四）创新能力和人才不足是主要制约因素

近年来我国文化产业已经出现增长放缓的势头，主要原因是创新能力及人才储备不足而影响了行业发展后劲。在创新方面，由于知识产权立法、监管等体系不完善，动漫、游戏等行业山寨抄袭之风盛行，作品同质化严重。伦敦经济院对全球文化创意产业比较研究的结果显示，西方国家原创产品占70%以上，我国只占2.5%左右，与西方国家存在巨大差距。[③] 在文化人才方面，我国设置文化创意产业相关专业的高校与研究机构不多，如动漫专业仅80余所，而日本仅东京就有20余所、韩国首尔约160所。据统计，北京的文化创意人才只占全市从业人员的不到1%，而纽约为12%。由于文化产业发展对复合型人才的要求很高，未来集设计、文案、创意、技术、美术、运营、计算机等多项技能的一专多能型综合人才缺失也将成为制约我国文创产业发展的重大因素。

三、台湾文化创意产业发展现状及特点

台湾经济发展面临转型升级压力，文化创意产业被作为新的增长动力

---

① 《文化产业园火爆背后弊端丛生》：《经济参考报》2012年6月26日。

② 邵培仁、杨丽萍：《2010年中国文化创意产业集群发展报告》，《2011年：中国娱乐与创意产业发展报告》。

③ 《金元浦：把脉文化创意产业的五大症状》：中国社会科学网2012年7月6日，http：//www. ce. cn。

重点推动，但目前来看存在发展动力不足、出口竞争力弱、区域不均衡、产业群聚效果不佳等诸多问题。

（一）发展速度低于预期，仍以传统的媒体产业为主

文创产业是台当局重点推动的六大新兴产业之一，其中的数位内容产业也是过去提出的“两兆双星”中的明星产业。台当局希望仿效英、韩等国，将文创产业发展成为新的支柱产业，以带动服务贸易出口和经济成长。但总体来看，台文创产业发展速度不快。早在2004年，英国文化产业占GDP比重7.8%、美国6%、韩国5.9%。1997—2006年英国文化产业平均增长率为6.9%，2001—2004年韩国数位内容产业平均增长率为34%。而2002—2011年台文化创意产业营业额共增长2355亿元新台币，年平均增长率5%，2008、2009年还分别衰退1.3%和6.5%。据台经济主管部门最新统计，2011年台文化创意产业营业额约6，655亿元新台币，占GDP比重仅4.5%。

在各类文创产业中，传统的媒体业产值最高，营业额约占总量的60%。2011年营业额最高的五大产业分别为广告业（1461亿元，22%）、广播电视业（1269亿元，19%）、出版业（892亿元，13%）、建筑设计业（728亿元，11%）和工艺产业（702亿元，10%）。

（二）以内销市场为主，对外文化贸易长期逆差

台文化创意产业以满足内需市场为主，外销比重不到一成。其中，产业设计业（54.9%）、流行音乐及文化内容产业（15.9%）、工艺产业（12.1%）外销比重相对较高，因而受国际经济景气与特定外销区域的影响也较大。例如，2011年受国际金银珠宝价格上升影响，台工艺产业出口大幅衰退24.3%。

近年来，台大力推动对外文化交流，文化贸易出口稳步增长，逆差有所下降。据台经济主管部门统计，个人文化与休闲服务出口金额由2002年的4700万美元上升至2011年的1.54亿美元，贸易逆差由1.7亿美元下降至1.0亿美元。① 但自2002年以来文化服务贸易（未计版权贸易等）逆差累计达14.34亿美元，总体上看逆差规模较大。在文化商品贸易方面，2002—2011年台书籍、报纸、图书制品交易逆差累计约7.6亿美元，艺术

① 台湾“中央银行”国际收支统计，http：//www.cbc.gov.tw.

品交易逆差累计约1.9亿美元。①

表3 2007—2011年台湾文化创意产业营业额

单位：千元新台币

类别		2007	2008	2009	2010	2011
艺文类	视觉艺术产业	4517264	4770665	3805406	4326825	4608274
	音乐及表演艺术产业	7078317	8403978	7561181	8785689	9652284
	文化资产应用及展演设施产业	505329	574285	685664	469393	1194869
	工艺产业	66528195	72443867	60605219	92844238	70244812
媒体类	电影产业	13401367	13764007	13322963	14916872	19962295
	广播电视产业	107351470	108129996	110898291	123424055	126857011
	出版产业	86259642	84373231	78942342	88919813	89149806
	广告产业	132564996	127825543	113423484	137142333	146137087
	流行音乐及文化内容产业	16818879	15730174	15120377	16389142	16565629
设计类	产品设计产业	57414179	48249241	49972256	59611512	57640822
	视觉传达设计产业	759027	803689	902787	1123628	1434080
	设计品牌时尚产业	177486	137787	155095	203367	282169
	建筑设计产业	74389376	76885336	65777972	72238599	72798183
文化创意产业总计		617415	609137	569834	661597	665477

注：文化创意产业总计=艺文类+媒体类+设计类+数位内容产业+创意生活产业+其他。

资料来源：《2012年台湾文化创意产业发展年报》

（三）企业规模普遍较小，南北部发展不均衡

受文化创意产业“小而美”等特性影响，台文创企业近九成属于独资或小、微型企业，年平均营业额仅1000万元新台币左右。企业规模较大的是广播电视、产品设计、电影、出版等少数产业，尤其是电视台年营业额都在亿元新台币以上。从地域发展上看，台北部地区经济社会和文化生活相对发达，因而成为文化创意产业发展的重心，而南部除高雄、台南两大直辖市外均相对落后。2011年，文化创意产业营业额超过100亿元新台币的县市依次为台北市（3846亿）、新北市（803亿）、台中市（375亿）、

① 台湾“国贸局”统计数据，http：//cweb. trade. gov. tw.

高雄市（296亿）、桃园县（240亿）和台南市（148亿），其中台北市比重高达全台的62.4%。

（四）文化产业聚落发展并不理想

为促成文化创意产业集聚以带动整体产业发展，台“文建会”沿袭过去的“科学园区”模式设立了5个“创意文化园区”，分别是台北华山园区、台中园区、花莲园区、嘉义园区和台南园区。台当局非常重视创意文化园区的发展，每年补助经费占文化创意产业总预算的50%左右。但目前，除华山园区以展演中心、创意剧坊等为代表的文创产业发展初具规模外，其他园区均存在定位不清晰、产业结构趋同等问题，发展不甚理想。另一方面，受市场力量主导形成的“文化创意街区”正成为新的产业聚落形式，如台北西门町、粉乐町、温罗町、台北故宫到东吴大学与实践大学周边、北投温泉博物馆周边等街区上，聚集了许多创意工作室、个性商店以及其他文化活动场所。

四、两岸文化创意产业交流合作现状及前景

两岸开展文化交流与合作是一段漫长的沟通及建立互信的过程，大致可分为四个阶段：第一阶段是20世纪80年代末两岸恢复往来后，文化、经济等交流活动都处于起步阶段。这一时期两岸文化产业合作以台湾文化界人士到大陆进行单向性交流为主，集中于视觉与表演艺术、文物鉴赏与鉴定等领域；第二阶段是1992年两岸建立“九二共识”后，大陆赴台开展交流活动的文化学者有所增加，两岸文化交流合作的形式更加多样，包括展演、学术会议、参访、讲学等，特别是大陆近代美术名家及文物类展览赴台形成热潮，如潘天寿画展、三星堆文物展、敦煌石窟展等。但这一时期，总体上两岸文化交流受两岸关系大环境因素影响仍以台湾专家学者赴大陆活动为多，呈现不均衡状态；第三阶段是2000—2008年间，在大陆经济实力增强、加快推动两岸交流等背景下，两岸文化交流深入发展，如中国美术馆与台北市立美术馆形成的“馆际交流”活动、浙江省文化艺术交流促进会与财团法人沈春池文教基金会推出“浙江文化节”等省际交流活动。但这一时期受民进党两岸政策影响，两岸文化交流也经历了先发展后紧缩的过程；第四阶段是2008年国民党在台湾重新执政后，两岸关系取得实质进展，两岸逐渐在经济、文化、社会等领域展开全面合作。这一时

期，文化创意产业因在文化领域与经济领域的双重性，愈来愈引起两岸重视。在两岸实现“三通”、建立经济合作机制等因素推动下，两岸在音乐、影视、新闻、出版、会展、动漫等领域的交流与合作全面展开。①

目前两岸文化创意产业交流合作具有如下特点：

第一，逐步搭建制度化合作平台，主要形式包括举办论坛、组织“文博会”、商签文化相关协议等。自2006年起，两岸开始举办经贸文化论坛，海峡论坛迄今也已成功举办了五届。2012年第八届两岸经贸文化论坛通过的17项两岸共同建议中，有6项是具体促进两岸文化交流以及推动两岸文化产业制度化合作的建议。海峡两岸（厦门）文化产业博览交易会（简称“文博会”）、海峡两岸文化创意产业展等成为两岸文化创意产业及企业交流合作的重要平台。2010年两岸签署的《知识产权保护合作协议》是两岸文化领域首项协议，在两岸经济合作框架协议（ECFA）的制度化安排下，两岸最近签署了服务贸易协议，影视、出版、数字内容等文创产业都在开放之列，有望为两岸文化创意产业合作提供新机会。两岸还在积极探索签署文化协议的可行性。

第二，合作规模不断扩大，涉及领域逐渐多元化。出版业方面，两岸版权贸易和出版物进出口具有相当规模。两岸图书、报纸、音像、电子出版物等进出口品种达48万余种。2011年大陆地区对台湾书籍报纸图书制品进口和出口额分别为3419万美元和5464万美元。② 据统计，2012年台湾取代韩国成为北京地区引进电子出版物版权的最大贸易伙伴。媒体类方面，2011年大陆取消台湾电影在内地上映的配额限制，2012年又进一步放宽台湾电影、合拍电影、投资影院等各项条件。2001—2011年间，两岸合拍电影共39部，占大陆合拍片的9.8%。艺文类方面，文化部出台《演出经纪人管理办法》，为台湾业者提供申请大陆演艺经纪人资格证的便利。艺术品交易方面，2011年两岸艺术品交易进出口规模1492万美元，其中大陆（含香港）对台湾出口由2002年的188万美元大幅增长至1339万美元。

第三，地区间交流互动成为重要形式。大陆地区许多省市与台湾建立了城市间的交流关系，并以此为基础展开了各种形态的文化产业合作，主

① 陈春霖：《探索两岸文化交流与文化产业发展现况及未来》，《两岸文化蓝皮书（2013年）》。

② 胡惠林等：《文化助推两岸和平发展》，《两岸文化蓝皮书（2013年）》。

要形式包括：一是城市互访式的地方特色文化传播，如四川成都大庙会、海峡两岸帆船赛等；二是共同就特定文化内容举办大型节庆活动，如汉字艺术节、郑成功文化节、民间艺术节、妈祖文化节等节庆活动等；三是共同建设“两岸文化产业园区”，如福州海峡两岸文化创意产业中心、厦门闽台文化产业园、海西文化创意产业园区、两岸旅游文化综合体、海峡两岸文化创意产业中心等。

目前，大陆与台湾都很重视发展文化产业，未来两岸文化产业交流与合作将面临前所未有的机遇。首先，两岸文创产业各有特点，大陆地区重视产业化，台湾地区强调创意和产权；大陆地区传媒和数字内容占有重要地位，台湾地区影视、音乐、设计等行业发展较成熟，两岸文创产业合作可形成优势互补。其次，台湾有许多较具特色或一定国际知名度的文化产品，但市场狭小，大陆可成为台湾文创产业重要的市场腹地。第三，在政策面上，两岸采取包括财政税收、投融资、人才培养以及其他综合性政策等多项举措发展文创产业，有利于推动两岸文创产业合作及市场共同开发机制。第四，两岸经济合作不断深化，未来合作重点将从制造业和商品贸易转向新兴产业、服务业等领域，文化创意产业以服务性为主，也兼具创新潜力大、附加价值高等新兴产业的特点。随着两岸签署经济合作框架协议及服务贸易协议，逐步取消市场准入门槛并建立制度化合作平台，两岸产业合作的空间增大。

（原载于《台湾研究》2013年第6期）

两岸新材料产业合作的现状及发展前景

胡石青

借着2008年后出现的两岸关系和平发展大格局，两岸新材料产业合作有望获得长足进步。

一、两岸新材料产业合作的基础条件

新材料是众多新兴产业的上游，包括信息电子产业等高科技产业，具有产业关联度大、技术含量高等优势，工信部有关负责人在解读新材料产业的战略地位时这样形容：“材料工业是国民经济的基础产业，新材料是材料工业发展的先导，是抢占后危机时代国际经济科技竞争制高点的重要物质保障。”其战略地位主要体现在：“新材料是带动传统产业升级的革命性力量”；“新材料产业是战略性新兴产业发展的支撑和保障”；“新材料产业是建设重大工程、巩固国防军工的重要力量”；“新材料产业是推动技术创新的先导”。[①] 为此，工信部依据《中华人民共和国国民经济和社会发展第十二个五年规划纲要》和《国务院关于加快培育和发展战略性新兴产业的决定》，于2012年2月22日发布了《新材料产业“十二五”发展规划》，提出在“十二五”期间集中力量实施稀土及稀有金属功能材料、碳纤维低成本与高端创新、高强轻型合金材料、高性能钢铁材料等十项重大工程。[②]

当前两岸产业都面临着产业转型升级的压力，新材料产业拥有广阔的发展空间，开展全方位合作，从宏观层面看，有利于两岸产业自身的发

---

① http：//www.bjeit.gov.cn/zwgk/zcwj/zcjd/201202/t20120229_22822.htm。

② http：//www.p5w.net/news/gncj/201202/t4094734_3.htm。

展，同时也可促进两岸贸易结构调整，实现优化组合。从相关产业内部来说，两岸在新材料产业方面各有优势，大陆拥有广阔的市场需求与相对优质廉价的生产要素，台湾则拥有发育较为成熟的产品市场化经验以及相配套的产业集群。从现有基础看，台湾近30多年来一直以信息电子产业为核心，由此培育出颇具规模的电子材料市场，其中自2008年后台湾即超过日本成为全球最大的半导体材料市场，2012年达103.2亿美元，年增长2%。[①] 大陆新材料产业规模在2011年即超过800亿元人民币，年增近150亿元。在产业互补性方面，大陆虽已掌握有18项新材料关键技术，包括高性能碳纤维，高品质特殊钢和半导体照明材料与芯片等，但仍面临着技术创新水平低，自主开发能力薄弱、产品化与商品化道路艰难等问题。[②] 台湾虽有庞大的材料需求，但总体上自给率并不高，关键材料仍垄断在欧美日跨国公司手中。

台湾自身已建成的材料产业中以金属材料与化学材料为两大龙头，而化学材料业更是台湾经济的主要支柱产业之一，其生产规模仅次于电子零部件产业，2012年产值达20670.3亿元新台币，占台湾制造业总产值的14.9%，台湾工业总产值的13.9%，[③] 以官营的“中国石油公司”与民营的台湾塑胶企业集团为龙头，多项产品在亚洲乃至世界市场都占有相当重要的地位，具有很强的国际竞争力。以此为基础，台湾化学材料业对大陆投资在21世纪后达到了一个高潮。1952—2000年，经台湾当局核准对大陆化学材料业投资金额累计达36.3亿美元，主要集中在长三角、珠三角海西区与环渤海地区，分别达到了26.5亿美元、4.7亿美元、2.2亿美元和1.9亿美元，合计35.3亿美元，占总金额的96.4%。2011年以来，台商投资集中度发生了变化，从2011到2013年10月台商在大陆的化学材料业新增投资即达22.7亿美元，在上述四大区域的投资分别为15.6亿美元、0.6亿美元、0.4亿美元与4.8亿美元，合计为21.4亿美元，占总金额的94.3%。[④]

---

① 《台湾半导体材料市场去年蝉联世界最大半导体材料市场宝座》，http：//lights.ofweek.com/2013-04/ART-220008-8420-28676390.html。

② 《中国新材料产业规模去年超800亿元》，http：//news.xinhuanet.com/fortune/2012-09/06/c_112988946.htm。

③ 根据台湾“主计总处”统计数据。

④ 台湾“投审会”2010年与2013年11月相关统计数据。

二、两岸新材料产业合作的进展情况

21 世纪以来，两岸在新材料领域展开了广泛的交流活动。两岸材料研究学会先后于 2003 年、2005 年、2007 年、2009 年、2011 年，分别在香港、广东顺德、福建厦门、台湾省花莲、江苏南京举办了五届“海峡两岸新材料发展论坛”，与会代表均在百人以上，通过论坛交流，大陆新材料界的一流科学家与产业精英以及台湾知名的材料科学家就当前新材料发展的一些热点和关键问题进行了深入研讨。2012 年 5 月，江苏镇江市在台南市成功举办了“镇江海峡两岸新材料产业合作交流会”，共有 172 位台湾嘉宾参加，不少台商当场就表达了赴镇考察投资的意向和愿望。2012 年 9 月，在哈尔滨举办的中国新材料产业博览会上，台湾科技展区因其产品独特、科技含量高而备受关注，根据参展台湾企业的表态可以看出，借助新材料博览会的平台，开辟更为广阔的大陆市场是其参与此类活动的主要原因。

2013 年两岸新材料产业合作又上了一个新台阶，具体表现在以下三个方面：

首先，建立了三处两岸新材料产业合作示范区。2013 年 4 月，海峡两岸（镇江）新材料产业合作示范区获得工信部与国台办正式批准，并于 6 月 29 日举行揭牌仪式，成为大陆首家两岸新材料产业合作示范区。该区总面积 50.2 平方公里，成立之始区内就已拥有包括台资企业奇美化工、联成化学、南帝化工等 30 家新材料企业。按照规划，该示范区将着重发展化工新材料、新能源材料、特种合金材料三大领域，构建以科技总部中心、新型功能材料园、高性能合金材料园和航空复合材料园为主体的“一心三园”格局。此后，大陆又先后批准了安徽宿迁市湖滨新城高性能复合材料产业园与黑龙江哈尔滨市南岗产业园区复合材料产业基地。前者规划面积 8.7 平方公里，以既有的聚酯材料产业基础，拟发展出新型功能聚酯及其复合材料技术，形成上下游产业链，此外还规划发展碳纤维高性能复合材料以及其他新型复合材料两大区块。后者于 2013 年 10 月由工信部与黑龙江省市区签署共建园区框架协议，该区占地 4.5 平方公里，拥有邻近科研单位的技术支持优势，经过前后三年的建设，已拥有高性能碳纤维以及高铁刹车片等新技术、新产品填补国内空白。

其次，创设新材料合作研究机构。2013 年 3 月 25 日海峡两岸防护新材料联合研究院与厦门两岸腐蚀防护技术转移中心在厦门产业技术研究院创新大厦举行揭牌仪式。同时举行了国际锌协会、海峡两岸防护新材料联合研究院与厦门产业技术研究院签署专业合作备忘录。

第三，两岸技术交流论坛与科技合作形成连动机制。由科技部海峡两岸科技交流中心和台湾工业技术研究院两岸工作小组共同主办、一年一度的“第四届两岸产业技术论坛”6月20日在厦门成功召开，本次论坛的主题为“新材料技术、北斗应用产业技术、生物医药产业技术”，来自两岸学术界、产业界相关领域的专家、企业界代表等300多人参加了会议。论坛打破了以往理论交流贯穿全程的模式，促成13个两岸科技合作项目在会上签约。此外，各种形式的新材料产业与科研交流活动在两岸间也更加频繁地举行。如2013年5月24日在重庆举行的2013海峡两岸功能材料科技与产业峰会。两岸材料产业多层次交流的快速推进，企业与学术研究机构结合程度之高，也可从由台湾经济主管部门推动的产业搭桥活动2013年起不再专门为材料业交流安排活动看出端倪。

由于台商早期就在材料业方面在大陆做了很好的投资布局，2008年后在两岸关系出现了和平发展的大环境下，两岸有关部门提供了有力的政策支持的条件下，两岸材料业合作走在了两岸产业合作的前列，已经进入实质性合作阶段。

三、两岸新材料产业合作的契机与展望

尽管如此，两岸新材料业合作未来要想取得进一步发展，有待解决的问题仍有不少，其中一个重要课题是如何合理安排两岸新材料业分工及未来相互定位的问题。由于产业合作一旦进入具体落实阶段，已非一般优势互补原理所能解决，涉及的是参与者利益分配的问题。如果不能形成利益共享，结成良性互动的产业链，产业合作终将难以维系。有专家就提出，两岸材料业未来应突出五个“共同”，即共同加强研发，共同发展两岸技术标准、共同打造产品品牌，共同推动产业升级，共同拓展新兴市场，实现由简单“结合”到资金、人才、市场的全面整合、融合。台湾经济主管部门也提出希望先以大陆市场为试点，再推展至国外，长期则朝共创品牌方向推动。归根到底，两岸首先应解决的不是争执于在具体某一产业链中谁为上游谁居下游，以技术或规模为核心形成龙头，而是要尽快由有意愿

担任龙头的企业承担起带动责任，使产业链运转起来，借由大陆市场锻造国际竞争力，从而为参与的企业提供可以分享的共同利益，这样的产业合作才能有生命力，也才能吸引更多的企业参与其中。这实际上就是追求产业合作的目的所在，也是产业合作生命的源泉，而这些应是两岸新材料业界在未来几年中共同努力的方向。

两岸材料业合作契机的实例可以从碳纤维产业的现状看出一些端倪。目前大陆虽在碳纤维材料方面拥有相当扎实的科研成果，但论及产业化与商品化来说，其真实的成果——实际生产出来的产品却仍是差强人意。碳纤维材料中，目前以日本东丽公司的产品在大陆市场占有率最高，大陆产品基本以东丽产品为标准，目前的主流产品仅及东丽产品中低档产品，价格虽较便宜，但质量也较不稳定。虽然大陆有些碳纤维材料公司对外声称拥有相当于东丽中高档产品的生产技术，但成熟产品至今尚未见批量推出。实践表明，大陆碳纤维材料技术市场化程度还相当落后，在短期内单纯依靠自身努力要弥补技术上的差距是困难的，而且需要大量资本的投入，经济效益如何难以预判。相对而言，台湾企业在这方面的技术要比大陆强很多，台塑企业聚丙烯腈碳纤维（PAN－CF）产业不仅产量已居全球第四，仅次于日本东丽等公司，而且已经开始推出相当成熟的中高档产品占领市场。近两年，日本企业为扩大大陆市场占有率，采取低价竞争策略，东丽等日本企业凭借其产品型号齐全与品牌信誉度高等优势，将其原厂产品与大陆公司产品的价差已经压缩到史上最低，给大陆多数生产企业造成沉重的生存压力，大陆企业反败为胜，扩张市场已无从谈起。在这种情况下，为尽早摆脱市场排挤效应的困境，两岸碳纤维材料业应摒弃既得利益，加快建立深度合作关系的步伐，将两岸企业既有的生产技术等条件充分结合起来，达到合作双赢的目的。

从产业经济学的角度看，两岸产业分工合作拥有良好的现实基础，完全有可能达成互利共赢的效果，成为产业合作的典范，但能否真正成局却还是要看两岸从主管机关到企业能否具有长远的战略性眼光。在充分尊重对方，建立正向的利益驱动机制，促使双方能在利益共享的前提下，突破体制上的障碍，做到合理分工，建立上下游紧密合作的关系，才能真正在各自既有的优势基础上，由量变到质变，实现更多具实质意义的合作突破，达到各自利益的最大化，从而使两岸新材料产业合作走稳走好。

（原载于《现代台湾研究》2013 年第 6 期）

两岸经济合作新局之下闽台经济合作面临的挑战与机遇问题探讨

王建民

一、海峡两岸经济合作新格局的形成与发展

近年来海峡两岸经济关系与经济合作形势发生了重大变化，一种全新的两岸经济合作与经济发展格局正在形成。

海峡两岸经济关系发展的基础条件尤其是交通运输网络格局发生了重大变化，对两岸经济合作与两岸关系发展影响深远。在两岸直接“三通”尤其是两岸直航实现之前，海峡两岸经济关系是一种间接、不正常的发展状态，海峡两岸货物运输与人员往来需要绕道、间接往来，即使与台湾近在咫尺的福建省与台湾的经贸与人员往来也需要绕道与间接往来。2008 年初，国民党重新获得台湾地区领导权后，两岸关系大幅改善，两岸“两会”恢复协商，并相继签署两岸海上通航协议、空中通航协议与通邮协议等，海峡两岸终于实现海上与空中直航，极大地改变了两岸经贸关系发展的环境与条件。尤其是两岸实现直航之后，大大缩短了海峡两岸的时空距离，为海峡两岸经济合作与人员往来提供了更为便利的条件，创造了更广阔的两岸经济合作空间，大大改变了台湾经济发展格局与经济版图。

在新的形势下，海峡两岸贸易由市场导向转向制度导向及市场开放、自由化方向转变。过去在市场机制作用下，海峡两岸贸易呈现了快速发展之势，也成为推动两岸经济关系发展的重要力量。在两岸关系发展新形势下，《海峡两岸经济合作框架协议》（ECFA）的签署，是两岸经贸关系发展机制化与制度化的重要标志，也迈出了两岸贸易自由化的重要一步，并为两岸经济一体化建设开创了重要条件，对未来两岸经济关系甚至

社会、政治关系也有深远影响，也会对闽台经贸关系与经济合作产生重要影响。

两岸相互投资格局出现全新的发展态势。两岸关系的改善与和平发展，为台商在大陆投资发展开创了更大的空间，提供了更好的条件，促进了台商持续在大陆的投资与布局，也持续改变着两岸产业分工与合作格局。同时在大陆经济环境发生重大变化的背景下，台商对大陆投资也出现新的变化，在稳固沿海地区投资及推动企业转型升级的同时，加快向内地与中西部地区的投资转移，同时适度向境外转移与返台投资。其中，台商加快返台投资成为一种新的趋势。2012 年，台商返台投资金额达到 500 亿元新台币，在台当局于 2012 年出台“推动鼓励台商返台投资方案”的鼓励下，台商返台投资步伐进一步加快，2013 年 1 月台商返台投资计划金额就突破 1500 亿元（新台币，下同），已超过台当局全年预测目标，这是两岸经贸关系格局的一种新变化。与此同时，大陆企业对台投资也成为一种新的发展趋势。台湾当局于 2009 年 7 月正式开放大陆企业赴台投资后，“陆资入岛”迈出重要一步。到 2012 年底，台当局批准大陆企业对台投资金额累计达 53630 万美元。尽管目前大陆企业对台投资规模不大，但意义重大，标志着两岸双向直接投资的发展与新的投资格局逐步形成。

两岸经济合作逐步进入制度化、机制化发展新阶段。2008 年初以来，海峡两岸签署了十多个经济合作及相关协议，其中最为重要的是“两会”于 2009 年 6 月签署的《海峡两岸经济合作框架协议》（ECFA），标志着两岸经济合作由过去的市场机制主导向制度保障机制的过度与转变，是海峡两岸经济关系迈向贸易自由化与经济一体化的重要开端。其中，“早期收获清单”已付诸实施，并取得初步的良好效果，促进了相关降税产品的贸易增长与相关产业的发展，提升了两岸尤其是台湾相关产品或产业的竞争力。未来 ECFA 的后续协商将陆续展开。其中，《海峡两岸投资保护与促进协议》于 2012 年正式签署。最重要的海峡两岸货物贸易协议与服务贸易协议等也在加快协商，其中海峡两岸服务贸易协议有望在 2013 年签署。随着 ECFA 的后续协商与落实以及两岸经济关系的全面发展，两岸贸易自由化与经济合作将迈向一个全新时代。

近年来，一向滞后的海峡两岸金融合作不断获得重要突破与进展，将促进两岸资本与经济大融合。2009 年 4 月，“两会”签署《海峡两岸金融合作协议》，双方同意先由商业银行等适当机构及通过适当方式办理人民币的现钞兑换、供应及回流业务，同意逐步建立两岸货币清算机制，加强两岸货币管理合作。随后，两岸金融主管部门又签署了《海峡两岸银行业监督管理合作谅解备忘录》与《海峡两岸保险业监督管理合作谅解备忘录》，为推进两岸银行、保险业的合作创造了条件。2012年8月底，海峡两岸金融主管部门签署《海峡两岸货币清算合作备忘录》，对建立两岸货币清算机制的原则、方式、流程等做出了具体规划，主要内容包括双方同意两岸货币可用于商品、服务和投资等经贸活动的结算与支付，两岸金融机构可相互开办新台币与人民币的代理账户，办理多种形式的结算业务以及双方法规许可的其他业务，从而为两岸的非现钞兑换、存款、汇款、贸易结算、投资理财、授信等金融业务往来与合作创造了条件。随后，海峡两岸就选择清算行问题进行沟通与协商，台湾“中央银行”于2012年9月17日宣布台湾银行上海分行作为台湾在大陆的两岸货币清算行，中国人民银行于12月11日宣布中国银行台北分行作为在台湾的货币清算行，并与2013年1月初双方签署人民币业务清算协议。两岸清算行的正式确立，在相关程序与作业完成后，人民币业务即将开展，标志着两岸货币清算机制的正式启动，预示着两岸金融合作迈向一个新的阶段。

与此同时，两岸经济合作也将逐步进入所谓的“深水区”，涉及复杂的经济利益分配与各自制度的调整与变革，两岸的经济竞争也将更加激烈，未来两岸经济合作面临更多的困难与挑战。部分较为敏感与复杂的协议签署较为困难，如两岸曾积极推动的两岸租税协议在签署前夕告停，至今未能签署，也没有进一步的讨论；海峡两岸投资保护与促进协议，由于两岸在促进投资与投资自由化、国民待遇、争端解决机制等方面存在较大差异，同时涉及两岸相关法律制度的修改与对接，因此数度延后签署，直到2012年8月才得以最终签署，但半年后台“立法院”仍未完成相关的法律程序，无法付诸施行，充分显示了两岸经济合作面临的困难越来越大。未来涉及面甚广的两岸货物贸易协议商谈与签署也会面临很大困难。大陆企业赴台投资及相互参股等，在台湾仍有很多政策限制，严重制约着两岸经济合作的深化与发展。两岸经济合作尤其是制度化协商面临新的困难，但并不会阻碍两岸经济合作的持续进行与发展，两岸经济合作将在新的环境下寻求突破与发展。

二、两岸经济关系发展新格局下闽台经济合作面临的主要挑战

在两岸关系紧张、对峙时期，特别是在两岸“三通”没有实现及两岸经济机制化未建立之前，福建省对台经济合作相较其他省市或地区具有更大、更明显的优势，即所谓的“五缘优势”，还有特殊的政策优势，但在两岸关系进入和平发展时期，尤其是在两岸经济关系格局出现重大变化的情况下，福建省对台经济工作与闽台经济合作环境发生重要变化，面临新的竞争与挑战。

（一）福建省原有对台经济工作政策优势相对弱化

长期以来，福建省对台工作尤其是对台经济合作方面享有不少特殊政策，包括在小额贸易、投资、航运、通汇、新台币兑换等方面均有不同程度的特殊政策，促进了闽台经济交流与合作。但在两岸关系进入和平发展时期，尤其是海峡两岸直航与签署 ECFA 之后，经济合作在海峡两岸全方位展开，两岸贸易自由化有了新的发展，大陆逐步对台湾同胞实现“国民待遇”，福建省享有的特殊政策相对减少，政策优势有所弱化。以海西最先享有的“先行先试”这一颇具创见性的独特政策而言，“先行先试”逐步成为改革开放的一个新举措，开始在大陆多个经济开发区或实验区推广，如天津滨海新区、上海浦东、重庆两江等均开始强调“先行先试”，而且获得中央的支持与认可，在区域经济发展与两岸经济合作中，“先行先试”政策在许多地区相继采用后，不再是福建省所独有的政策特权，对台经济合作的政策优势明显弱化。如在开放大陆居民赴台个人旅游问题上，北京、上海、厦门等三个都市成为首批开放的城市，福建只有厦门市成为第一波对台开放城市，福州市等其他福建大中城市并没有率先列入，更没有将福建全省作为赴台个人旅游的试点，在第二批开放的 10 个赴台个人旅游城市中，福州才被列入，说明福建省在新形势下对台经济合作享有的独特优势不再突出。

随着 ECFA 后续协商与推动，两岸货物贸易协议、服务贸易协议的签署，两岸市场开放全面展开，在两岸实施新的“国民待遇”，福建省很难再有更多对台特殊政策。在这种新的形势下，福建省如何在未来对台工作与两岸经济合作中发挥更大的作用，享有更为特殊的政策，如何扩大与深

化闽台经济合作，就需要有新的思路与新的政策选择。

（二）各省市积极展开对台经济合作，呈现全方位的发展态势，福建省面临的竞争更激烈

在两岸经济合作全面开放之前，福建省在对台经济工作尤其是两岸经济交流与合作中一直走在前面，中央最早涉台经济政策措施的实施主要集中在福建省，如国务院最初批准的国家级台商投资区就是厦门的海沧与杏林两个台商投资区，两岸“试点直航”选择了福建的厦门港与福州港。然而，在台湾当局两岸经济政策逐步开放与两岸经济合作全方位展开的情况下，大陆其他地区纷纷加入到两岸经济合作的行列，形成一种新的多元发展格局与竞争态势，福建省的独有优势相对减弱。在省市区高层领导赴台考察经贸活动与加强双方经贸合作中，不少大陆省领导赴台考察活动引起的关注程度及签署的经济合作协议数量、规模超过福建省。

在台商对大陆投资与经济合作布局中，大陆从商环境与区域经济发展出现新的重大变化，内陆与中西部的资源、成本优势逐步展现出来，对台商形成新的吸引力，福建等沿海地区投资成本上升，不再成为台商首选。同时，内地省份也以更大的资源与成本优势对台商提供更大、更多的政策优惠，加快了台商投资从沿海向内地转移，对福建省吸引台资与闽台经济合作形成新的压力。目前，台商对重庆、成都、武汉、河南（郑州）、山西（太原、晋城）、广西等内地投资迅速崛起，形成新一轮的投资热，出现一批新的重大投资与合作项目，而台商对福建省的重大投资项目相对有所下降或减少。除了江苏省与广东省一直处于台商对大陆投资前列的同时，台商对山东省、浙江省等地投资也逐步超越福建省。2012年，山东省政府统计，2012年，山东省实际利用台投金额达13.9亿美元，累计台商投资金额超过200亿美元，[①] 与福建省实际吸引台资问题相当。

在区域发展中，目前大陆已有30多个城市提出建立区域金融中心设想，其中以争取台湾金融机构为主的区域性海峡两岸金融中心也有多个，对福建省力图建立区域性海峡两岸金融中心形成压力与挑战。在海西经济规模相对不大、金融业不够发达的情况下，福州或厦门能否成为区域性海峡两岸金融中心存在变数。ECFA签署之前，台湾金融机构曾积极布局福建，如台湾富邦银行入股厦门商业银行，后更名为厦门银行。ECFA之后，

① 中评社，2013年1月23日电。

尽管福建省出台优惠政策，积极鼓励台湾金融机构在福建投资布局，但效果不明显。台湾金融机构在大陆的投资布局并没有以福建省为主，华东、华南与华北（上海、南京、北京、广州）等成为台湾金融机构布局的重点。到2011年底，大陆6家台资银行分行，“长三角”地区有5家（上海、昆山与苏州）、“珠三角”1家（深圳），福建省还没有一家台资银行分行。可以说，两岸经济合作全面开展与地区竞争日益激烈，对福建省与台湾经济合作形成新的挑战与压力，尤其是福建省极力打造海峡两岸区域性金融中心，面临新的政策调整，需要寻找新的定位与出路。

（三）福建省面临两岸直航后原有航运优势流失的挑战

在海峡两岸直航没有实现之前，福建省率先与台湾实现了海上“试点直航”，海峡两岸的转口货物运输通过福建的福州马尾港、厦门港与高雄港进行运输，有利福建省与台湾航运业的发展。但两岸实现海上直航后，海峡两岸经台湾转口到大陆的货物运输，不必再经过福建省的两大港口，而是选择更多的大陆港口，尤其是现代化程度更高、货物流量规模更大的上海、深圳甚至太仓等港口，福建省与台湾的“试点直航”历史宣告结束，闽台运输量增长放慢。同时，由于福建省经济腹地小，经济不够发达，贸易货物量相对较小，无法成为两岸航运的集散中心，目前福建仅是两岸农产品集散中心。

就两岸空中直航而言，福建有厦门、福州等重要空港，距离台湾最近，更具航运优势，但福建省没有特大都市，人口流动量不大，又地处东南沿海边缘，未形成区域性空运中心。在大陆对台开放的众多机场空港中，北京、上海、广州、深圳等航点班机量远远超过福建的福州与厦门机场。其中，高雄到厦门、台北到福州的航班也远少于台北到北京、上海、深圳的航班。

在两岸直航之前，福建省与金马地区率先实现了通商、通航、通邮，而且发展迅速，促进了福建与金马及台湾本岛的航运与商务发展。但在海峡两岸实现直航之后，福建与金马地区往来两岸的人数与货物运输增长速度放慢，福建省区位航运与对台经济合作优势相对弱化。如何维持福建省在这方面的优势、开创闽台区域经济合作新动力，是需要思考的新课题。

（四）ECFA之后福建省对台经济合作与区域经济整合面临的挑战

在区域经济一体化发展过程中，不少学者曾提出两岸经济一体化发展路径设想之一是，率先推动或实现闽台或海西与台湾的经济整合即建立闽台经济自由贸易区，然后逐步扩大到海峡两岸自由贸易。不过，海峡两岸经济合作与经济一体化发展呈现非常规发展特征。台湾当局为避免在两岸合作中所谓将台湾地方化，对闽台之间建立区域经济一体化框架一直持排斥态度，闽台经济整合或经济一体化的推动主要停留在大陆尤其是福建学者的学术讨论层次，未能纳入政策讨论，更没有两岸的协商。2008 年初，国民党重新获得台湾地区领导权后，海峡两岸在很短时间内签署了《海峡两岸经济合作框架协议》（ECFA）这是两岸经济合作制度化、机制化发展以及两岸经济整合的重要里程碑。在经济一体化概念下，ECFA 是两岸自由贸易区的初级形态，中期目标是建立两岸自由贸易区，核心是未来两岸对绝大多数货物贸易实施零关税，服务贸易大幅开放，目前正在向这一目标推进。可以说 ECFA 的签署，两岸经济合作在海峡两岸全面展开，原本设想的率先在福建省或海西施行的区域性经济一体化发展设想失去现实意义。从目前两岸经济一体化发展态势看，很难再走闽台经济区或海西与台湾经济一体化再到海峡两岸经济一体化的发展路径，福建省必须寻找新的闽台经济合作模式。

三、两岸经济关系新格局对闽台经济合作带来的机遇

海峡两岸经济合作新的格局的出现与形成，尽管对福建省对台工作尤其是经济合作提出新的挑战，政策优势弱化，地区之间竞争更激烈，但同时也为福建省在新的形势下开展对台工作与开展经济合作提供了新的机遇，新的机会。

（一）中央赋予福建省对台经济工作与两岸经济合作新重任

中央一直非常重视福建省在对台工作中的地位与作用。近年来，党和国家领导人多次赴福建省考察对台工作与经济建设，提出许多重要的对台工作政策主张，赋予福建省新的对台工作使命与重任。

在十七大政府报告中，中央率先提出支持海西等台商投资集中地区的经济发展主张，也是首次将海西纳入中央的政策规划之中。2009 年 5 月，国务院公布《关于支持福建省加快建设海峡西岸经济区的若干意见》（简称“意见”）不仅海峡西岸经济区由地方政府决策上升到国家区域发展战

略，而且赋予福建省更为重要的对台工作重任，即由福建省主导、推动海峡西岸经济区的建设与发展。海峡西岸经济区尽管由福建省全省、广东省东北部、浙江省南部、江西东部地区共同构成，但主体是福建省，而且国务院文件“意见”也是强调“支持福建省加快建设海峡西岸经济区”。“意见”第一部分第一条就明确指出，“当前两岸关系出现重大的积极变化，为海峡西岸经济区加快发展和开展与台湾地区合作提供了重要机遇。支持福建省加快海峡西岸经济区建设，是进一步发展福建省比较优势，实现又好又快发展的迫切需要”。中央对以福建省为主的海西在两岸关系发展中赋了新的战略定位即“两岸人民交流合作先行先试区域”：“发展海峡西岸经济区独特的对台优势和工作基础，努力构筑两岸交流合作的前沿平台，实施“先行先试”政策，加强海峡西岸经济区与台湾地区经济的全面对接，推动两岸交流合作向更广泛、更大规模、更高层次迈进”。[①] 海西发展的关键是福建，也是中央赋予了福建省在推进海西在两岸关系发展中的新角色。

在这样的战略部署下，中央仍赋予福建省在对台工作尤其是对台经济合作中更多的政策优势，中央新批准的两个国家级台商投资区仍在福建省，中央多个部门专门出台支持海西或福建经济发展及对台经济合作的专门政策，这不是其他省市或地区所能相比的，这是福建省最大的对台政策优势。关键是如何在新的形势下、在地区相互竞争中利用好，发挥好，将政策优势转化为发展效果，将政策设想与规划变为现实，实现福建省跨越式发展，推进闽台经济合作迈向一个新的台阶。

（二）两岸关系和平发展为福建省对台工作提供了广阔的发展空间

在海峡两岸军事对峙时期，福建省是对台军事斗争的前沿，经济建设受到影响。在两岸关系仍处于对抗与无法直航时期，在两岸经济合作处处受到台湾当局的政策限制时期，中央赋予福建省特殊的对台政策优势与区位优势无法充分发挥效应，也制约了福建省的经济发展与对台工作的开展以及闽台经济合作。在海峡两岸进入大交流、大合作时期，尤其是在两岸实现“三通”与签署 ECFA 之后，两岸经济交流与合作进入直接、双向往来的新阶段，也迈入全面合作的“ECFA 时代”，台湾方面对两岸往来与两岸经济合作的政策持续开放，限制大大减少，闽台经济合作的大环境得到

① 国务院关于支持福建省加快建设海峡西岸经济区的若干意见。

重大改善，闽台人员与货物往来不必再绕道港澳，福建省对台经济合作的区位优势、文化优势、政策优势将得到充分发挥与展现，福建省对台工作有了更广大的发展与施展空间。福建省与金马地区及台湾本岛之间形成一个新的通道，有利闽台经济合作与发展。福建省对金马地区通商、通航、通邮与两岸“三通”相互交织，加上“厦门—金门”海缆、“福州—淡水”海缆的相继建成使用，将再一步提升福建省对台经济合作的区位优势与发展潜力。

福建省如何从过去对台军事斗争与两岸不完全开放下的对台工作及经济合作局面转变为和平发展时期、两岸全面开放背景下的对台工作，如何打好“和平发展”与“经济合作”这两张牌，让福建在两岸关系和平发展与新形势下两岸经济合作中发挥更为重要的作用，是福建省未来对台工作调整与决策的重要参考。

（三）平潭综合实验区与厦门特区成为福建省对台工作与经济合作的新引擎

就大陆对台政策与战略而言，在不同时期或不同时代有所调整与变化。和平统一是20世纪70年代末期以来中央对台方针政策的重大战略调整，在具体政策上，实现海峡两岸“三通”就成为重要的具体工作。“三通”实现后，签署《海峡两岸经济合作框架协议》（ECFA）与持续推进ECFA的协商、落实就成为两岸关系和平发展时期最重要的对台经济工作重点。ECFA的签署为福建省对台工作与闽台经济合作赋予新的内涵与新的时代意义。

在两岸关系和平发展进程中，中央在赋予福建省担当加快推动海西建设及海西与台湾经济合作重任的同时，再次确立了建立平潭综合实验区的发展战略，赋予平潭综合实验区实行更特殊、更灵活的政策和措施，开展两岸经济、文化、社会等多领域交流与合作的综合性实验，积极探索“共同规划、共同开发、共同经营、共同管理、共同受益”的两岸合作新模式，为建设“两岸人民交流合作先行先试区域”提供示范。

平潭综合实验区的开放开发初期或在较长期时期内，仍以经济建设为主，中央与地方提供了庞大的资金与政策支持，大力推进平潭岛的开发建设与两岸经济合作，让平潭综合实验区成为海峡两岸尤其是闽台经济合作的新热点，更成为福建省加强对台工作与闽台经济合作的新引擎。平潭综合实验区也大胆创新，相继出台一系列更为开放的促进与台经贸合作的举措，包括探索“放地、放权、放利”的途径和措施，打造两岸“共同家园”，有助于强化平潭与福建省在对台经济合作中的重要地位。

同时，在新的形势下，中央也将厦门特区范围扩大到厦门市全境，特区面积扩大了数倍，意味着厦门特区享有更多的特殊政策，尤其是在对台经济合作中，可采行更多、更灵活、更特殊的政策，加快厦台或闽台经济合作。厦门经济建设的迅速发展与优越的自然环境，对台湾投资者有很大的吸引力，建设中的厦门两岸区域金融服务中心也是目前中央正式确立的两岸区域性金融中心，让厦门在未来闽台经济合作中扮演更为重要的新角色，成为福建另一个对台工作与闽台经济合作的新引擎。

福建省未来要充分发挥和用好平潭综合实验区与厦门特区这两个对台工作与经济合作的新引擎，将福建省对台工作与闽台经济合作推上一个新的台阶。

（四）为闽台经济产业对接与深度合作提供了新的机遇

长期以来，制约闽台经济合作的重要障碍之一是福建省与内陆周边地区交通运输体系落后，经济腹地不足，经济发展局限于闽东南三角地区。经过福建省多年的努力与海西建设，福建省与周边地区交通设施条件已大为改善与改观，也延伸了福建省的经济发展腹地，大大加快了运输与物流的速度，为福建省与台湾产业的对接、合作、定位提供了新的机遇，福建省对台经济合作的潜力与能力将得到新的发挥。闽台经济合作在两岸经济合作中的地位与角色更加重要，其独特性将得到新的展现与发挥。

产业合作是 ECFA 的重要内容之一，已成为海峡两岸经济合作的热点与重点，也是促进两岸经济发展与转型升级的关键所在。在国家“十二五”规划、福建省经济建设规划与台湾当局提出的“黄金十年”经济建设规划中，调整产业结构、加快产业发展与转型升级成为共同的经济发展目标，为海峡两岸产业合作提供了广阔的发展机遇与空间。2011 年 10 月，海协会与海基会第七次负责人会谈在天津举行，并公布了《海协会与海基会关于加强两岸产业合作的共同意见》，继续完善两岸投资环境，发挥产业互补优势，研究双方产业合作布局扩大产业合作范围，提高产业合作层次，强化合作创新能力发展自主品牌，促进两岸产业转型升级，预示着两岸全方位的、多元的、深层次的产业合作逐步展开。福建省在“意见”中确立了海西产业发展重点是发展现代农业、建设先进制造业基地、加快发展现代服务业与建设现代化海洋产业开发基地基础上，抓住两岸产业合作的新机遇以及台湾产业持续转移的机会，选择优势与重点产业，加快闽台产业合作进程，实现有效对接、深化合作，建设闽台产业成长新走廊。

（原载于《发展研究》2013 年第 4 期）

闽台经济发展比较与合作优势分析

熊俊莉

30多年来，闽台经贸交流合作有了突飞猛进的发展，成为两岸经济合作的重要组成部分，同时也面临各自经济发展思路调整带来的新机遇和新挑战。本文在把握闽台两地经济发展现状及未来规划的基础上，对现阶段闽台经济合作的基础进行初步剖析。

一、福建经济发展现状与前景规划

（一）福建经济发展的现状分析

福建经济发展与我国东部的其他地区相比起步相对较晚，但近年来在中央及省政府支持下实施加快基础设施建设、完善物流金融体系、推动产业结构升级转型的一系列措施，取得了显著效果，经济总量突破万亿元大关，经济增速保持在10%以上，是当前我国东部经济发展增速最快的省份之一。

1. 总体经济规模不断扩大，维持稳定较快增长态势。福建省经济自1978年改革开放以来实现快速增长，由原来的年均增长6%（低于全国平均水平）翻了一番，近30年平均增长率在12%左右。近两年，我国加快转变经济发展方式、推动产业结构升级转型，东南沿海各省市在土地、劳动力成本大幅上涨的压力下都面临经济增速不同程度的下行。福建省充分发挥自身各种优势，使经济维持稳定较快的增长态势。2011年，福建省地区生产总值（GDP）1.7万亿元，在全国居第12位；GDP年增长率12.2%，高出全国平均水平3个百分点，在东部11个省市中居第2位。①

2. 投资和出口是拉动福建经济增长的最重要动力。近年来，福建省在

① 孙希有：《我省11%以上的经济增长意味着什么》，东南网，2012年2月16日。

包括交通、水利、城市建设等在内的基础设施建设上加大投资力度，投资对经济增长的贡献有所提升。2007—2011 年福建省固定资产投资由 4322 亿元增长到 10119 亿元，年平均增长率超过 20%。外需方面，尽管面临欧债危机、出口成本上升、全球贸易保护加剧等不利因素，福建省出口市场仍实现大幅增长。2007—2011 年福建对外贸易出口由 499 亿美元增加至 928 亿美元，2011 年增长率高达 30%，出口对福建经济的作用举足轻重。相对而言，内需在福建经济中的地位和作用有待进一步提升，2011 年消费总额 6169 亿元，比上年增长 18.2%。

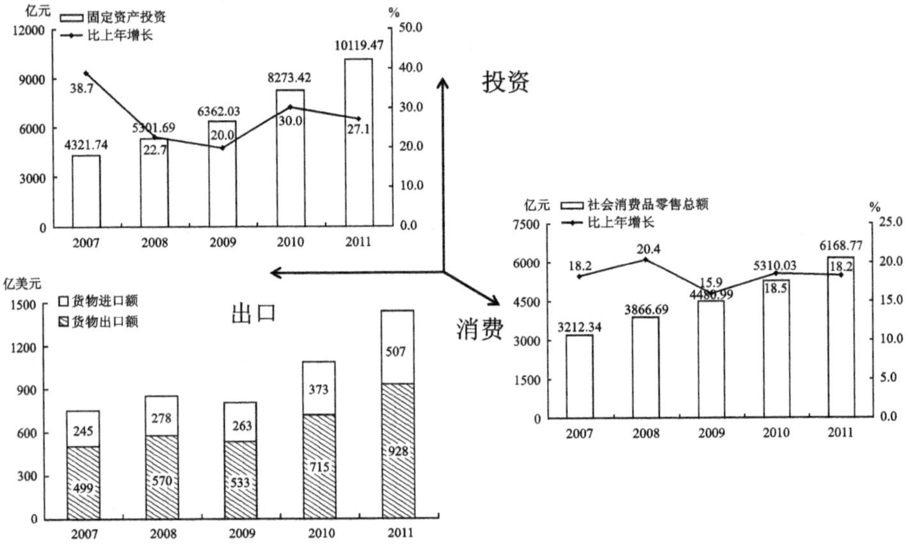

图 1　福建省出口、投资、消费增长速度

资料来源：福建省统计局《2011 年全省国民经济主要统计指标》。

3. 以工业经济为主，产业结构不断优化。受自然环境和地理因素影响，福建经济很长一段时间都以农业为主，20 世纪五六十年代农业产值占福建 GDP 比重超过 60%。改革开放以来，在“以农业为基础，加快推进工业化进程，大力发展第三产业”的方针下，福建省加快了产业调整的步伐，由农业为主逐步调整为以工业经济为主，第三产业也得到快速发展，产业结构升级取得了显著成果。2011 年，福建三次产业比例调整为 9.2∶52.7∶38.1，三次产业的增长率分别为 4.2%、16.4%和 8.6%。①

① 福建省统计局：《2011 年全省国民经济主要统计指标》，2012 年 2 月 23 日。

从具体产业来看，以重工业为主的制造业是当前福建经济的主体，三大主导产业分别为电子、机械和石化产业，占福建省规模以上工业总产值比重约40%。[①] 农业方面，福建推动农、林、渔、牧业全面发展，茶叶产量居全国第一，柑橘、香菇等农产品出口量居全国第一。服务业方面，仍以交通运输仓储、邮政业、批发零售和贸易餐饮等传统服务业为主，但金融保险、房地产、计算机服务及软件业等现代服务业也在快速发展中。

4. 对外经济呈加速发展态势，外贸结构不断优化。随着对外开放的广度和深度不断拓展，福建省对外贸易和招商引资成效显著，逐步成为我国对外经济交流与合作的重要区域。2011 年，福建对外贸易进出口总额 1436 亿美元，同比增长 32%，占全国对外贸易比重约 4%。[②] 其中，出口 928 亿美元，约占 4.9%；进口 507 亿美元，约占 3%。前 5 大贸易伙伴分别为美国、欧盟、东盟、日本和香港地区。在对外贸易规模扩大的同时，福建大力实施“科技兴贸”战略，推动贸易出口结构由以传统的纺织服务产品为主向高新技术产品为主转变，2002—2009 年福建机电产品出口比重由 14.4% 提升至 41.5%，同期整个高新技术产品出口比重由 0.1% 提升至 19.6%。[③] 同时，福建鼓励发展具有相对优势的地方特色商品，尤其是有自有品牌、自主知识产权和高附加价值产品出口，有效地增强了区域内产品出口竞争力。

在招商引资方面，2011 年福建实际利用外商直接投资 110 亿美元，同比增长 7.1%，占我国吸引外资总额的 9.5%。制造业、房地产业和批发零售业是外商在福建投资的主要产业部门，占投资总额比重约 80% 以上。

5. 收入水平显著提升，居民生活实现总体小康。受自然和地理环境影响，过去福建省在发展经济和民生改善方面都比其他省市相对滞后，改革开放前福建人均 GDP 还不到全国的平均水平。随着沿海经济特区对外开放的优势逐渐显现，以厦、漳、泉为中心的经济增长极不断发挥辐射和带动效应，经济的快速发展有力地推动了福建居民生活水平的提升。2007 年福建人均 GDP 仅 3000 美元，到 2011 年已突破 7000 美元，比全国平均水平[④]

① 福建省统计局：《新中国六十年福建经济社会发展系列分析报告之一》，2009 年 8 月 17 日。
② 根据商务部“2011 年 12 月进出口简要情况”计算。
③ 福建省统计局：《福建转变外贸发展方式初现成效》，2010 年 7 月 16 日。
④ 根据国家统计局统计计算，2011 年全国人均 GDP 约为 35008 元。

高出了34%。2011年福建城镇和农村居民可支配收入[①]分别为24907元和8779元，比上年分别增长了14.4%和18.2%，也高于全国平均水平21810元和6977元。就业结构经过调整，实现了大量农村富余劳动力向非农产业的转移，城镇失业率长期保持稳定，2011年约3.7%。随着收入水平的提升，福建省居民拥有的财富显著增长，医疗卫生保健水平不断提高，社会保障体系逐步完善，民众生活总体上实现了小康水平。

（二）未来福建经济发展战略

为了在科学发展原则下实现经济持续平稳增长，福建省立足实际，制定了“十二五”规划，在总体经济目标、调整经济结构、区域均衡发展、对外经贸往来、区域经济合作等方面都做了部署。

1. 总体经济保持中高速增长，但注重加快经济增长方式转变。福建省的经济总体水平尚不足我国东部的平均水平，未来经济增速仍为经济发展的头等大事，“十二五”期间的目标为10%以上，争取实现未来五年GDP翻番，即经济总量达2.5万亿元。同时，由于我国整体经济将推动由生产主导型向消费主导型、由投资和外需拉动为主向内需驱动为主的增长方式的转变，福建省也将在努力提高经济总量的基础上，积极引导消费，增强最终消费对经济增长的拉动力，争取实现经济快速转型的目标。

2. 合理调整产业布局，以全面提升服务业为战略重点。调整产业布局是“十二五”期间福建省经济发展战略的重要内容。主要包括两个部分：一是将培养发展战略性新兴产业与壮大传统优势产业相结合，加快工业经济转型升级的步伐。一方面，以先进技术改造传统优势产业（如纺织服装、轻工食品），提升传统产业与特色产业的发展水平。另一方面，加大对7大战略新兴产业的扶植力度，争取形成新的支柱性产业，主攻新型平板显示、新一代网络和高端通信设备、生物医药、半导体照明和太阳能光伏、节能环保技术及装备等5个重点；二是提出以服务业为产业导向，全面提升服务业发展水平。在产业规模上，力争服务业增速达14%，到2015年服务业产值比重提升至42%，就业比重达40%以上；在具体产业上，重点扶植旅游与现代物流业，使其成为福建省新的主导产业。

3. 根据区位和资源特点划分区域，采取相应的区域发展策略。主要分为三类：一是环三都澳、闽江口、平潭综合实验区、湄州湾、泉州湾、厦

① 城镇居民人均可支配收入、农民人均纯收入。

门湾、古雷—南太武新区、武夷新区、三明生态工贸区、龙岩产业集中区等十个重点发展区域，定位为先进制造业的集聚区和创业创新的重要基地；二是适度开发区域，主要推进农产品主产区和重点生态功能区的适度开发；三是禁止开发区域，主要推进自然保护区、风景名胜区、森林公园的生态环境建设。力争使不同区域发挥各自的比较优势，共同推进经济建设。

4. 扩大开放，提升对外经贸合作的层次。贸易方面，重视提升出口产品档次、附加价值和竞争力，鼓励企业增加通讯、金融、计算机和信息服务、专利特许、文化和咨询等服务贸易出口。吸引投资方面，一方面引导外资更多地投向主导产业、战略性新兴产业、现代服务业、社会公共事业和节能环保等重点领域，另一方面积极引入更灵活有效的招商方式，建立新型招商引资机制。对外投资方面，加快实施“走出去”战略，鼓励企业开展国际化经营，建立境外生产基地、销售平台和服务网络。

5. 重视区域经济合作，以推动闽台交流与合作为重点之一。福建省提出“十二五”期间加强区域经济合作，包括加强跨省区域经济合作，建立与港澳地区更紧密的经贸合作关系，以及进一步推动闽台交流合作。闽台经济合作是未来福建经济发展战略的重要内容之一，福建提出在对台交流合作“先行先试”取得明显成效的基础上，加快建设两岸交流合作先行区，推进两岸经贸合作、文化交流和人员往来，构建吸引力更强、功能更完备的两岸交流合作前沿平台。尤其是加快平潭综合实验区的建设，先行先试探索“共同规划、共同开发、共同经营、共同管理、共同受益”的两岸合作新模式，推动两岸同胞共建幸福家园。

二、台湾经济发展现状与前景规划

（一）台湾经济发展的现状分析

台湾经济发展起步较早，20世纪六七十年代实现经济起飞后，逐步由工业经济向服务经济转型发展。长期的高速增长使台湾与新加坡、香港、韩国一起被列为亚洲“四小龙”，成为新兴发展中国家和地区经济发展的领头羊。进入21世纪以来，受岛内、外各种政经因素的影响台湾经济发展速度趋缓，但总体看台湾经济已处于相对发达阶段，民众生活也属于中等偏上的相对富裕水平。

1. 总体经济处于相对发达水平，但近10年来经济发展速度趋缓。国民党退台后，积极推动台湾地区的经济恢复与发展，由于较好地利用了当时有利的国际环境，采取实用、灵活的政策措施，从而有效地促进了台湾经济在战后40多年内的快速发展。2011年台湾地区GDP总量13.8万亿元新台币（约4669亿美元）。[①] 在相对经济实力的对比中，台湾作为面积仅3.6万平方公里、人口2300万的小型经济体，其经济发展可归为相对发达地区水平。

20世纪90年代开始，台湾总体经济就表现得不太乐观，近10年来经济趋缓的态势更加明显。台湾经济增长率由20世纪80年代的10%以上下降至90年代的6%左右，2000—2011年间年平均增长率进一步降低至3%左右。2012年受国际经济形势不景气的影响，台湾经济也将面临“保3”危机。

2. 内需市场狭小，出口是带动经济增长的主要引擎。台湾属海岛型经济，资源、市场都十分有限，仅靠岛内投资和消费难以带动经济快速发展。因而，台湾当局自20世纪60年代起就开始采取外向型的出口导向发展战略，使台湾外贸依存度（外贸总额/GDP）由60年代末的50%左右迅速提高至70年代初的90%，2011年更高达126%。内部需求部分，2011年台湾消费和投资分别增长3%和-3.8%，对台湾经济增长的贡献率分别为1.6和-0.7个百分点。但需要注意的是，民众消费和生产投资都一定程度受到出口的影响，当出口景气时岛内厂商将扩大投资、提高薪资，进而推动岛内需求增长。因此综合来看，出口对台湾经济的贡献度预估达70%，是带动台湾增长的主要引擎。

3. 以服务经济为主，但产业结构升级转型的压力依然较大。从20世纪50年代至80年代，台湾当局采取了农、轻、重、科技依序发展的产业政策，成功推动了台湾数次产业结构升级，台湾主导产业实现了由农业向劳力密集型的轻纺、电子工业，进而向资本密集型的重化工业和技术密集型的电子信息产业的转移。80年代中后期台湾初步实现工业化后，又面临新的由工业向服务业转型的需要。1988年台湾服务业占GDP比重突破50%，1993年超过60%，再经过近20年的发展，台湾基本实现了向服务

---

① 台湾“主计处”：《国民所得统计及国内经济形势展望（2011年第4季）》，www.dgbas.gov.tw.

型经济的转型。2011 年，台湾三次产业比例为 1.72%、29.6% 和 68.7%，三次产业的增长率分别为 1.9%、4.4% 和 3%。

尽管从规模上看服务业已成为台湾经济的主导产业，但当前台湾服务业发展也面临诸多困难：一是台湾服务业以内需市场为导向，但岛内市场狭小、竞争激烈，不利于服务业成长；二是台湾服务业结构仍以人力密集和低附加价值的传统服务业为主，现代服务业发展较慢；三是台湾服务业国际竞争力较弱，不利拓展服务业出口市场；四是台湾服务业解决就业的能力明显不足，对经济的贡献较弱。而目前台湾经济的主导产业，仍是以半导体、光电、通讯等为主的电子资讯制造业，台湾拥有全球领先的电子代工能力，电子资讯产品的全球市场占有率超过 50%。总体看，台湾仍面临较大的产业转型升级压力，其中既包括由制造向服务型经济的转型，也包括服务业自身结构的调整。

4. 对外部经济依赖程度较深，存在过度集中的结构性问题。受自身经济条件所限，对外经贸成为台湾发展经济的必要途径。20 世纪 60 年代以来，台湾先是抓住国际分工的有利时机推行“出口导向”策略，以对外贸易带动了整体经济的快速发展，同时借侨外投资发展出口相关产业，80 年代中期以后又进入了以对外投资拉动对外贸易，进而拉动岛内经济成长的新阶段。2011 年，台湾贸易进、出口总额占 GDP 比重分别达 66% 和 60%，吸收的侨外投资约 49.6 亿美元，对外投资约 37 亿美元。对外贸易与投资关系的发展，使台湾经济对外部经济的依赖程度越来越深。一方面，对外贸易（包括进口和出口）在总体经济中比重高，显示无论技术还是市场都依赖外部；另一方面，外资已经成为对台湾股市、汇市以及企业发展相当重要的影响因素。

台湾对外经贸也存在结构单一、过度集中的风险。从贸易上看，长期以美、欧为主要出口市场，以日本为主要进口市场，近年来虽然对以大陆地区和东盟为主的亚洲地区贸易比重上升，但实际进入这些地区内需市场的不多，美、欧、日仍是台湾最重要的进出口对象，而产品结构出口集中于电子资讯产品、进口集中于相关产业所需机器设备，也加大了台湾受外部经济形势下滑，尤其是个别产业、个别区域经济不景气冲击的力度。从投资上看，台湾对外投资具有明显的产业指向和地域指向，输出到生产制造领域的资金集中于大陆地区、越南、印度等地，而输出到以金融业为主的服务领域的资金集中于欧、美等发达地区，因此也一定程度上存在由欧美地区传导金融危机的隐忧。

5. 居民生活处于相对富裕水平，但贫富差距扩大是当前台湾经济社会的主要矛盾之一。20世纪90年代以前是台湾经济发展最迅速的时期，同时由于台湾当局重视以产业政策、财税政策或就业政策调节所得分配，经济发展的果实较好地落实于民，台湾民众收入水平得到快速提升。1986—1996年，台湾人均GDP由3897美元增加至13073美元，与人均收入水平最高的美国的差距由4倍多缩小至1倍多。这一时期，劳动者工资收入占“国民收入”的比重不断提高，① 中产阶级的数量增多并成为社会的主要阶层，总体看居民生活处于相对富裕水平。但90年代中期以后，尽管台湾经济仍呈中低速增长态势，但居民收入水平处于基本停滞阶段，2003年人均GDP仅12725美元。近年来虽然表面数字有所提升（2011年人均GDP为20122美元），但民众普遍反映对薪资和生活水平的提升“无感”，其中很大原因是经济增长的果实大部分由富人取得，中产阶级向低收入阶层转移的趋势明显，贫富差距扩大正在成为当前台湾经济社会最主要的社会矛盾之一。2010年按五分位计算，台湾最富与最穷阶层民众的收入差距已达6.19倍。

（二）未来台湾经济发展战略

2012年，马英九在台湾地区领导人选举中获胜取得连任，他提出的“黄金十年，国家愿景”对台湾未来10年经济结构调整、产业发展、区域整合以及两岸经济合作等都做出具体规划，基本勾勒出未来台湾的经济走向。

1. 以维持经济稳定增长为首要任务，但同时强调“均富”和增强民众幸福感。2001年和2009年台湾经济先后出现两次大幅衰退，导致台湾经济总量在这10年里增长极为缓慢，平均增速仅3%左右。维持一定的经济增长速度仍是当前台湾经济发展的首要目标，例如2012年在国际经济形势不景气背景下，台湾高喊“保3”口号，为此台湾当局也提出财政扩张、金融救助等一系列应对举措。但同时，台湾新任当局也提出未来4年要实现“均富、改善就业和力促企业转型与创新”等目标，一方面调整经济结构、促进经济可持续增长，另一方面重视社会公平，改善收入分配，缩小岛内贫富差距，增加民众的“幸福感”。

① 李非：《台湾经济发展通论》，九州出版社，2004年版。

2. 推动新一轮经济转型，主要是促使经济增长动力多元化和产业结构调整。台湾当局提出提升经济成长潜能，打造“黄金十年成长途径”。主要思路包括：一是形成新的经济成长动力。加快调整经济结构，在确保出口对经济的带动作用的同时，使内需（消费、投资）成为经济成长的另一引擎，同时使服务业对经济成长的贡献度由五成提高至六到七成，成为带动经济成长的主动力之一；二是调整产业结构，重点发展高附加价值产业。在传统产业方面，推动技术维新和发展品牌；在制造业方面，鼓励企业走出“代工”模式，投资并发展研发、创新、品牌、通路等服务性商业模式，即推动“制造业服务化”；在服务业方面，推动服务业由内需产业转型为“可输出的服务业”，通过营运模式创新、科技元素应用及增强产业关联性等方式提升服务业附加价值，即推动“服务业科技化和国际化”。

3. 规划和推动地方特色产业发展，促进区域均衡。台湾也存在明显的区域发展不均衡现象，主要表现在西部经济发展水平高于东部、北部经济好于南部、城市发展好于农村。为此，台湾当局提出缩小北、中、南、东、离岛各区域间差距的区域均衡目标，具体规划包括：一是推动“产业有家、家有产业”，定位并推动各区域具国际竞争力的优势产业发展，建构未来10年台湾产业空间分布图；二是评估各区域发展优势产业所需人力资源，有计划地调整各区域人力供应；三是规划预算，强化各区域发展优势产业所需的公共建设。

4. 进一步增强对外经济关系，加快区域结盟和经济自由化。一是在对外贸易和投资方面，都强调分散风险，对外经贸关系发展的重点应转向东盟、中东、南美、非洲等新兴市场；二是在参与区域经济整合方面，加速推动与新加坡、新西兰等签署经济合作协议（ECA）、争取加入跨太平洋伙伴协定（TPP）；三是在对外经济开放方面，开展第三波经济自由化，规划在高雄等地设立自由经济示范区，优先开放对对外经贸往来的管制。

5. 积极开展两岸经济合作，主动利用大陆资源和市场带动台湾经济发展。除了明确将积极进行ECFA后续协商外，台湾“经建会主委”尹启铭还指出，台湾可能在两岸经贸往来上“调整策略，重新布局”，主要内容包括：一是策略上由被动转为主动；二是方向上将大陆地区由生产基地调整为目标市场；三是积极完成ECFA相关协商；四是推动两岸产业合作；

五是两岸特区对特区先行开放。这意味着，未来台湾将更重视两岸经贸发展对台湾经济的带动作用，并积极展开交流合作。

三、闽台经济合作基础分析

闽台经济往来是两岸经济合作的重要组成部分，随着福建省加快对海峡西岸经济区的建设，闽台经济合作也有了长足进步，但总体上看，目前闽台两地尚未充分发挥互补优势，可发展的空间仍然很大。

（一）闽台贸易规模不断扩大，但尚未充分发挥潜力

福建与台湾隔海相望，两地民众间的贸易往来即使在 1987 年两岸开放以前也从未中断。随着两岸关系的变化和发展，两岸贸易由“非法”走向“合法”、由间接走向直接，闽台间贸易也有了长足的进步，由过去民众私下的小额贸易发展成为以企业为主体的规模化贸易，贸易总量大幅增长。据商务部统计，2010 年两岸进出口贸易总额约 1454 亿美元，其中台湾对大陆出口额 1157 亿美元，自大陆进口额 297 亿美元，贸易顺差约 860 亿美元。[①] 据福建省统计，闽台贸易总额 104 亿美元，约占 7. 2%，其中福建自台湾进口额 81. 8 亿美元，约占 7. 1%，出口台湾额 22. 1 亿美元，约占 7. 4%。[②] 近几年来，闽台贸易在两岸贸易中的比重随着海西区的大力开发仍在不断增长。2010 年比 2005 年翻了一番。

闽台贸易具有与两岸贸易类似的投资带动贸易特征，以机电产品为贸易主体，台湾对福建省出现大幅顺差。另一方面，闽台贸易也具有大陆其他地区对台贸易所没有的独特之处，即农产品贸易规模大，对台小额贸易及福建对金马台澎直接贸易。据统计，2006—2010（“十一五”时期）年间福建对台农产品贸易额累计达 13 亿美元，占同期大陆对台农产品贸易总额的近三成，对台小额贸易累计达 6. 2 亿美元，比前一个五年计划时期增长了 2 倍。福建对台金马澎地区以砂石、民生日用品、农副产品为主的直接贸易额也呈逐年增长态势。

但从总体上看，闽台贸易仍未充分发挥潜力。受两岸经济关系尚未实现正常化的影响，闽台两地贸易也受到来自台湾当局的政策限制，这些限

---

① 商务部网站。

② 福建省 2010 年统计公报。

制对福建的影响可能远大于大陆其他地区，一是受限制的商品以农产品、高科技产品为主，都是福建的优势产业和支柱产业；二是贸易壁垒使福建的地理优势、文化优势难以发挥，两地民众由于文化民俗相同消费倾向也接近，在正常、自由的贸易环境中，本应创造更大的贸易规模。

（二）闽台积极展开相互投资，但有待加强深层合作

1987 年台湾当局开放两岸往来后，1989 年福建设立了大陆最早的台商投资区（马尾、杏林、集美、海沧），福建也率先承接了台商投资大陆的热潮。1991 年以前，福建吸引台商占大陆台资总额的 1/3，[①] 近 10 多年来，虽然台商在比福建更具地理交通、产业集聚优势的长三角和珠三角地区加大了投资，但福建独特的历史、区位优势，使其始终保持台商投资最重要地区之一的地位。台统计部门的数据显示，截至 2010 年，台商投资大陆主要集中于江苏（34.3%）、广东（22.6%）、上海（14.5%）、福建（6.9%）和浙江（6.6%），五省市总计占大陆吸引台资总额的 85%，福建仍居台商投资的第 4 位。[②]

在陆资赴台部分，福建省是“陆资入岛”最多的地区，企业赴台投资总额约 3 亿元新台币，投资产业涉及电子、生物科技、农业、海运、物流、零售业等多个领域。福建省的新大陆电脑股份有限公司是最早赴台投资的大陆企业。在两岸关系和平发展、闽台经济文化交流深化的带动下，愈来愈多的福建企业赴台寻求合作，包括新大陆、泉州中泉国际经济技术合作（集团）有限公司、厦门华天港澳台商购物有限公司、福州超大现代农业发展有限公司、建宁县龙威生物科技有限公司、泉州安通物流有限公司、闽台农产品市场有限公司、福建东方海运有限公司等。[③]

综上可知，闽台相互投资有较好的合作基础。但同时也要看到，现阶段两岸资金往来仍受一定限制，尤其台湾方面对台商投资大陆的产业类别及规模仍未完全开放，再加上对陆资投资岛内工程、基础建设的限制，使这些福建的优势产业难以通过投资参与两岸合作。另一方面，当前闽台两岸投资模式仍以传统的招商引资为主，容易受生产成本、环境等条件变化影响，未来应在转变投资方式、加强深层合作上多下功夫。

---

① 单玉丽：《福建在海峡西岸关系中扮演的角色》，《东亚论文》第 79 期，2010 年 2 月 1 日。

② 台湾“投审会”：《2010 年对外投资年报》。

③ 台湾“投审会”：《陆资来台投资事业名录》（2011 年 8 月 5 日）。

（三）闽台产业分工合作日益深化，但在各自产业升级转型中面临新的机遇和挑战

目前，闽台已形成电子、机械、石化等产业合作链。台湾向大陆的产业转移热潮中，以劳力密集型为主的万余家台资企业带动卫星厂商迁至福建，并逐渐在厦门、福州等地形成产业链，如以冠捷、华映为龙头的电子产业，以东南汽车、金龙客车为龙头的汽车及机械产业，以翔鹭化纤、正新橡胶为龙头的化工产业。这些产业后来都成为福建省的主导产业，也在两岸电子、机械、化工产业合作中占重要地位。据统计，台商投资福建省化学制品业占大陆总额的14%，汽车及零件制造业占27%，机械设备制造业占6%左右。此外，农业合作是闽台产业合作的独特部分，在两岸产业链中具有重要地位。农业是福建对台合作的优势产业，早在1989年福建就在中央支持下创办了东山对台农业引进试验区，开辟29个岛屿和农场作为对台农业引进基地。90年代又先后在厦门、福州、福安、龙海等地创办一批闽台农业科技园区，在福州、漳州设立国家级农业合作试验区。2005年，经国家相关部门批准福建全省被设为海峡两岸农业合作试验区，闽台农业合作加速发展。以2009年台对大陆各省农林渔牧业投资为例，福建省吸引台商投资第一产业约6400万美元，占大陆总量的24%，仅次于广东省（27.2%）居第二位。[①] 此外，2005年以后福建省还最早设立了台农产品、水产品销售集散中心，促进闽台农产品贸易。实际上，2008年两岸直航以前两岸农产品贸易大幅增长很大程度归功于闽台农业合作平台。据台"农委会"统计，1993—2003年台湾农产品占对大陆出口总额比重一直在3%～5%以下徘徊，而2005年快速上升至10%，2006—2007年达到13%，[②] 闽台农产品贸易在其中居功至伟。

闽台产业合作具有明显的互补优势，尤其是在当前福建和台湾都提出经济和产业结构转型的要求下，深化两地产业合作获得了前所未有的机遇期。一方面，福建大力推动以物流、金融为主的服务业发展，而台湾将服务业输出作为转型的重点方向，两地服务业合作潜力巨大；另一方面，台湾方面愈来愈重视"全球招商"，投资发展地方产业，而推动企业"走出去"，寻找策略合作伙伴，并建立海外生产、研发、营销基地是福建的重

① 台湾"投审会"：2009年年报。

② 温芳宜、田君美：《影响两岸农产品贸易与投资的关键因素》，"海峡两岸产业创新与合作研讨会"论文，2010年8月。

要策略。两岸有望在转型中形成新的产业分工合作模式。但同时也要看到，在产业转型过程中，闽台两地也面临产业发展目标同质性高，如都提出发展新能源、新材料、生物科技等新兴产业，容易造成资源投入和生产的竞争，如何将竞争转向合作关系将是未来闽台产业合作面临的重要挑战之一。

（原载于《闽台经贸》2013 年第 3 期）

两岸关系和平发展与港台关系

修春萍

香港与台湾关系既密切又特殊。在台湾问题尚未解决的情况下，香港作为国家目前两个实行“一国两制”方针的特别行政区之一，一方面与台湾各项民间往来保持不变，另一方面两地间的官方往来要报请中央政府批准，因此，香港回归后，港台关系实质上已成为两岸关系的一部分——一个特殊组成部分。港台关系的发展不仅与两岸关系状况密切相关，而且从属和受制于两岸关系的进展，但香港又不同于一般内地省市，在对台交往中，有着由历史、制度、现实以及特殊经贸关系等因素交互作用而形成的独特性。换言之，港台关系的发展在很大程度上受到两岸关系的影响和制约，同时香港在两岸关系中又发挥着十分独特的作用。随着两岸关系进入和平发展轨道，两岸直接往来日益频密，在此情况下，港台关系将如何发展，香港在两岸关系中将扮演什么角色，正在成为人们越来越关注的问题。

一

在对峙、隔绝、紧张中起伏跌宕半个多世纪的两岸关系，在 2008 年以后，终于发生了历史性的变化，步入了和平发展的轨道。保持两岸关系稳定、推进国家和平统一进程，关系到国家发展战略的顺利实施，关系到中华民族的伟大复兴。为此，进入新世纪后，中央政府就着手布局并推动两岸关系的和平发展。2005 年 4 月，胡锦涛总书记在与到访的国民党主席连战先生会面时明确指出，构建和平发展的两岸关系，对两岸同胞有利，对中华民族的长远发展有利。2006 年胡锦涛总书记在会见参加海峡两岸经贸论坛代表时，进一步强调“和平发展理应成为两岸关系发展的主题，成为两岸同胞为之奋斗的目标”。[①] 两岸关系和平发展的思想提出，正值台湾岛内“台独”势力猖獗、台海紧张局势不断升级之际，而这一思想符合两岸人民的共同利益，顺应时代潮流，因此得到两岸绝大多数民众的支持，不仅遏制住了“台独”的嚣张气焰，并最终于2008年将两岸关系导入了和平发展的轨道。

（一）两岸关系和平发展不断深入人心，得到包括绝大多数台湾同胞在内的两岸民众的广泛支持。如果说2008年以前对于台海两岸大多数人而言，两岸关系和平发展更多是一种憧憬的话，那么2008年以后，这一憧憬终于转化为现实。而进入和平发展轨道后的两岸关系，在短短数年中取得了历史性的发展，两岸全面“三通”的实现，经济合作框架协议（ECFA）的签署，经济合作的不断深化、各领域交流的不断扩大、大陆游客赴台的开放、人员往来的密切等等，这一切不仅使得两岸民众尤其是台湾民众切实受益，而且，大大缓解了台湾民众过去一段时间因两岸关系不断恶化而产生的紧张感、不安全感，以及对前途的不确定感。正因为此，两岸关系和平发展得到了绝大多数台湾民众的支持。近几年来，台湾各民调机构所做民意调查数据均显示，支持两岸关系和平发展的岛内民众稳定保持在70%以上。绝大多数民众的支持，成为推动两岸关系和平发展的坚实社会基础。

（二）两岸关系和平发展也获得了国际社会的普遍欢迎与肯定。台湾问题是中国的内政问题，但却有着复杂的国际背景。而在当今社会全球化趋势不断发展、世界越来越开放、相互利益联系越来越紧密的背景下，也不可否认台海地区局势或多或少会涉及一部分国家利益，它们对台湾问题、两岸关系的关注度不断上升。而国际社会对于台湾问题、两岸关系的立场与态度，不可避免地对两岸关系发展产生影响。事实上，20世纪90年代以后，台湾岛内“台独”势力增大，尤其是陈水扁当局肆无忌惮的“台独”冒险，致使两岸关系严重恶化，台海地区局势高度紧张，与美日等国际势力纵容与支持“台独”势力，蓄意利用台湾问题牵制中国有着密切关系。不过，“台独”势力的过度膨胀和有恃无恐，在严重恶化两岸关系的同时，也将美国拖入可能被迫卷入台海冲突进而与中国发生直接对抗的境地，这显然不符合美国的利益，其他周边国家也承受着台海紧张局势

① 《人民日报》2006年4月7日。

升级可能殃及自身利益的压力。2008 年以来，两岸关系改善、呈现和平发展态势，大大缓解了台海地区紧张局势，解除了各相关国家对台海冲突可能影响自身利益的担忧，从而受到包括这些国家在内的国际社会的普遍欢迎与支持。美国总统奥巴马 2009 年 11 月访华期间，在双方共同发表的《中美联合声明》中明确表示，美方“欢迎台湾海峡两岸关系和平发展，期待两岸加强经济、政治及其他领域的对话与互动，建立更加积极、稳定的关系”。[①] 同年 5 月，日本外务省发言人在回答台湾“中央社”记者询问时称，两岸经由实务对话和平发展实务性关系，有助于东亚的和平与安定，日本政府对此表示欢迎。[②] 欧盟发表共同声明，赞扬两岸关系和平发展及其对东亚稳定与安全的贡献。[③] 国际社会普遍欢迎两岸关系取得持续进展，支持两岸关系继续稳定、和解，为两岸关系和平发展提供了一个良好的外部环境。

（三）中国大陆坚持走两岸关系和平发展道路，并对走这条道路充满自信。两岸关系和平发展走向和平统一是中国共产党的既定政策。刚刚结束的十八大报告明确强调：“和平统一最符合包括台湾同胞在内的中华民族的根本利益。实现和平统一首先要确保两岸关系和平发展。必须坚持‘和平统一、一国两制’方针，坚持发展两岸关系、推进祖国和平统一进程的八项主张，全面贯彻两岸关系和平发展重要思想，巩固和深化两岸关系和平发展的政治、经济、文化、社会基础，为和平统一创造更充分的条件。”[④] 这一宣示再次向世人表明，推动两岸关系和平发展、最终实现国家和平统一是中国共产党的一项长期政策。

完全可以预期，和平发展将是未来两岸关系的总体走向。当然，两岸关系和平发展是一个长期过程，也不排除出现波折的可能性。但是，两岸关系日趋密切是不以人意志为转移的客观趋势。2008 年以来，进入和平发展轨道的两岸关系取得了一系列重大进展和突破。海协会、海基会相继签署了包括两岸经济合作框架协议（ECFA）在内的 18 项协议；两岸实现全面直接“三通”后，两岸经济的不断融合，相互投资的扩大，大陆居民赴

① 《人民日报》2009 年 11 月 8 日。

② （台湾）《中国时报》2009 年 5 月 1 日。

③ （台湾）“中央社”2009 年 5 月 9 日。

④ 胡锦涛：《坚定不移沿着中国特色社会主义道路前进　为全面建成小康社会而奋斗》，《人民日报》2012 年 11 月 9 日。

台团队和个人旅游相继启动；两岸各界交流蓬勃，两岸人员往来大幅增加，2011年达到710万人次，两岸“一日生活圈”也开始显现雏形。两岸间之所以出现大交流、大合作、大发展的局面，根本原因是两岸民间客观上存在着相互交流与合作的需求，这种需求所产生的动能在人为障碍去除之后被释放出来，推动着两岸民间交流与合作的不断发展与深化，并为两岸关系发展注入新的动能。

二

两岸关系步入和平发展轨道给香港以及港台两地关系带来了方方面面的影响，其中最直接的是香港作为两岸中介与桥梁地位的弱化。

长期以来，由于两岸间政治沟通管道的不畅和经贸通路的阻滞，大陆与台湾的往来很多都要通过或绕道中转站来进行，从政治、经济到人员往来莫不如是。香港由于其特殊的历史、地理、人脉原因，自然而然地成为大陆与台湾之间的联系点和中转站，发挥着重要的桥梁作用。据国家旅游局统计，自1987年台湾当局开放民众赴大陆探亲，打开与大陆交往大门，到2008年的30多年间，两岸人员往来6000多万人次中，60%～70%是经香港中转往返两岸；据香港特区政府统计，两岸经香港转口的贸易总额为1852亿美元，约占同期两岸贸易总额的21.7%。[①] 而20世纪的一段时间，两岸贸易中香港转口的贸易额曾占绝大部分。香港在两岸间的中介作用之重要可见一斑。而如此大量的人员、货物、资金等在香港中转，也为香港带来了相当大的利益。

显而易见，香港在两岸间中介地位的确定，是因为两岸关系的不正常。在两岸间存在诸多人为障碍的状况下，占尽各种优势的香港无可替代地成为连接两岸的桥梁。但这也意味着当两岸关系改善并走向正常化，横亘两岸间的人为障碍被逐步撤除，香港作为两岸之间的中介作用随之也将逐渐退化。其实，关于两岸关系改善特别是全面实现“三通”之后，香港作为两岸中介的地位将迅速削弱的看法并不在少数，甚至有人担心香港在两岸关系快速发展中可能被边缘化。虽然，从近几年的相关统计数据看，香港因两岸直航、经济关系更加密切所受到的影响远没有之前评估的严

① 仇长根：《香港：两岸和平发展的重要枢纽》，《中国评论》2012年3月号。

重，比如2009年两岸经港往来的人员数量比2008年减少了10%左右，香港政府部门2008年末的调查显示，香港客运、货运总值受两岸直航的影响将可能小于1%。[①] 这种情况与两岸实现全面“三通”前，大量的间接贸易实际上已经转为“半直接贸易”有关。所谓“半直接贸易”的指两岸货物由各自指定船舶运抵香港水域范围湾靠，但不报关，只由人员上岸转换单证，或一切手续直接在船上办理，然后将货物直接运抵对岸。由于这种“半直接贸易”的货物属转运和过境，可以不在香港报关，因而这一部分货值并未列入香港海关的统计，这也是导致两岸“三通”前大陆、台湾、香港在两岸经港贸易统计资料存在很大差异的原因。而据香港海关的统计，在2000年，经港转口贸易占两岸贸易的比重仅为36%，也就是说，当时两岸的“半直接贸易”占比已达64%。从这个意义上说，香港在两岸贸易中的中转地位下降并非始于近年。随着越来越多的两岸工商业者希望直接深入对岸，越来越多民众选择直接抵达目的地而非绕道香港，香港在两岸间所长期扮演的中介角色不断退化是必然趋势，而且随着两岸和平发展进程的发展，以及在此过程中一系列保障两岸正常往来措施的固化，香港的中介功能还将继续流失。这是进入新的历史时期，两岸关系发生重大变化对香港产生的必然影响。其实香港作为两岸关系的中介功能是特殊历史条件下的产物，当历史条件发生变化时，其功能作用自然也要随之发生改变。对于香港而言，应对这样的形势，需要思考的是仅仅寻求一个补救这部分损失的办法，还是抓住两岸关系和平发展的机会找到自己的新定位，为香港未来发展创造新的增长点。

值得一提的是，香港长期以来在两岸关系中并不仅仅只有中介和中转的功能，作为两岸关系的前哨接触点，它在两岸关系出现波折时的观察与缓冲作用也不可小觑。应该看到，两岸关系和平发展虽是大势所趋，但也难免会有起伏、波折。从台湾岛内看，坚持“台独”立场的民进党的基本支持力量依然占据相当比例。在台湾目前的政治体制、政治生态下，民进党仍存在再次上台执政的可能性。激进“台独”分子虽然人数有限，但仍具有相当的活动能量和活动空间。这些都是破坏与干扰两岸关系和平发展的重要因素。从国际上看，部分敌视中国或担心中国强大损害自身利益的

---

① 张哲馨：《两岸关系和平发展阶段港台关系的定位与发展路径》，《台湾研究》2010年第4期。

政治势力，不会轻易放弃台湾这张可以牵制中国发展的牌。因此，未来在某个特定环境下，不能完全排除岛内“台独”势力再成为两岸和平发展现实威胁的可能性。如若出现这种情况，两岸政治关系也可能出现暂时停顿甚至倒退，此时香港在两岸关系的特殊作用将会再次凸显出来。

三

两岸关系进入和平发展轨道，虽然香港作为两岸中介的地位受到冲击，但是，港台关系发展的空间也明显增大。有句西方谚言说：“上帝关上一叶窗，却又为你打开一扇门。”香港人素以善于因势利导、灵活应变著称。在两岸直接往来日益密切，香港在两岸往来中的中介功能弱化的同时，由于两岸关系的改善，香港直接与台湾进行官方和半官方交往的大门却适时打开了。这是“一国两制”条件下香港所具有的特殊优势，是其他内地省市无法比拟的。加之香港国际金融、航运和世界“最自由经济体”地位稳固，法律体系健全，与世界主要市场联系密切，并且和同属“亚洲四小龙”的台湾经济发展程度相似等有利条件，港台关系在两岸关系向好的前提下进一步发展的潜质巨大。

中央人民政府在 1997 年香港回归前，即确定了“九七”后香港涉台问题的基本原则和政策，明确规定：“香港特别行政区与台湾地区之间以各种名义进行的官方接触往来、商谈、签署协议和设立机构，须报请中央人民政府批准，或经中央人民政府具体授权，由特别行政区行政长官批准。”“港、台两地现有的各种民间交流交往关系，包括经济文化交流、人员往来等，基本不变。”“鼓励、欢迎台湾居民和台湾各类资本到香港从事投资、贸易和其他工商活动。”香港特区政府一直以来，都是依据此原则与政策处理对台关系。2008 年以前，由于两岸关系一直处于紧张高度状态，两地经贸关系虽然发展迅猛，但官方互动有限。2008 年以后，在两岸关系改善的大背景下，香港特区政府发展对台关系的积极性增加，台湾马英九当局也表现出很大热情，从而促成了港台关系突破性发展。其中，最突出也最重要的是两地官方互动层级的提升和交流、协商机制的建立。重要标志之一是 2010 年 4 月，参照两岸海协会、海基会的沟通模式，香港和台湾分别成立了“港台经济文化合作协进会”（以下简称“协进会”）和“台港经济文化合作策进会”（以下简称“策进会”），以此作为两地涉及公共政策的制度化沟通平台。迄今为止，“协进会”与“策进会”已召开了三次联席会议，就推动两地在经贸、投资、文化、环保等领域的交流合作达成了多项共识，并取得了诸多成果。标志之二是两地互设常驻机构。2011年7月，台湾驻港机构“中华旅行社”改名为“台北经济文化办事处”，2012年5月，香港经济贸易文化办事处在台北正式挂牌。标志之三是港台高层官员互访频繁展开，台“陆委会”“经济部”“教育部”“财政部”“经建会”等部门负责人先后访台，香港民政事务局局长曾德成、政制事务局局长林瑞麟、财政司长曾俊华等人也相继访台。这无疑是港台关系的重大突破。它的意义在于，为港台关系发展注入了来自官方的推动力，将有助于港台关系向更宽领域、更高层次拓展。

与此同时，两地经贸关系呈现继续发展的态势，相互贸易额持续扩大，据台湾官方统计资料显示，2010年为394.4亿美元，较上年增长1.29%；2011年增加到417.7亿美元。双方互为第四大贸易伙伴。虽然香港作为两岸经贸往来中转站的作用下降，但两岸贸易中经香港的转口贸易却依旧有所增长。香港统计处统计资料显示，台湾经港进出大陆的贸易额，2010年为275.2亿美元，较上年增长31.0%；2011年为304.4亿美元，较上年增长10.6%。相互投资方面，近两年虽然规模不大，但都略有增加。两地在金融合作方面的步伐加快，2009年5月，香港证券及期货事务监察委员会与台湾“行政院金融监督管理委员会”（以下简称“金管会”）签署谅解备忘录附函并换文，“增加指数股票型证券投资信托基金资讯互换的约定，相互跨境销售”。[①] 2011年8月，香港金融管理局与台湾“金管会”签署港台银行业监理合作谅解备忘录。2012年9月，港台再签署保险监理备忘录。这对于港台两地金融合作的推展将起到积极作用。两地人员往来保持热度。2010年台湾为争取香港游客，进一步放宽香港居民赴台手续，只需网上自行打印相关证件，并持香港有效证件即可赴台。香港方面因应两岸直航的冲击，也简化台湾民众入港手续，包括持台胞证免签入港、免费上网申请赴港签证等。这些措施对于促进两地人员往来产生了效果。两岸直航以后，台湾赴港人次保持在230万人左右，较两岸直航前的280万人次左右仅减少50万人次，远低于此前香港有关方面评估的可能流失150万人次。香港赴台人次增加明显，2010年、2011年都在65万

① 《台港MOU附函签署双方ETF得申请跨境上市》，台湾《中国时报》2009年5月22日。

人次左右，高于此前每年的 40 万～50 万次。文教交流合作是港台关系发展的新热点。香港特区政府和台湾当局都重视并积极推动双方在这一领域的交流合作，得到两地官方支持的文教交流活动陆续展开，包括举办以文化展演为主要内容的“台湾月”“香港周”，召开“台港文化合作论坛”，台湾当局推出一系列吸引港生赴台就学的政策措施等。

总之，两岸关系和平发展为港台关系的发展提供了良好的氛围和很大的空间，促进了两地全方位的交流与合作。

四

2008 年以来，两岸大交流、大合作的展开，弱化了香港作为两岸的中介地位，但同时也为香港提供了寻找新的增长点、进一步做强自身的机会。

过去一段时期，港台关系发展并不充分，其中有不少自于非客观因素。从台湾方面看，台湾当局出于种种政治考虑，对台港关系发展抱有戒心，不鼓励甚至有所限制，这在一定程度上影响到港台关系发展。两岸关系和平发展新形势，促使双方都转变了发展相互关系的态度，表现出相当大的积极性，这将有助于推动港台关系发展。而港台关系发展的不充分，反过来也意味未来有着很大的发展空间。不过，长时间的相互不重视，也难免造成彼此缺乏了解与认识。香港特区行政长官梁振英在担任香港行政会议召集人时主张香港应积极创造港台交流的机会，并曾表示港台交流首先是认识问题。香港社会对台湾地区的认知比较浅，不提高认识的话，就无法制定后续的发展政策。[①]“台港经贸文化策进会”副主席、“香港—台湾商贸合作委员会”主席李大壮先生也表示，他们正在探索港台间在哪些方面可以合作，建立港台交流平台的目的就是让大家有机会通过这个平台去寻找机会，促进相互了解与合作。[②] 港台各自具有的优势，存在相当大的合作空间，关键是如何将两地的优势结合起来，形成互补，创造双赢。值得注意的是，此前港台关系发展不充分，有上述官方态度不积极等因素的影响，但从根本上看，还是内在动力不足。从两岸关系发展的经验，数

① 《梁振英：香港应提高对台湾的认识》，中评社 2011 年 7 月 1 日。

② 李大壮：《港台构建平台交往中发掘机会》，《中国评论》2010 年 10 月号，总第 154 期。

十年来之所以能够突破各种障碍尤其是人为阻力不断前进，就是因为存在着强大的内在动力。因此，港台关系未来发展，不仅仅在于扩大、加强合作，还在于在合作中激发、培养内在动力。

20世纪60～70年代，香港曾经是享誉世界的亚洲“四小龙”之一。此后的数十年中，在亚洲各国相继跟上、整个区域呈现块状崛起的态势下，香港经济仍能保持骄人的表现，一方面是因应形势发展适时进行经济转型以及不断培养、强化的自身优势；另一方面，香港作为中国大陆对外窗口以及两岸中介的定位，也起到了不可忽视的作用。

但是，必然指出的是，无论是中国大陆对外的窗口，还是两岸的中介，香港的这些定位并非其主动，而是在很大程度上因大陆和台湾的需要被定位为窗口或中介。幸运的是，这样的定位，不仅有利于大陆和台湾，也有利于香港的经济发展。而今天香港所面临的现实是，随着内地对外开放程度的不断提高，尤其是上海、广州等沿海城市的迅速崛起，香港不仅既有的窗口作用已有所弱化，而且还面临着来自上海、广东等地的竞争压力。同时，两岸关系的日益密切，也使香港的中介功能明显退化。而东亚区域乃至亚太区域经济合作不断推进，也给区域内各经济体带来各种机会与挑战。换言之，今天的香港不仅需要弥补因时空环境变化而正在失去的优势，更需要抓住机会，寻求新的经济增长点，迎接挑战。这样的形势，其实也给了香港一个主动寻找新定位，保持香港竞争力和优势，进一步做强自己的机会。

正如香港特区行政长官梁振英出席2012年10月世界华商联合促进会举办的第三届“后ECFA两岸民企（港浙台）经贸论坛”致辞时所言，“香港是高度开放的国际金融、贸易和航运中心，投资环境优越，资金与资讯自由流通，营商环境规管健全，加上完善的基础设施、独立的法治体系和广泛紧密的国际联系，是内地、台湾与外国企业进出最便捷和稳固的踏板和平台”。这些都是香港的优势，其实还不止于此，比如高效、专业的服务业、高素质的人才资源、健全法律体系和各种市场规则等等。这些优势都为香港在两岸关系发展新形势下，主动寻求香港新定位、设计香港的未来提供了基础。香港财政司司长曾俊华表示，从较宏观的角度看，大陆、台湾和香港的经济结构、优势不尽相同，两岸三地的产业有相当的深度、宽度和规模，经济合作有不错的成长前景。未来将大力推动港台商讨更紧密经济合作安排协议，与香港和大陆的《内地与香港关于建立更紧密经贸关系的安排》（CEPA），以及大陆和台湾的ECFA，形成铁三角，令两岸三地成为优势互补、坚密相连的产业结构，发挥更大的协同效应，把握现时全球经济重心转移的机遇，在全球价值链中占据更重要的位置，巩固竞争力。[①] 这一定位设计显然已超越了香港的中介定位，而是在更高层次上、依托两岸三地、面向世界寻求新的发展机会。这种崭新的定位势将使香港站上一个新的起跑线上。

总之，今天香港面临的问题不仅仅是如何补救因在两岸间中介地位弱化而失去的优势，而是如何利用两岸关系和平发展新形势，做强香港、继续保持竞争力的问题，这其中找准并践行香港的新定位是关键。

（原载于《中国战略观察》2013年第4期）

① 《曾俊华盼两岸三地形成铁三角》，台湾“中央社”2012年9月30日。

对新形势下深化港台经济交流与合作的几点初步思考

王　敏

港台经济交流与合作是两岸经济合作的特殊组成部分，对深化港台两地关系及增进两岸关系和平发展势头具有十分重要的意义。当前，港台经济交流与合作面临着一系列新的发展形势：一方面，两岸关系和平发展大局日益巩固，港台关系也不断深化发展，双方公务与经济交流协商机制日趋完善，为深化港台经济交流与合作提供了前所未有的新契机。另一方面，全球经济已进入深刻变革期，两岸也积极推动 ECFA 后续协商进程加速经济一体化，给香港发展带来新课题。未来深化港台经济交流与合作应着眼于巩固两岸关系和平发展大局，积极促进两地人流、物流与资金流的双向流动，加强两地服务业合作，推动两地尽快商签经济合作协议，以加快构筑大中华经济圈。

一、港台经济交流与合作的历程与主要特点

由于历史和地缘的联系，港台经济交流源远流长。港台虽先后沦为英国和日本殖民地，但两地人员与贸易往来未曾中断。1945 年台湾回归中国，重新被纳入以大陆为核心的中华经济圈，但好景不长，1949 年国民党退踞台湾后，两岸陷入政治对立和军事对峙的局面，两岸经济交流也被中断。由于香港仍是英国殖民地，因而避免了两岸关系的冲击，同属资本主义世界的港台经济交流与合作得以迈上发展的轨道。总体看，自 1949 年后，港台经济交流与合作大致经历了以下几个发展阶段。

1949—1959 年的起步期。1950 年后，随着英国与新中国的建交，港台官方关系也中断，国民党当局遂以“中华旅行社”等名义在港活动。该时期，岛内经济凋敝，通胀严重。20 世纪 50 年代后，台湾开始推动农业改

革，并实施进口替代型经济发展战略，经济逐渐复苏。香港经济也受到内战的影响，且面临着大量内地人员涌入等挑战。所以这一时期双方贸易往来较少，且基本处于停滞阶段。投资方面，香港对台湾投资起步较早，主要为大陆企业经香港转赴台湾。1952—1960 年累计 28 件，金额约为 401.1 万美元，而同期台湾对香港投资几乎为零。①

20 世纪 60—80 年代初年的蓬勃发展期。20 世纪 60 年代，台湾大力推动出口导向型经济，经济迅速起飞，与此同时香港经济也迅速发展，港台贸易迈入快速发展轨道。1960—1980 年双方贸易额由 0.25 亿美元增至 18 亿美元，增长了 71 倍，其中台湾对香港出口快速增长，由 0.21 亿美元增至 15.5 亿美元，增长了近 73 倍。投资方面，台湾通过设立加工出口区等吸引外资，香港对台湾投资特别是香港华人投资持续增长，1960—1980 年累计 913 件，金额约 3.4 亿美元，主要流向岛内劳力密集型产业。而同期由于台湾经济发展水平较低且岛内实施严格的资本管制，台湾对香港投资较少。到 70 年代末，香港已经成为台湾重要的外汇来源地之一以及台湾仅次于美日的第 3 大外资来源地和贸易伙伴。② 民间交流方面，随着台港经贸联系的日益密切，1965 年双方以民间形式由台湾的“中华航空公司”与香港的国泰公司签订“交换航权协议”，为两地人员往来提供了便利的条件。③

20 世纪 80 年代中后期——2008 年的高潮期。80 年代，大陆实施改革开放，两岸关系逐步缓和，两岸贸易额开始增长。由于当时台湾当局限制两岸贸易，香港成为两岸贸易的中转站，推动台港贸易快速发展。与此同时，随着台湾岛内劳动力、土地等生产要素价格上涨、新台币升值及台湾当局放松外汇管制，台湾对外投资迅速增长，对香港投资也快速增长，诸多台商纷纷经过香港对大陆投资，使港台投资获得长足的发展。两地人员往来方面，1986 年台湾当局开放普通民众赴港，1987 年开放民众经香港赴大陆探亲，1991 年又取消港澳地区赴台短期停留的保证制度，双方人员往来迅速增加，其中访港或经港前往大陆的台湾民众迅速增加，台湾很快成为香港最大外来客源地之一。1997 年香港回归中国后，港台间经济交流与

---

① 作者根据台湾“投审会”2011 年投资统计年报整理而成. www.moeaic.gov.tw。

② 张哲馨：《两岸关系和平发展阶段港台关系的定位与发展路径》，《台湾研究》2010 年第 4 期。

③ 罗祥喜、王晶：《台港民间关系述评》，《台湾研究》1998 年第 1 期。

合作几乎未受影响，仍保持良好发展势头。总体看，虽然这时期港台政治关系因两岸关系动荡不安而基本处于冷冻的阶段，但双方经济交流与合作日益密切，两地贸易与投资额均屡创新高。

2008年至今的全面深化期。马英九上台后，两岸关系迈入和平发展的轨道，港台关系也步入全面深化的新阶段。尽管其间由于两岸全面实现“三通”，香港在两岸所扮演的桥梁角色有所弱化，但两地贸易额及投资额均继续保持平稳增长，并达到相当大的规模。2011年台港双边贸易总额高达417亿美元，互为第4大贸易伙伴；台湾赴香港旅客人数超过215万人次，香港访台旅客也屡创新高，超过66万人次。截止到2010年底是香港第12大境外直接投资来源地，相关投资存量达581亿元港元。[①] 除贸易与投资外，港台两地人员往来也日益密切。2010年9月台湾实施香港居民网络申办赴台许可“不发证、不收费”，2012年9月香港也实施台湾民众赴港网上自行登记入境政策，推动两地人员往来日益密切。除经贸交流日益热络外，台港两地官方为因应两岸关系和平发展的新形势也不断加强双方官方层面的经济交流与合作，初步建立了公务交流和协商机制，促进两地经贸关系全面深化发展。

纵观60多年来港台经济交流合作历程，可以发现两地经济交流与合作呈现出以下主要特点。

首先，两地经贸与人员往来始终较为热络，受两岸关系影响程度相对较小。1949年后，两岸关系进入长达30年的敌对期，两岸经贸往来几乎被中断。但香港凭借其特殊的政治环境、优越的地理位置及自由港的经济政策，使港台经贸关系基本摆脱两岸政治关系的影响而长期处于平稳发展的阶段。

其次，香港在两岸经济交流合作中长期扮演着“中介”“桥梁”的角色。由于过去两岸关系动荡不安，台湾当局制定了一系列限制两岸经贸发展的政策措施，香港成为两岸人员往来、物流、台商赴大陆投资等重要的中转站。其中台港贸易中有较高的比重为转口贸易，台商对香港投资也有相当的部分为主要对大陆投资的名义公司。

再次，港台经济交流合作逐渐由过去的功能性合作升级至制度性合

---

① 梁振英：《完善港台公务交流和协商机制》（书面答复台湾媒体），台湾《中央日报网络版》，2012年9月27日。

作。过去由于两岸关系大格局的制约，台港官方往来很少，两地经济交流与合作主要是民间自发性质的功能性合作，但随着两岸关系和平发展势头的不断增进，两地公权力部门推动双方制度性经济合作的步伐日益加快。港台分别建立起“港台经济文化合作协进会”及“台港经济文化合作策进会”等合作平台，并先后举办3次联席会议，签订航空运输、银行保险等监管合作谅解备忘录（MOU），有力促进双方经贸关系的制度化与机制化进程。

二、当前港台经济交流与合作面临新的机遇和挑战

历经多年的发展，港台经济合作规模不断扩大，人员往来也日益密切，成为两岸经济交流与合作的重要组成部分。当前，国际及两岸呈现出一些新形势，使港台经济交流与合作面临着新的机遇和挑战。

首先，两岸关系和平发展势头不断增进，为深化港台经济交流与合作提供十分有利的环境。港台关系作为两岸关系的特殊组成部分，自然无法摆脱两岸关系大格局的影响。2008年马英九上台以来，两岸关系实现重大转折，从过去民进党执政时期的动荡不安迈入和平发展的轨道。两岸在坚持“九二共识”、反对“台独”的共同政治基础上推动两会商谈，先后签订18项经贸协议，极大促进了两岸经贸关系的正常化、制度化与机制化。在2012年“大选”中，马英九再以近80万张选票优势连任，意味着马当局开放合作的大陆政策得到了岛内绝大多数民众的认可与支持，“九二共识”也顺利通过岛内民意的考验。马英九连任后多次在公开场所表示将继续坚持“九二共识”，推动两岸关系和平发展。可以预见的是，马英九连任后两岸关系和平发展大局将不断巩固与发展，两岸经济交流与合作也将持续扩大与深化。自2008年以来，港台官方关系的迅速发展，与中央政府的大力支持是密不可分的。未来，随着两岸关系不断发展，中央政府将进一步支持港台关系，港台经济交流与合作将面临更多发展契机。

其次，港台关系不断深化为双方深化经济交流与合作创造了新机遇。马英九上台后港台关系取得了长足的发展。港台参照海基会与海协会的沟通模式，分别成立“港台经济文化合作协进会”“台港经济文化合作策进会”，并先后举办3次联席会议，在经贸、金融、旅游、空运等方面达成多项共识（见表1）。2011年7月，台湾在港机构“中华旅行社”改名为

“台北经济文化办事处”，同年9月香港旅游发展局台北办事处开幕。2012年5月，香港经济贸易文化办事处在台北成立。港台关系不断深入发展，双方经济交流与合作的平台也已搭建，将为进一步深化彼此经济合作提供新契机。

表1　香港“协进会”与台湾“策进会”举行联席会议概况

会议	时间	地点	商谈议题及成果
第一次	2010.8.30	台北	在经贸、金融、旅游、空运、公共卫生及食物安全等方面达成多项积极共识
第二次	2011.8.10	香港	推动6项新的优先合作范畴，包括教育交流与合作、民商事法律合作、保险业监管合作、执法人员交流、深化文创合作及贸易便捷化
第三次	2012.9.25	台北	展开4项新的合作范畴，包括环保交流、文化保育交流、检验与验证产业合作及不安全消费品通报、促进投资机构相互交流等

资料来源：作者由香港“协进会”网站资料整理而成。

再次，两岸不断加快经济一体化进程给香港发展带来新课题。目前，两岸已经签署ECFA，并积极推动后续谈判进程。两岸加快经济一体化步伐将促进两岸间生产要素更加自由地流动，这对未来港台经济交流与合作产生重要影响：一方面，随着两岸经济合作的日益推进，两岸将最大限度地发挥各自比较优势，两岸自由贸易区及共同市场逐渐成形，由此带来的外溢效果将给香港发展提供更多契机。但另一方面，随着两岸经济一体化的加速，香港长期以来在两岸经济交流合作中的“桥梁”与“纽带”的角色可能将被弱化。香港如何在两岸经济一体化的新形势下合理定位自身角色、把握发展契机、积极应对挑战已经成为未来香港的重要课题。

三、深化未来港台经济交流与合作的几点初步思索

未来，推动港台经济交流与合作，要立足于巩固港台关系及两岸关系和平发展大局，多管齐下，不断开创港台经济合作的新局面。

首先，加强港台产业合作，重点推动两地服务业合作。港台在20世纪60年代后的经济起飞初期都曾大力发展劳力密集型产业，但两地在经济转

型过程中采取了不同的产业发展策略，使两地经济结构存在较明显的差异。香港大力发展物流、金融保险等现代服务业，成为在亚太地区具有举足轻重地位的国际金融、物流等中心。目前香港制造业基本外移，在地区生产总值中比重很低，而金融等服务业则构成香港经济的主体。台湾自20世纪80年代后积极发展高科技产业，资通讯（ICT）产业日渐成为岛内制造业的主体。虽然自20世纪80年代后期台湾开始进入服务业占主体的后工业化社会，但仅以岛内狭小内需市场为主的服务业呈现出低实质增长、低国际竞争力、低产业关联度等特点，无力担当主导经济发展的重任。为推动岛内服务业转型升级，台湾当局专门在“行政院”下设立服务业推动小组，着力推动包括美食国际化、国际医疗、国际物流、音乐及数位内容、会展产业、都市更新、华文电子商务、Wimax、高科技及创新产业筹资平台、扩大招收国际学生等“十大重点服务业”。从港台经济结构看，港台具有较强的互补性，两地若加强合作将可最大限度地发挥各自的比较优势，实现双赢。尤其是在服务业方面，港台若加强服务业特别是金融保险等现代服务业的合作，不仅将有利于巩固香港国际金融中心的地位，也可为岛内金融业注入活水，促进台湾现代服务业转型升级。

其次，适当调整各自在两岸三地的角色，充分发挥香港在两岸经济交流与合作中的纽带作用。从目前形势看，随着经济全球化与香港与内地CEPA、两岸ECFA的实施，大陆、香港与台湾日渐发展成为一个庞大的大中华共同市场。由于香港、台湾经济规模均远小于大陆，在未来的经济一体化进程中须积极配合大陆的崛起，适当调整各自的角色。香港应积极发挥其在国际金融、物流等现代服务业的优势，成为两岸三地的金融枢纽与中心，台湾则须发挥高科技产业尤其是ICT产业竞争力较强的有利条件，积极成为两岸三地电子信息产业等现代制造业的中心。与此同时，香港也应继续发挥自身在两岸经济交流合作中的桥梁角色。虽然近些年来香港在两岸人员往来、转口贸易等中介作用有所弱化，但未来香港仍可在某些领域发挥桥梁作用，如在两岸投资保障协议的争端解决中扮演第三方的角色，成为两岸仲裁中心，针对台湾推动“人民币离岸中心”，可与其在某些领域合作，共同推动两岸金融发展。

再次，加快商签港台经济合作协议，促进两地经济融合。当前，以签订FTA为内容的区域经济一体化浪潮蔚然成风，台湾与香港也正积极推动对外签署FTA以避免经济被边缘化。目前香港已经分别与内地、新西兰、欧洲自由贸易协会、智利签订FTA，并拟与泰国商签“更紧密经济贸易合作协议”及加入东盟与大陆“10+1”。台湾则长期游离于东亚经济一体化浪潮外，在与大陆签订ECFA前只与其中南美洲5个“邦交”小国签订FTA，占其对外贸易的比重不足千分之二。目前，台湾正积极与新加坡展开“经济伙伴协议（ASTEP）”谈判，并与新西兰商签经济合作协议（ECA）（见表2）。香港与台湾互为重要的贸易伙伴，且均为WTO成员，若双方商签经济合作协议，将进一步深化彼此经济合作，促进两地经济整合。对于港台商签经济合作协议，国台办公开表示支持，香港特首梁振英也呼吁港台签订更紧密经贸合作安排（CEPA），[①] 但台湾当局基于多方面考虑始终较为冷淡。但无论如何，抛开非经济因素，港台签订经济合作协议，有利于促进港台两地经济共同发展，并可将目前两岸ECFA与香港与内地CEPA连接起来，构建台湾、大陆及香港经济的“铁三角”，推动大中华经济圈的建设与发展。

表2　港台参与区域经济一体化现状

状态	香港		台湾	
已签署	与内地CEPA	2003年6月签署，迄今签订9份补充协议	与巴拿马FTA	2003年8月签订
已签署	与新西兰紧密经贸合作协定CEP	2010年3月签订	与危地马拉FTA	2005年9月签订
已签署	与欧洲自由贸易协会自由贸易协定	2011年6月签订	与尼加拉瓜FTA	2006年6月签订
已签署	与智利自由贸易协定	2012年9月签订	与洪都拉斯和萨尔瓦多FTA	2007年5月签订
已签署	—	—	与大陆ECFA	2010年6月签订
推动中	加入东盟与中国大陆“10+1”	—	与新加坡经济伙伴协议（ASTEP）	正进行谈判
推动中	与泰国更紧密经贸合作协议	—	与新西兰经济合作协议ECA	完成可行性研究，进入谈判
—	—	—	与印度、菲律宾等	民间可行性研究

资料来源：作者根据台湾“国贸局”及有关网站资料整理而成。

① 《港促签CEPA “陆委会”说NO》，台湾《中国时报》2012年11月2日。

最后，深化港台经济交流与合作应充分考虑两地尤其是岛内民众的心理感受。香港自1997年回归中国以来，在“一国两制、港人治港”的基本政策指导下，经济、政治、文化等方面建设均取得了举世瞩目的成就，但同时香港在与内地民间经济交流中也衍生出一些问题。然而，对于香港回归后的成就，岛内部分媒体与绿营人士视而不见，相反则刻意渲染香港回归后的一些问题，使部分岛内民众对“一国两制”存在严重误解。加之香港回归后成为中国的特区，部分民众担忧台湾也会出现所谓被“香港化”，因而对与香港交流与合作较为敏感。未来推动港台经济交流与合作，应充分考虑到岛内民众的心理感受，尽量少提可能让岛内民众产生与香港具有类似地位的词汇，如不要提推动台港CEPA，可改为经济合作协议，消除岛内对香港的种种误解，增强台湾民众与香港交流的信心。

（原载于《中国战略观察》2013年第5期）

海外华侨华人与中国和平统一梦

——兼论海外华侨华人在涉台公共外交中的角色

修春萍

中国梦是什么，是国家富强、民族振兴、人民幸福，是一个个具体梦想的集合，其中一个重要梦想就是祖国和平统一梦。为了实现这一梦想，半个多世纪以来，包括海外华侨华人在内的所有中华儿女为之付出了不懈努力，终于将两岸关系推入了和平发展的轨道，在通过往和平统一的大道上向前推进了一大步。当然，最终实现这一梦想，还有很多工作要做，还需要付出更大努力，而广大海外华侨华人在其中将继续扮演重要角色。

一、海外华侨华人在“反独促统”运动中发挥了独特而重要的作用

回顾两岸关系发展历史，一个不争的事实是，海外华侨华人在推动两岸关系发展、遏制“台独”、促进祖国统一中发挥了独特而重要的作用，主要体现在以下几个方面：

一是海外华侨华人是推动两岸关系发展、促进祖国和平统一的重要力量。海外华侨华人一直是两岸间的重要连接，在沟通两岸方面扮演着重要角色。尤其是70年代末、80年代初，在全国人大发表《告台湾同胞书》，台湾海峡封冻了30年的坚冰开始消融的大背景下，海外华侨华人推动两岸关系发展、促进祖国和平统一的热情被大大激发出来，促进祖国和平统一的声音在海外华侨华人中不断增大，美国的海外华侨华人率先成立了以促进祖国和平统一为宗旨的民间组织——中国和平统一促进会。此后，类似团体在华侨华人聚集地区陆续出现，他们奔走海峡两岸，为推动两岸关系发展尽心尽力。在两岸关系发展的不同阶段，尤其是在20世纪80年代两岸尚处于甚至隔绝状况时期，海外华侨华人在搭建两岸沟通往来的桥梁、提供两

岸交流的平台、增进两岸间的相互了解等方面发挥了不可替代的作用。

二是海外华侨华人营造的“反独促统”强大声势，向国际社会展现了中华儿女追求统一、反对分裂的坚定意志和巨大力量，产生了不可小视的国际影响。20 世纪 90 年代到 2008 年，李登辉、陈水扁在台湾主政，利用执政资源大肆进行“台独”分裂活动，在岛内大肆进行所谓“去中国化”，在国际上冲撞一个中国框架，谋求“台独”的活动空间，两岸关系因此而遭到严重破坏。台湾当局的分裂国家行径，遭到中国政府的坚决反对，也激起了海外爱国侨胞的强烈愤慨。海外华侨华人社会掀起了声势浩大的“反独促统”运动，一时间，全球各地海外华侨华人社会以“反独促统”为旗帜的民间组织如雨后春笋般大量涌现，到 2008 年达到 180 多个，遍及全球 89 个国家和地区。海外华侨华人自发开展多种形式的“反独促统”活动，包括组织全球性的“全球华侨华人推动中国和平统一大会”，以“反独促统”为主要议题的洲际性、地区性论坛，针对台湾当局“台独”挑衅行为发表批判声明等，在海外华侨华人社会形成了支持和平统一、反对“台独”分裂的浩大声势，在国际上发出了中华儿女期盼国家统一、反对分裂的强大声音，产生了不可小视的国际影响。

三是支持台湾岛内“反独”、反分裂力量，压制海外“台独”分裂势力的气焰。李登辉、陈水扁主政期间，台湾岛内“台独”势力恶性膨胀，气焰嚣张，反对“台独”的力量受到压制。由于历史等多种原因，海外华侨华人中的相当一部分人与台湾社会保持着紧密联系，参与台湾政治社会活动的热情很高，岛内重要政治活动，尤其是重要选举，他们也从不缺席。这些海外侨胞中，有不少人主张国家统一、反对“台独”分裂，他们在岛内“台独”势力活动猖獗、主张中国统一的力量受到压制的时期，不仅在海外发出支持一个中国、反对“台独”的强大声音，而且通过在岛内的影响力开展各种行动，有力地支持了岛内的反“独”力量。海外华侨华人对于“台独”分裂势力在海外进行的“台独”活动也积极开展针锋相对的斗争，打击了“台独”气焰，抵销了其在国际上的恶劣影响。

二、海外华侨华人在实现中国和平统一梦中将继续扮演重要角色

在两岸同胞和海外华侨华人的共同努力下，2008 年台湾岛内局势和两

岸关系均发生了重大积极变化，在台湾岛内猖獗了十余年的“台独”势力受到沉重打击，主张“台独”的民进党下台，坚持一个中国的国民党重新取得执政权，愿意在“九二共识”的基础上发展两岸关系，两岸关系终于走上和平发展轨道。

2008年以来，两岸关系在短短数年间取得了长足发展，实现了历史性跨越。今天，两岸关系正处于继往开来的关键时期，机遇与挑战并存。在未来进一步巩固深入两岸关系和平发展成果，促进祖国和平统一进程中，海外华侨华人所具有的优势和资源，将可以在诸多方面继续发挥重要作用。

其一，是在为实现中国和平统一梦营造更加有利的国际环境方面。台湾问题是中国的内政，中国和平统一的早日实现，决定因素在两岸，更在大陆。但不可否认的是，台湾问题从来就有着复杂的国际背景，台湾问题的最终解决，也需要争取国际社会的广泛支持、需要排除外部势力的干扰。事实上，台湾问题迟至今日尚无法解决，国际干扰是最重要的因素之一。以美国为首的西方势力一直将台湾作为遏制、牵制中国的重要筹码，长期支持台湾岛内反共拒统力量，千方百计地阻挠中国统一。尤其是李登辉、陈水扁主政时期，台湾岛内“台独”势力恶性膨胀，有恃无恐地进行分裂国家活动，与国际反华势力的纵容与支持有着直接关系。如今，两岸关系和平发展虽然得到国际社会的普遍欢迎与肯定，但是同时那些试图打“台湾牌”牵制中国崛起的国际势力并不愿意看到两岸走向统一，仍在干扰、牵制两岸关系深入发展。台湾岛内的分裂势力也竭力借助这些力量抗拒统一、谋求两岸长期分裂。台湾问题一天不解决，这些干扰因素就不可能消失。因此，争取国际社会对两岸关系和平发展、最终走向和平统一的支持、排除破坏、干扰因素，将是一项长期工作。海外华侨华人具有熟悉住在国政界、学界、媒体，以及已建立起一定人脉关系、取得社会地位等的优势，在影响、说服住在国政府、主要政党、议会、学界、媒体等理解、支持两岸关系和平发展，欢迎中国和平统一，以及减少破坏两岸关系发展、干扰两岸和平统一的因素等方面，可以扮演无可替代的角色。

其二，是在推动两岸关系和平发展的巩固深化方面。两岸关系和平发展是实现祖国和平统一的必由之路，但是必须清楚认识到，这条道路并非一马平川，和平发展也不会自然走向和平统一。因此，为了确保两岸关系长期稳定，并朝着和平统一的方向不断推进，需要巩固与深化两岸关系和平发展的基础，并构建一个确保两岸关系不偏离和平发展轨道的框架。事实上，2008 年以来，两岸关系循着先易后难、先经后政的思路，通过双方协商，不断克服障碍，向前推进，取得了巨大进展。但是，随着两岸经济、社会、文化关系的日益密切，在深度和广度两个方向上都不同程度地遇到了来自政治层面的阻隔。不碰触两岸之间存在的、前一阶段被搁置下来的难题，不面对和解决双方在政治上分歧，两岸关系要很难进一步向前推进，两岸关系和平发展框架的建立也较为困难。解决这些难题必须通过双方的政治对话与协商，但就目前情况看，执政的马英九当局出于多方面因素考虑，对于进行两岸政治对话与协商畏手畏脚，意愿不高。要促使马英九当局迈出步伐，需要在两岸、在台湾岛内以及在国际上营造出推动两岸进行政治对话协商的整体氛围，需要创造出更多有利条件，需要在台湾社会培养出更大动力。海外华侨华人与台湾当局的关系密切、对台湾社会有一定影响力，这为其在这些方面提供了发挥作用的空间。

其三，是在影响台湾岛内民意方面。在实现祖国和平统一梦的过程中，还有一项十分艰巨的任务，这就是争取台湾岛内民意。毫无疑问，只有台湾岛内绝大多数人赞成与支持和平统一，这一梦想才能顺利实现。2008 年两岸关系改善以来，台湾民众走出两岸关系高度紧张的阴影，并享受到和平发展的红利，因而普遍支持两岸关系和平发展，民意支持度保持在 80% 左右。但是，由于历史的、现实的因素作用，目前台湾岛内支持和平统一尚未成为主流民意。更需要正视的是，“台独”分裂势力仍然存在，并具有干扰两岸关系和平发展的能量。拥有 45% 左右民众支持度的民进党，至今未放弃“台独”主张，不排除取得执政权的可能性。因此，在两岸关系和平发展、最终走和平统一的过程，争取岛内民意、弱化“台独”分裂势力的影响将是一个重要工程。海外华侨华人与台湾社会的密切关系，据台湾侨务部门 2002 年进行的调查数据显示，由台湾移居海外的华侨华人中仍有家人居住在台湾的比例占到 74. 3% 。其中，父亲或母亲在台者分别占 60% 和 64. 6% ，配偶在台的占 4. 9% ，子女在台的占 7. 7% 。在经济来源方面，依赖台湾家人的比例也达到了 20. 5% 。再加上海外华侨华人与台湾民众的生活、教育背景相近，他们与台湾民众互信更多、沟通更易。因此，在影响台湾民众支持两岸关系发展、反对“台独”、促进和平统一、振兴中华民族方面可以发挥更大作用。

三、海外华侨华人在涉台公共外交中的角色

总之，在推动两岸关系和平发展、促进祖国和平统一方面，海外华侨华人可以在诸多方面发挥重要作用，尤其是在配合涉台外交，进一步巩固一个中国框架，营造有利于两岸关系和平发展的国际环境等方面，可以扮演独特角色。如前所述，台湾问题涉及中国的核心利益，是中国的内政，但却有着非常复杂的国际背景。因此，只要台湾问题一天不解决，台湾问题就始终是我对外关系中的一个重要内容。半个多世纪来，在中国综合国力不断增强的有力支持下，以官方外交为主体的涉台外交取得巨大成功，从联合国大会通过2758号决议，恢复中华人民共和国在联合国的合法席位，驱逐出台湾当局，到全世界172个国家与中国建立了外交关系，并在签署建交公报时，明确承认台湾是中国的一部分，中华人民共和国政府是中国的唯一合法政府；承诺奉行一个中国政策，与台湾保持非官方关系。总之，数十年来，官方涉台外交的积极、有效推动，建立起得到国际社会普遍尊重的一个中国框架，维护了国家主权与领土完整。

两岸关系和平发展新时期，在中国快速崛起的大背景下，国际上的一个中国框架日趋稳固。但不可忽视的是，国际上那些对中国抱有敌意、对中国崛起有所疑虑甚至恐惧的国家和政治势力，不会轻易放弃利用台湾问题牵制中国发展，未来一个时期还将不断在两岸间制造间隙，干扰两岸关系发展和中国和平统一进程。台湾岛内各主要政治力量，出于各种利益考虑，在可预见的未来，也会积极利用国际因素，或增加在两岸关系中的筹码，或抗拒统一。因此，在两岸关系新形势下，进一步巩固一个中国框架，排除外部势力对台湾问题的干扰，为两岸关系和平发展创造有利的国际环境将是一项长期工作。此外，随着两岸关系进入和平发展时期，台湾涉外事务日益成为直接影响两岸关系发展的主要问题之一，妥善处理这一问题，可以更好维护一个中国框架，强化两岸同属一个国家的国际认知，增进两岸民众的心理距离。但若处理不当，也可能侵蚀到一个中国框架，还可能影响到争取台湾民心工作。可见，两岸关系和平发展时期，涉台外交工作涉及的面更广，也更加繁重，而在这一方面，近年来广泛开展起来的公共外交可发挥的作用越来越受重视。

公共外交是由政府主导、以实现国家利益为目的的对外行为，是官方

外交的重要补充。公共外交的重要特点之一是以国外公众为主要对象，同时广泛动员民众力量参与外交事业。我国有5000多万海外华侨华人，既是公共外交的对象，同时也可以成为公共外交的主体。正如国务院侨务办公室何亚非副主任所言，广泛分布在世界各地的海外侨胞，“具有人数众多、实力雄厚、能量巨大、人脉关系广阔、与我联系密切的特点，其中不乏政界、商界、学界、文化艺术界精英。他们既懂中国文化、了解中国国情，又融入当地社会、熟悉住在国的政治和社会环境，是开展侨务公共外交工作的重要优势”。[①] 广大爱国海外华侨华人，希望两岸和平统一，热心两岸事务，其中还有相当一部分人来自台湾，与台湾社会以及台湾当局有着相当密切的关系，这些优势使得他们在涉台公共外交领域可以扮演独特角色，是涉台公共外交的重要资源。

首先，海外华侨华人在住在国生活多年，取得一定社会地位，积累了丰沛的人脉，有更多机会和渠道争取、说服住在国官员、国会议员、主要政党、学者、媒体理解中国大陆对台政策、支持两岸关系和平发展、欢迎中国和平统一。就目前涉台国际环境看，虽然包括美、日、欧等主要国家在内的与中国建立外交关系的国家政府，都公开承认奉行一个中国政策，但在处理与台湾关系时，时有打“擦边球”、触及一个中国政策边线的行为。一些西方国家的部分政治人物、学者、媒体等，出于各自目的，或在议会推动涉台法案，介入台湾问题，或在社会上制造鼓动两岸分裂、反对两岸关系发展的舆论，意图向行政部门施压，促其调整现行两岸政策，以及放宽依据一个中国政策做出的处理对台关系既有规定，如美国众议院6月14日通过的《2014会计年国防授权法案》，其中就包括支持美国向台出售F-16C/D战斗机以及放宽台湾高层官员访美限制等内容。[②] 这不仅会影响到中国与这些国家的关系，对两岸关系发展更形成干扰。海外华侨华人在减少这些负面因素对台湾问题以及中国对外关系的影响与干扰方面，可以发挥更为直接、有效的作用。

其次，目前涉台外交中一个越来越需要重视的工作是强化国际社会对于两岸同属一个国家的认知。两岸关系和平发展以来，短短5年时间取得了历史性跨跃。但同时一个不可否认的事实是，两岸间的政治分歧仍相当

---

① 何亚非，《侨务优势，让世界了解一个真正的中国》，《公共外交季刊》2012年冬季号，总第12期。

② 《美众院通过放宽台官员访美限制》，台湾“中央社”2013年6月9日。

严重。台湾当局在改善两岸关系的同时，也在国际上竭力彰显“中华民国”是“主权独立国家”，并通过推动宣扬台湾特色文化等的所谓“软实力外交”，在国际上拓展活动空间。台湾当局即使本意并无在国际上制造“两个中国”，但这些行为难免在一定程度上造成台湾是与大陆互不隶属的“独立实体”的国际视听，进而影响到国际社会对两岸同属一个国家的认知。而这样的认知在一定程度上会影响到营造有利于两岸和平统一国际环境的。对于海外华侨华人是两岸的重要联结，再加上长期生活在海外，熟悉当地文化，可以在强化当地社会关于两岸同属一个中国的认知方面发挥不可替代的作用。

还有，两岸关系和平发展新时期，推动两岸在一个中国框架内在国际上开展合作，不仅可以减少不必要的内耗，使双方共同获利，还可以拉近彼此距离、强化国家认同。由于台湾地区参与国际活动问题涉及一个中国框架，在两岸政治关系没有实质性进展之前，双方在国际上的合作，尤其是在政府间国际多边领域涉台事务安排，受到较多限制，开展起来较为困难。不过在非政府国际多边领域，两岸进行合作的空间则很大，海外华侨华人在这方面可以扮演重要角色、起到积极促进作用。

总之，海外华侨华人是两岸关系和平发展新时期可以发挥重要作用的宝贵资源，在涉台公共外交中更是大有可为。

（原载于《中国战略观察》2013年第8期）

海峡两岸在国际社会进行公共外交合作之初探

刘国奋

在全球化和信息化不断发展的形势下，公共外交的作用日益显著。在两岸关系和平发展的今天，两岸民众可以在国际社会携起手来推动公共外交，为两岸经济的更加繁荣、中华文化的伟大复兴、中华民族的强盛发展和海峡两岸的最终统一做出积极的贡献。本文拟就海峡两岸在国际社会进行公共外交合作的范畴与契机、合作的难度与原则、合作的途径与方式以及可供实践的方向等问题进行初步探讨。

两岸在公共外交领域合作的范畴、目标与契机

在两岸关系中，“外交”是较为敏感的词眼，因此对于两岸如何在公共外交领域展开合作的问题，必须首先设定其范畴、了解其目标，以便更好地抓住时机展开相关合作。

（一）两岸在公共外交领域合作的范畴

按照一般的定义，“公共外交是指一国政府通过文化交流、信息专案等形式，了解、获悉情况和影响国外公众，以提高本国国家形象和国际影响力，进而增进本国国家利益的外交方式”。而“新公共外交则强调双向对话，将公众视为意义的共同创造者与信息的共同传递者”。[①] 每个国家对公共外交的定义是有区别的，“就中国而言，公共外交是指由政府主导、社会各界普遍参与，借助传播和交流等手段，向国外公众介绍本国国情和

① 见百度百科对“公共外交”的定义，http：//baike. baidu. com/view/563458. htm。

政策理念，向国内公众介绍本国外交方针政策以及相关举措。”①

有关两岸在公共外交领域合作的范畴应有其特有的界定。尽管目前两岸尚未统一，但“两岸同属一个中国”却是不容否认的事实，两岸关系不是国与国的关系，因此两岸间的交流活动不属于公共外交范畴，它只是一个国家间的内部交流。不过，我们也注意到，由于全球公民社会在当代外交中的角色地位日益提升，两岸在国际社会有较多的合作推动公共外交活动的空间，因此两岸在公共外交领域合作的范畴是指两岸在国际社会为共同目标而进行的协作交流活动。

在李登辉主政后期和陈水扁主政时期，由于台湾当局将两岸关系定位为“两个中国”“一边一国”，竭力在国际上谋求确立台湾为“与大陆对等的、独立政治实体”或“主权独立的国家”的地位，大陆为维护一个中国原则与之进行不懈的斗争，两岸在国际间的较量相当激烈。2008年5月，国民党在台湾重新执政，两岸在反对“台独”、坚持“九二共识”的基础上积极展开各项交流交往，两岸关系进入了和平发展的新时期。在国际活动方面，马英九当局将大陆政策的位阶定于对外政策之上，以“活路外交”避免与大陆发生冲突对抗，大陆也在此问题上展现善意与包容，从而使台湾的涉外活动空间增大。

从过去四年多两岸在国际上的互动情况看，只要坚持“两岸同属一个中国”的原则，两岸在国际社会就有了共同的政治基础与政治目标，两岸的利益交叉点就会增多。因此，在两岸关系和平发展的新时期，两岸在国际社会合作进行公共外交的机会越来越多，台湾在国际上的活动余地也将进一步扩大。

（二）两岸在公共外交领域合作的目标

尽管两岸对一个中国的内涵有不同的看法，但两岸在“九二共识”下，在国际社会有较多的共同利益。笔者认为，两岸在国际社会进行公共外交合作的目标主要有以下三个方面。

一是在国际社会中通过公共外交领域的合作，加深国际社会对两岸关系和平发展进程的了解和支持。在李登辉主政后期和陈水扁主政时期，由于两岸在坚持还是背离一个中国原则的问题上存在根本分歧，两岸关系波

① 参见《赵启正记者会图解公共外交的定义》，新华网，http://news.xinhuanet.com/politics/2011lh/2011-03/05/c_121152512.htm；《秦刚：不讲公共外交就“OUT”了》，中国新闻网，http://www.chinanews.com/gn/2012/04-06/3801318.shtml。

折不断，在国际社会的冲突与斗争也相当激烈，让国际社会对台海和平与稳定颇为担心，在国际活动方面处理两岸的参与问题也颇费周章。2008 年 5 月以来，两岸关系的大幅改善使国际社会对此持积极肯定的看法，两岸的国际形象都有所提升并使两岸从中受益。但另一方面，也有某些外国人士对两岸关系发展持担忧态度，他们担心两岸关系过快发展会使其国家利益受到影响。因此，两岸还须通过各种努力，包括两岸在国际社会的公共外交合作行动，让国际社会进一步了解和支持两岸关系和平发展进程，使其认识到两岸关系和平发展不仅有益于两岸，同时也对国际社会的和平稳定与繁荣发展有利。

二是在国际社会中通过公共外交领域的合作，谋求两岸在国际社会的共同利益的达成。过去四年多来，两岸在“九二共识”基础上实现了直接、双向“三通”，签署了包括“经济合作框架协议”在内的 18 项协议，达成了 2 项共识，两岸在经贸、社会、文化、教育等领域展开全方位、多层次的交流合作，双方在大交流、大合作中受益匪浅。随着两岸各项交流交往的深入进行，今后两岸也可以在经贸、社会、文化、教育等方面，在国际社会携手合作推动公共外交活动，共创两岸双赢格局，谋求两岸经济的共同繁荣、两岸社会的和平稳定，以及推动中华文化和中华民族的伟大复兴。

三是在国际社会中通过公共外交领域的合作，进一步加深两岸民众间的相互了解，累积两岸互信基础，为达成两岸和平统一预做准备。在以往两岸的国际斗争中，大陆赢得了对一个中国原则的维护。但在另一方面，由于李登辉和陈水扁当局的歪曲宣传，诸如所谓大陆在国际上对台湾“打压”、“矮化”、“封杀”等用词，让台湾民众有一种“被大陆欺压”的感觉，两岸的互信非但不能累积，而且台湾民众对大陆的情感还不断地被撕裂，在较长时间里两岸关系的互动极为负面。因此，自 2008 年 5 月以来，两岸在反对“台独”、坚持“九二共识”的基础上，能较好地处理台湾的对外活动问题，台湾的国际参与进一步扩大，这对两岸政治互信的积累与民众情感的加深较有帮助。两岸最终走向统一，毕竟要靠两岸民众的意志来达成，相信经由两岸各项交流合作，包括在国际社会中通过公共外交领域的合作，将进一步加深两岸民众的相互了解，增进两岸政治互信，为最终达成两岸和平统一奠定民意基础。

（三）两岸在公共外交领域合作的契机

一是两岸关系和平发展为两岸在国际社会合作推动公共外交提供必要的前提。自2008年两岸两会在反对“台独”、坚持“九二共识”的基础上恢复协商以来，两岸关系出现全面、大幅改善。两岸直接、双向“三通”的实现，各项交流交往活动也进一步增多，两岸迎来了大交流、大合作、大发展的新的历史机遇期。在众多的交流合作中，尤以两岸民间交流合作最为重要和引人注目，这也为两岸在国际社会合作展开公共外交提供了必要的前提条件。在两岸关系和平发展的形势下，公共外交将为两岸在国际社会的合作共赢开辟出一条新的通路，其前景将是十分美好的。

二是全球化和网路信息时代为两岸在国际社会合作推动公共外交提供重要的条件。由于全球化进程的深入发展，各国和地区之间的人员、货物、资金等来往与流动加速，这为两岸在国际社会合作推动公共外交提供重要的社会经济条件。此外，网路化、信息化的快速发展，不仅使官方主导的公共外交信息传递与活动趋于便捷，也使非政府组织在利用网路进行活动有了更大的灵活性①，而网路社群加速形成与发展使更多公众关注和投入公共外交活动。近几年来，两岸网路社群发展较快，并对两岸公民社会的成长产生一定的影响，这为两岸在国际社会合作推动公共外交增添了新的管道与动力。

三是全球文化创意产业的兴起为两岸在国际社会利用公共外交弘扬中华文化提供合作的契机。新世纪以来，文化创意产业发展迅速，其创造出的经济价值之大，成为世界各国和地区难以忽视的新兴行业。文化创意产业既是一国（地区）经济增长的重要动力，也是其对外传播自身文化和价值观，提高国际形象和增强国际影响力的重要路径。鉴于文化创意产业在世界范围内蓬勃兴起，以及两岸对文化创意产业的重视，两岸可以中华优秀传统文化为依托，利用公共外交等方式合作发展两岸文化创意产业，并将其推向全世界，这不仅会让两岸在经济上实现互利双赢，而且还可使两岸通过共同合作与共同创造，为推广和弘扬中华文化、提高中华文化在海外的吸引力和影响力做出重要贡献。

四是大陆积极宣导与推动公共外交有助于吸纳台湾社会各界人士参与其中，必将使两岸同心协力为两岸关系和平发展开创出更新的局面。近几

① 小约瑟夫·奈：《新公共外交 非政府组织与网路》，《公共外交季刊》2010年夏季号。

年来，大陆在公共外交方面着力较多①，大陆民众对政府的外交政策与行为有了更多的了解和支持，也使许多民众参与公共外交活动，为中国国家形象的提升做出了积极的贡献。两岸同属一个中国，中国是两岸人民的中国，中国国家形象的提升有助于两岸人民在国际间地位的提高。因此，在两岸关系和平发展的新形势下，大陆积极宣导的公共外交必然需要台湾社会各界人士的支持和参与，这将为两岸关系和平发展开创出更加光明而美好的未来。

两岸在公共外交领域合作的难度与原则

仅如本文前面所提到的，“外交”至于两岸关系而言较为敏感，两岸在国际社会合作推动公共外交有其难度，因而必须设定一些原则。

（一）两岸在公共外交领域合作的难度

由于国家的主权在国际法中具有完整的、独一无二的排他性，而两岸又没有统一，对于未完成统一的两岸来说，“外交”是一个很敏感的词。在两蒋时期，两岸围绕“中国代表权”的斗争甚为激烈；在李登辉和陈水扁主政时期，台湾当局“独台”、“台独”活动的猖獗使大陆对台湾的涉外活动抱有较高的警惕性，为捍卫一个中国的原则，以往大陆对台湾在国际活动方面大多采取严格限制、针锋相对的做法。即便是在两岸关系和平发展的新形势下，有关台湾涉外活动方面，大陆按照一个中国的原则处理相关问题，比如要由主权国家参加的国际组织会议或活动而台湾不能参加或只能用其他方式参加的，往往会被某些民进党人士和“台独”分子渲染成大陆对台湾的“打压”、“矮化”等，让台湾民众对大陆维护一个中国原则的做法不理解或不谅解。

在两岸统一前，台湾涉外活动对两岸关系来说是一个较为敏感的区域，由于历史与现实的种种因素，成为两岸关系较为“难解的结”。由于两岸有各自的利益追求，尤其是经过李登辉、陈水扁时期的反大陆、反中国的政治灌输，相对于中华民族整体意识，岛内的“台湾主体意识”已发生某些变异。在过去十多年间，台湾民众的中国认同比例持续下滑，而且

① 《外交部公共外交处升格办公室　凸显中国外交方向》，新华网，http：//news. xinhuanet. com/politics/2010 - 05/31/c _ 12159797. htm。

近几年两岸关系和平发展并未能阻止这一下降之势[①]。除了其他种种因素，台湾民众对中国认同率的下降还多少与两岸在涉外活动上“难解的结”有某些联系。

尽管为维护一个中国原则，两岸在国际领域的合作有一定的局限与难度，但这种局限与难度并不能完全排除两岸在国际社会合作展开公共外交活动。鉴于两岸在国际社会合作展开公共外交活动是为两岸的共同利益乃至全球共同利益服务，相信两岸定能克服困难、实现共同目标。

（二）两岸在公共外交领域合作的原则

在全球化和信息化时代，公民社会的形成和发展使得公共外交活动日益增多。因此，两岸在国际社会合作推动公共外交活动还是有较多的空间的，但两岸合作推动公共外交必须遵循一定的原则规范，以便使这一合作能持续有效地展开。从现阶段看，两岸合作推动公共外交的原则主要有以下三个方面。

一是“两岸同属一个中国”的原则。两岸关系和平发展是建立在反对“台独”、坚持“九二共识”的基础上的，而这个基础的根本点就是“两岸同属一个中国”。如果两岸在国际社会合作推动公共外交，其最重要的基础也同样是“两岸同属一个中国”的原则，没有这一原则，两岸就没有共同目标与共同利益可言，两岸在国际间合作推动公共外交只能沦为空谈。由此，两岸在国际社会合作展开公共外交活动要求两岸双方做到：台湾必须认识到在国际上坚持一个中国原则的重要性，大陆必须多了解台湾民众的涉外活动意愿，两岸应通过协商达成相关活动方案。

二是先易后难、循序渐进的原则。2008年5月国民党在台湾重新执政后，马英九当局明确表示反对“台独”、认同“九二共识”，并在改善两岸关系的基础上推出“活路外交”政策；大陆在一个中国的原则下对台湾的一些涉外活动也做出合情合理的安排，从而使台湾参加了包括世界卫生大会在内的某些官方性国际组织会议与活动。今后，两岸可以在民间性国际组织上多着力，可由现今的共同参与发展到共同主办国际会议与国际活动，比如先从敏感度低的领域如经济、社会、文化、教育等合作进行相关公共外交活动，可以着手进行试点式合作，然后逐渐扩大和加深合作的范

① 童振源：《大陆两会看点4之2——更宽宏格局的对台政策》，台湾《中时电子报》2012年3月2日。

围，在累积一定的经验与互信基础后，再扩展到高敏感度领域的合作。

三是相互尊重、累积互信的原则。由于两岸分离以及在国际间的斗争已长达数十年，两岸的互信基础很脆弱，如何在国际社会通过公共外交活动累积两岸互信基础，也是两岸在这方面的合作必须秉持的原则与方向。由于多种原因，台湾民众对国际参与有较高的热情与期待，而公共外交活动的参与者主要是民间团体、社会组织、精英人士和广大普通民众，因此两岸在国际社会共同推动公共外交可以在某种程度上满足台湾民众的这方面需求。只有吸纳两岸民众在国际社会共同参与多种形式的公共外交活动，在活动中通过相互尊重，进一步增进相互了解与理解，两岸的政治互信基础才会更加扩大和扎实，两岸关系和平发展之路才会走得更顺畅，两岸双赢和中华民族的伟大复兴目标才能达成。

两岸在公共外交领域合作的途径与方式

两岸在国际社会合作展开公共外交活动可以分层次、多领域、全方位地进行，其途径与方式主要有以下几个方面。

（一）以团结协作、相互扶持的方式，在国际经济活动中谋求两岸利益的最大化

在全球化和区域经济一体化快速发展的今天，两岸在海外的经贸活动相当活跃，成为全球经济发展不可或缺的生力军。以往两岸国际经贸活动多各顾各的，但在两岸经贸文化大交流、大发展的形势下，两岸在全球化、区域经济一体化之中可通过共同协作，了解外国（地区）的经济环境、政策法规和民风习俗等情况，扶助两岸企业到外国（地区）发展，也可发挥各自优势，共组企业团队在国际上打拼，以有效展开对外贸易、投资等活动，使两岸在不断变动的国际经济金融环境中，经由合作自强谋求双方经济利益的最大化。

（二）以共推中华文化伟大复兴的方式，共享中华文化复兴所带来的利益和中华民族强盛的荣耀

由于中国大陆综合实力的增强和国际影响力的提高，国际社会对于汉语学习和中华文化的兴趣日益浓厚。与此同时，文化创意产业在全球各地兴起，两岸可以乘此东风，在国际社会合作推动包括汉语教学在内的文化创意产业。两岸可以通过共同合作，进一步助推海外的汉语热，在国际间发挥两岸文化产业的优势，共同做大、做强中华民族文化创意产业，大力提升中华文化的国际影响力和竞争力。相信在博大精深的中华优秀传统文化中，只要两岸民众携手并进，定能建构起适合于自己的共同价值观，并为复兴中华文化、提高中华文化在国际上的地位做出共同贡献，进而让两岸人民共享中华文化复兴带来的利益和中华民族强盛的荣耀。

（三）以扩大公民参与的方式，提高两岸民众在非政府组织活动中的积极作用

随着全球化的深入和信息网路时代的来临，公民社会在全球范围内迅速发展，各国（地区）民众的参与意识越来越高，公共外交在国际关系中所起的作用也日显重要。我们要尊重台湾同胞对国际参与的热情，通过扩大公共参与发挥台湾民众在国际社会的积极作用；与此同时，两岸也要理清国际参与不是为了单方的利益，而是为了两岸同胞的共同利益和中华民族的伟大复兴。具体而言，除了只有主权国家才能参加的国际组织会议和活动外，在不涉及国家主权问题的经济、社会、文化等领域是民众参与公共外交活动的空间地带。通过提高两岸民众对这些领域的非政府组织会议和活动的参与热情，一方面可以扩大两岸民众的国际参与度、增进两岸互信，另一方面也将为国际社会进一步了解两岸关系和平发展提供更多的管道，同时也有利于提升包括台湾在内的中国的国际形象。

两岸合作共推公共外交：可供实践的方向

以往两岸对国际组织会议与活动只是分别参与，没有共同参与（即共同组成一个团队参与其中），更缺少共同主办，今后两岸在国际社会合作展开公共外交活动即可以采取后面两种形式。两岸在国际社会共推公共外交活动应是多面向的，涉及的领域会随着经验的累积和时间的推移而扩大。除了两岸合组团队共同参与及共同主办国际组织会议与活动外，就目前两岸合作共推公共外交的可操作性而言，本文不妨提出以下三个可供实践的方向。

一是两岸合作共同推广汉语文化。如前所述，由于中国大陆综合实力的提升，世界范围内已掀起一股学习汉语的热潮。两岸在汉语教学与推广方面各有优势，大陆在世界各地开办的孔子学院已有 350 多家，台湾在海外也有不少台湾学院从事汉语教学，并积累了较多的教学经验。两岸目前所用的文字有简体与繁体区别，但这并不影响其在海外合作推动汉语教学工作，相反可以发挥各自所长，将汉语完整地推广到全世界。2011 年 9 月 7 日两岸在北京签署“文化创意产业合作备忘录”，并举办座谈会，两岸达成共同制定汉语教学认证标准。今后两岸可以考虑互聘对方教师到海外教学，共同举办国际研讨会探讨海外汉语教学经验等。如果条件成熟，两岸还可以共同编写有关教科书，在海外展开合作办学等。两岸在汉语文化推广方面通过共同参与和共同创造，可以使汉语和中华文化在世界范围内得以进一步推广和弘扬。

二是两岸合作共兴文化创意产业。文化创意产业包含的范围较广，它是文化与经济结合创意的产业[①]，由于文化创意产业在全球范围内兴起，该产业遂成为两岸文化政策的焦点。近几年来，两岸对文化创意产业都相当重视，通过相关政策法规将文化创意产业提升到事关战略地位与竞争实力的高度。2009 年国务院公布《文化产业振兴规划》，将文化产业作为国家战略产业之一。2010 年 1 月，台湾也通过了“文化创意产业发展法”，将多元的文化资产作为台湾的竞争力之一。由于两岸官方均十分重视并积极推动，两岸的文化创意产业发展较快，而两岸的文化创意产业界在这方面的合作已经展开。[②] 但如何以中华文化为依托，结合各自的优势、在国际社会合作推动文化创意产业，两岸还有待进一步跟进，如分类别共组相关专业文创公司、共组文化创意产业联盟等，其在国际间合作发展的空间是较大的。

三是两岸合作共同推动宗教交流。两岸的宗教有着千丝万缕的联系，台湾许多宗教派别的根在大陆。两岸宗教交流已有多年，但如何结合两岸宗教力量，在国际社会合作推动宗教交流，为传播爱心、建立圆融包容的世界、达成世界各民族和平友好，可以成为今后两岸宗教交流合作的一个重要方向。台湾的宗教寺庙管理机制相对较完善，不少寺庙在海外设立了分寺庙，发挥了扩大影响力的作用。自改革开放以来，大陆的宗教事业得到快速发展，但总体而言，大陆的寺庙管理还有待改进，这方面可以向台湾的宗教界学习。不过大陆的宗教源远流长，不少宗教流派享誉海外，如

---

① 根据联合国教科文组织对“文化产业”的定义是：按照工业标准生产、再生产、储存以及分配文化产品和服务的一系列活动。

② 刘国奋：《扩大和深化两岸文化交流合作之初探》，《中国评论》月刊 2011 年 4 月号，总第 160 期。

少林寺，在宗教文化产业化的作用下，它的影响力已辐射到海外。鉴于此，两岸可以发挥各自的优势特点，将宗教合作延伸到海外，例如合作举办国际宗教交流活动，共同主办国际宗教会议，在海外合作建立分寺庙等等，以扩大两岸在世界宗教领域的影响力。

上述三种可供选择的合作推动公共外交的实践方向，对于深化两岸关系和平发展具有重要的现实意义。文化、教育和宗教是以文化思想价值和宗教信仰体系为基础的，两岸在国际社会通过这些方面的公共外交合作，一方面可以拉近两岸民众的思想情感，另一方面还可将中华文化和中华民族精神在世界发扬光大，其意义和影响将是重大的、深远的。

结　论

胡锦涛在中共十八大作政治报告时提到“我们将扎实推进公共外交和人文交流”的问题，因此两岸在国际社会进行公共外交活动是值得两岸深入探讨和认真实践的。两岸在国际社会中的公共外交活动是两岸民众为两岸利益而共同创造中华民族经济、社会、文化等发展史的一个过程，是两岸在国际社会为共同的中华民族利益创造共同记忆的活动，是两岸民众累积互信基础工程的一部分，也是两岸民众共同为亚太地区乃至世界的和平繁荣发挥积极作用的重要路径之一。相信随着两岸关系和平发展的深入，两岸必将在国际社会中共创公共外交的辉煌，为两岸乃至世界经济、社会、文化的更加繁荣、稳定、发展，以及两岸的和平统一做出积极的贡献。

（原载于《中国评论》月刊 2013 年 3 月号）

浅析台对外渔业纠纷问题及台湾当局的应对策略

伍俐斌

台湾海洋渔业发达，但与此同时，台与一些沿海国家的海洋渔业纠纷（以下简称为台对外渔业纠纷）时有发生。为维护台海洋权益及避免损及对外“实质关系”，台湾当局采取了一系列应对措施，并欲借此凸显台在国际上的“独立实体”地位，拓展“国际生存空间”，这将对大陆涉台外交及维护海洋权益带来新的问题与挑战。

一、台对外渔业纠纷概况及特点

海洋渔业是台湾的重要产业。据台“渔业署”2013 年公布的《2012 年渔业统计年鉴》，2012 年度，全台从事海洋渔业的渔户总数为 129906 户，渔户人口总数 396154 人，海洋渔业总产量约 125 万 6 千余吨，总产值约 1062 亿元新台币。[①] 但渔业纠纷的频频发生，对台渔民的生计和生活产生了重大影响，对台湾的渔业经济也产生了负面影响。从台对外渔业纠纷频频发生的情况看，其对外渔业纠纷主要呈现以下几个特点：

（一）台对外渔业纠纷涉及的地域范围广、数量多

一是与台发生渔业纠纷的国家较多。自 1997 年以来，与台湾发生过海洋渔业纠纷的国家有日本、菲律宾、印尼、越南、马来西亚、缅甸、泰国、印度、孟加拉国、俄罗斯、索马里、南非、马达加斯加、澳大利亚、巴布亚新几内亚、所罗门群岛、帕劳、密克罗西亚、图瓦卢、马绍尔、阿根廷、萨尔瓦多、美国等，即台湾地区与环太平洋和环印度洋国家基本上都曾发生过渔业纠纷。

---

① 参见台“渔业署”网站：http：//www. fa. gov. tw/cht/PublicationsFishYear/index. aspx。

二是台对外渔业纠纷数量多。在对外渔业纠纷中，台渔船屡屡被外国驱离、拦截或扣押。而一旦被扣押，台渔民往往要缴纳巨额罚款，因此扣押对台渔民造成的损失最为严重。据台“行政院农业委员会”统计，从1972年至1994年，台湾渔船被外国扣押总数高达1143艘。① 据台“渔业署”统计，从1994年至2003年，台湾渔船十年来遭外国扣押共206起，平均每年有20起，1996年达到最高峰，共有33起；② 2004年台湾渔船遭扣押数为17艘。③ 2005年至2009年间，虽未见台湾当局的统计数据，但从台湾媒体的报导来看，台对外渔业纠纷同样处于高发状态，特别是台日渔业纠纷和台菲渔业纠纷。2010年至2012年，据台“对外渔业合作协会”统计，总计有39艘台湾渔船被外国扣押。④ 2013年度，截至9月初，台对外渔业纠纷至少已发生8起，其中5艘遭日本扣押、1艘遭菲律宾枪击、1艘遭菲扣押、1艘遭越南拦截。⑤

（二）台在东海、南海海域的对外渔业纠纷最为突出

一是台日在钓鱼岛海域的渔业纠纷不断。1996年，日本颁布《专属经济区与大陆架法》，将钓鱼岛附近海域划入日本专属经济区范围，导致台渔民丧失一个巨大的渔场，引发台渔民的不满，双方渔业冲突日益紧张。从2003年起，日本加强海洋渔业执法，因涉及钓鱼岛主权纠纷，台渔船与日本之间的渔业纠纷逐渐增多。自1996年开始，被日本公务船登临检查、驱离、扣押的台渔船每年有数十起，其中以苏澳籍渔船最多，被扣押渔船要缴纳数十万至数百万日元的罚款后才会被释放。日本的强硬执法激起了台渔民的强烈不满，例如2005年6月曾发生上百艘台湾苏澳籍渔船包围日

① 陈鸿瑜著：《“中华民国”与东南亚各国“外交关系”史》，台湾鼎文书局股份有限公司2004年版，第77页。

② 《船遭“外扣”每年约20件》，台湾《联合报》2004年5月31日。

③ 《去年我29艘渔船遭10国扣押》，台湾《自由时报》2005年6月18日。

④ 参见“中华民国对外渔业合作发展协会”网站：http：//www. ofdc. org. tw。

⑤ 《疑入日本领海　苏澳渔船遭扣押》，台湾《中央日报网路报》2013年2月26日；《屏东渔船遭菲攻击　1死　马指示缉凶》，台湾《自立晚报》2013年5月9日；《台渔船被日取缔　船长坦承捞过界》，台湾《自立晚报》2013年5月14日；《琉球籍渔船遭越南船拦截　挟持2小时》，台湾《自立晚报》2013年5月14日；《“捞过界”遭日扣押　“正昌发”考虑声请国赔》，台湾《联合报》2013年5月18日；《越界　我1渔船又遭日押》，台湾《联合报》2013年5月21日；《台日渔协后　第四起我渔船被扣》，台湾《自由时报》2013年5月30日；《传1艘台湾渔船疑越界捕鱼在菲被扣》，台湾《中央日报网路报》2013年9月4日。

本巡逻船的事件;[①] 2008 年 6 月，台“联合号”海钓船在钓鱼岛海域被日本巡逻船撞沉，引发岛内民众的强烈反日情绪;[②] 2012 年 9 月，为抗议日本“国有化”钓鱼岛，数十艘苏澳籍渔船挺进钓鱼岛附近海域宣示主权，台“海巡署”亦派遣海巡船护航。[③]

二是台菲在巴士海峡的渔业冲突长年难以解决。巴士海峡位于台湾南部与菲律宾北部之间，渔业资源特别是鲔鱼资源丰富，双方在这一海域的渔业纠纷频繁发生，台渔船时常遭菲律宾扣押。据台“行政院农业委员会”统计，1972—1994 年间，菲总共扣押 306 艘台渔船，占被东南亚国家扣押台渔船总数的 44. 5%。[④] 1994 年至 2003 年台渔船被菲扣押 52 艘。[⑤] 2004 年至 2013 年，据不完全统计，被菲扣押的台渔船至少有 20 艘。菲律宾不仅扣押台湾渔船数量多，而且执法比较粗鲁，例如 2006 年和 2013 年，菲公务船两次对台渔船开火，各造成一名台渔民丧生。绝大多数被扣台渔船均被处以巨额罚款，有些甚至还被菲扣押长达数月乃至一年之久。

三是台与印尼、越南等南海周边国家的渔业纠纷时有发生。南海周边国家觊觎我南海资源，纷纷对南海提出各种权利要求，导致台与印尼、越南等国的渔业纠纷屡屡发生，如印尼是扣押台渔船第三多的国家，越南、马来西亚、文莱等都有扣押台湾渔船的记录。

但在南海海域，台湾当局对非法捕鱼的南海周边国家渔船也采取了驱离等措施，如台“海巡署”曾在太平岛海域和东沙岛海域驱离了数十艘越南渔船。

二、台对外渔业纠纷频发的原因

台对外渔业纠纷频发的原因是多方面的，而海洋权益争端和追逐经济利益是其中的重要原因。

---

① 《我百艘渔船围日巡艇》，台湾《中国时报》2005 年 6 月 9 日。

② 《联合号遭日舰撞沉　蓝委痛批“外交部”态度软弱》，台湾《中时晚报》2008 年 6 月 12 日。

③ 《宜兰渔民护渔权　勇闯钓鱼台》，台湾《中国时报》2012 年 9 月 27 日。

④ 陈鸿瑜著:《“中华民国”与东南亚各国“外交关系”史》，台湾鼎文书局股份有限公司 2004 年版，第 77 页。

⑤ 《船遭“外扣”每年约 20 件》，台湾《联合报》2004 年 5 月 31 日。

（一）海洋主权争端

在东海、南海海域存在中日钓鱼岛主权争端和中国与南海周边国家围绕南海诸岛的主权争端。台湾当局一向主张“钓鱼岛、南海诸岛主权属于中华民国”，与日本、菲律宾、越南及其他南海周边国家也存在着“主权”争端。这种主权争端使得东海、南海海域成为发生涉台渔业纠纷的重点海域。

（二）划界不清

专属经济区（Exclusive economic zone，《联合国海洋法公约》和中国大陆称为“专属经济区”，台湾称为“专属经济海域”，日本称为“排他的经济海域”）是二战后确立的新海洋法制度之一，该项制度于1947年首次提出，被许多亚非拉国家所援引，并被1982年《联合国海洋法公约》正式确立。根据《公约》，沿海国可主张200海里专属经济区，并对专属经济区内的自然资源包括渔业资源享有主权权利，这类国家亦可称之为渔源国，他国未经允许不得在渔源国专属经济区内捕鱼。台湾的专属经济区划界争议主要存在于台日、台菲之间。1996年，日本颁布《专属经济区与大陆架法》，主张200海里专属经济区，并将钓鱼岛附近海域划入日本专属经济区范围。而菲律宾早在1978年即通过第1599号总统令，设立了200海里专属经济区。台湾当局也于1998年公布实施“中华民国专属经济海域及大陆礁层法”，主张200海里专属经济区。由于台湾与日本、菲律宾距离较近，因此各自主张的专属经济区严重重叠。台日已于2013年4月10日在不触及专属经济区划界问题的情况下签署了渔业协议，协议在客观上有助于在一定程度上减少台日之间的渔业纠纷；而台菲之间尚未签署渔业协议，当台湾渔船在二者专属经济区重叠区域捕鱼时极易被菲律宾认为“越界”而遭到驱离、扣押。

（三）受经济利益驱使，一部分台湾渔民的捕鱼行为确属“越界”

鲔鱼（又称金枪鱼）深受台湾人民喜爱，屏东每年都会举行鲔鱼季，形成了独特的鲔鱼文化。鲔鱼经济价值高，每公斤价格在600—700元新台币左右，而在屏东鲔鱼季的第一尾鲔鱼拍卖会上，曾经创下每公斤6100元新台币、总价值137万元新台币的纪录。[①] 因此，鲔鱼成为台湾渔民重点捕获的对象，鲔鱼年产量达数十万吨，居世界前列。但对鲔鱼的“喜爱”

---

① 《屏县“第一鲔”拍卖　张家食堂137万元得标》，台湾《联合报》2011年5月3日。

亦是台湾渔民与外国发生海洋渔业纠纷的重要因素。2003 年起，台湾当局逐步划定专属经济区“暂定执法线”（指 2003 年台“行政院”划定的专属经济区执法线，涵盖范围包括台北、东、南部海域，与日、菲专属经济区重叠部分），但渔民为追逐鱼群，往往进入到“暂定执法线”以外，甚至进入日本或菲律宾的领海之内。如据岛内人士统计，自 1997 年至 2005 年遭日本扣押的台湾渔船总共约 31 艘，但被扣押的地点全都在台湾“暂定执法线”之外，其中有高达 28 艘渔船违规进入日本专属经济区内作业，甚至擅入日本领海内作业。① 而为了追逐经济价值高的鲔鱼，部分台湾渔民不惜铤而走险，进入到菲律宾领海内作业。至于台湾与日、菲以外的国家之间的海洋渔业纠纷，也大多是因台渔船进入对方专属经济区而引起。

（四）一部分台湾渔民的捕鱼行为违反了渔源国渔业法令或国际法

台湾渔船曾经以缴纳入渔费的方式被允许进入南非专属经济区捕鱼，南非禁止渔民使用流刺网作业，但有台湾渔船不顾禁令使用流刺网而被查获。② 部分台湾渔船涉嫌在公海上违法作业。在大西洋鲔鱼保育委员会 2005 年年会中，台湾公海非法捕鱼问题成为会议焦点之一。澳大利亚、世界保育基金和国际运输工人联盟的联合调查报告指控台湾渔船以“权宜旗”（即悬挂外国旗帜的渔船）掩护，在公海非法捕鱼。大西洋鲔类保育委员会大幅削减台湾 2006 年在大西洋大目鲔渔获配额，从 14900 吨减至 4600 吨，只允许 15 艘台湾大目鲔组渔船在大西洋作业。③ 2008 年 4 月和 5 月，绿色和平组织高举“台湾太平洋鲔鱼毁灭者”横幅，两次在所罗门群岛附近的公海上围堵非法捕捞的台湾渔船，并在一艘台湾渔船身上喷上英文“海盗”字样。④

（五）岛内某些不法商人与外国军警勾结，谋害台湾渔民

台“海巡署”前官员之子许志宜利用渔民急欲捕捉黑鲔鱼心理，假冒在菲律宾拥有特殊管道可以打通关节，欺骗渔民签订渔业合作契约，每年缴交 50 万至 100 万元新台币保护费。在渔船抵达菲专属经济区后，许又勾

---

① 《8 年来 31 渔船越线遭日扣押》，台湾《自由时报》2005 年 6 月 24 日。

② 《南非又严查流刺网　我渔船应注意勿触法》，台“中央社”电讯 1997 年 7 月 19 日。

③ 《绿色和平　公海强行搜我渔船》，台湾《中国时报》2004 年 4 月 24 日；《救保育生物绿色和平再闯我渔船》，台湾《自由时报》2008 年 5 月 4 日。

④ 《ICCAT 年会国际围剿非法捕鲔，“台湾政府”管束无力》，台湾《中国时报》2005 年 11 月 19 日。

结非海军将领派出军舰“假扣船、真勒赎”。这起案件至少造成28艘屏东东港、琉球渔船受害，遭勒赎金额达3000多万元新台币。①

总体上看，台对外渔业纠纷涉及海洋“主权”、渔民切身利益和台“对外关系”等重大问题。这类纠纷既使台湾当局面临较大民意压力，又使台“对外关系”受到一定影响，例如马英九当局2012年针对日本“国有化”钓鱼岛采取的保钓护渔动作、2013年针对菲律宾枪杀台渔民采取的制裁措施分别使台日、台菲关系降至低点，但同时也赋予了台湾当局在处理渔业纠纷时，发展对外“实质关系”的机会。

三、台湾当局应对海洋渔业纠纷的策略

台湾当局处理对外渔业纠纷时，一方面高调申张“主权”，宣称“钓鱼岛、南海诸岛主权属于中华民国”，另一方面采取了一定的措施，并取得了一定的成效。

（一）视察沿海岛屿，宣示“主权”，并加强海域防卫

在钓鱼岛海域和南海海域的涉台海洋渔业纠纷，事关钓鱼岛和南海诸岛主权。基于民意，岛内政界人士不敢怠慢。一是登岛视察。马英九当选后不久即于2008年9月10日视察东沙群岛；② 2012年在日本“国有化”钓鱼岛以后，马英九于9月登上彭佳屿，宣示钓鱼岛主权。③ 二是加强国际文宣。2012年8月，马英九提出“东海和平倡议”，并在《纽约时报》等国际媒体宣传该倡议，重申“中华民国”对钓鱼岛的“主权”。④ 2013年8月，马英九在台“外交部”举办的“2013东海和平论坛”上提出“东海和平倡议”的理念可以适用到南海海域。⑤ 此外，马英九当局还在多个场合强调台是解决东海、南海争议的重要一方。三是强化海域巡防能力。马英九时期，台“海巡署”增添了多艘新舰船，并在太平岛等海域进行实弹演习，强化巡防能力。2013年发生菲律宾枪杀台湾渔民后，马英九

① 《官员之子勾结菲国海军 扣船勒索》，台湾《联合报》2007年7月28日。

② 《马视察东沙：谋和也要备战》，台湾《自由时报》2008年9月11日。

③ 《彭佳屿行，马谈钓鱼台逾17次》，台湾《中国时报》2012年9月8日。

④ 《推东海和平倡议，我在美登广告》，台湾《中国时报》2012年10月11日。

⑤ 《总统谈东海和平 绝没拿主权换政权 盼台菲纠纷尽快解决》，台湾《台湾时报》2013年8月6日。

当局决定于2014年提前整建太平岛码头，并评估兴建太平岛机场的可能性，以强化南海“主权”。[①] 四是根据“暂定执法线”，进行自我约束。2003年，台湾当局单方面划定专属经济区“暂定执法线”，要求渔民在区内作业。马英九上台后，仍然沿用“暂定执法线”，将此线作为台“海巡署”的海上执法界线。

（二）谋求对外签订渔业协议，解决渔业纠纷

马英九上台后，力推在搁置划界争议的情况下，与日、菲签订渔业协议。马英九当局抓住中日钓鱼岛争端升级、日担心两岸在钓鱼岛问题上联手之机，力促签订台日渔业协议。2013年4月10日，台日终于在经过长达17年、历经17次的渔业谈判以后，签订了渔业协议。2013年5月9日，一艘台渔船在巴士海峡遭菲巡逻船枪击，一名台渔民丧生。台湾当局对菲采取了两波共11项制裁措施，欲迫使菲与台签订渔业协议。6月14日，台菲之间举行了渔业会谈第1次预备会议，并可能在近期再举行预备性会谈。

（三）与相关国家开展渔业合作

2012年，台与印度、哥伦比亚等23个国家建立了渔业合作关系。台与这些渔源国的渔业合作有三种形态：一是“官方”层面的合作形式，由台湾当局与渔源国政府签订渔业合作协议，如台湾当局过去曾与南非签订渔业合作协议。二是民间团体与政府合作形式，由台民间渔业团体或私人公司与渔源国政府签订入渔协议，如台湾区鲔鱼公会与密克罗西亚、巴布亚新几内亚签订了入渔协议，而台与莫桑比克、坦桑尼亚的渔业合作则由台私人公司与渔源国政府签订入渔协议。三是民间团体对民间团体模式，由台湾当局授权之民间团体与渔源国民间团体签订合作契约，目前台湾与渔源国的渔业合作多采用这种方式。[②] 此外，台还与某些国家建立合作关系，相约互相登临检查渔船。台渔船在公海的滥捕及“洗鱼”行为（“洗鱼”是指部分台渔民向不是国际渔业组织会员国的国家申请船籍，非法捕鱼后，再向合法渔船购买“剩余配额”，身份不明的非法鱼获因此获得合法渔船伪造的产地证明，经此管道后变为合法渔获，并贩卖获利），引起许多国家和国际渔业组织的不满，并曾使台受到国际渔业组织删减渔获配额的制裁。为有效监督台渔船的捕鱼行为，台与一些国家建立了合作关

① 《捍卫南海主权，高层评估太平岛扩建码头机场》，台湾《中央日报网路报》2013年8月30日。

② 参见“中华民国对外渔业合作发展协会”网站：http：//www. ofdc. org. tw。

系，相约可以互相登临检查各自渔船。目前，与台湾建立了这种合作关系的有新西兰、库克群岛、美国、日本和法国等。

（四）力争参与国际渔业组织及区域多边合作机制

国际渔业组织是为保护和管理包括公海在内的海洋渔业资源而设立。参与国际渔业组织，既可以从组织获得渔获配额、渔业信息等利益，又可以借助国际组织的纠纷解决机制，解决渔业纠纷。台湾目前参与的国际渔业组织有：台以“捕鱼实体”名义、“中华台北”名称，分别于2003年、2004年、2009年成为美洲热带鲔类委员会（IATTC）、中西太平洋渔业委员会（WCPFC）、南太平洋区域性渔业管理组织（SPRFMO）会员；台还以观察员或其他身份参与了大西洋鲔类资源保育委员会（ICCAT）、南方黑鲔保育委员会（CCSBT）、印度洋鲔类委员会（IOTC）等渔业组织。

四、结　语

台湾当局采取的一系列应对渔业纠纷的动作，在一定程度上减少了渔业纠纷，维护了渔民利益，同时也借机拓展了“国际生存空间”，亦对两岸关系带来复杂影响。

首先，台对外渔业纠纷有所减少，护渔压力仍较大。台湾当局与外国建立渔业合作关系、参与国际渔业组织有利于减少台对外渔业纠纷的发生，如台日渔业协议的签署，将在一定程度上减少台日渔业纠纷的发生。但总体而言，台对外渔业纠纷短时期内难以根本减少，台湾当局仍面临较大护渔压力，并且随着护渔措施的强化，台湾当局用于护渔的人力、物力、财力等成本也将上升，例如2013年菲律宾枪杀台渔民后，马英九当局对菲采取的制裁措施，对台湾经济如旅游业造成了较大的损失。

其次，加强渔业合作、处理渔业纠纷，成为台拓展“国际空间”的重要渠道。近年来台以“中华台北”名称、“捕鱼实体”名义成为数个国际渔业组织的正式会员、观察员或其他身份；并且，台与日本已经签署了渔业协议，目前正促使菲律宾与其谈签下一个渔业协议；此外，台湾还与20多个国家建立了渔业合作关系。这在客观上拓展了台湾的“国际空间”，促进了台湾当局与相关国家的“实质关系”，也在一定程度上增加了大陆处理与日本之间的东海争议、与菲律宾等国之间的南海争议的复杂性。

（原载于《台湾研究》2013年第6期）

以史为鉴看“台日渔业协定”

徐　青

2013年4月10日，台湾与日本签订“渔业协定”，马当局为此欢欣鼓舞，并强调是在“主权争议搁置”下的争取渔权的一次重大胜利，但岛内各方看法呈现分歧，大陆各方不以为然者众。为何会有如此大的歧义？要说明白，还得推远一些，从历史中找寻脉络。历史殷鉴不远。笔者以1931—1945年日本侵华战争时期的对华手段以及蒋介石政府失去民心的作为为史鉴，对当下的两岸关系及台湾对日态度提供对照、参考。

一、从日本发动侵略战争的历史来看，当前钓鱼岛争端日趋深化的危机及日本政治、军事的举动需高度警惕

日本是个岛国，自然资源匮乏，市场狭小，因此，自明治维新后，通过“兰学”窗口，借助工业革命的发展，走上对外侵略的帝国主义道路。日本的野心从来并非局限在殖民中国，更延展于雄霸南太平洋。因此，其亚太战略与美英等西方帝国的亚太利益既有相同的一面又有利益冲突的一面，这使得其称霸野心在两次世界大战中都遭到极大挫折。二战后，在国际冷战格局下，日本受到美国的全面扶持，迅速融入西方冷战阵营，未待深刻反省战争罪行便成为霸权国家阵营中的一员，使得日本军国主义思维并没有根本改变。特别是当日本具有了相当的国际经济地位之后，政治需求逐渐膨胀，军事野心也逐渐显露出来。特别是1980年代后中国不断崛起的现实与势头，让日本称霸亚太的野心严重受挫，忐忑不安。

从历史上看，日本一旦确定外侵政策，一是它可以抛开一切国际社会和国际法的约束，正如一战前它退出“国大”，二战前它退出“国联”。二是它会抛出明确的侵略政策。如侵华前夕，1927年6、7月间，日本田中内阁就召开“东方会议”，确定对华政策，抛出《对华政策纲领》，拟定

《帝国对满蒙之积极根本政策》密件，并以奏折形式呈送日本天皇，内曰：“惟欲征服支那（指中国），必先征服满蒙（指中国东北地区），如欲征服世界，必先征服支那。”这就是有名的“田中奏折”。政策确定，外侵脚步随之加速。三是在其首要侵略地，频做手脚，其中制造借口、嫁祸于人、欺骗引诱是最为典型的做法。“九一八”前，日军就制造了万宝山事件、中村事件等，“九一八”时则先炸毁沈阳北郊柳条湖村附近南满铁路，再袭击日本守卫队，均嫁祸于中国军队，继而向中国东北军驻地和沈阳城发动进攻。侵华过程中甚至共同防共都成了其大举增兵的借口。当前在钓鱼岛危机中，日本扭曲事实、混淆国际视听的动作屡屡出现。四是做好国内的战争鼓动宣传，扩军备战。目前日本右翼的一系列言论行动都有将日本重新推向外侵路线的浓重痕迹。五是争取国际支持，比如声称其“无领土野心”，比如在当前的东海南海争端中游说中国周边国家，并军援菲律宾、越南。六是经济危机常常是其发动战争的直接导火索。始于 1929 年秋的全球经济危机持续了 4 年，1930 年波及日本，并于 1931 年达到危机顶峰，它激化了日本国内的政治、经济矛盾，成了日本右翼推动侵华战争的导火索。2008 年以来的全球性金融经济危机，日本大地震及海啸、核灾，使本已停滞的日本经济再受重创，国土资源缩小 1/3，日本政局更是动荡不安。这些刺激日本骨子里的外侵欲念咄咄升起，恰如 1929 年秋全球经济危机后的日本。七是利用其他帝国主义国家的绥靖政策，蓄势以发。帝国主义国家的绥靖政策根源于与日本有着共同的侵略利益，日本扩张海外利益没有严重侵犯其他帝国主义殖民利益的时候，绥靖政策就有其存在的土壤。面对日本对中国东北的侵略，英美等国对日本举动既纵容又限制，甚至对“九一八”事变，仍寄望能防止日本独吞并能分享中国东北，因此，通过国联抛出东北“国际共管”的协议，直到日本一意孤行，退出国联，进而侵犯华北、华东，终至珍珠港事件才被迫对日宣战。

以近来日本安倍右翼政府的种种政治军事作为来看，诸多迹象俨然历史的翻版。虽然国际情势大异从前，似乎一切作为也旨在选举操作，但日本右翼利用美国重返亚太进行战略再平衡的机会，修宪扩军，引军国主义幽灵上身的企图仍不能不防，日本对中国钓鱼岛主权的强势挑衅更需高度警惕。

二、看蒋介石政府抗日历史需要汲取的教训

1931年“九一八事变”是日本新一波殖民中国的侵略战争起点，迅速掀起的全中国人民的反日怒潮也拉开了长达14年的中国人民抗日战争的序幕。然而，面对日本侵略，蒋介石政府是如何做的呢？

一是以妥协、投降来应对日本侵华战争。“九一八事变”前，对日军在东北的挑衅，蒋介石电令张学良的东北军“不予抵抗，力避冲突”；事变之后，蒋电告张学良，以“地方事件”处理，要张“避免事态扩大”，“一切对日交涉，听候中央处理”。于此，东北军不战而溃，至1932年1月，整个东北国土沦陷。为确保既得战争利益，1932年1月28日，日军又以“一·二八事变”侵占上海闸北。驻守上海的国民党19路军违背蒋介石指令，奋起抗战，一个多月内，以前后总计不足4万人的兵力（后有部分5路军自动参战）抗击着不断增援的10万日军。上海抗战得到上海和全国人民的积极支持。然而，蒋介石政府却按兵不动，对十九路军不仅不增援、不补给，反而停饷甚至截留各地捐款，还电告各部队“非得军政部命令而自由行动者，虽意出爱国，亦须受抗命处分”。5月5日，蒋介石政府与日本签订《上海停战协定》，依此协定，日本军队可驻扎上海并扩大其驻防区域，中国军队只能退到昆山、苏州一带（19路军抗日艰困，败退至此），不得进驻上海。此外，协定附带3项“谅解”：（1）中国取缔抗日；（2）十九路军换防；（3）浦东及苏州河南岸中国不得驻军。其后，蒋介石陆续与日本签订了一系列丧权辱国的条约，包括1933年5月让华北门户洞开的《塘沽协定》；1934—1935年通过通车、关税等协定对日本傀儡政权“满洲国”予以默认；1935年5月和6月先后签署丧失冀察两省主权《何梅协定》《秦土协定》；1935年9—11月设立“冀察政务委员会”对日本“华北5省自治”图谋予以妥协，实行变相自治；1935年6月颁布媚日的《敦睦邻邦令》，禁止一切反日的言论、行动，“如有违背，定予严惩”。

二是念念不忘“剿共”。蒋介石政府采不抵抗政策的主要原因是他急于消灭共产党及其领导下的红军、苏区。1927年蒋介石、汪精卫先后进行“四一二”“七一五”反革命政变，孙中山倡导的国共合作的革命统一战线破裂，蒋介石建立起大地主大资产阶级的政权，逼迫共产党走上“工农武装割据”的道路。蒋介石自1930年2月开始，对共产党及红军根据地

（苏区）进行大规模的军事“围剿”。至1936年底“西安事变”之前共发起5次。1931年7月“九一八事变”前，蒋对红军、苏区正进行着第三次“围剿”，此次“围剿”至当年9月结束，其结果如前两次一样，蒋介石败得焦头烂额。红军和苏区在反“围剿”中不断发展，严重阻碍蒋介石独裁统治的建立，成为蒋最大的心腹之患。因此面对“剿共”、御日两个战场，他宁与侵略者妥协，任由国家领土主权被肆意践踏也要继续“剿共”到底。1932年“五五协定”后，蒋介石即颁布“攘外必先安内”的国民党处理对外关系的基本政策。此后连着发动了第四、第五次大规模“剿共”军事行动。为了彻底消灭共产党力量，蒋竟与日本勾结，夹攻地方抗日同盟“察哈尔抗日同盟军”，杀害领导人吉鸿昌；剿灭联共抗日的十九路军建立的“福建人民革命政府”；逼迫杨虎城西北军、张学良东北军赴“剿共”前线；1936年10月31日又第六次发起对红军的总攻令，终于激出“西安事变”；加之英美与日在华利益矛盾激化，国民党内亲英美派与亲日派矛盾尖锐，英美派抗日主张占据主导地位，至1937年2月国民党五届二中全会，蒋介石才被迫确立“联共抗日”的政策，但同时通过的“关于根绝赤祸之决议案”透露出蒋介石政府并没有根本改变反共灭共政策。1938年10月武汉、广州沦陷后，日本将进攻重点转移到共产党领导的敌后抗日战场，抗日根据地承担着抗日主战场的艰巨任务。1939年1月国民党五届五中全会上，蒋介石确定了“防共、限共、溶共”政策，扭转了联共抗日政策。1939年4月至1942年，蒋介石掀起了两次反共高潮，严重破坏抗日民族统一战线。1943年3月又以《中国之命运》为反共舆论先导，图谋发起第三次反共高潮。几次反共高潮在中共“有理、有利、有节”的斗争原则指导下被一一打退。

三是对日、英、美等帝国主义始终抱有幻想。作为代表大地主大资产阶级利益的蒋介石政权，其财富的累积是随着帝国主义对中国的殖民侵略、利益豪夺而达成的，因此它自觉成为帝国主义在中国的代理人。对帝国主义的依附，使蒋介石政府丧失民族气节，并必然对帝国主义的“善意”寄予极大的期望。面对日本，1934年秋蒋介石发表《敌乎？友乎？——中日关系的检讨》，希望日本了解其剿共苦衷，谋求与日“敦睦邦交”，寄望日本对中国的侵略适可而止。日本将计就计，1935年1月抛出“中日亲善、经济提携”的新对华方针，要与国民党政府“调和感情”“增进邦交”。这大大鼓励了蒋介石，表示有了日本这番“诚意”，他一定会“制裁一时冲动与反日行动，以示信义”，随即派人去日本交换“亲善”意见，直到正式颁布《敦睦邻邦令》。然而，蒋介石的“信义”换来了日本真正的善意、诚意了吗？对英美帝国主义国家，蒋介石同样抱有极大的幻想。蒋介石政府在“九一八事变”后求助国联，寄望国联出面主持“公理”，进行“调停”。结果，国联却提出了一个对中国东北“国际共管”的方案。“卢沟桥事变”及“八一三事变”后，英美对日本侵华仍采取“不干涉”政策，一方面希望日本在中日战争中得到力量的削弱，降低其在亚太争霸中的竞争力，另一方面又要从战争中发财，大量向日本、蒋介石政府输送军火；此外，还希望日本削弱中共力量，并唆使日本进攻苏联，因此，鼓动“和平解决”中日战争，压制中国抗战，促使蒋介石对日妥协。1937 年蒋介石被迫抗战后，再次呼吁国联和英美援助，要促成国际联合制裁日本的局面。并向国联提出申诉和谴责日本侵略、协助中国等 4 项建议，国联除了承认日本侵略中国，违背九国公约、非战公约之外，将中日问题提交九国公约国开会讨论，而在九国公约国会议前，美国就提出要给日本以经济上、政治上的安全感，必须为日本保证原料及市场，会议上英美等国否决了中国、苏联代表提出的制裁日本的提议，会议最终通过的报告书，仅建议“中日停战，改取和平进程”了事，没有解决任何实质问题。蒋介石对日、英、美国家的幻想，实际成为对日妥协、纵容，不仅没有遏止日本侵华的野心，反而助长日本气焰。日本先是拒绝接受国联决定，并宣布退出国联，其后，不仅将战火延烧全中国，更波及亚太地区，甚至直接对美宣战。

正因为蒋介石政权如此抗日，才导致全中国大片河山不断沦丧。全国各阶级、阶层中对蒋介石及其政权抱有幻想的人，特别是中间派别、民主人士和团体，通过抗日战争，开始认清了蒋介石独裁专制、丧失民族气节的真面目。从此，全国人心向背出现变动，国民党地位开始降低，共产党地位开始提高，国共两党的政治力量对比发生了明显变化。蒋介石政权在大陆的执政根基大大松动了。

写到此，笔者还要特别说明，抗日期间，虽有国民党官兵浴血救国，他们的事迹可歌可泣，永垂青史，但有着蒋介石这样性质的政府和对日政策，这些真正抗日的国民党官兵自身都被蒋介石出卖、剿灭，更遑论能扭转当时正面战场上国民党军队整体溃败的局面，也改写不了蒋介石消极抗日的凿凿史实。国民党及一些台湾学者更不该以正面战场抗日官兵的浴血奋战掩饰正面战场的整体败绩。

三、钓鱼岛危机下的日本对台手段似历史重演

在钓鱼岛危机中祭出对台手段与日本当年瓦解抗日力量的手段如出一辙。当年日本侵华手段，一是扶植傀儡政权。先有不甘封建王朝被推翻的溥仪出任日本建立的“满洲帝国皇帝”，后有与蒋介石权斗了一辈子的亲日派汪精卫，成了日本加紧拉拢扶持并成立的汪伪政权，不仅帮日本“管理”占领区，而且帮日本对抗日根据地的军民进行“烧光、杀光、抢光”的“三光”政策，消灭抗日力量。二是拉蒋反共，分化抗日力量。全民抗战的 14 年中，日本利用蒋介石的独裁、反共私心，在扶持国民党内反蒋派的同时，一方面对国民党正面战场进行军事进攻，对蒋施压，以摧毁蒋介石抗日信心，另一方面诱蒋反共，分化瓦解全国抗日民族统一战线，以联蒋灭共为诱饵，逼迫、诱使蒋介石政府对日妥协、投降。

映照当前，面对台湾保钓决心，日本担心两岸联手对日。为防止两岸合作，日本对马当局如对蒋介石政府一样的软硬兼施。一方面在钓鱼岛海域强硬宣示主权的动作不断，另一方面利诱台湾，寄望从台湾方面为其窃取钓鱼岛主权寻求突破口。这个突破口就是利用马当局对大陆的疏离心态、对美日的依赖心理，满足马英九当局的“内政”需求。马当局最需求什么？一是台日渔业协定谈了 16 年仍未果，台湾渔船常常遭到日本驱离，甚至屡有冲突，渔民对当局无能极为不满。因此，马上台后一再呼吁日本就双方渔业纠纷进行谈判。二是马当局希望提升与美日等西方主要国家的实质关系，并加入国际组织及活动，当下是寄望跻身东海南海纷争的国际争端解决机制，拥有发言权，希望参与东海资源开发，分享东海资源。日前马英九提出“东海和平倡议”，但没有得到其预期的国际回应。三是摆脱当下的内政困境，提升民意支持度，为未来选举做准备。

就此，日本有了实质举动。早在 2010 年 12 月，在台北举行的第 9 届“台日论坛”上，与会的日本民主党及自民党籍多名政要、参议员就异口同声表示，与台湾搁置“主权争议”，先就渔业议题进行沟通；民主党参议员风间直树首度释放出可以与台进行钓鱼岛“主权争议”沟通的信息。自民党参议员岸信夫则提出台日两军建立海域安全合作，举行海滩和自然灾害搜救演习，以增进双方关系。日本还借着灾后重建的机会，与台南科

学园接洽，将一部分工厂复制到台湾。在美日压力下，马当局明确且坚持不与大陆联手。为了将这一成果更加巩固，2013 年 3 月日本震灾 2 周年悼念仪式中，日本安排台湾代表与各国代表团及国际组织平起平坐。继之，4 月 10 日，日本在第 17 次台日渔业协定谈判中对马当局做出有限让步，台湾首次从谈判中得到实惠。其一，日本允许台湾渔民在距钓鱼岛 12 海里之外的 12—24 海里海域的“日本专属经济区”内捕鱼，使台湾渔业作业范围扩大约 1400 平方海里，台渔民普遍对此表示“非常满意”。其二，提升了台与日本官方层级关系。协议规定，台湾“亚东关系协会”与日本驻台机构“日本交流协会”合作设立“副部级”官方协商机制“台日渔业委员会”，实质提升了台与日本官方关系。马当局称“这是台日关系的重大突破”，“代表台日关系进入了一个新的阶段”。其三，马英九将之归功于其“东海和平倡议”奏效。马的东海和平倡议，第一阶段是要达成中日、台日和两岸的双边对话，马认为“如今‘台日渔业协议’展现了成果”，并得到美、日、欧等国的赞同，提高了台“国际”争端解决中的话语地位和曝光度。而上述一切都成为马当局的政绩，是其民望提升的利基。

四、钓鱼岛危机下的两岸关系

以史为鉴，台日渔业协定的签订，透出如下几个讯息，也对两岸关系必然带来后续影响。

首先，昭示出两岸政治对话不是“没什么可谈”，而是太多层次的问题应该进入商谈。马当局对东海及钓鱼岛的维权，从“两岸同属一个中国”的法理上看，本应有助于形成两岸共同维权的默契，以及强化“两岸同属一个中国”的国际认知；但是，在实际操作上，马当局在维护主权的合作层面与我进行明确区隔，在资源开发的合作层面拉进第三方，其积极提升在钓鱼岛问题上的地位及发言权，谋求参与更多双方或多方对话，根本目的应该是凸显“中华民国”的“事实存在”，是要使“中华民国”在该议题的谈判、解决过程中不被边缘化，因此，不能避免在涉外领域碰触“两岸主权之争”的敏感神经。马英九始终强调两岸关系“主权互不承认，治权互不否认”，如何解读为更具实质意涵的正面表述？特别是在国际场域如何解读、如何操作？这不仅是两岸在国际关系中发生误会、冲突的根源，也是两岸必须进行政治对话的内容。笔者认为，理解可以带来宽容，但绝不等同于认同，因此，一味依赖一方理解、包容所累积下来的不会是互信的增加，而是善意的耗损。这就是大陆希望两岸尽早进入政治商谈的原因。马回避政治谈判，却不断在政治层面有所动作，对两岸政治互信的深化极为不利，也将对岛内民众“一中框架”的认知形成干扰。

其次，揭示了马当局与大陆的疏离、对大陆的算计。台日渔业协定的签署，其内容及后续马当局的解读、态度，令笔者长叹！一句“钓鱼台主权问题我们一寸都没有让”，不是有些自欺欺人吗？质疑之一，台日渔业协定是“搁置”主权争议了，还是根本没有涉及钓鱼岛主权争议之处？质疑之二，离开主权谈何“资源共享”？为解决海域重叠问题引发的渔业纠纷，台与菲律宾在1991年曾签订“海道协定”，菲律宾允许台湾渔民行经该国海域，但菲国在1998年修订渔业法，限制外国渔船在其海域作业，闯进禁地的渔船一视同仁，一律严办。由此，“海道协定”自动失效。至今台菲渔业纠纷不断，还刚刚发生渔民被击毙重大事件。可见，离开主权支撑，即使谈成，“资源共享”也随时可以随主权国意志改变、或因主权争议再次升高而成一纸废文。如此，马为了维护钓鱼岛渔权又将如何继续维护钓鱼岛主权呢？质疑之三，台日既已划定渔业范围，明确将钓鱼岛及其12海里海域排除在外，还专门强调双方必须遵守此规定，无疑是将台湾框在了钓鱼岛及其12海里海域之外，只要台渔船进入协定非划定区就是违反双方协议，日本就会有所反制，这等于排除了台湾保钓的正当性。如此，马为了维护钓鱼岛渔权，又将如何继续维护钓鱼岛主权呢？

连岛内媒体也报道日本多家媒体披露，日本之目的在阻止两岸联手保钓，以拉拢台湾牵制中国。马英九会不了解吗？笔者认为，马还是了解的。那为何还这样做？笔者分析，一是日本背后有美国撑腰，美、日两国，台湾都得罪不起，也不想得罪，何况骨子里跟两国还“亲”还“近”呢，凭什么得罪？二是这次日本宁让冲绳渔民利益受损也要“满足”台湾，台湾何曾感受到过如此的厚爱，怎能不领受日本这份迟来的“诚意”“善意”？三是捍卫主权的问题上，台湾虽力争浮上台面，但也自忖无能为力，那为何不乘机得些实惠呢？既安抚了渔民，减轻一些内部民意、绿营的压力，还增进了台日关系，对美、日都有了交代，也为“和平倡议”增添光环，何乐而不为呢？那就让大陆跟日本、美国斗去吧！此外，笔者对马“做事相当务实”这一点有了新的体会，这特别表现在他的“获利了结”。台日渔业协议之后，钓鱼岛主权争议更将“搁置”，恰如两岸大交流开启之后，政治谈判也就可以搁置了。因为，既然想吃的肉到嘴了，难啃的部分，还啃它干嘛呢？

在中华民族利益严重受损的民族灾难中，马当局单方面与窃夺中华民族祖产者合作，发了点台湾财、选举财。这是笔者对台日渔业协议的定性。笔者不是因为台湾渔民受益了而感到不满，相反，大陆人民没有一个不希望两岸渔民能在自己祖权海域自由行使生存生产的权力，让两岸渔民获利正是保卫钓鱼岛主权的根本目的，但是，问题绝不是表面这么简单，协定的深层影响是，它让全体中华民族一致对外捍卫钓鱼岛主权的气势有了缺口，让所有不希望祖产受损的炎黄子孙伤了心，也为两岸关系的互信洒下阴影，站在大陆的角度上看，这点利实在是得不偿失的。这两天，台日渔业委员会首次会议上，台方竟然要求日本再给台湾渔业作业缓冲区，马当局对日抱有的幻想，唯此观止！

笔者曾发文分析过马英九的政治价值观念、冷战思维，并认为这样的政治观念、立场必将耗损其民族情怀。今天，它竟然应验了，且真实地展现在面前！钓鱼岛问题的确是检验每个炎黄子孙民族大义的试金石，检验每个政治人物胸怀、格局、眼光的标示线。笔者记得，马英九曾以类似“就你有民族大义”这类的话语回敬他人，以昭示自己怀有的中华民族情感、民族大义丝毫不比别人少，但民族情感、民族大义要遇到事才能具体体现、清楚衡量。现在笔者不禁要问，难不成马英九在全中华民族的利益上要重蹈蒋介石的覆辙吗？马英九有必要重温蒋介石政府时期的对日作为，重新翻阅日本为殖民中国祭出的种种侵略手段，以及美国当时的心态与做法，以使自己在当前国际大格局变动的当下，免于迷失自己的民族气节和历史定位，真正找到中华民族的自主性。马英九常将孟子的以小事大靠智慧挂在嘴边，马当局中有人也以“大陆牌”“美国牌”两头“玩得漂亮”沾沾自喜。岂不知，“以小事大”最重要的是不失民族气节，搞成丧失民族气节的投机取巧，就成了权术意味浓厚的精致的利己主义者。马英九相当看重“尊严”“尊重”，如果没有了自己的民族自尊和民族立场，靠投机两头获利，还谈何尊严，如何被尊重呢？

当然，笔者也看到，马英九不断言称台日渔业协定并没有放弃钓鱼岛主权。那退一步说，未来要观察的也是公认的观察点：一是马当局如何应对日本在钓鱼岛主权问题上的进一步动作。日本至今没有停止对钓鱼岛主权的争夺，大陆与日本在相关海域的军事冲突风险丝毫没有降低，一旦日本做出进一步侵犯举动，马当局将作何实际反应？二是岛内保钓团体的保钓举动，马当局将如何表态、因应？三是如何对待大陆渔民。就笔者所知，迄今马英九对台“海巡署”“大陆与台湾渔民共处台日渔业协定涉及海域渔场时，将对大陆渔民驱离”的言论没有做出任何回应，因此，当两岸渔民共处相关海域渔场时，马当局对大陆渔民的作为就是其最真实的态度宣示。

本文截稿之际，台菲渔业冲突正越演越烈。菲律宾之所以敢在经济、军力都不如台湾的情况下对台湾渔民肆无忌惮地大打出手，面对台湾上下一致谴责、制裁，竟毫无悔意且强势以对，正是看清了台日渔业协定中台湾的心态。菲律宾以为，它背后不仅有美国撑腰，还有日本撑腰，台湾再硬能怎么样？所以，亲美日的、不与大陆联手的台湾已经被卡死。菲律宾就“混混”了，台湾还敢做什么？能做什么呢？

（原载于《中国评论》2013 年 6 月号）

中美建交前后美国反对“台湾独立”的原因、措施及其影响
——基于美国最新解密档案的考察

钟厚涛

中美建交前后，对于台湾的地位及未来走向问题，美国有部分学者及政客鼓噪“台湾独立”甚至“建立台湾共和国”。① 从美国国务院最新解密的档案来看，② 卡特政府并没有接受这种论调，不但如此，卡特政府还采取了多种措施来试图遏制当时“台湾独立”的可能性。本文尝试分析美国政府当时为何反对“台湾独立”，采取了哪些措施，又产生了哪些影响。

一、美国反对“台湾独立”的原因

美国反对“台湾独立”，绝非受某种单一因素的影响，而是综合考虑了中国大陆的反应、美国的战略利益以及岛内蒋经国当局可能的举动等多方面因素。

（一）忌惮中国大陆反应强烈

“上海公报”中中方明确把台湾问题定位为“阻碍中美两国关系正常化的关键问题”，③ 邓小平更是说：“台湾问题是中美关系的主要障碍，甚

① 例如，1958 年美国参议院外交委员会投票决议，委托由“康仑公司”完成一份对华政策报告。该报告由当时中国问题专家斯卡拉皮诺（Robert A. Scalapino）等人执笔，其中提出美国应该支持和帮助建立一个“台湾共和国”，并保留台湾当局在联合国的席位。

② 2013 年 4 月 22 日，美国务院在其官方网站上，将美中建交时期的一些秘密文献对外公开解密，并定名为《美国对外关系：1977—1980》（卷 13，中国）。该书汇集自美国国务院、白宫国家安全会议和国防情报局等多家重要部门，由尼克尔斯（David Nickles）负责整理，共计 1231 页。作为一份解密文件，该书最大限度地还原了美中建交过程中的许多重要场景，披露了美中在台湾问题上是如何达成“断交、废约、撤军”三原则的，是美国与海峡两岸关系研究的重要参考资料。

③ 《人民日报》1972 年 2 月 29 日。

至可能发展成为两国关系中爆炸性问题。"[①] 由于台湾问题是中美建交前后双方之间最为重要也是最为敏感的问题，[②] 因而美国在制定对台政策时，必然会考虑到中国大陆方面的态度。不但如此，为推动美中关系早日实现正常化，进而实现其"联中抗苏"的战略布局，美国甚至在某些时候还愿意在台湾问题上对中国大陆做出一定的迁就与让步，即如卡特时期美国国家安全委员会高级成员米歇尔·奥克森伯格（Michel Oksenberg）所言："如果说在对待苏联方面的相似战略利益有助于中美缓和的话，那么，美国在台湾方面的迁就通融就成为促进因素。"[③]

在这样的背景下，美国自然不希望看到因为台湾宣布"独立"造成对中国大陆的刺激，因为美国深刻认识到："虽然中华人民共和国对两岸统一在态度上非常现实，但中华人民共和国自其建立之日起，就把'世界上只有一个中国、台湾是中国的一部分'作为核心外交政策，寻求国际认可。"[④] 美国政府深知，如果台湾宣布"独立"，势必会冲撞大陆"世界上只有一个中国、台湾是中国一部分"的底线，而其后果难以估量，美国的预计是："北京的反应将不仅仅局限于中美关系。北京将会施压，推动其他国家——特别是经常惹事的日本——切断他们与台湾所保持的经济或其他任何联系。同时，北京还有可能采取威胁性的军事行动，甚至直接对台

① 邓小平：《邓小平文选》（第三卷），人民出版社 1993 年版，第 97 页。

② 中国驻美联络处主任黄镇 1978 年 2 月 8 日首次会见美国总统卡特时，曾专门详细论述台湾问题的"关键性意义"。见 Alan D. Romberg, *Rein in at the Brink of the Precipice: American Policy toward Taiwan and U. S. – PRC Relations*, Washington, D. C.: Henry L. Stimson Center, 2003, p. 76.

③ Michel Oksenberg, Memorandum for Zbigniew Brzezinski, "Sino – American Relations, 1967 – 1976, and Their Implications", February 4, 1977, p. 2, enclosed in Zbigniew Brzezinski, Memorandum for the President, "Meeting Next Week with the Representative of the PRC (Tuesday February 8)", February 4, 1977, Carter Library. Quotes from Alan D. Romberg, *Rein in at the Brink of the Precipice: American Policy Toward Taiwan and U. S. – PRC Relations*, Washington, D. C.: Henry L. Stimson Center, 2003, p. 76.

④ Memorandum from Secretary of State Vance to President Carter, Washington, July 24, 1977, enclosed in Department of State, *Foreign Relations of the United States*: 1977 – 1980 (Volume XIII, China), edited by David P. Nickles, Washington: United States Government Printing Office, 2013, p. 115. 按：此处万斯称"中华人民共和国对两岸统一在态度上非常现实"，是从他和邓小平的多次谈话中得出的，对于如何处理台湾问题，邓小平曾提出："我们将尊重台湾的现实来解决台湾问题"。（《邓小平年谱（1975—1997）》（上），中央文献出版社 2004 年版，第 442 页。）

湾采取军事封锁。"① 与此同时，美国还担忧，如果台湾宣布"独立"，大陆方面会认为是美国的支持或纵容才造成台湾有胆量如此行事，即如美国时任国务卿万斯（Cyrus R. Vance）在给卡特的备忘录中所言："无论事实怎样，北京方面都会认为如果台湾宣布独立，美国具有不可推卸的责任。"② 也就是说，台湾若贸然宣布"独立"，势必会冲击到美中关系，而当时的背景是美中关系才是美国各界考虑的重心，而台湾问题只不过是美中关系中一个因素而已，即如美国前国务卿迪安·鲁斯克（David Dean Rusk）的回忆所言，"在美中建交时期，虽然如何处理同断绝台湾关系有联系的政治、安全问题非常重要，但没有人关注台湾的未来，当时美国在战略上把重心放置到了中美关系上。"③ 既然美中关系才是美国战略规划的重心，而台湾的未来又乏人问津，美国自然不愿意看到由于"台湾独立"而影响到美中关系的进程。

（二）维护美国国家利益

美国著名国际关系学者汉斯·摩根索（Hans J. Morgenthau）曾提出国家利益是现代国家对外政策的最高准则，是所有问题思考的出发点和落脚点，"所有当代成功的政治家都把国家利益作为他们政策的最高标准"。④ 中美建交前后，卡特政府对于"台湾独立"的担忧和遏制，同样也是出于维护美国国家利益的目的。即如台湾淡江大学战略研究所助理教授黄介正所言："卡特总统与一手策划与北京建交的国家安全顾问布热津斯基，当时固有冷战对抗苏联'大棋盘'的考量，也曾多方顾虑台湾是否采取断然

---

① Memorandum from Secretary of State Vance to President Carter, Washington, July 24, 1977, enclosed in Department of State, *Foreign Relations of the United States*: 1977 – 1980 (Volume XIII, China), edited by David P. Nickles, Washington: United States Government Printing Office, 2013, p. 115, pp. 115 – 116.

② Memorandum from Secretary of State Vance to President Carter, Washington, July 24, 1977, enclosed in Department of State, *Foreign Relations of the United States*: 1977 – 1980 (Volume XIII, China), edited by David P. Nickles, Washington: United States Government Printing Office, 2013, p. 115, pp. 115 – 116.

③ 以上是迪安·鲁斯克在应美国前国务院副发言人、现任史汀生中心东亚研究室主任容安澜（Alan Romberg）访谈时的回忆，见 Alan D. Romberg, *Rein in at the Brink of the Precipice: American Policy toward Taiwan and U. S. – PRC Relations*, Washington, D. C.: Henry L. Stimson Center, 2003, p. 85.

④ Hans J. Morgenthau, *Defense of the National Interests: A Critical Examination of American Foreign Policy*, University Press of America, 1982, p. 34.

宣布独立的措施，终究围绕着美国利益是否受损的估算。”① 当时美国对于利益受损的估算具有多层面考量：首先是冲击美国的“一个中国”政策。即如万斯所言：“在上海公报中，美国已经承认一个中国原则是目前正在进行的中美关系正常化的一个重要前提。”② 而如果“台湾宣布独立，将会对美国的一个中国政策造成巨大冲击”。③ 其次，鉴于当时美国与台湾之间的“共同防御条约”并未废除，台湾一旦宣布“独立”，就可能拉美国下水，迫使美国陷入战争泥潭，而这显然是与美国的国家利益相悖的。

（三）担心蒋经国采取过激行动

20世纪70年代末，美国政府认为，与中国建交“面临着较高的政治风险”，④ 万斯将之称为“艰难的选择”。而众多风险当中，让美国政府比较担忧的则是台湾会贸然宣布“独立”。后来的事实证明，美国的这种担心绝非杞人忧天。当美国在宣布与中国建交约七小时前向蒋经国正式通知此事的时候，⑤ 蒋经国反应异常激烈。根据美国当时驻台“大使”安克志（Leonard S. Unger）1978年12月15日发给国务卿万斯和国家安全事务总统助理布热津斯基（Zbigniew Kazimierz Brzezinski）的材料记载：“今天夜里当地时间2点20左右，我与蒋经国相见，台湾‘外交部副部长’钱复和蒋经国私人秘书宋楚瑜也在场。”在这次相见过程当中，安克志将美国白宫发给他的“美中建交联合公报”一字一句地向蒋经国做了陈述解释。根据安克志的观察：“对于我的报告，蒋经国态度非常恶劣，声称这将产

---

① 黄介正：《再回首台美“断交”的省思》，台湾《联合报》2013年4月25日。

② Memorandum from Secretary of State Vance to President Carter, Washington, July 24, 1977, enclosed in Department of State, *Foreign Relations of the United States*: 1977 – 1980 (Volume XIII, China), edited by David P. Nickles, Washington: United States Government Printing Office, 2013, p. 115, pp. 115 – 116.

③ Memorandum from Secretary of State Vance to President Carter, Washington, July 24, 1977, enclosed in Department of State, *Foreign Relations of the United States*: 1977 – 1980 (Volume XIII, China), edited by David P. Nickles, Washington: United States Government Printing Office, 2013, p. 115, pp. 115 – 116.

④ Cyrus Vance, *Hard Choices: Four Critical Years in Managing America' s Foreign Policy*, Simon and Schuster, 1983, p. 79. 卡特自己在他1977年7月7日的日记里，也有类似的记述：“与中国建交是可行的，我要向所有美国人民说明这一点，并愿为这一决定承担所有政治责任。”（《美国总统日记披露中美建交鲜为人知的决策内幕》，见《晚霞》2010年第4期，第49页。）

⑤ 1978年12月14日，中美双方决定，为减少泄密的可能，在北京时间1978年12月16日上午10时（即华盛顿时间12月15日晚9时）同时宣布“建交公报”。而蒋经国得知这一消息是在12月16日凌晨约3点左右。

生最为严重的后果。蒋经国说，美国所谓的‘方案’（solution）‘完全不可能’（totally impossible）引导台湾内部稳定和持续发展。美国承认（recognizing）中华人民共和国政府是中国唯一的合法政府，以及美国承认（acknowledging）中国的立场：世界上只有一个中国和台湾是中国的一个部分，这事实上等于把台湾交给了中华人民共和国。美国的做法背弃了盟友，必将丧失台湾人民和世界其他国家人民对美国的信任。蒋经国郑重提出，此事将在台湾产生严重后果，而美国必须对此负全部责任。蒋经国非常痛苦地说，过去他对美国充满信心，从未想过美国会以这种方式行事……蒋经国称，他无法保证在美国宣布‘美中建交公报’之前保持沉默。”①

显然，蒋经国对美中建交的消息非常震惊，并表示了极大的愤怒。也正是由于这种原因，安克志给国务卿万斯和国家安全事务总统助理布热津斯基的材料中，最后专门添加了一段评论性文字，称：“我只有极其有限的信心去劝阻蒋经国不要做出激烈的负面反应。”② 安克志的担心是完全有道理的。事实上，就在安克志16日凌晨离开蒋经国之后，蒋经国就随即召集时任“行政院长”孙运璇、“外交部长”沈昌焕等人紧急磋商。同日蒋经国更是对美国发表公开抗议：“美国决定与共匪伪政权建立外交关系，不仅严重损害中华民国政府及人民之权益，且将对整个自由世界产生严重之影响，其因此所引起之一切后果，均应由美国政府负完全责任。”③ 不但在口头上向美国表示强烈不满，蒋经国更以实际行动向美国表示抗议。12月17日，蒋经国发表电视讲话，宣布三项紧急措施，其中之一即是“三

① Backchannel Message From the “Ambassador to the Republic of China” (Unger) to Secretary of State Vance and the President's Assistant for National Security Affairs (Brzezinski), Taipei, December 15, 1978, enclosed in Department of State, *Foreign Relations of the United States*: 1977 – 1980 (Volume XIII, China), edited by David P. Nickles, Washington: United States Government Printing Office, 2013, pp. 654 – 655. 按：蒋经国之所以说自己无法保证保持沉默，是因为美国在通知台湾美国与中华人民共和国建交消息之前，曾透过当时台湾“驻美大使”沈剑虹转告蒋经国：“要绝对保密，在建交公报正式宣布前，只能把消息告诉少数亲信。”（《我驻美首任大使柴泽民回忆中美建交往事》，见《文化交流》2009年第3期第3页。）蒋经国拒绝保密，其实是对美国的一种抗议。

② Backchannel Message From the “Ambassador to the Republic of China” (Unger) to Secretary of State Vance and the President's Assistant for National Security Affairs (Brzezinski), Taipei, December 15, 1978, enclosed in Department of State, *Foreign Relations of the United States*: 1977 – 1980 (Volume XIII, China), edited by David P. Nickles, Washington: United States Government Printing Office, 2013, p. 655.

③ 台湾《联合报》1978年12月17日。

军、警察取消休假，进入戒备状态”。面对蒋经国如此激烈的反应，美国自然会担心蒋经国是否会采取更为激进的措施，例如直接宣布“台湾独立”。

二、美国反对“台湾独立”的主要措施

尽管万斯预测“台湾短期内宣布独立的可能性有限”,[①] 但仍然表示：“我们不能完全排除中华民国宣布台湾独立的可能性。我们与中国关系的正常化，会让台湾产生一种绝望感，认为我们完全抛弃了台湾，而这种绝望会刺激他们宣布台湾独立。”[②] 为了谨慎应对台湾宣布“独立”的可能性，美国政府多管齐下，全力因应。

首先，从美国总统到国务卿都高度重视。1977 年 7 月 24 日，时任国务卿万斯向总统卡特提交了一份名为《台湾独立的后果及其可能性》（The Consequences and Likelihood of Taiwan Independence）的备忘录。在此一备忘录的标题下面，专门有这样一句说明性文字：“您曾询问台湾独立有何后果、有多大可能性，本备忘录即是对您的回答。”[③] 这说明卡特曾经亲自向万斯询问过，台湾是否会宣布“独立”，如果宣布“独立”的话，会带来哪些后果等问题。从现在保存的资料来看，“在《台湾独立的后果及其可能性》备忘录的首页上，有一手写的‘C’，这说明卡特是阅读过这份备

---

① Memorandum from Secretary of State Vance to President Carter, Washington, July 24, 1977, enclosed in Department of State, *Foreign Relations of the United States*: 1977 – 1980 (Volume XIII, China), edited by David P. Nickles, Washington: United States Government Printing Office, 2013, p. 115, pp. 115 – 116.

② Memorandum From Secretary of State Vance to President Carter, Washington, July 24, 1977, enclosed in Department of State, *Foreign Relations of the United States*: 1977 – 1980 (Volume XIII, China), edited by David P. Nickles, Washington: United States Government Printing Office, 2013, p. 116. 另：1977 年 7 月 30 日上午，总统卡特、国务卿万斯、国防部长哈罗德·布朗等 7 人就“中国政策”进行了专题讨论。米歇尔·奥克森伯格在会上也称，“只要没有被推到绝望的位置，台湾不会轻易宣布独立。但如果台湾认为他们的生存已经处于危险的边缘，他们会采取激进的措施。因而，我们对台湾的所作所为，将会在很大程度上影响到他们是否会考虑宣布独立。”（Department of State, *Foreign Relations of the United States*: 1977 – 1980 (Volume XIII, China), edited by David P. Nickles, Washington: United States Government Printing Office, 2013, p. 126.）

③ Memorandum from Secretary of State Vance to President Carter, Washington, July 24, 1977, enclosed in Department of State, *Foreign Relations of the United States*: 1977 – 1980 (Volume XIII, China), edited by David P. Nickles, Washington: United States Government Printing Office, 2013, p. 115, pp. 115 – 116.

忘录的”。[①] 万斯担任国务卿期间，总共向卡特总统提交过9份备忘录，[②] 我们就可以发现万斯专门以备忘录的形式向总统作答，而非当面几句简单的口头应付，也足以显示万斯对这一问题是进行了认真研究准备的。1977年7月30日，卡特召集万斯等6人专门召开了一个“中国政策”会议，会上卡特再次向所有与会人员询问：“台湾会宣布独立吗?”[③] 由此观之，卡特对“台湾是否会宣布独立”这一问题的关注，绝非一时一地，而是长期多次。这也足以说明这一问题当时已经引起了美国政府首脑的高度关注。

其次，建议把“美国不会承认独立的台湾”列入美中建交谈判的条款之一。1977年6月27日，美国国务院、国家安全事务委员会、国防部、中央情报局等机构联合召开了一个以“对台政策选择及从台湾撤军”为主题的联合会议，万斯、布热津斯基等人悉数出席。在这次会议上，确立了三点与中华人民共和国政府进行谈判时的立场：“首先，承认上海公报的立场，即台湾是中国的一部分；其次，支持海峡两岸中国人民以（任何形式的）和平方式解决台湾问题；[④] 再次，既不鼓励也不刺激台湾独立或者分裂。”事隔约一个月之后，同年7月30日，在由总统卡特主持的关于“中国政策”的会议上，布热津斯基在6月27日确立的三个条款基础上，进一步提出：“除了声明我们既不支持也不鼓励台湾独立之外，我们还应当声明：美国不会承认独立的台湾。除非把这一点内容加入到第三条款，否则第三条款对前面两个条款的意义不大，因而变得可有可无。”对于布

① Memorandum from Secretary of State Vance to President Carter, Washington, July 24, 1977, enclosed in Department of State, *Foreign Relations of the United States*: 1977 – 1980 (Volume XIII, China), edited by David P. Nickles, Washington: United States Government Printing Office, 2013, p. 115, pp. 115 – 116.

② 这九份备忘录分别见《美国对外关系：1977—1980》（卷13，中国）中第26、37、99、119、199、272、282、285和297个文件。

③ Memorandum of Conversation, Washington, July 30, 1977, 9:30 – 11:15 a. m., enclosed in Department of State, *Foreign Relations of the United States*: 1977 – 1980 (Volume XIII, China), edited by David P. Nickles, Washington: United States Government Printing Office, 2013, p. 123. 根据卡特当时的交代，他之所以会提出“台湾是否会宣布独立”的问题，是因为当时他的亲信查理·科博（Charlie Kirbo）有一次问他“我们是否应该鼓励台湾走向独立”。卡特怀疑科博之所以会如此发问，是因为受到了当时台湾“驻美大使”的游说，这意味着是台湾方面提出“台湾独立”，并经由科博来打探美国高层态度的。

④ 此处的圆括号原文当中就有，可能表示6月27日的会议上尚未正式决定在与中国进行谈判时，是保留还是删掉“任何形式”这个词汇。

热津斯基的建议，国务卿万斯表示认可，称“第三条款的确需要增加某些内容。它表明了我们的倾向性。而且，这一条款还融合了尼克松五点意见的各个方面，虽然措辞与之有所不同。如果省略了某些内容，就会被中国发现。”① 由此可见，无论是布热津斯基还是万斯，都认为应当把“美国不会承认独立的台湾”列入美中建交谈判的条款之一，以便更加明确地向中国大陆展现“反对台湾独立”的鲜明立场。

再次，对台湾当局进行严密监控。为防范台湾突然宣布“独立”，损害美国战略利益，在美中建交前后，美国一方面实行安抚政策，由总统卡特亲自致电安慰蒋经国：“本人愿意重申，美国在为维持台湾人民的和平、繁荣和福祉而建立新安排方面将随时进行充分的合作。”② 另一方面则通过种种手段对台湾当局进行监控。甚至在美中建交近10个月之后，1979年9月29日“美国在台协会台北办事处”给“华盛顿办事处”发送的机密级电报中，仍然要向美国政府汇报对蒋经国当局在台湾是否会宣布“独立”这一问题上的监控情况：“有些人认为，蒋经国或许会宣布台湾是一个独立的国家，并寻求国际社会的承认，包括谋求成为联合国的一员……绝大部分人都意识到，如果蒋经国宣布台湾独立，将对美国有害而无益。”③ 显然，直到1979年年底，美国还在命令“美国在台协会”对台湾当局进行严密监控，全面搜集台湾是否会宣布“独立”这一问题上的相关信息，并及时向美国汇报。

三、美国反对“台湾独立”的影响

第一，奠定了美国历届政府反对“台湾独立”的政策传统。早在尼克

---

① Memorandum of Conversation, Washington, July 30, 1977, 9:30 - 11:15 a. m., enclosed in Department of State, *Foreign Relations of the United States*: 1977 - 1980 (Volume XIII, China), edited by David P. Nickles, Washington: United States Government Printing Office, 2013, p. 127.

② 资中筠：《战后美国外交史》，世界知识出版社1993年版，第817页。按：需要说明的是，美国对于蒋经国政府的安抚政策，并不仅仅只是口头上的，它同样落实于具体行动。例如1979年3月，在与中华人民共和国建交的短短三个月后，美国国会就以立法的形式通过所谓的《与台湾关系法》，确立了美台之间的“准官方关系”，并持续至今。

③ Telegram from the "Taipei Office of the American Institute in Taiwan" to the "Washington Office of the American Institute in Taiwan", enclosed in Department of State, *Foreign Relations of the United States*: 1977 - 1980 (Volume XIII, China), edited by David P. Nickles, Washington: United States Government Printing Office, 2013, pp. 997 - 998.

松时期，反对“台湾独立”就是美国政府重要对台政策之一。根据此次解密的档案透露，尼克松与基辛格访华期间，曾与毛泽东和周恩来多次会晤，并向毛、周做出了五点“秘密保证”，其中第二条即是“我们不支持任何台湾独立运动”（We will not support any Taiwan independence movement）。[①] 后来布热津斯基又以备忘录的形式专门向卡特汇报了这五点内容。[②] 而在整个卡特政府时代，反对“台湾独立”几乎是美国总统、国务卿、国家安全事务助理等人的基本共识。这种共识奠定了美国历届政府对于“台湾独立”问题的基本态度，那就是绝对反对“台湾独立”。例如，1998 年克林顿在访华期间重申坚持“一个中国”政策，明确表示“三不”立场，其中第一个就是“不支持台独”。[③] 2003 年 12 月 10 日，布什与温家宝会谈时也称：“台湾领导人的言论与行动表明，他们可能想单方面改变现状，这是我们所反对的。”[④] “单方面改变现状”一个重要选项就是“台湾独立”，此处布什对之明确表示了反对态度。2012 年 2 月，奥巴马则以更加明确而坚定的态度，对访美的中华人民共和国副主席习近平表示：“美方拒绝任何‘台湾独立’主张。”[⑤]

第二，对“台湾独立”势力产生了一定的威慑作用。在中美建交前后，虽然美国对台湾当局是否会宣布“台湾独立”忧心忡忡，但台湾并没有采取激进措施，贸然行动。在万斯看来，蒋经国当局之所以保持相对克制，没有宣布“台湾独立”，主要基于三层原因：首先，“中华人民共和国和中华民国都认为台湾是中国的一个省。北京和台北都认为，如果台湾宣布独立，台湾在法律地位上将会变成一个与中国没有关系的主权实体（sovereign entity）。”其次，“中华民国认识到，如果宣布独立，将会刺激

---

① Memorandum From Michel Oksenberg of the National Security Council Staff to the President's Assistant for National Security Affairs (Brzezinski), Washington, January 25, 1977, enclosed in Department of State, *Foreign Relations of the United States*: 1977 – 1980 (Volume XIII, China), edited by David P. Nickles, Washington: United States Government Printing Office, 2013, p. 16.

② Memorandum from the President's Assistant for National Security Affairs (Brzezinski) to President Carter, Washington, undated, enclosed in Department of State, *Foreign Relations of the United States*: 1977 – 1980 (Volume XIII, China), edited by David P. Nickles, Washington: United States Government Printing Office, 2013, pp. 356 – 357.

③ 《人民日报》1998 年 7 月 1 日。

④ 《人民日报 · 海外版》2003 年 12 月 11 日。

⑤ http://news.ifeng.com/mainland/special/xijinpingfangmei/content-3/detail_2012_02/15/12521995_0.shtml 上网时间：2013 年 7 月 9 日 20:08。

和挑衅大陆，而美国也不会做出任何支持台湾的承诺”。再次，“中华民国领导人非常谨慎小心，蒋经国总统更是如此……蒋经国不愿意放弃其父蒋介石的‘一个中国’遗产”。[①] 显然，在这三个原因当中，美国因素扮演了一个颇为重要的角色。事实上，台湾当局当时最为担心的就是，如果贸然挑衅大陆，但得不到美国的支持，那么台湾的局势就会岌岌可危。1979年“美国在台协会台北办事处”发给“华盛顿办事处”的一封电报中，美国官员经过评估得出：“在很长一段时间内，美国对台湾的影响力最大。”[②]这种影响力表现之一就是在美国的强烈反对之下，台湾当局没有胆量贸然“独立”。更为重要的是，美国当时反对“台湾独立”的主要对象虽然是以蒋经国为首的台湾当局，但后来对以民进党为主体的“台独”势力也产生了一定的威慑遏制作用。直到近日，苏贞昌访美之前，为打消美国疑虑，争取美国对民进党及其本人的支持，仍然需要自我消毒，声称“不要回过头去搞台独”。[③]

第三，以“反对台湾独立”为名继续插手台湾问题。1977年7月30日的会议上，奥克森伯格向与会的卡特、万斯、布热津斯基等人建议：“有一点必须牢记在心，那就是为了防止台湾发展核武器、与苏联建立关系或者宣布独立，我们必须继续留在台湾。”[④] 在提出这一建议之后，总统卡特马上追问：“您这句话的意思是什么？”而奥克森伯格的回答则非常明确：“我们必须从行动上来限制台北。如果台湾现在宣布独立，那么‘共同防御条约’将会马上失效。如果台湾未来宣布独立，他们并不确定我们

---

① Memorandum from Secretary of State Vance to President Carter, Washington, July 24, 1977, enclosed in Department of State, *Foreign Relations of the United States*: 1977 – 1980 (Volume XIII, China), edited by David P. Nickles, Washington: United States Government Printing Office, 2013, p. 115, pp. 115 – 116.

② Telegram from the “Taipei Office of the American Institute in Taiwan” to the “Washington Office of the American Institute in Taiwan”, Taipei, September 29, 1979, enclosed in Department of State, *Foreign Relations of the United States*: 1977 – 1980 (Volume XIII, China), edited by David P. Nickles, Washington: United States Government Printing Office, 2013, p. 998.

③ 台湾《联合报》2013年6月4日。

④ Memorandum of Conversation, Washington, July 30, 1977, 9:30 – 11:15 a. m., enclosed in Department of State, *Foreign Relations of the United States*: 1977 – 1980 (Volume XIII, China), edited by David P. Nickles, Washington: United States Government Printing Office, 2013, p. 126, p. 127.

会如何反应。”[①] 奥克森伯格的逻辑是，如果当时台湾宣布“独立”，那么美国可以以废除“共同防御条约”为手段来制裁台湾；而如果未来台湾宣布“独立”，美国并不明确该如何处理。在这样的情况下，美国就有必要继续留在台湾，以便对台湾进行更为深入和全面的监控，防止其走向“独立”。为了实现这一目的，继续留在台湾，1978 年 8 月 23 日，万斯在与中国外交部长黄华进行会晤时表示，“作为一个世纪问题，美国政府人员有必要根据非正式安排继续留在台湾”，既然要保留美国行政人员继续驻留台湾，自然就必须为这些人员提供办公场所和机构，但万斯特别强调：“很明显，无论这个机构具有怎样的名称，它都不具有外交性质，不会履行外交职能，也不寻求以任何其他方式得到承认。既不升国旗，门上也不挂国徽，办事人员也不列入外交名单。”[②] 对于万斯的这种提议，8 月 24 日下午邓小平在与万斯的会晤中，将之称之为是“一个门上没有招牌的大使馆”。[③]

从上面的分析中，我们可以看到，美国出于维护自身战略利益的考虑，强烈反对“台湾独立”。美国此举，既产生了一定的积极影响，如设定了美国政府反对“台湾独立”的基本立场，对海内外的“台独”势力具有一定的遏制打压作用，但也造成了许多严重的后果，如美国以“反对台湾独立”等为名，继续插手台湾问题，对两岸的和平统一造成了巨大障碍。

（原载于《台湾研究》2013 年第 4 期）

---

① Memorandum of Conversation, Washington, July 30, 1977, 9:30 – 11:15 a. m. , enclosed in Department of State, *Foreign Relations of the United States*: 1977 – 1980 (Volume XIII, China), edited by David P. Nickles, Washington: United States Government Printing Office, 2013, p. 126, p. 127.

② Memorandum of Conversation with Huang Hua, August 23, 1977 (9:300 am – 11:50 am), Carter Library, p. 21.

③ Memorandum of Conversation, August 24, 1977 (30:00 pm – 5:40 pm), Carter Library, p. 23.

《马关条约》是否“割让”台湾给日本之考辨

伍俐斌

2013年4月17日是《马关条约》签署118周年纪念日。然而，重读《马关条约》发现，条约的中文本与日、英文本在最核心的领土问题上的表述有重大出入。《马关条约》中文本只是规定中国将管理台湾及附属岛屿的权力让与日本，即中国仅将对台湾的管理权让与日本。但是，《马关条约》日文本却是规定中国将对台湾的主权永远割让给日本；鲜为人知的《马关条约》英文本也是规定中国将对台湾的主权割让给日本。一种是管理权的让与，一种是主权的割让，而管理权与主权是性质迥异的两个概念。因此，面对条约的不同文本，不免产生疑问——《马关条约》真的将台湾割让给日本了吗？本文首先从国际法的角度论证台湾自古是中国领土的一部分，证明中国自古对台湾拥有主权；之后，对《马关条约》的三个版本进行比较，指出“主权”与“管理权”的重要区别；最后，对“割让”在国际法上的意义进行分析，本文认为中国可以且应当改变目前“1895年《马关条约》割让台湾给日本”的提法，并代之以《马关条约》中文本所述，这对宣传中国对台湾的主权有重要意义，并构筑起驳斥“台独”分子“台独”理论的一道屏障。

一、从国际法的角度看中国自古对台湾拥有主权

有一部分“台独”分子认为《马关条约》中文本之所以没有规定将主权割让给日本，是因为中国对台湾不享有主权，只拥有管理权，从而中国只能将对台湾的管理权让与日本。这显然是一种谬论，中国早已通过国际法上的“先占”方式取得了对台湾的主权。

在国家的历史发展过程中，国家可能因为某种原因取得或丧失部分领

土而导致领土的变更。国际法上的领土变更方式随着领土观念的变化而变化，变更的合法性标准也在发生转变。传统国际法援引罗马法中关于财产取得、丧失的概念和标准，作为领土变更的合法方式。之后的“文明社会”认可殖民扩张、战争结果作为领土变更的合法缘由，兼并和掠夺也被当作法律依据。传统国际法主张的领土变更方式主要有：先占、时效、添附、割让和征服等。而现代国际法只将符合国家主权平等原则、民族自决原则以及其他国际法基本原则和国际法规则的领土变更视为合法变更。①

国际法学界一般将第二次世界大战结束前后，以联合国的成立为标志作为划分传统国际法和现代国际法的时间界线。中国对台湾领土主权的取得发生在传统国际法时代，并且是以先占这种方式取得对台湾的主权。根据传统国际法，先占是指国家占有无主地并取得对它的领土主权。因此，通过先占取得领土主权，应当符合三个条件：其一，先占的主体必须是国家；其二，先占的对象是无主地，即不在任何其他国家主权之下的土地；第三，先占必须是有效占领，即国家对该土地实行实际的管辖。

中国对台湾领土主权的取得符合上述有关先占的条件。首先，中国最早发现台湾，且台湾不处于任何其他国家主权之下。公元230年，吴王孙权曾派1万官兵到达台湾；吴人沈莹《临海水土志》留下了世界上对台湾最早的记述。公元610年，汉族人民开始迁徙到澎湖地区；到宋元时期，移居澎湖地区的大陆汉族人民已有相当数量，并开始向台湾发展；17世纪末，大陆赴台开拓者超过10万人；至1893年时，总数已达50.7万户，约254万人。其次，1894年之前，台湾处在中国的有效管辖之下。公元12世纪中叶，南宋王朝将澎湖划归福建泉州晋江县管辖，并派兵戍守；元朝政府开始设泉州府，代管台湾，后又设置澎湖巡检司代管台湾；1662年，郑成功从荷兰殖民者手中收复台湾，建立“承天府”，对台湾进行管治；1684年，清朝政府设置“分巡台厦兵备道”及“台湾府”，隶属福建省；1885年，清政府正式在台湾设省。

因此，中国通过先占这种方式合法地取得了对台湾的主权，并在1894年以前对台湾行使着完整的主权。

① 王虎华主编：《国际公法》，浙江大学出版社2007年版，第205页。

二、中国对台湾的主权没有割让给日本

（一）《马关条约》中文本仅将中国对台湾的管理权让与日本

《马关条约》是一个条约的集合，包括《媾和条约》十一款、《另约》三款、《议定专条》三款。通常所称的《马关条约》是指中日之间的《媾和条约》，本文所指的《马关条约》也仅限于《媾和条约》。《马关条约》中涉及台湾权利转移的关键条款是条约的第二款。该款中文约文为：

> 中国将管理下开地方之权并将该地方所有堡垒、军器工厂及一切属公物件，永远让与日本……台湾全岛及所有附属各岛屿……①

日文约文为：

> 清国ハ左记ノ土地ノ主权并ニ该地方ニ在ル城垒兵器制造所及官有物ヲ永远日本国ニ割与ス…台湾全岛及其ノ属スル诸岛屿…②

日文约文可翻译为：

> 清国将左记土地之主权并在该地方之城垒、兵器制造厂及官有物，永远割让给日本……台湾全岛及所有附属各岛屿……③

《马关条约》除有中文、日文两种文本外，还有一个英文本。而根据《议定专条》，英文本被视为当中日两国各持本国文本发生争执时的作准文本：

> 为预防本日署名盖印之和约日后互有误会，以生疑义，两国所派全权大臣会同议订下开各款：
>
> 第一，彼此约明，本日署名盖印之和约添备英文，与该约汉正文、日本正文校对无讹。
>
> 第二，彼此约明，日后设有两国各执汉正文或日本正文有所辩论，即以上开英文约本为凭，以免舛错，而昭公允。

前述第二款的英文约文为：

---

① 中国海关总税务司编：《海关中外条约》（Treaties, Conventions, Etc. Between China and Foreign States），第2卷，1917年第2版，第591页。

② ［日］外务省编纂：《日本外交文书》，第28卷第2册，第364页，转引自权赫秀：《〈马关条约〉的中日英文本异同考》，香港《二十一世纪》2004年12月第86期。

③ 此译文援引自权赫秀：《〈马关条约〉的中日英文本异同考》，香港《二十一世纪》2004年12月第86期。

China cedes to Japan in perpetuity and full sovereignty the following territories, together with all fortifications, arsenals, and public property thereon: ……①

英文约文可翻译为：

中国将下开领土之主权及该地方上之堡垒、兵工厂及公有财产永远割让给日本。

比较以上三个文本，可以发现《马关条约》中文本与日、英文本之间存在重大差异：条约中文本是将台湾的管理权让与日本，并不涉及主权；日文本和英文本则是将台湾的“主权”割让给日本。

另查《交接台湾文据》，载明：“……中、日两帝国全权委员交接光绪二十一年三月二十三日，即明治二十八年四月十七日，在马关两帝国钦差全权大臣所定和约第二款中国永远让与日本之台湾全岛及所有附属各岛屿，并澎湖列岛，在英国格林尼次东经百十九度起至百二十度止，及北纬二十三度起至二十四度之间诸岛屿之管理主权，并别册所示各该地方所有堡垒、军器工厂及一切属公物件，均皆清楚。……”

根据汉语语法，“管理主权”是明显有别于“主权”的，前者偏重于“主权”的“管理”部分，更接近于“管理权”之意。并且，与《马关条约》相同，此《交接台湾文据》中文本使用的仍然是“让与”一词，而非“割让”。可见《交接台湾文据》中文本使用的措辞与《马关条约》中文本基本无异，二者自始至终没有出现“割让”“主权”的字样，而是使用的“让与”“管理”“管理主权”等用语。这再次证明，与所涉领土——台湾相关的一系列文件的中文约文都是将“管理权”让与日本，而不是将“主权”割让给日本。

（二）转移“管理权”不等于转移“主权”

根据国际法理论，“主权”与“管理权”是性质迥异的两个概念。“主权”是构成国家的基本要素之一，它是指国家独立自主地处理其对内对外事务的权力，包括对内的最高统治权和对外的独立权两个方面，被认为是国家最重要的属性。② 在国际法上，与“管理权”相近似的概念有“管辖权”“行政权”等，它从属于主权，一个国家行使管辖权的权利是以

① 中国海关总税务司编：《海关中外条约》（Treaties, Conventions, Etc. Between China and Foreign States），第2卷，1917年第2版，第591页。

② 黄瑶著：《国际法关键词》，法律出版社2004年版，第16页。

主权为依据的。[①] 因此，在国际法上，“主权”与“管理权”是上下位概念，转让“主权”意味着同时转让“管理权”，但“管理权”的转让不等于“主权”的转让。

如果依照《马关条约》的中文本，中国只是将台湾的管理权让与日本，那么就意味着中国从未将台湾的主权割让给日本，从而中国就从未丧失对台湾的主权，也就是台湾的主权一直属于中国，即使被日本占据了长达 50 年之久。因此，“旧金山和约”未明确规定台湾主权的转移对象，并不影响中国对台湾的主权，因为中国从未割让对台湾的主权。

国际实践也证明，“管理权”的转移不等于“主权”的转移。在这方面的一个例子是，纳粹德国投降后，盟国取得了在德国的最高权力，但是德国继续存在；这种主权的大量减损是在未取得德国同意的情况下，外国取得德国政府权力，因此不能构成主权的转让；在这种情形下，“主权”的重要特征表现为一个法律人格的继续存在和领土归属于这个法律人格者而不是暂时的持有者。[②] 换言之，盟国取得了德国的管辖权，但德国仍保有主权，“主权”使得它仍作为一个国际法主体而存在，这个“主权”之下的领土归属于德国而不是盟国。

1971 年 6 月 17 日，日美签署“归还冲绳协定”（《关于琉球群岛及大东诸岛的日美协定》），美国“私下里”将钓鱼岛及其附属岛屿的“行政权”“归还给”日本。但是，美国一再声明“归还”“行政权”不影响“主权”归属。如早在 1971 年 10 月，美国政府就表示：“美国认为，把原从日本取得的对这些岛屿的行政权归还给日本，毫不损害有关主权的主张。美国既不能给日本增加在他们将这些岛屿行政权移交给我们之前所拥有的法律权利，也不能因为归还给日本行政权而削弱其他要求者的权利。……对此等岛屿的任何争议的要求均为当事者所应彼此解决的事项。”[③] 在 2012 年，因日本“国有化”钓鱼岛引发中、日之间紧张关系以来，美国国务院多次表示：“虽然美国承认日本对这几个岛屿拥有行政管辖权，但美

① ［英］詹宁斯、瓦茨修订：《奥本海国际法》第 1 卷第 2 分册，中国大百科全书出版社 1998 年版，第 328 页，第 398 页。

② ［英］伊恩·布朗李著，曾令良、余敏友等译：《国际公法原理》，法律出版社 2003 年版，第 122 页。

③ 美国参议院外交关系委员会听证会：《第 92 届国会记录》，1971 年 10 月 27 日—29 日，第 91 页。

国对钓鱼岛的主权不持立场。”①

因此，理论与实践都证明“主权”与“管理权”是性质不同的概念，转让“管理权”不等于转让“主权”，一国转让对某部分领土的“管理权”仍保有对该领土的“主权”。根据《马关条约》中文本，当年清朝政府只是将台湾的管理权让与日本，并没有从国际法的意义上将台湾的领土主权割让给日本；日本对台湾的领土主权只是从《马关条约》日文、英文本中取得。

（三）清朝已知晓“管理权”与“主权”的区别

另外一个疑问是，尽管“管理权”与“主权”确实存在性质上的差异，但清政府闭关锁国，观念落后，它在签署《马关条约》时，是否已知晓“管理权”与“主权”的区别，是否将“管理权”等同于“主权”?

“主权”是国际法的一个重要概念，国际法是西方近代文明的产物，是在19世纪40年代以后才传入中国的。1864年由美国传教士丁韪良（William M. P. Martin，1827—1916）翻译的《万国公法》是在中国正式出版发行的第一本系统完整的西方国际法著作，它将西方国际法移植入中国，对中国产生了巨大影响。《万国公法》译自美国国际法学者亨利·惠顿于1836年出版的《Elements of International Law》一书，它所翻译创造的许多汉语法律术语沿用至今，例如“主权”一词。“主权”是对惠顿书中sovereignty一词的翻译，《万国公法》将“主权”的定义翻译为：“治国之上权，谓之主权。此上权，或行于内，或行于外。行于内，则依各国之法度……主权行于外，即本国自主，而不听命于他国也。”这一译法与英文sovereignty的内涵基本无异，从而可推断出清朝官员对“主权”这个概念的掌握应当是比较准确的。“主权”不仅成为中国近现代国际法的基本概念，也传入日本，为日本国际法学界沿用至今。

《万国公法》译稿送给清朝一些高级官员阅看，得到很高赞扬，很快予以印行。第一版即印300本，分送总理衙门、各行省等使用，该书很快在清朝官员中得到了传播。《万国公法》译出后不久，清朝外交官员就利用该书阐述的国际法原理成功处理了“普丹大沽口船舶事件”。1864年4月，普鲁士公使李福斯（H. von Rehfues）乘坐军舰来华，在天津大沽口拿

① 《“外交部”：美称尖阁诸岛　非关主权》，台湾《中国时报》2012年8月31日；《美助卿：钓鱼台冲突若升高　全球承担不起》，台湾《中国时报》2012年9月21日。

获了三艘丹麦商船。总理衙门提出抗议，指出普鲁士公使拿获丹麦商船的海域是中国“内洋”（领海），按照国际法原则，应属中国管辖。最后普鲁士释放了丹麦商船，并予以赔偿，事件得到和平解决。第一次运用国际法就顺利解决了原本可能成为严重外交事件的纠纷，使得总理衙门和清政府对西方国际法产生了信心，并促进了国际法在中国的传播。

另外一个例子可以证明清政府当时已知晓“管理权”的内涵。1887 年清政府与葡萄牙签署了《和好通商条约》，这是唯一对澳门法律地位进行规定的条约。当时葡萄牙已窃据澳门 300 年，但中葡之间并未就澳门法律地位做出约定。葡萄牙以协助清朝缉拿鸦片走私为名与清朝签署了《和好通商条约》。葡萄牙原本冀条约取得对澳门的主权，但清政府未予同意。最后双方在条约中规定葡萄牙“永居管理澳门”。这种规定表明澳门仍是中国的领土，中国从未丧失对澳门的主权。①

由此可见，在《马关条约》签订时，西方国际法在清朝已有数十年的传播，清朝外交官已经掌握了一定的国际法知识。“主权”一词是中国最早翻译使用的，并对其内涵有精准把握，而且该术语是从中国传入日本的。另外，此时清朝已知晓“管理权”与“主权”的区别。因此，《马关条约》中文本反映了清政府的真实意图，不存在清政府将“管理权”等同于“主权”的情况。

三、应坚持《马关条约》中文本的表述

前文已经论述《马关条约》中文本只是将台湾的管理权让与日本，并没有将台湾的领土主权割让给日本；日本对台湾的领土主权只是从日文、英文版本中取得。但是目前在各种有关《马关条约》的论著中都是千篇一律地介绍“中国将台湾割让给日本”，而在国际法上，“割让”一词意味着主权的转移，因此有必要改正目前这种错误的做法，而代之以《马关条约》中文本的表述。这样做并不违反条约法规则，且对驳斥“台湾地位未定论”有重要意义。

---

① 柳华文：《从国际法角度评析 1887 年中葡〈和好通商条约〉》，《中国边疆史地研究》1999 年第 2 期“澳门专号”。

（一）“割让”在国际法上的意义

在国际法上，割让（cession）是有特定含义的一个用语，它是指一国根据条约将本国的领土转移给他国。割让的构成必须有转移领土主权的意图，仅取得领土的管理权，即使是排他性的，也不能构成割让。割让以条约为基础，它可分为两种：一种是强制性割让，即一国通过使用武力以签订和约的形式迫使他国将其部分领土转移给自己；另一种是非强制性割让，它是有关国家在平等自愿的基础上缔结条约转移部分领土，其形式通常有赠予、国家的自愿合并、国家间买卖土地、交换部分领土等。①

比照上述定义，根据《马关条约》的中文本，中国将台湾的管理权让与日本，日本取得了中国对上述领土的管理权，这一过程不符合国际法上“割让”的定义，因此并不构成国际法上的“割让”。而且，可能正是因为中、日两国之间涉及的是“管理权”的转移，《马关条约》的中文本为与之相匹配，没有使用“割让”一词，而是使用的“让与”一词，这也进一步佐证《马关条约》中文本并没有“割让”中国对台湾的主权。

另外一个问题是，虽然根据《马关条约》中文本清朝没有将对台湾的主权割让给日本，那么在清朝被推翻以后，是否就意味着中国丧失了对台湾的主权呢？在这里有必要简要提及国家与政府的关系。在国际法上，国家具有国际法律人格，是国际法主体；政府是国家的代表；主权属于国家所有，但由政府代表国家行使。一国之政府因革命、政变等原因发生更迭，并不影响该国作为国际法主体的资格，国家作为国际法主体依然存在，发生变化的只是代表国家的政府。就中国而言，中国这个国家作为国际法主体从古到今一直存在，但代表中国行使主权的政府则发生了更迭，例如清朝取代明朝、中华民国取代清朝、中华人民共和国取代中华民国，都是代表中国这个国家的政府发生了更迭，并不影响中国这个国家的国际法地位。

因此，就领土主权而言，它属于国家所有，但由代表国家的政府予以行使；如果国家没有消亡，只要领土主权没有转移，无论代表国家的政府发生什么样的更迭，国家对这一领土的主权就没有发生变化。根据《马关条约》的中文本，如果清朝政府只是将台湾的管理权让与日本，就意味着清朝政府代表中国仍然享有对台湾的主权，中国这个国家对台湾的领土主

① 王铁崖主编：《国际法》，法律出版社 1995 年版，第 171—172 页。

权没有发生变化。清朝政府被推翻以后，建立了中华民国，这是代表中国的政府发生了更迭，中华民国政府取代清朝政府享有对台湾的主权；同理，中华人民共和国取代中华民国也是代表中国的政府发生更迭，中华人民共和国政府继承了中华民国政府对台湾所享有的主权。

（二）坚持《马关条约》中文本的表述并不违反条约法规则

前文已述按照《议定专条》，中、日两国如果各持本国文本发生争执，以英文本为准。因此，如果中、日两国因为《马关条约》发生争执，将以英文本作为解决争议的作准文本，如此中国将会处于不利的境地。但是我们不能就此无视《马关条约》中文本，而是应当坚持《马关条约》中文本的表述，这一做法并不违反条约法规则。

首先，暂不论《马关条约》的不平等性，作为条约的缔约方，坚持以己方文字作成的文本是应有之意。例如，国际法学者奥本海认为，除非条约另有规定，缔约每一方只受以其本国语文作成的约文的约束。① 虽然中、日两国约定因《马关条约》产生的争议，以英文本为准，但这并不妨碍中国坚持用中文作成的条约文本，当然日本也可以坚持用日文作成的条约文本。换言之，坚持用本国文字作成的条约文本是一回事，因各自坚持己方文本导致产生争议，则是另外一回事。因此，在争议未起之前，一国理应坚持用本国文字作成的条约文本；即使在应对争议时，支持己方立场的依据有多么薄弱，也不应妨碍坚持己方文字文本的效力。

其次，虽然《马关条约》日文本上有中方代表的签字，但中文本《马关条约》上同样有日方代表的签字；不仅如此，中、日两国各自还对条约进行了批准。也就是说，纯粹从条约法角度来看，《马关条约》的中文本与日文本具有同等的效力，并不可以因为《议定专条》约定中、日之间因《马关条约》产生的争执以英文本为准，而否定中文本的效力。

另外，日本在“二战”战败以后，再无可能援引《马关条约》，更无可能因所谓《马关条约》而与中国产生争议。“旧金山和约”第2条第2款规定：“日本放弃对台湾及澎湖群岛的一切权利、权利根据及要求。”就该款中的“权利根据”而言，它所指的就是《马关条约》。日本既然已经“放弃”《马关条约》，它就不可能再援引《马关条约》主张它的“权利”。

① ［英］詹宁斯、瓦茨修订：《奥本海国际法》第1卷第2分册，中国大百科全书出版社1998年版，第328页，第398页。

因此，二战以后再无可能因为《马关条约》中文本与日、英文本的差异而产生争议；中国并不用“担心”在历史教育和宣传中坚持《马关条约》的中文本，而产生所谓的争议。

（三）坚持《马关条约》中文本，驳斥“台湾地位未定论”

今天我们坚持《马关条约》中文本的表述，一个重要目的是反驳“台湾地位未定论”。一些“台独”分子引用《马关条约》的日文本和英文本来作为“台湾地位未定”“台湾主权不属于中国”的证据。① 但是“台独”分裂势力无权也没有资格援引《马关条约》。因为“条约对第三方无损益”是国际法上的一条习惯法规则，这一规则也适用于《马关条约》。《马关条约》是中、日两国之间签订的条约，既没有为第三国创设义务，也没有为第三国创设权利，因《马关条约》而产生的争议，也只能存在于中日之间。而“台独”并非国家，只是一国之内的分裂势力，他们更不可能是《马关条约》的缔约方，他们没有“身份”和理由援引《马关条约》、援引《马关条约》的日、英文本，来说明“中国不拥有对台湾的主权”。

总而言之，“《马关条约》将台湾及附属各岛割让给日本”的提法契合《马关条约》日文本和英文本的约文，而非中文本。这样的提法甚至可能给“台独”分子主张“台湾地位未定”提供口实。因此，在我们的媒体报导、教科书以及各种著作中应当改变目前的提法，严格按照中文本介绍《马关条约》的表述——“中国将台湾的管理权让与日本”。

五、结　　语

根据《马关条约》中文本，以及后来的《交接台湾文据》中文本，中国只将“管理权”“让与”日本；但根据日、英文本，中国则是将“主权”“割让”给日本。虽然条约遇有争议时，以英文本为作准文本，但这并不能否认《马关条约》中文本的效力，因为中文本上面同样有日本代表的签字。

一些“台独”分子贬低甚至无视用本国文字作成的《马关条约》，单凭条约的日、英文本，为其“台独”理论辩护。中国政府曾经发表声明废

① 《是割让“主权”或“管理权”?》，台湾《自由时报》2010 年 1 月 31 日；《马关条约真本》，台湾《自由时报》2010 年 2 月 4 日。

弃中国签订的一切不平等条约，但这并不表示不需要对这些不平等条约进行研究。在我们的教科书、各种著作及舆论宣传中，应尽可能地体现条约的原文，这样可以还原历史真相。就《马关条约》而言，如果能够在教科书、各种著作及舆论宣传中以条约中文本的原文告知世人，不仅可以还原史实，而且对于宣传中国对台湾的主权，反驳“台独”理论具有重要意义。

（原载于《台湾研究》2013年第3期）

新书简介

——《中国台湾问题（干部读本）》（修订版）及配套资料——

定价：46.00元

定价：49.00元

《中国台湾问题（干部读本）》（修订版）

当前对台工作面临新的形势，为加强涉台宣传教育，帮助广大干部群众了解台湾问题的由来和性质、台湾局势和两岸关系形势，学习理解中央对台工作的方针政策，中共中央台湾工作办公室、国务院台湾事务办公室组织编写了这本《中国台湾问题（干部读本)》。本书系统介绍了台湾问题的来龙去脉、中央对台方针政策与时俱进、两岸关系发展及其趋势、各项对台工作及涉台事务，能够帮助广大干部群众全面、深入地了解台湾问题相关情况，准确理解和执行中央对台方针政策。

《中国台湾问题（干部读本）配套资料》

2008年5月以来，两岸关系开创了和平发展的新局面，中央对台工作大政方针丰富发展，指引对台工作不断取得新进展。为了适应广大干部群众在新形势下关心祖国统一大业、学习理解中央对台方针政策和法律法规、热心参与两岸交流合作的需要，中共中央台湾工作办公室、国务院台湾事务办公室组织编写了《中国台湾问题（干部读本)》(修订版)，同时选编了这本配套资料。

这套资料分四个部分,原则上以时间为序,分别选编“对台工作重要法律文献”“对台工作方针政策重要文献”“两岸协议及共识”“涉台重要国际文献”。希望通过这些基本文献，辅助读者在阅读《中国台湾问题（干部读本)》(修订版）时，进一步了解台湾问题和两岸关系发展历程，深入理解中央对台方针政策和法律法规，为推进祖国和平统一而不懈努力。

台湾基本情况系列

定价：35.00元

定价：35.00元

定价：35.00元

《台湾基本情况》是介绍台湾政治、经济、科教、文化、社会民生、军事及两岸交流往来情况的手册读本，各部分内容力求简明、客观、准确、权威。该书由中共中央台湾工作办公室信息中心编写，事实与数据主要采自国家统计局等有关部委、《人民日报》和新华网等媒体以及台湾统计、经济管理机构网站与主要媒体发布的信息。

目　录

陈孔立　著

定价：55.00元

台湾史事解读

本书是作者研究台湾史事的专题论文集。全书从台湾研究的历史观和方法论的考察、台湾若干史事的辨正、台湾方面有人蓄意制造“历史失忆”的行为三个方面对台湾历史作出了深刻的解读。

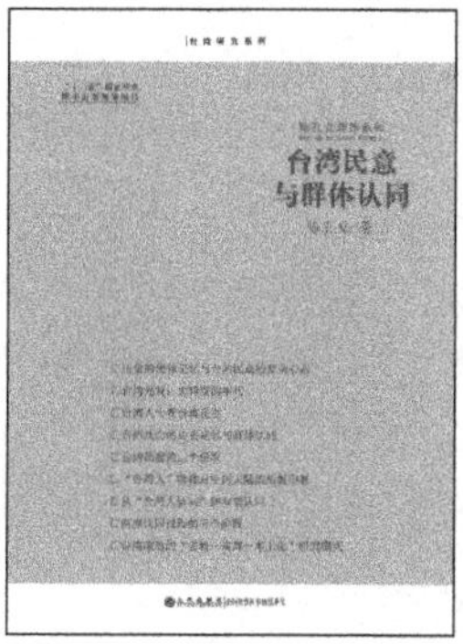

陈孔立　著

定价：48.00元

台湾民意与群体认同

本书是作者研究台湾民众心态和民意趋向的文集。全书从不同社会政治背景下台湾民众的复杂心态、台湾民众的身份认同问题、“省籍—族群—本土化”的台湾政治研究模式等角度，对台湾近年来“去中国化”等现象进行了深刻的剖析。

陈孔立　著

定价：75.00元

心系两岸

本书是作者多年来研究台湾政局和两岸关系发展的一部文章合集，全书将岛内蓝绿较量、剖析“台独”言论等内容分为观察台湾和关注两岸两个部分，研究范围涉及2012年“大选”后岛内政治生态、两岸间政治难题的解决方案等等。

陈　星　著

定价：38.00元

台湾民主化与政治变迁——政治衰退的视角

本书主要用亨廷顿的政治衰退理论来看台湾政治现代化进程及其得失，比较系统地探讨台湾政治变迁和民主化过程中出现的政治衰退所及其理论意涵，对于理解台湾政治未来发展方向有一定的价值。

郑　剑　著

定价：98.00元

潮起潮落

本书以纪实性的手法，全面展示了海协会、海基会机制的产生背景和两会成立以来的折冲与共处历史，深入挖掘了台湾各界对两岸关系的复杂反思与抉择过程，揭示了两岸筋骨相连的血脉联系和命运共同体关系。

许世铨　杨开煌　主编

定价：49.90元

“九二共识”文集

本书汇集1992至2012年11月底两岸有关“九二共识”的存证资料，包括亲历香港会谈前后两会磋商和达成“九二共识”过程的权威人士的回忆；重要文件和新闻报道；两岸的权威宣示和阐述；海内外专家学者的研究成果和评论等。